LÉGISLATION

DES EAUX ET DE LA NAVIGATION

II

CHAUMONT. — IMPRIMERIE C. CAVANIOL.

DES

COURS D'EAU

NAVIGABLES ET FLOTTABLES

PAR

Alfred PLOCQUE

DOCTEUR EN DROIT, JUGE SUPPLÉANT AU TRIBUNAL DE LA SEINE

PREMIÈRE PARTIE

PARIS

LIBRAIRIE DE A. DURAND ET PEDONE LAURIEL, ÉDITEURS

9, RUE CUJAS (ANC. RUE DES GRÈS).

—

1873

CHAPITRE Iᵉʳ.

DES RIVIÈRES NAVIGABLES.

----

§ Iᵉʳ.

Propriété des rivières navigables.

1. Historique de la question. — Temps féodaux.
2. Revendication par le domaine de la propriété des rivières navigables. — Principe posé par l'ordonnance de 1669.
3. Le principe de propriété est maintenu au profit du domaine par les lois de 1790 et de 1791, et l'arrêté directorial du 19 ventose an VI. — Loi du 29 floréal an X.
4. Art. 538 C. civ. — Qu'est-ce qu'une rivière navigable? — Des rivières qui ne sont navigables qu'à la suite de travaux d'art.
5. Dans quels cas une rivière peut-elle être considérée comme portant bateau? — Quid, si la navigation vient à être interrompue par des rapides?
6. Les rivières navigables appartiennent-elles au domaine dans toute leur étendue, ou seulement depuis le point où elles commencent à porter bateau?
7. Des bras non navigables d'une rivière navigable. — Des courants qui se séparent de la rive pour ne plus s'y réunir.
8. Des noues, boires et fossés qui tirent leurs eaux d'une rivière navigable.
9. Propriété des affluents qui se réunissent aux rivières navigables.
10. Des déclarations de navigabilité. — Ordonnance du 18 juillet 1835 et textes postérieurs qui s'y rattachent. — Portée de ces décisions.
11. Incompétence de l'autorité judiciaire en pareille matière. — Des déclarations de navigabilité *in præteritum tempus*.

§ II.

Détermination du lit des rivières navigables.

12. Le lit d'une rivière est délimité par le point précis qu'atteint la hauteur moyenne de ses eaux.

13. Quid, lorsque la hauteur moyenne des eaux est produite par le mouvement alternatif des marées ?
14. De l'inondation. — Que deviennent les terrains momentanément envahis par les eaux d'une rivière navigable ?
15. L'administration seule a qualité pour délimiter le lit d'une rivière navigable.
16. Du cas où un arrêté de délimitation comprend dans le lit d'une rivière des terrains que n'atteint pas la hauteur moyenne des eaux. — Renvoi.
17. Hypothèse du changement de lit d'une rivière. — Historique de la question.
18. Art. 563 C. civ. — Critique de cette solution,
19. Commentaire de l'art. 563. — A quelles espèces sa décision peut-elle être appliquée ? — A qui appartient-il de décider si toutes les conditions nécessaires pour son application se trouvent réunies en fait ?
20. Que devient la propriété des îles qui s'étaient formées dans le lit abandonné ?
21. Que deviennent les droits constitués par les riverains sur l'ancien lit du cours d'eau ?
22. Qu'arrivera-t-il si la rivière vient à rentrer dans son ancien lit ?

§ III.

Des atterrissements susceptibles de constituer une propriété privée.

A. *Hypothèse de l'alluvion proprement dite.*
B. *Hypothèse de l'avulsion.*

A

23. Les art. 556-557 C. civ. ont fait cesser les controverses qui s'étaient élevées dans notre ancien droit quant à la propriété des alluvions.
24. Le système du Code civil a été fréquemment attaqué de nos jours. Réfutation des objections présentées par M. Chardon.
25. Caractères qui distinguent l'alluvion fluviale des lais et relais de la mer. — Application des principes posés aux schoores, wateringues et polders de la Flandre. — Jurisprudence des tribunaux belges.
26. Conditions nécessaires pour qu'une alluvion appartienne aux riverains. — Examen du cas où le terrain le long duquel s'est formé l'alluvion a été vendu comme ayant telle contenance fixe.
27. *Première condition* : L'héritage doit être voisin du cours d'eau.
28. Quid, si l'héritage est séparé par un chemin du cours d'eau ?
29. Quid, s'il en est séparé par une falaise, — par un mur ou par toute autre construction ?
30. *Seconde condition* : L'alluvion doit s'être formée d'une manière successive et imperceptible. — Faut-il exiger, en outre, qu'elle se soit montrée brusquement et tout d'un coup ?
31. Des alluvions artificielles. — Du cas où elles ont été provoquées par des travaux que les riverains ont fait exécuter dans le lit de la rivière.

§ IV.

Des îles et îlots qui se forment dans le lit des rivières navigables ou flottables.

§ Ier.

Propriété des rivières navigables.

1. A l'époque même où les Barbares envahissaient la Gaule, Justinien faisait triompher à Constantinople cette règle que les fleuves sont choses publiques : " Flumina autem omnia publica sunt. " (Inst. § 2, De rer. divis. II, 1). — Ce texte si clair et si précis avait dissipé tous les doutes que

soulevaient les passages trop souvent contradictoires des jurisconsultes classiques. Les rois Francs, qui se regardaient comme les successeurs des empereurs romains, se trouvaient par là investis tout naturellement de la propriété des rivières navigables : les cours d'eau faisaient partie de leur domaine : mais cette propriété ne devait être qu'éphémère. Arrivent, en effet, les commencements de la féodalité. Les Carlovingiens prennent plaisir à démembrer leur propre pouvoir, et la plupart de leurs droits royaux passent entre les mains des seigneurs. Les rivières sont naturellement l'objet de nombreuses concessions : les chartes de l'époque nous montrent les rois distribuant à leurs fidèles et aux monastères tous les profits qu'elles peuvent produire. Les pêcheries, les moulins, les péages, appartiennent désormais aux particuliers. Au dixième siècle, les rois ont perdu tout ce qu'ils avaient recueilli du fisc romain : le dessaisissement du domaine public est absolu. Au treizième siècle, nous trouvons encore le même état de choses : ni Beaumanoir, ni les Etablissements de Saint Louis ne nous parlent des rivières ; mais dans les monuments de la jurisprudence contemporaine, les eaux courantes font l'objet d'un grand nombre de procès, et le Roi, dans ceux où il figure, est assimilé aux autres parties : comme elles il doit exciper de sa possession, et nulle part, il n'est parlé de son droit domanial. M. Championnière (Prop. des eaux courantes, p. 646 et sq.) a rassemblé de nombreux documents qui nous montrent quel était alors l'esprit de la législation. Nous trouvons d'abord un accord du 2 février 1307, qui reconnaît à l'Evêque de Viviers, au chapitre et aux habitants la propriété du Rhône, puis une ordonnance du 17 mai 1315 attribuant les rivières qui n'ont fait l'objet d'aucune concession antérieure aux seigneurs des terres qu'elles traversent : une dernière ordonnance du 28 décembre 1355 défendait aux maîtres des eaux et forêts de constater les contraventions commises dans les rivières qui appartenaient aux sujets du roi. Malgré tout, bien que la propriété des seigneurs riverains fût encore à l'abri de toute contestation, leur droit à la juridiction et à la police des cours d'eau navigables ne tarda pas à être sérieusement menacé, et la royauté suivit bientôt la voie que ses agents lui avaient tracée. Son premier pas fut l'ordonnance de décembre 1543 : d'après elle, les maîtres des eaux et forêts des domaines royaux connaissaient de tous les différends relatifs aux rivières appartenant à des particuliers concurremment avec les maîtres des eaux et forêts institués par les seigneurs justiciers. L'ordonnance de mars 1558 alla plus loin : en attribuant compétence exclusive aux officiers royaux, elle privait les seigneurs de tout droit de justice et de police.

2. Une fois entrés dans cette voie, les domanistes ne devaient pas s'arrêter. Après avoir exproprié les seigneurs du droit de justice, ils cherchèrent à exproprier les particuliers de leur droit de propriété. L'art. 182 de la coutume de Meaux était ainsi conçu : « On tient que tous fleuves navigables sont au roi, s'il n'y a seigneur qui ait titre particulier, et supposé qu'aucun ait haute justice, en aucune terre près ledit fleuve, n'est pas censé avoir haute justice sur ledit fleuve. » On affirmait donc, pour la première fois, qu'en principe les rivières appartiennent au roi : on nous parle bien encore du droit des seigneurs et des particuliers ; mais ce droit n'est reconnu qu'à titre de simple exception. Bacquet proposa le premier d'en revenir purement et simplement à la doctrine romaine. « On tient en « France, dit-il, que les fleuves et rivières navigables ap- « partiennent au roi et de regalibus sunt, tant suivant la « disposition du droit commun que suivant une prétendue « usance de France, par laquelle « ea quæ jure naturali com- « munia sunt omnium, vel quæ publica sunt et juris gentium

« esse dicuntur, ut mare, flumina, littora, portus, ripæ, viæ
« aublicæ, itinera publica, forum, theatra, stadia, principis
« sive regis esse censentur » et tout ce qui est destiné à
« l'usage du public est censé appartenir au roi. » (*Droits de
justice*, ch. xxx, nᵒˢ 3 et 4.) Dès 1549, des lettres patentes
de Henri II avaient revendiqué, pour le domaine royal, la
propriété de toutes les eaux et rivières du Dauphiné ; mais
cette prétention du domaine ne s'appuyait que sur des circonstances locales : dans le Dauphiné, ancienne province
détachée de l'empire germanique, on avait de tout temps
suivi à la lettre la doctrine des Institutes, qui avait passé
dans les Libri feudorum. Au xviiᵉ siècle , un changement
radical dans la législation était devenu de plus en plus nécessaire : les besoins des populations, les exigences du
commerce et de l'intérêt public voulaient que les rivières
fussent désormais l'objet d'une jouissance commune. L'ordonnance de 1669 ouvre une période nouvelle dans l'his-
toire des rivières navigables. Tit. xxvii, art. 41. « Déclarons la propriété de tous les fleuves et rivières portant
bateaux de leur fond, sans artifice et ouvrage de mains,
dans notre royaume et terres de notre obéissance, faire
partie du domaine de la Couronne, nonobstant tous titres
et possessions contraires, sauf les droits de pêche, moulins
bacs et autres usages pouvant y avoir par titres et possessions valables, auxquels ils seront maintenus. » La dépossession des riverains ne s'opéra pas sans difficulté, et la
puissance de l'usage fut plus forte que la volonté despotique
de Louis XIV. Dans un édit du mois d'avril 1683, le roi,
tout en affirmant ses droits de la manière la plus formelle,
reconnaissait que de nombreuses réclamations s'étaient
élevées; voulant y faire droit, il confirmait en la propriété,
possession et jouissance des îles, ilots et atterrissements,
accroissements, droits de pêche, péages, passages, bacs,
bateaux, ponts, moulins et autres édifices sur les rivières

navigables, tous ceux qui rapporteraient des titres antérieurs à 1566, tels que des aveux et dénombrements, des
contrats d'inféodation, des contrats d'aliénation et d'engagement. En 1686 et en 1689, deux nouveaux édits sont
obligés de reconnaître que ces vérifications et récollements
de titres sont impossibles en Languedoc et en Bretagne ;
on maintient les possesseurs dans leurs droits actuels, en
les obligeant seulement à payer une simple redevance à
titre d'indemnité. L'édit du mois de décembre 1689 appliqua
cette mesure à tout le royaume ; on se résignait à laisser
jouir paisiblement ceux qui justifiaient d'une possession
antérieure à 1669. Ainsi donc on avait posé un principe,
mais il avait été impossible d'en tirer une conséquence
pratique.

3. La Révolution poursuivit l'œuvre commencée par
Louis XIV. Dans la nuit du 4 août 1789, disparaissent
tous les droits féodaux de bacs, de péages que l'ancien régime avait été obligé de respecter en désespoir de cause.
Bientôt la loi des 22 novembre-1er décembre 1790 place les
rivières navigables parmi les biens du domaine public. Enfin
la loi des 28 septembre - 6 octobre 1791 termine la grande
lutte entre l'Etat et les particuliers. « Nul ne peut se prétendre propriétaire exclusif des eaux d'un fleuve ou d'une
rivière navigable ou flottable. » A l'époque où fut rédigé
l'art. 538 C. Civ, personne ne contestait plus la domanialité
des rivières navigables.— En même temps, la Constituante,
complétant les dispositions de l'ordonnance de 1669, s'occupait de maintenir la liberté des rivières et de prévenir le
retour des anciennes usurpations. La loi des 22 décembre
1789 - 1er janvier 1790 chargeait les administrations départementales de leur conservation, et ses prescriptions étaient
complétées par la loi en forme d'instruction des 12-20 août
1790. Dans son arrêté du 19 ventose an VI, le Directoire
chargeait encore les municipalités de vérifier l'existence

légale des ponts, chaussées, digues, écluses, moulins et autres établissements de ce genre nuisibles à la navigation : ceux d'entre eux qui ne justifiaient d'aucun titre ou qui n'auraient été autorisés que par des actes entachés de féodalité devaient être immédiatement détruits. On déclarait de plus que désormais aucun travail ne pourrait être exécuté sans la permission de l'administration centrale, ce qui s'appliquait surtout aux prises d'eau dans l'intérêt des usines et de l'irrigation. Les considérants de cet arrêté nous montrent quels résultats avait produits le régime de tolérance antérieur à 1789 : inondation de terres riveraines et interruption de la navigation, atterrissement des rivières et canaux navigables, dont le fond ensablé ou envasé s'élevait dans une proportion effrayante, etc., etc. — Enfin la loi du 29 floréal an X vint sanctionner tous les réglements nouveaux, en déclarant que les contraventions seraient constatées, réprimées et poursuivies dans la forme administrative.

4. Les rivières navigables, dit actuellement l'art. 538 C. Civ., font partie du Domaine public. Quel est donc le sens de ce mot : Rivière navigable ? Nous répondrons que doit être considérée comme telle toute rivière qui porte le bateau, soit naturellement, soit à l'aide d'ouvrages d'art. Dans notre ancienne jurisprudence, l'ordonnance de 1669 (Tit. XVII, art. 41) n'attribuait au domaine royal que les fleuves portant bateaux sans artifice ni ouvrage de mains. Malgré la précision de ce texte, quelques auteurs soutenaient que l'on n'avait entendu faire aucune distinction entre les rivières navigables et les rivières canalisées. Pour eux, l'art. 41 n'était qu'une disposition purement énonciative : on avait voulu dire non pas que les rivières portant bateau sans artifice ni ouvrage de mains appartenaient seules au domaine public, mais simplement que ces rivières en faisaient incontestablement partie. A la lettre de l'art. 41, ils opposaient d'autres dispositions conçues dans des termes

tout-à-fait généraux. L'art. 3, tit. i, par exemple, attribuait à la juridiction des eaux et forêts les actions relatives
aux prétentions et entreprises sur toutes les rivières navigables et flottables. L'art. 23, tit. iii, soumettait au même
régime toutes les rivières navigables, sans qu'il y eût à rechercher si la navigabilité était naturelle ou si, au contraire,
elle ne résultait que de travaux antérieurement accomplis.
Quoi qu'il en soit de cette controverse, aucun doute ne
peut s'élever aujourd'hui. Les expressions restrictives de ,
l'ordonnance ne sont reproduites ni par la loi de 1790, ni
par le Code civil. En 1829, M. de Malleville, rapporteur
de la loi sur la pêche fluviale, s'exprimait ainsi devant la
Chambre des pairs : « D'après l'ordonnance de 1669, pour
que la propriété d'un fleuve ou d'une rivière navigable fît
partie du domaine public, il fallait qu'ils fussent naturellement navigables, qu'ils portassent bateau de leur fond et
sans artifice ni ouvrage de mains. Le projet étend le droit
du domaine sur tous les cours d'eau navigables ou flottables
dont l'entretien est à la charge de l'Etat ou de ses ayant-
cause. » Il ajoutait plus bas : « L'art. 538 considère comme
dépendances du domaine public tous les fleuves et rivières
navigables ou flottables sans distinction. » Aussi les arrêts
intervenus sur la matière se contentent-ils de dire que l'art.
538 C. Civ. ne fait aucune différence entre les rivières navigables de leur propre fond et celles qui le deviennent par
les œuvres de l'homme ; que les unes et les autres sont considérées comme des dépendances du domaine public ; que,
s'il en était autrement, l'Etat ne deviendrait pas propriétaire
des rivières qu'il rendrait navigables, ce qui préjudicierait
à la navigation. (V. not. Req. Rej. 29 juillet 1828 ; Dev.
C. N. 9, 1, 144 ; C. d'Etat, 23 avril 1823 ; Macarel 23,
287.). Mais, en fait, il arrive souvent que l'administration,
en permettant à un particulier de rendre navigable à ses
frais telle ou telle partie d'un cours d'eau, déclare que

éanmóins le cours d'eau ne sera pas considéré comme na-
igable. Dans un assez grand nombre de décrets et d'ordonnances, nous trouvons la disposition suivante : « L'autorisation d'effectuer des travaux sur la rivière n'aura pas
pour effet de la faire classer au nombre des rivières navigables ou flottables. » Nous croyons, pour notre part, qu'il
ne faudrait pas exagérer les conséquences de la fiction que
consacre cette formule. Sans aucun doute , les riverains
jouiront, comme par le passé, du droit de pêche ; leurs héritages ne seront pas grevés des servitudes qui pèsent sur
les propriétés joignant un cours d'eau navigable (C. d'Etat
du 10 juillet 1862 ; Lebon, 62, 567) ; ils continueront à
être tenus du curage et de l'entretien de la rivière ; mais
faut-il dire qu'ils pourront encore invoquer l'art. 644 et dé-
river les eaux pour l'irrigation de leurs propriétés ? Il
semble difficile jusque là. Ce serait permettre aux riverains
d'interrompre la navigation et de rendre inutiles les travaux
accomplis. A ce point de vue, ils se trouveront dans la
même situation que les riverains d'un cours d'eau navigable.
Ils ne pourront faire de prises d'eau que dans les termes
de l'arrêté du 19 ventose an VI et de la circulaire du 23
octobre 1851. Seulement ils pourront réclamer une indemnité pour le dommage qui leur aura été causé par l'établissement de la navigation : nous appliquons par analogie
l'art. 3 du décret du 22 juin 1808.

5. Dans quel cas peut-on dire qu'une rivière porte bateau ? Il faut, suivant les expressions de M. Demolombe
(T. IX, n° 457 bis), que cette rivière puisse, d'amont en
aval, servir de moyen de transport et faire l'office de grand
chemin. La même idée se retrouve dans le rapport de M.
de Malleville sur la loi du 15 avril 1829. « Il résulte évidemment de la disposition qui se trouve dans l'art. 1, qu'il
ne suffit pas pour qu'une rivière soit déclarée navigable ou
flottable et que le droit de pêche en soit dévolu à l'Etat,

qu'elle ne puisse être traversée qu'en bateaux ; il faut, en outre, qu'on puisse y naviguer librement, y circuler en bateaux, trains ou radeaux, du moins pendant une partie de l'année, depuis le point où elle aura été navigable jusqu'à son embouchure. » Ainsi, ce ne serait pas assez qu'il circulât sur ce cours d'eau des embarcations de plaisance ou bien quelques bateaux utilisés par les riverains pour le transport de leurs récoltes ou de leurs engrais, la jurisprudence se refuse à voir là une véritable navigation (C. d'Etat 1er décembre 1853 ; Lebon, 53, 972). Un arrêt de la Cour de Paris du 2 août 1862 (Dev. 62, 2, 355) a décidé en conséquence que les propriétaires riverains pourraient barrer, à l'aide d'une chaîne, le cours de ces rivières et y empêcher ainsi toute circulation. De même une rivière ne serait pas réputée navigable par ce fait seul qu'on pourrait la traverser pour se rendre d'un bord à l'autre ou que des particuliers y auraient établi un bac. C'est ce que nous trouvons consacré par un arrêté du préfet de la Corrèze, en date du 21 juillet 1821. La navigation doit, en outre, avoir lieu d'une manière continue. Donc, on ne peut assimiler aux rivières navigables le cours d'eau dont le lit serait périodiquement desséché pendant les chaleurs de l'été. — D'autre part, dès que ces deux conditions sont remplies, peu importerait que, pour un motif ou pour un autre, la navigation ne fût pas, en fait, établie sur la rivière. Cette circonstance ne saurait préjudicier aux droits imprescriptibles du domaine. Même décision au cas où la navigation n'aurait été que momentanément suspendue à la suite d'événements extraordinaires (C. d'Etat 22 février 1850 ; Lebon 50, 185). Une difficulté aurait pu se présenter relativement à certaines rivières qui, en raison de leur rapidité, ne peuvent être parcourues par des bateaux proprement dits et sur lesquelles le transport des marchandises n'a jamais lieu qu'au moyen de radeaux. Les jurisconsultes romains se demandaient

déjà si ces rivières étaient navigables : « Navigii appella-
tione etiam rates continentur, quia plerumque et ratium
usus necessarius est. » Ulpien, l. I, § 14 de fluminibus, ff,
XLIII, 8. Nous lisons de même dans l'édit du préteur :
« Quominus illi in flumine publico navem, ratem agere,
quoveminus per ripam onerare, exonerare, liceat ire, fieri
veto. » (L. I, princip. ff. ut in flumine publico, XLIII, 4.) La
même solution était acceptée dans notre ancien droit. « La
rivière de Garonne, dit Lapoix de Freminville (Pratiq. des
terriers, t. IV, p. 436) ne porte pas de bateaux dans tout
son cours, à cause des rochers qui s'y rencontrent et de la
rapidité de ses eaux, ce qui fait que l'on se sert de radeaux,
sur lesquels on transporte toutes sortes de marchandises,
telles que bois, laines, fers, marbres et toutes autres denrées du crû des montagnes du voisinage; ce qui doit faire
considérer cette rivière, et autres de pareille situation,
comme des rivières navigables, quoiqu'elles ne portent pas
bateau. » C'est ce qui avait été jugé par l'arrêt du Conseil
du 9 novembre 1694. Nous ne voyons, pour notre part,
aucune raison d'abandonner cette doctrine sous l'empire du
Code civil.

6. Les rivières navigables appartiennent-elles au domaine public dans toute l'étendue de leur cours, ou seulement à partir du point où pour la première fois elles peuvent porter bateau ? — Dans sa douzième requête, d'Aguesseau revendiquant au nom du roi le droit de pêche sur une
partie de la rivière de Boutonne, faisait observer qu'il s'a-
gissait d'une rivière qui « devient navigable quelques lieues
au dessous de l'endroit où l'appelant prétend avoir le droit
de pêche. Puisque le droit romain et les livres des fiefs,
dont une partie de nos usages sont tirés, ont confondu, par
rapport aux droits du souverain, les rivières qui en rendent
d'autres navigables par leurs jonctions avec celles qui le
sont, on peut, à plus forte raison, soutenir qu'une rivière

qui devient navigable dans une partie de son cours, appartient dans toute son étendue non-seulement à l'empire, mais au domaine du roi. » (Edit. de 1772, t. VII, p. 179.) Cette prétention de d'Aguesseau était combattue dès cette époque ; elle avait été notamment condamnée par l'arrêt du Parlement de Paris, du 6 décembre 1651, dont l'espèce est rapportée par Henrys (Liv. III, quest. 49, nᵒˢ 2 et seq. T. II, p. 19). » Comme la rivière de Loire, descendant du Velay, traverse la plaine de Forez et ne commence néanmoins à porter bateaux qu'à Roanne, il y avait lieu de douter si, avant qu'elle soit à Roanne, elle peut passer pour un fleuve navigable et qui dépend de Sa Majesté ; attendu même que, sans le saut du Piney, endroit dangereux et plein de rochers entre deux montagnes, elle pourrait commencer à porter bateaux au Pont-de-Saint-Rambert. La Cour jugea qu'en deçà de Roanne, les seigneurs haut-justiciers ont droit de justice sur la rivière de Loire, ainsi que sur les autres rivières. On avait allégué l'art. 182 de la Coutume de Meaux et les art. 341-342 de celle de Bourbonnais, mais inutilement. Elles établissent seulement que les fleuves navigables sont au roi, et c'est ce qui n'était pas en controverse : il s'agissait de savoir si la Loire en deçà de Roanne pouvait être censée navigable [1]. » Quelques années plus tard, la déclaration d'avril 1683, établissant que la propriété des rivières navigables entraîne au profit de l'Etat celle des îles et ilots qui se forment dans ces rivières, exclut immédiatement les îles situées aux endroits où la rivière ne porte pas encore de bateaux. C'est ce que répète l'arrêt du Conseil du 9 novembre 1694, qui ordonne d'exé-

---

Aujourd'hui les obstacles qui, à l'époque où écrivait Henrys, entravaient la navigation de la Loire, ont disparu par suite des travaux exécutés depuis la loi du 30 juin 1835 : la Loire est classée comme navigable depuis le port de la Noirie. — Cpr Grangez, précis historique des voies navigables, p. 303 ; Dalloz vᵒ Voirie par eau, nᵒ 229.

cuter la déclaration de 1683 contre ceux qui possèdent des îles situées dans le lit de la Garonne et exempte de toute recherche les propriétaires des îles qui seraient situées aux endroits où la rivière n'est navigable ni par bateaux ni par radeaux. Un dernier arrêt du 16 août 1697 pose encore plus nettement le principe que la rivière n'appartient au roi que depuis l'endroit où elle est navigable. La Cour de cassation et le Conseil d'Etat sont aujourd'hui parfaitement d'accord sur ce point (Req. 29 juin 1813 ; Dalloz, v° Voirie par eau, n° 229 ; Civ. Rej. 23 août 1819 ; Dev. C. N. 6, 1, 121 ; C. d'Etat, 11 janvier 1851 ; Lebon, 51, 33). Et pour résumer l'état actuel de la jurisprudence, nous nous contenterons de rapporter un des considérants de l'arrêt de Liége du 16 janvier 1862. « En droit, les rivières navigables et flottables n'appartiennent au domaine public qu'à partir de l'endroit où commence la navigabilité ou la flottabilité, jusqu'à leur embouchure, parce que c'est à partir de cet endroit seulement que commence l'affectation spéciale et permanente de ces rivières à l'usage public, qui leur imprime le caractère de dépendances du domaine public. » (Belg. Judic. T. XXI, p. 280). — De même, si la navigation était impossible à certains endroits au dessous du point où la rivière commence à porter bateaux, il est évident qu'on ne pourrait, par une sorte de fiction, considérer ces parties de la rivière comme étant réellement navigables. Il ne faudrait avoir aucun égard à leur situation sur l'étendue du cours d'eau. « La navigabilité, dit M. Garnier (T. I, n° 63), est toute en fait, et il ne saurait en exister en droit. » L'arrêt du 6 novembre 1694 semble tout-à-fait prêter appui à notre sentiment, puisqu'il ordonne l'exécution de la déclaration de 1683 contre les possesseurs des îles de la Garonne aux lieux où elle est navigable, et non pas seulement depuis l'endroit où elle est navigable.

7. Que faut-il décider à l'égard des bras non navigables

d'une rivière navigable? L'arrêt du Conseil du 16 août 1697 et la déclaration du 13 août 1709, les attribuaient au domaine. — M. Nadault de Buffon (Tr. des Usines, t. I, p. 252) fait observer avec raison, qu'à cause des variations et des changements fréquents qui s'opèrent dans le lit naturel de toutes les rivières, rien n'assure que la navigation qui s'effectue aujourd'hui dans le bras de droite, ne sera pas obligée de se reporter d'un moment à l'autre dans le bras de gauche, et d'abandonner son ancienne direction, si le thalweg du fleuve vient à subir un changement analogue ; car là où le tirant d'eau est insuffisant, il n'y a pas de navigation possible, et, souvent des travaux de dragage, de curage, etc. etc., sont insuffisants pour remédier aux effets du travail lent, mais continuel, des eaux courantes. Ainsi, ajoute le savant ingénieur, lorsqu'une rivière navigable se bifurque ou se ramifie, on ne peut jamais savoir au juste celui des divers bras qui réclamera le service de la navigation à une époque ultérieure : il est donc nécessaire que l'administration les conserve tous sous sa surveillance. — De nombreux arrêts ont jugé : 1° Que ces bras non navigables n'étaient susceptibles d'aucune propriété privée et qu'ils ne pouvaient être grevés d'aucun droit dans l'intérêt d'un particulier.— 2° Que les lois sur la police des rivières navigables devaient y être appliquées. — 3° Que les contraventions qui y seraient commises, ne pourraient être réprimées que par les conseils de préfecture. — 4° Que l'Etat y pouvait réclamer le droit de pêche dans les termes de la loi du 15 avril 1829 (C. d'État 30 mai 1821 ; Macarel 21,1,608, — ibid., 28 janvier 1835 ; Lebon 35,48 ; — ibid. ; 11 février 1839 ; Lebon, 36,79 ; — ibid., 4 avril 1837 ; Lebon 37,97 ; — ibid., 8 mars 1844 ; Lebon, 44,140 ; — Bruxelles, 4 déc. 1867 ; Pas. 68,2,32 et la note). La décision devrait être toute autre s'il s'agissait d'un bras non navigable d'une rivière canalisée : les riverains pourraient exercer sur cette partie du cours d'eau tous les droits qui ne seraient pas incompatibles avec la destination du bras principal : si l'administration croyait nécessaire de diminuer le volume dont ils jouissaient pour l'irrigation ou le roulement des usines, elle ne pourrait le faire que moyennant une juste indemnité : il y aurait là un véritable dommage permanent. — C'est ce qui semble résulter de l'arrêt du Conseil du 4 août 1866 (Lebon 66, 951) admettant un particulier à justifier de ses droits sur un des bras non navigables de l'Yonne canalisée. — Nous assimilerons aux bras non navigables d'une rivière, les canaux creusés de main d'homme pour détourner une portion de cette rivière sur un point, et la rendre plus bas à son cours naturel. « Si fossa manu facta sit per quam fluit publicum flumen, nihilominus, publica fit et ideo si quid ibi fiat in flumine publico factum videtur. » L. I, § 7 ff. de fluminibus (XLIII, 12). Ici encore, nous nous conformons à la jurisprudence (C. d'État, 21 janvier 1835 ; Lebon, 35,47 ; — ibid. 8 mars 1844. Lebon, 44, 140). — En dernier lieu, il est possible que des courants se séparent de la rivière pour ne plus s'y réunir, et pour aller plus loin se perdre dans les terres : dans l'opinion commune, ces eaux deviennent indépendantes de la rivière principale, depuis le point de séparation : ces ramifications n'ont plus rien qui les rattache au fleuve navigable ; dès lors, pourquoi conserveraient-elles le même caractère que ce fleuve ? « Nous croyons, dit M. Proudhon (Dom. Publ. n° 760), que la petite rivière qui se serait ainsi séparée du fleuve navigable, pour porter ses eaux dans une autre région, cesserait, dès son point de séparation, de faire partie de la grande rivière et n'appartiendrait plus à la classe de celles qui sont navigables et flottables, tant que le gouvernement ne l'y aurait pas replacée par des ouvrages nécessaires à cette fin. La raison de cela, c'est qu'elle aurait, dès son point de départ, une existence propre et séparée, et, qu'ayant définitivement cessé de faire partie du fleuve navigable, sans être par elle-même habile à la navigabilité, on ne verrait plus de cause à laquelle il fût possible de se rattacher, pour la comprendre encore dans le domaine public; en sorte que ce ne serait plus qu'un simple ruisseau ou qu'une rivière ordinaire à l'égard de laquelle les propriétaires riverains pourraient exercer leur droit de prise d'eau, d'alluvion et de pêche, suivant ce qui se pratique à l'égard des petites rivières. » On a cependant présenté une objection : si ces courants ne sont pas considérés comme navigables, il est à craindre que toute navigation ne devienne impossible sur le cours d'eau proprement dit : les riverains ayant droit de se servir des eaux pour l'irrigation de leurs propriétés, pour le roulement des usines (art. 644), seront bien souvent tentés d'abuser de leurs droits : le volume d'eau de la rivière pourra être singulièrement diminué par l'effet de leurs entreprises.— Il est facile de répondre qu'au cas où ces empiètements viendraient à se produire, l'autorité administrative pourrait intervenir et imposer d'office aux riverains un règlement d'eau. Si les prises d'eau étaient préjudiciables au corps principal du fleuve, ce seul résultat leur conférerait le caractère de contraventions commises sur une rivière navigable et autoriserait l'usage des armes attribuées à l'administration pour assurer leur conservation.

8. Quel est le caractère des noues, boires et fossés qui tirent leurs eaux d'une rivière navigable? La question fut longtemps débattue devant la Chambre des Pairs, à l'époque où l'on défendait la loi sur la pêche fluviale. Le gouvernement proposait de soumettre à la domanialité les fossés où l'on pourrait pénétrer en bateau pendant les moyennes eaux. Cette disposition avait été l'objet de vives critiques : on craignait notamment qu'elle ne fût la cause de luttes continuelle entre les propriétaires riverains et les agents inférieurs de l'administration. Aussi, de

nombreux amendements furent-ils présentés devant les Chambres : les uns demandaient que la domanialité fût restreinte aux fossés dans lesquels l'administration aurait déjà exécuté des travaux pour les entretenir et y assurer sa jouissance ; — d'autres voulaient qu'on la restreignît aux fossés dans lesquels on pourrait librement circuler en tout temps, soit avec des bateaux du même tonnage que ceux qui serviraient à la navigation de la rivière, soit avec des bateaux d'un port déterminé. — En présence de ces réclamations contradictoires, la Chambre des Pairs crut plus prudent de ne point se prononcer sur la domanialité de ces fossés ; elle déclara seulement que dans certains cas, le droit de pêche serait réservé à l'État sur les noues, boires et fossés. « La commission, disait M. de Malleville, estime que l'État ne peut revendiquer le droit de pêche dans les noues, boires et fossés dont il s'agit, que tout autant qu'on y peut pénétrer en bateau, librement et sans aucun artifice accidentel, non-seulement pendant les moyennes eaux, mais même en tout temps. » Dans le projet primitif, l'art. 1 de la loi était ainsi conçu : « Font partie intégrante des fleuves et rivières navigables ou flottables les noues, boires et fossés, etc. » Pour être conséquente avec elle-même, la commission y substitua la rédaction suivante : La pêche est exercée au profit de l'État dans, etc... » Les travaux préparatoires nous montrent donc de la manière la plus claire quelle a été l'intention définitive du législateur. On ne peut dire à priori, en se fondant sur l'art. 1 de la loi de 1829, que les noues, boires et fossés, qui portent naturellement bateaux en tout temps, font seuls partie du domaine public. Quelques années plus tard, dans le rapport qui a précédé l'ordonnance du 10 juillet 1835, le ministre des finances, M. Humann rappelait encore qu'en 1829, on n'avait pas cherché à fixer les droits plus ou moins étendus du domaine public, mais que l'on s'était uniquement préoccupé des difficultés que soulevait l'exercice du droit de pêche. — Suivant nous, la question doit se résoudre d'une manière extrêmement simple. D'abord, supposons un fossé navigable sur toute son étendue, nous n'éprouverons aucun doute pour l'attribuer au domaine. Mais le plus souvent un fossé n'est navigable que sur une certaine étendue : une jurisprudence que nous approuvons sans réserve décide que le fossé sera réputé dépendre du domaine de l'Etat, même dans les parties où il est impossible de circuler en bateau (Bordeaux, 16 juin 1849. — Pal. 50, 2, 447). Supposons, au contraire, un fossé non navigable. De deux choses l'une : Ou ce fossé va plus loin déverser ses eaux dans la rivière ; nous l'assimilerons tout naturellement à un bras non navigable de la rivière, et nous l'attribuerons au domaine public ; ou ce fossé va se perdre dans les terres ; il rentre alors dans la catégorie des courants qui se séparent de la rive pour ne plus s'y réunir. Si l'on décide que ces courants participent de la nature même de la rivière, il faudra décider que le fossé sera soumis au régime des cours d'eau navigables. Si l'on admet avec nous que ces courants sont absolument distincts de la rivière, dès le moment de leur séparation, on appliquera les règles qui régissent les cours d'eau non navigables ni flottables.

9. On désigne sous le nom d'affluents les cours d'eau secondaires qui se réunissent à la rivière principale. « Depuis le fleuve jusqu'au ruisseau, lisons-nous dans l'ouvrage de M. Nadault de Buffon (T. I, p. 179), tous les cours d'eau ont leurs affluents ; seulement ils sont de moins en moins apparents, à mesure que l'on remonte dans des vallées plus élevées. On voit, d'après cela, que toute rivière de quelque importance reçoit toujours, soit directement, soit indirectement, un nombre considérable de cours d'eau distincts, qui se désignent par rapport à cette rivière principale sous le nom d'affluents de premier,

deuxième, troisième ordre, etc., etc... Ainsi, l'Aube et la Marne sont, pour la Seine, des affluents de premier ordre; l'Ourcq, affluent de premier ordre de la Marne, n'en est qu'un de deuxième ordre pour la Seine, et ainsi de suite. » Au moyen âge, la domanialité du cours d'eau principal entraînait la domanialité des affluents. Une constitution de l'empereur Frédéric portait : « Regalia scrutari manniæ, viæ publicæ, flumina navigabilia, et a quibus navigabilia fiunt. » Libri feudorum, lib. II, titre 56. Nous avons déjà cité un passage de la douzième requête de d'Aguesseau, où cette doctrine se trouvait reproduite. Merlin (Rep. v° rivière § 1, n° 2) reprochait avec juste raison à l'illustre procureur général d'avoir parlé moins en magistrat impartial qu'en défenseur des droits du domaine. En effet, si l'on admettait cette solution, il n'y aurait guère de ruisseaux, quelque faible que fût leur volume, qui ne dussent être regardés comme partie intégrante d'une rivière navigable, puisque ces ruisseaux se rendent presque tous à des rivières navigables. Dans ses notes sur la loi 2 de Fluminibus, Godefroid avait proposé de ne déclarer navigables que les cours d'eau qui en rendent d'autres navigables per immediatam eorum adjunctionem. En d'autres termes, ce système restreindrait la domanialité aux cours d'eau que M. Nadault de Buffon appelle affluents du premier ordre. Une semblable distinction ne peut se justifier d'une manière rationnelle : il y a là quelque chose de par trop arbitraire, et il est impossible de voir pour quel motif on doit donner une solution différente, suivant que le cours d'eau se jette ou ne se jette pas directement dans une rivière navigable. Aujourd'hui, tous les auteurs sont d'accord pour décider : 1° que les affluents qui se rendent aux rivières navigables n'appartiennent au domaine public que s'ils sont eux-mêmes susceptibles d'une navigation continue. Toutefois nous verrons plus tard qu'il y a doute en ce qui touche les affluents de la

Seine qui servent au flottage des bois destinés à l'approvisionnement de Paris. 2° Que l'administration a d'autre part le droit de s'opposer, sur ces affluents, à toute entreprise qui serait de nature à compromettre la navigabilité du fleuve. Nous citerons comme exemple l'art. Ier, titre Ier, de l'édit de décembre 1672 : « Pour faciliter le commerce par les rivières et le transport des bois nécessaires à la ville de Paris, défenses sont faites de détourner l'eau des ruisseaux et des rivières navigables et flottables affluant dans la Seine, ou d'en affaiblir ou altérer le cours par tranchées, fossés, canaux ou autrement, et au cas de contravention, seront les ouvrages détruits réellement et de fait, et les choses réparées immédiatement aux frais des contrevenants. » On peut encore consulter les art. 1 et 2 de l'arrêté du 25 vendémiaire an IX relatif à la rivière de Bièvre.

10. La navigabilité est un fait : donc pour qu'une rivière soit réputée navigable, il n'est pas nécessaire que l'administration l'ait reconnue telle par une déclaration régulière et officielle. Si une contestation vient à s'élever, le juge statuera sur ce point spécial, sans avoir besoin de renvoyer les parties à se pourvoir devant l'administration supérieure. C'est ainsi que, suivant les arrêts, le Conseil de préfecture, saisi d'un procès-verbal de contravention dressé contre un particulier, est compétent pour constater la navigabilité de la rivière au lieu où la contravention a été commise (C. d'Etat, 14 avril 1853. — Lebon, 53, 480). Mais, d'un autre côté, il est de l'intérêt à la fois de l'administration et des riverains que les cours d'eau considérés comme navigables soient, autant que possible, déterminés à l'avance. On n'est guère d'accord en doctrine sur le point de savoir de quelle autorité doit émaner cette déclaration de navigabilité. Tantôt on enseigne qu'une loi doit intervenir dans tous les cas ; tantôt on n'exige de loi que s'il s'agit d'un cours d'eau d'une longueur d'au moins 20,000 mètres ; tantôt enfin, on ad-

met que la déclaration peut résulter d'un simple décret. Cette dernière opinion est invariablement suivie dans la pratique. Les rivières sont déclarées navigables par de simples décrets rendus dans la forme d'un réglement d'administration publique, et nous ne croyons pas qu'il soit venu jamais à l'idée d'un particulier lésé par les suites de cette déclaration, d'attaquer un semblable décret comme inconstitutionnel et entaché d'un excès de pouvoir. La plupart des déclarations de navigabilité sont intervenues en conséquence de la loi du 15 avril 1829, art. 3. D'après ce dernier texte, des ordonnances royales insérées au Bulletin des lois devaient déterminer les parties des fleuves et rivières, où le droit de pêche serait exercé au profit de l'Etat. Or, le droit de pêche ne pouvant être exercé au profit de l'Etat que dans les rivières navigables, la navigabilité des rivières dont s'occupent les ordonnances et décrets postérieurs à 1829, se trouve à l'abri de toute contestation : la reconnaissance du droit de pêche au profit de l'Etat entraîne la reconnaissance de la navigabilité. L'ordonnance du 18 juillet 1835 énumère tous les cours d'eau où la pêche est domaniale. D'après le rapport de M. Humann, ministre des finances, nous pouvons nous rendre compte du soin que l'administration a apporté à l'étude de ces questions si délicates. Des enquêtes de commodo et incommodo avaient été ouvertes dans toutes les communes intéressées ; le résultat de ces enquêtes avait été transmis au ministère et coordonné dans les bureaux ; le travail définitif avait été confié à une commission spéciale, où se trouvaient représentées l'administration des Domaines, celle des Ponts-et-chaussées, celle des Eaux-et-Forêts. Le tableau joint à l'ordonnance comprend tous les départements de la France, à l'exception de huit, où il ne se trouve aucune rivière navigable : ce sont ceux du Cantal, de la Corse, du Gers, de la Lozère, de l'Orne, des Pyrénées-Orientales, de la Haute-Vienne et du Var. Plus tard, lors de l'annexion à la France de la Savoie et du comté de Nice, un décret spécial rendu à la date du 14 janvier 1865 vint indiquer quelles étaient, dans le périmètre des nouveaux départements, les rivières où la pêche serait désormais domaniale. — En dehors de ces deux textes principaux, de nombreux décrets et ordonnances sont intervenus, soit pour classer, soit pour déclasser, tout ou partie de certaines rivières ; nous nous bornerons à en mentionner les dates. — Ordonnance du 19 février 1843, déclarant la rivière de Vienne navigable depuis le pont de Chitré ; — Ordonnance du 14 mai 1843 relative aux affluents de l'Yonne ; — Ordonnance du 29 janvier 1844, déclarant la Creuse navigable depuis le moulin de Saint-Marin dans le département de l'Indre ; — Ordonnance du 9 juin 1844, déclassant la partie de la rivière du vieux Cher comprise entre Villandry et le barrage de Rupuane ; — Décret du 31 mai 1850, relatif à la navigabilité de l'Hérault ; — Décret du 11 avril 1853, relatif à la navigabilité de la Loire ; — Décret du 10 septembre 1861, déclarant la Dordogne flottable en trains, du pont d'Arche à la Rhue ; — Décret du 9 octobre 1861, déclarant flottable en trains partie de la rivière du Ciron ; — Décret du 11 décembre 1861 relatif à la navigabilité de la Vaulonne, — Décret du 3 août 1862, relatif à la navigabilité des affluents de la Garonne dits Esteys de Langoiran ; — Décret du 27 mai 1865 classant la Chalaronne comme rivière navigable et flottable ; — Décret du 3 mai 1865 déclassant la rivière de Bar ; — Décret du 2 décembre 1865 déclassant partie de la rivière de la Rille ; — Décret du 19 juin 1867, relatif à la navigabilité de la Leyre ; — Décret du 14 août 1867, relatif à la navigabilité de l'Eure ; — Décret du 2 septembre 1868, déclassant partie de l'Ardèche ; — Décret du 24 octobre 1868 classant la rivière d'Aure, etc., etc... Comme on le voit, rien de plus variable que toute cette législation. L'état de choses actuel n'a rien de définitif et peut être modifié à tout moment suivant les besoins de l'intérêt public. L'administration suit les cours d'eau dans toutes leurs transformations; elle ne peut que constater les modifications survenues dans leur régime. Que si elle venait à excéder son droit et à déclarer navigable une rivière qui, en fait, ne porterait pas bateaux, les tiers pourraient se pourvoir devant le Conseil d'Etat, et l'acte qui leur préjudicierait serait infailliblement annulé. Nous le répétons une fois de plus, la navigabilité ne saurait résulter d'une simple fiction de la loi [1].

11. Personne ne conteste que l'autorité administrative a seule qualité pour reconnaître la navigabilité actuelle d'un cours d'eau. Suivant la jurisprudence, les tribunaux de

---

[1] Ce principe, bien qu'incontesté dans la doctrine, a cependant été méconnu par le décret du 14 janvier 1865. Un assez grand nombre de cours d'eau qui ne sont naturellement ni navigables ni flottables, ont été classés au nombre des cours d'eau navigables des départements de la Savoie et de la Haute-Savoie. De là des difficultés incessantes entre l'administration et les riverains. Un avis ministériel, en date du 15 mai 1868, essaye de justifier la décision du décret de 1865, par rapport au Thiou, l'une des décharges du lac d'Annecy. « Le Thiou, dit-il, n'était navigable de fait ni en 1861 ni en 1865 et il ne saurait le devenir, parce qu'il n'y a aucun intérêt à ouvrir une voie navigable entre le lac d'Annecy, d'où sort le Thiou, et le Fur, cours d'eau non navigable ni flottable, où se jette le Thiou. Cependant, le Thiou a été classé comme navigable par le décret du 14 janvier 1865, parce qu'il est une dépendance naturelle et indispensable du lac et que le classement du lac entraine celui de son émissaire le Thiou, que d'ailleurs les besoins de la navigation du lac nécessiteront l'exécution d'ouvrages régulateurs à l'entrée de cet émissaire; que les barrages existant sur le cours du Thiou sont un obstacle à la remonte du poisson et que l'établissement d'échelles dans ces barrages serait le moyen le plus efficace pour repeupler le lac de bonnes espèces. » Au fond, l'administration paraît surtout avoir pris en considération ce fait, qu'antérieurement à l'annexion, la législation sarde attribuait à l'Etat tous les cours d'eau, quels qu'ils fussent, que les cours d'eau non navigables étaient, eux aussi, assujettis au payement d'une redevance vis-à-vis de l'Etat : elle a cru qu'elle pouvait, sans inconvénient, laisser subsister cette sorte d'assimilation; pour notre part, il nous semble difficile que le Conseil d'Etat, si la question lui était jamais déférée, pût sanctionner une disposition aussi exorbitante que celle du décret de 1865.

l'ordre judiciaire ne pourraient statuer sur ce point, alors
même que la déclaration de navigabilité devrait intervenir
à l'occasion d'un procès pendant entre particuliers et dans
lequel l'administration serait entièrement désintéressée.
(C. d'Etat, 2 mai 1866. — Lebon, 66, 429). — Supposons
maintenant qu'il s'agisse de reconnaître non plus si telle ou
telle rivière doit être réputée navigable, mais si elle avait
autrefois ce caractère : à quelle autorité appartiendra-t-il
de trancher la question? En 1836, les riverains de la Vire
soutenaient que cette rivière n'était point navigable antérieurement à certains travaux entrepris par l'Etat ; qu'en
conséquence l'administration n'avait pu déclarer la pêche
domaniale sur tout ou partie de ce cours d'eau sans les avoir
indemnisés au préalable. Le préfet de la Manche, assigné
devant le tribunal de Saint-Lô, soutenait que la solution
de la difficulté appartenait aux juges administratifs et proposait le déclinatoire. Le 17 février 1841, la cour de Caen
se déclarait compétente et ordonnait aux parties de conclure sur le fond. Dans son arrêt, motivé avec le plus grand
soin, elle n'admettait l'intervention exclusive du gouvernement que dans deux cas, savoir : lorsqu'il s'agit de déclarer si
une rivière est actuellement navigable, ou si elle doit être
considérée comme telle à l'avenir. Dans ces deux cas, en effet,
il s'agit de régler un point d'administration publique. Mais,
ajoutait-elle, il en doit être autrement, quand il ne s'agit
plus que de rechercher si une rivière était autrefois navigable, afin de constater si ceux qui invoquent le titre d'anciens propriétaires dans le but d'obtenir une indemnité
pour prix de la propriété dont ils disent avoir été dépouillés,
ont véritablement droit à cette indemnité. Il faut reconnaître
alors que la question de navigabilité ou de non-navigabilité
ne se présente plus comme un point d'intérêt public, devant
ou pouvant être l'objet d'une décision réglementaire à rendre
ou même à interpréter de la part de l'autorité administra-

tive, mais seulement comme une dépendance des éléments de solution d'une pure question de propriété privée qui doit dès lors être appréciée par l'autorité judiciaire saisie de la contestation. Cette doctrine, vivement combattue à cette époque par M. Boulatignier, ne compte plus aujourd'hui que de rares partisans ; le Conseil d'Etat l'a deux fois condamnée par ses arrêts des 28 juin 1841 et 17 août 1864. (Lebon 41, 264 ; — ibid. 64, 793). La distinction entre la navigabilité présente et la navigabilité dans le passé ne repose sur aucun texte de loi, et ce que l'on dit à l'appui semble bien peu convaincant, si l'on songe qu'à quelque époque et à quelque occasion que se présente la question de navigabilité, elle ne peut jamais être examinée et résolue que comme question d'affectation d'un cours d'eau à l'usage public, soit actuel, soit antérieur. Les titres, principes et règles du droit civil sont absolument étrangers à son examen, puisqu'elle ne comporte qu'une appréciation d'actes et de faits du ressort exclusif de l'autorité administrative. Le droit à une indemnité n'existe que si le cours d'eau n'a point fait partie du domaine public à titre de rivière navigable. Or, l'administration seule a le droit de déterminer, conformément aux lois, ce qui fait partie de la propriété publique. « En principe, disait M. Boulatignier, on considère généralement qu'il appartient au pouvoir exécutif de régler tout ce qui se rapporte aux grandes voies de communication, parce que ce sont des moyens de gouvernement intérieur. Ainsi, c'est l'administration qui, sous le contrôle du pouvoir législatif et des conseils généraux de département, classe les routes royales et départementales; c'est elle aussi qui réprime les contraventions à la police de ces routes. S'élève-t-il des contestations sur le classement ou sur les limites, c'est encore l'administration qui prononce, sauf à l'autorité judiciaire à apprécier les droits de propriété que les particuliers prétendraient avoir sur le sol, droits qui ne pourraient donner lieu qu'à l'allocation d'une indemnité. Des règles analogues ont dû être établies pour les voies fluviales de communication. C'est l'administration qui les classe, qui réprime les contraventions à leur police. Point de difficulté à cet égard. On reconnaît aussi qu'il lui appartient de déclarer que des actes administratifs ou de la matérialité des faits, il résulte que telle rivière est ou n'est pas navigable actuellement. Comment lui refuser le droit de déclarer, d'après les mêmes actes ou faits, que cette rivière était ou non navigable avant 1835? L'opération n'est-elle pas identique ? Ne repose-t-elle pas sur les mêmes bases ? N'y a-t-il pas toujours l'intérêt d'un service public engagé dans la question? " A l'appui de ce raisonnement, on peut invoquer, par voie d'analogie, l'art. 3 du décret du 22 janvier 1808. Ce texte, prévoyant le cas où une rivière devient navigable, décide qu'une indemnité devra être payée aux riverains pour l'établissement du chemin de halage. Toutes les questions qui s'élèveront relativement à la fixation de cette indemnité seront tranchées par les conseils de préfecture, conformément à la loi du 16 septembre 1807. Il en résulte, ainsi que nous le verrons plus tard, que les juges administratifs statueront sur la question de savoir si, à l'époque antérieure, la rivière était ou non navigable. Cette disposition du décret de 1808 n'est, suivant nous, que l'application du droit commun, et nous étendrons aux hypothèses dans lesquelles la législation ne s'est pas expliquée d'une manière formelle : " Ubi eadem ratio, ibi idem jus. "

§ II.

Du lit des rivières navigables.

12. Tout d'abord nous avons à nous demander quelles sont les limites mêmes de la rivière, c'est-à-dire à préciser

l'étendue et la largeur de son lit : « Ripa ea putatur esse quæ plenissimum flumen continet, » disent les jurisconsultes romains L. 3, § 1 ff de fluminibus (XLIII, 12). En un mot, les limites d'un fleuve ou d'une rivière se déterminent par la ligne que les plus hautes eaux atteignent sans débordement. De même, dans notre ancien droit, Lefèvre de la Planche (Tr. du Dom., Liv. 1, ch. 3), posait en principe que les terrains que les eaux couvrent sans débordement font sans nul doute partie du lit de la rivière, et sont, comme tels, au rang des choses publiques. Malgré l'autorité de la tradition, on a quelquefois soutenu que les limites d'un fleuve doivent être fixées au point qu'atteint la hauteur moyenne de ses eaux. On cite en ce sens l'arrêt de la Cour de Rouen du 16 décembre 1842 (Dev. 43, 2, 409). Cette solution est restée isolée dans la jurisprudence (Lyon, 10 janvier 1849; Dev. 49, 2, 369; Toulouse, 22 juin 1860; Dev. 60, 2, 471; Dijon, 5 mai 1865; Dev. 65, 2, 195), et les auteurs rapportent comme la condamnant virtuellement, la décision du directeur des Ponts-et-Chaussées du 4 février 1821 et l'avis du Conseil général des Ponts-et-Chaussées du 3 Déc. 1860. Ainsi que le remarque l'arrêt de Toulouse, il est vrai que les eaux moyennes constituent l'état habituel et permanent de la rivière, que ce sont celles qui conviennent le mieux à la navigation ; mais, d'un autre côté, elles ne donnent qu'une idée incomplète et insuffisante du fleuve ; l'homme à l'esprit duquel ce mot se présente, le comprend dans son ampleur et sa majesté, lorsque, coulant à pleins bords, il est dans toute la grandeur de son cours. Cet état de choses n'a aucune ressemblance avec les inondations qui, produites par des causes accidentelles et imprévues, ne sont régulières, ni quant à leur retour, ni quant à la zône de terrain sur laquelle elles s'étendent. D'où la conclusion que les rives sont les points fixes, marqués par la nature pour contenir le fleuve ; — qu'elles doivent être assez étendues pour servir à son cours dans ses divers états, pourvu qu'il ne les franchisse pas ; — qu'il y a lieu de dire que son lit se compose des fonds que, couvrent les eaux coulant à pleins bords au moment où elles ne pourraient pas s'élever davantage sans déborder. Cette règle sera d'une application facile toutes les fois que le fleuve coule sur des terrains d'une configuration plane et au travers desquels il peut marquer son cours régulier et ses rives : mais il peut arriver que les berges se relèvent tout à coup et que le fleuve contienne momentanément, sans déborder, un volume d'eau plus considérable ; c'est ce qui se passe, soit aux lieux où la rivière se trouve naturellement encaissée entre des rochers, soit aux lieux où des digues ont été construites. Deux arrêts ont décidé que dans ces hypothèses, on ne saurait étendre la limite du domaine public à la ligne où arrivent les plus hautes eaux possibles : ce serait, disent-ils, admettre contrairement aux lois mêmes de la nature, qu'il y a deux principes opposés qui règlent les limites des dépendances du fleuve; que ce qui sera considéré comme crue accidentelle et extraordinaire sur un point, devra être réputé une crue régulière et ordinaire sur un autre point, non pas suivant les habitudes du fleuve, mais suivant la configuration variée de ses rives. (Lyon, 25 Fév. 1843. — Dev. 43, 2, 315; — Liége, 26 Déc. 1861; Belg. Judic., 1862, p. 630). L'élévation normale des plus hautes eaux en ces endroits, sera marquée par la ligne extrême qu'elles atteignent lorsque, la rive bornant un terrain à surface plane, soit en amont, soit en aval, le fleuve coule à pleins bords et ne peut croître encore sans commencer à déborder; c'est là le type régulateur des plus grandes crues normales et on ne peut comprendre parmi les dépendances du domaine public, que les parties de la rive qui sont soumises, dans cette mesure, à l'action naturelle des eaux.

13. Supposons maintenant que l'élévation moyenne, atteinte par les eaux d'une rivière, ait pour cause le reflux périodiquement occasionné par les marées ; faut-il se préoccuper de ce fait et décider que le terrain régulièrement envahi par les eaux de la mer et sur lequel ces eaux laissent, en se retirant, une trace d'occupation, ne dépend point du lit de la rivière ? La loi Romaine se refusait à attribuer ce terrain au domaine public « Cæterum si quando vel imbribus, vel mari, vel qua alia ratione ad tempus excrevit, ripas non mutat. Nemo denique dixit Nilum qui incremento suo Ægyptum cooperit, ripas suas mutare vel ampliare : nam cum ad perpetuam sui mensuram redierit, ripæ alvei ejus muniendæ sunt. » Ulpien, L. I, § 5, ff de fluminibus (XLIII, 12). De nos jours, on a également soutenu que le lit d'un fleuve où remonte la mer, ne peut s'étendre jusqu'au point qu'atteignent les plus hautes eaux de la mer, lors de l'équinoxe. Tant que le fleuve n'a pas perdu sa nature pour devenir un bras de mer, la circonstance que le flux et le reflux s'y font sentir, doit être sans influence sur la fixation du lit. En d'autres termes, de même que le lit de la mer se détermine par le niveau des plus hautes marées, de même, le lit d'un fleuve doit se déterminer par le niveau des plus hautes eaux fluviales, abstraction faite des marées, puisqu'un cours d'eau ne peut être à la fois eau douce et eau salée ou mer. — On prétend invoquer en ce sens, l'opinion de M. Henrion de Pansey : le savant magistrat s'exprimait ainsi : « La marée qui, deux fois en vingt-quatre heures, couvre les rives des fleuves navigables, n'opère aucun changement dans la propriété : ces terres sont également susceptibles de culture ; elles peuvent être fertilisées par la main de l'homme. La marée imprime une servitude passagère sur le fond qui la reçoit, sans priver le cultivateur du fruit de son travail. » Et plus loin : « Le débordement des flots, causé par l'abondance des pluies et par les marées, n'étend pas leurs rivages, et ne peut par conséquent nuire aux intérêts privés. » Quest. Feod. v°, Eaux, § 7 1, t. I, p. 654. Un arrêt de la Cour de Cassation aurait, dit-on, consacré cette doctrine en attribuant aux riverains les terrains situés à l'embouchure de la Seine et qui pouvaient être couverts par le flux et le reflux périodique des marées. (Req. Rej., 22 juillet 1841. — Dev. 41, 1, 620). On cite, en dernier lieu, l'arrêt du Conseil du 27 mai 1863 (Lebon, 63, 470), déclarant propriété privée des terrains situés sur les bords de la Canche et couverts également d'une manière périodique par les eaux, à l'époque des plus grandes marées. Mais, en examinant avec soin ces documents, on demeurera convaincu que les partisans de ce système se sont singulièrement mépris sur leur portée. Ainsi, M. Henrion de Pansey ne recherchait pas, comme on le prétend, si les terrains couverts par la marée, font ou non partie du lit des rivières; il se demandait seulement si des terrains situés sur le bord d'un fleuve, au point qu'atteint la marée, doivent être considérés comme des lais et relais de la mer, ou comme des alluvions profitant aux riverains, à l'exclusion du domaine public : il s'attachait à distinguer les grèves ou rives de la mer, des terres cultivées qui bordent les rivières et sont possédées par les particuliers. C'est la même difficulté qu'ont eu à résoudre les arrêts de 1841 et de 1863 ; il nous suffira de dire que dans la dernière de ces deux espèces, le Conseil d'Etat annulait un décret en date du 9 mai 1860, uniquement parce qu'il avait compris dans le domaine public maritime des terrains d'alluvion, situés à plus de quinze kilomètres de la mer. — La jurisprudence ne s'est pas arrêtée aux moyens que font valoir les propriétaires riverains; elle décide invariablement qu'il n'y a pas lieu de rechercher la cause qui produit la plus haute élévation des eaux : dès que cette élévation est naturelle, la limite du rivage sera fixée dans tous les cas au niveau atteint par le fleuve. (Req. Rej., 9 juillet 1846; Pal. 46, 2, 266 ; — ibid, 8 Déc. 1863 ; Dev., 64, 1, 29). — Un arrêt du Conseil, en date du 24 décembre 1818 (Dalloz v°, Eaux n° 130), a essayé de tempérer ce que ces principes pourraient avoir de trop rigoureux : suivant cette décision, la limite du domaine public dans les fleuves où le flux et le reflux de la mer se font sentir, doit être déterminée par une ligne moyenne entre les basses et les moyennes eaux. L'administration agira équitablement en adoptant ce moyen terme ; elle peut, en faveur des particuliers, renoncer à son droit absolu : mais en même temps, elle reste seule juge de l'opportunité de semblables dérogations, et, à ce point de vue, ses décisions se trouvent à l'abri de toute critique.

14. Un terrain riverain d'un cours d'eau est recouvert par une inondation. Il est clair que cet accident momentané ne fait pas cesser les droits de l'ancien propriétaire : « Alia sane causa est, cujus ager inundatus fuerit ; neque enim inundatio fundi speciem commutat, et ob id, si recesserit aqua, palam est ejusdem esse cujus et fuit. » (L. 7, § 5 ff, de acquir. rer. dominio.). D'après la jurisprudence actuelle, les caractères de l'inondation ne peuvent être déterminés à priori. La loi s'en est rapportée aux lumières et à la conscience des juges pour l'appréciation des circonstances de fait qui se rencontrent dans chaque espèce (Req. Rej. 20 janv. 1835; Dev. 35, 1, 363). « Ni l'ancienne, ni la nouvelle législation, dit le rapport de M. le conseiller Lasagni, n'ont déterminé les caractères particuliers, spéciaux, constitutifs, soit de l'inondation, soit du changement de lit du fleuve; mais les jurisconsultes n'ont pas manqué de les indiquer. Ce n'est pas du plus ou moins long espace de temps du débordement, mais bien de son origine et de sa cause, qu'ils en ont fixé la nature. S'agit-il d'une cause perpétuelle,

permanente, telle qu'un bouleversement de terre, une nouvelle embouchure de rivière ? Il y a alors un nouveau lit de
rivière. S'agit-il d'une cause accidentelle et passagère, telle
qu'une rupture de digue, de contrevers, d'atterrissements
dans l'ancien lit ? Il y a simple inondation, quelque temps
qu'elle ait duré. » Nous avions déjà établi, dans notre précédent volume, que les héritages submergés par un coup de
mer ne cessent pas d'appartenir aux propriétaires ; dès que
les eaux se sont retirées, leur droit revit dans sa plénitude.
Peu importe la durée de l'inondation : nous avons vu qu'aux
termes des arrêts, le domaine ne pouvait acquérir aucun
droit contre les particuliers, quand même les terrains auraient été recouverts par les eaux pendant plus de trente
années. Ici encore nous appliquerons la maxime : Contra
non valentem agere, non currit præscriptio. » (Civ. Cass.
27 nov. 1867; Dev. 68, 1, 22). Autrefois l'application de
ce brocart donnait lieu à d'assez sérieuses complications :
il était universellement reçu que tout ce qui avait été tenu
et administré par les officiers du domaine pendant l'espace
de dix ans était définitivement bien du roi. Aussi, un arrêt
du Conseil du 10 février 1728, rendu contre les religieux
de Villeneuve-lez-Avignon, avait-il décidé que des terrains
inondés par une rivière navigable et qui avaient en quelque
sorte fait partie de la rivière pendant plus de dix années,
devaient être attribués au domaine de la couronne. Mais
cette décision était unique ; elle avait, on peut le dire,
consacré une véritable iniquité, et les agents du domaine
n'avaient pas osé persévérer dans cette voie. Un second
arrêt du 25 juin 1770 avait donné gain de cause complet aux
réclamations des propriétaires. — Toutefois, par une sin-
gularité des Coutumes, le droit de revendication n'existait
en leur faveur que s'ils avaient conservé *motte ferme*, c'est-
à-dire que si une partie quelconque de leur héritage était
restée à découvert. La Coutume du Bourbonnais s'expliquait

nettement sur ce point : Art. 342. « Motte ferme est conservatrice au seigneur propriétaire et tréfoncier, en telle manière que, si la rivière noie ou inonde aucune partie de l'héritage d'aucun seigneur, la partie qui demeure en terre ferme et non inondée conserve droit au propriétaire en la partie inondée, tellement que si la rivière, par trait de temps, laisse ladite partie inondée, le seigneur propriétaire la reprendra, et ce ne sera en ce cas au seigneur haut-justicier. » A la même époque, Loysel disait dans ses Institutes coutumières : « La rivière ôte et donne au haut-justicier ; mais motte ferme demeure au propriétaire tréfoncier. » (Liv. II, Tit. II, n° 9). Papon, commentant la Coutume de Bourbonnais, donne de cette expression « motte ferme » une interprétation assez exacte. « Ea verba sunt id quod dicimus formam agri permanentem. » Un arrêt de Toulouse du 30 juin 1818 (Dev. C. Civ. 5, 2, 401) paraît croire qu'aujourd'hui encore le droit du propriétaire n'est sauvegardé que s'il lui est resté motte ferme. C'est là une erreur évidente et qui nous semble d'autant plus inexplicable, que Merlin, dont cet arrêt invoque l'autorité, s'exprimait ainsi (Rep. v° Motte ferme) : « La coutume est implicitement abrogée par le Code civil ; et depuis la promulgation de ce code, les propriétaires de terrains qui ont été inondés pendant un temps quelconque par le débordement d'une rivière navigable ou flottable en conservent la propriété, non-seulement lorsqu'il y est resté des mottes fermes, mais même lorsque la submersion a été complète. »

15. L'autorité administrative qui seule peut reconnaître la navigabilité d'un cours d'eau, peut seule délimiter le lit de ce cours d'eau. Les tribunaux de l'ordre judiciaire doivent, en conséquence, lorsque cette question se présente devant eux à titre préjudiciel, renvoyer les parties à se pourvoir devant qui de droit, et en attendant surseoir à l'examen du fond. En présence de l'unanimité de la doctrine,

nous nous bornerons à rappeler les trois décisions du tribunal des conflits, en date des 3 juin 1850, 30 juillet 1850 et 31 mai 1851 (Lebon, 50, 544 et 728 ; ibid. 51, 405).
— A un autre point de vue, l'autorité administrative a le droit non-seulement de fixer les limites actuelles d'un cours d'eau, mais encore de reconnaître ses limites anciennes, quelle que soit la cause qui nécessite cette délimitation in præteritum tempus. (Trib. des conflits, 31 mai 1851. Lebon, 51, 405 ; — C. d'Etat 3 juillet 1852 ; Lebon, 52 ; — ibid. 14 déc. 1859; Lebon, 59, 733 ; — ibid. 22 nov. 1866 ; — Lebon, 66, 1070 ; — Dijon, 15 mai 1863 ; Dev. 63, 2, 158).
— En thèse générale, les délimitations rentrent dans les attributions préfectorales. Nous ne trouvons ici aucune disposition analogue à celle du décret du 28 février 1852, qui attribue exclusivement au ministre le droit de délimiter le domaine public maritime. Dès lors, nous rentrons sous l'empire de la loi des 12-20 août 1790. « Considérant, porte un arrêt, qu'aux termes des lois des 22 déc. 1789, 12-20 août 1790, et de l'arrêté du 19 ventose an VI, il appartient à l'autorité administrative de déterminer la limite du lit des fleuves, et que lesdites lois ont spécialement chargé les administrations de département de la conservation des propriétés publiques, telles que rivières et autres ; que dès lors, en fixant sur le point litigieux les limites du lit de la Seine, et par suite les limites de la digue Perronnet, qui forme une de ses dépendances, le préfet n'a point excédé ses pouvoirs ; qu'ainsi la ville de Nogent-sur-Seine est non recevable à attaquer cet arrêté par la voie contentieuse... » (C. d'Etat, 10 avril 1854. Lebon, 54, 328). L'arrêté de délimitation peut être pris par le préfet même au cours d'une instance judiciaire engagée entre l'Etat et les particuliers. Ainsi, par exemple, il a été jugé que le déclinatoire proposé au cours d'un procès pendant entre l'Etat et un particulier, au sujet de la propriété d'un terrain que l'Etat soutient

faire partie du lit du fleuve, et le jugement qui rejette ce déclinatoire, ne font pas obstacle à ce que le préfet détermine, antérieurement à la décision définitive, les limites du domaine public au point litigieux (C. d'Etat 14 juin 1851. Lebon, 51, 444). — Aucune formalité administrative ne doit nécessairement précéder l'arrêt de délimitation ; aucune mesure d'instruction n'est prescrite à peine de nullité. C'est ainsi que les tiers intéressés ne pourraient critiquer l'arrêté préfectoral comme entaché d'un excès de pouvoir, sous prétexte qu'il n'aurait pas été précédé d'une enquête de commodo et incommodo. « Si l'enquête peut être une bonne mesure en pareil cas, disait M. Aucoc, elle n'est prescrite par aucune disposition de loi ou de règlement. » (C. d'Etat, 8 mars 1866 ; Lebon, 66, 244). Le plus souvent, le préfet se contentera de donner force exécutoire aux rapports qui lui auront été présentés par les ingénieurs chargés du service de la navigation. Ce n'est que dans les cas tout à fait extraordinaires qu'une commission spéciale sera nommée pour procéder à des études préparatoires. — On s'est demandé plusieurs fois si la délimitation d'un cours d'eau devait être considérée comme un acte administratif qui, en cette qualité, ne pourrait à aucun titre rentrer dans les attributions de l'autorité contentieuse. Un arrêt du Conseil du 26 juillet 1851 (Lebon, 51, 543), avant de faire droit sur un procès-verbal de contravention, renvoyait les parties devant l'autorité préfectorale pour être procédé par cette dernière à la constatation des limites du cours d'eau au point litigieux et à la date de la prétendue contravention. M. Dalloz (V° Voirie par eau, n° 72), estimait toutefois que l'exception de propriété soulevée par un riverain n'obligerait pas toujours le Conseil de préfecture à renvoyer au préfet la question de fixation des limites de la rivière ; que quelquefois, en se fondant sur un état de choses non contesté ou non contestable, le Conseil pourrait décider que tel terrain litigieux dépend ou ne dépend pas du lit de la rivière. Aujourd'hui, la jurisprudence est revenue sur ses premières décisions. Le juge, saisi de la question du fond, peut trancher la question préjudicielle qui serait soulevée devant lui. Il résulte notamment de l'arrêt du Conseil d'Etat du 27 février 1862 (Lebon 62, 169), que le Conseil de préfecture, appelé à sta - tuer sur un procès-verbal qui reproche à un riverain d'un cours d'eau navigable d'avoir coupé des arbres sur un banc de gravier dépendant du lit de cette rivière, est compétent, quoiqu'il n'existe pas d'acte de délimitation pour constater si le banc de gravier litigieux fait effectivement partie du lit de la rivière ; que l'on soutiendrait à tort que l'exception de propriété élevée par le prévenu rend nécessaire la fixation préalable des limites de la rivière au lieu où a été commise la contravention.

16. Les arrêtés de délimitation ne peuvent attribuer au domaine public, que l'espace atteint sans débordement par les plus hautes eaux du fleuve, et ce, à l'époque même de ces arrêtés. C'est là une règle absolue et à laquelle il ne peut être dérogé sous aucun prétexte ; ainsi il a été jugé récemment qu'au cas où un fleuve, après avoir changé son cours, vient à rentrer dans son ancien lit, le préfet ne doit pas nécessairement comprendre dans ces terrains, faisant désormais partie du domaine public, tous les terrains qu'il comprenait autrefois ; il ne doit admettre pour base de son arrêté de délimitation, que l'état de choses actuel, sinon il y aurait excès de pouvoir évident (Lebon, 70, 935). — Que décider si le préfet ne s'est point conformé à cette règle et a fait rentrer dans le domaine public, des terrains qui naturellement devraient être propriété privée? Dans notre premier volume (V. n° 175 et Seq. p.´336), nous avons examiné cette question dans tous ses détails, et en nous attachant surtout à faire connaître la marche progressive de la jurisprudence. On se rappelle qu'à l'origine, l'arrêté préfectoral avait en

quelque sorte, force de chose jugée vis-à-vis des tiers et que
ces derniers ne pouvaient, en aucun cas, rentrer dans leur
propriété. Leurs réclamations ne pouvaient aboutir qu'à une
chose : faire constater les limites naturelles de leur propriété par opposition aux limites administratives, et faire
condamner l'administration à des dommages intérêts pour
le cas où les limites administratives excéderaient les limites
naturelles. Dans ce système, les limites naturelles de la
propriété privée ne pouvaient être constatées que par les
Tribunaux de l'ordre judiciaire ; mais en même temps, l'administration, abusant de son droit de délimitation in præteritum tempus arrivait à rendre illusoire le principe de la
compétence judiciaire et à s'arroger en ces matières un
pouvoir absolu : en 1863, la Cour de Dijon déclarait qu'il
était impossible d'établir ce qui pourrait rester à juger aux
tribunaux ordinaires. On a vu que petit à petit, le Conseil
d'État s'était relâché de sa sévérité première, accordant
d'abord aux riverains le droit d'attaquer l'arrêté de délimitation au cas où il émanerait d'une autorité incompétente,
leur permettant ensuite de recourir par la voie contentieuse
contre les délimitations in præteritum tempus dont l'effet
rétroactif les privait de tout droit à une indemnité, enfin
les autorisant à se pourvoir contre les délimitations in
præsens tempus toutes les fois qu'il y aurait eu abus évident
et que l'arrêté aurait simplement servi de prétexte à l'administration pour usurper le domaine privé. Actuellement,
le recours pour excès de pouvoir est ouvert aux riverains
dans tous les cas et quels que soient les motifs sur lesquels
ils s'appuient ; dès que leurs intérêts sont lésés, ces derniers peuvent agir par la voie contentieuse. Mais, d'un
autre côté, les riverains peuvent-ils, en suivant une voie
différente, accepter leur dépossession comme un fait accompli et se borner à réclamer une simple indemnité ! Deux
théories bien contraires se trouvent en présence : l'une

adoptée par la Cour de Cassation et la Cour de Paris, aux termes de laquelle un véritable droit d'option est accordé aux propriétaires : libre à eux soit d'agir devant le Conseil d'État et de faire rapporter l'arrêté de délimitation, soit d'agir devant l'autorité judiciaire et d'obtenir une réparation proportionnée au dommage qui leur a été causé ; — l'autre, professée pour la première fois par M. Aucoc, et suivie depuis par le Conseil d'Etat ; suivant elle, le domaine n'a rien acquis ; les terrains qui ne sont pas atteints par les plus hautes eaux, n'ont pu lui être incorporés : donc, la base de l'indemnité que réclameraient les riverains, fait absolument défaut. S'il y a lieu, l'arrêté préfectoral sera annulé, sauf plus tard à l'administration, au cas où elle croirait nécessaire de comprendre une propriété privée, dans le lit de la rivière, à recourir aux formalités de l'expropriation, pour cause d'utilité publique. En résumé, les Tribunaux civils n'auront jamais à rechercher quelles sont les limites naturelles du cours d'eau, par opposition à ce qu'on a appelé les limites administratives. — Nous avons combattu les arguments qu'invoquent les arrêts de la Cour de Cassation. Il n'y a pas à invoquer par voie d'analogie les dispositions relatives à l'alignement des routes et des rues, qui permettent à l'autorité administrative d'incorporer des propriétés privées au domaine public, par la simple approbation d'un plan d'alignement : dans cette dernière hypothèse, l'administration tient d'un texte formel, le droit exceptionnel de faire autre chose que la simple reconnaissance de l'état actuel de la route : des formalités spéciales protègent le propriétaire qui viendrait à être dépouillé. Or, ici aucun texte spécial, aucune formalité imposée par la loi. C'est pour la même raison que l'on ne peut étendre l'art. 15 de la loi du 21 mai 1836, portant que les arrêtés du préfet sur la reconnaissance et la fixation de la largeur d'un chemin vicinal, attribuent définitivement au chemin le sol compris dans les limites qu'ils déterminent et résolvent en une indemnité le droit des propriétaires riverains. En 1836, M. le Ministre de l'intérieur reconnaissait hautement que même dans les limites où il doit être circonscrit, cet article ne pourrait autoriser l'administration à s'emparer de propriétés dont elle n'avait jamais eu la jouissance. — Sans vouloir rentrer dans les détails de cette discussion, nous nous bornerons à constater que la dissidence s'accentue de plus en plus entre la Cour de Cassation et le Conseil d'Etat. Ainsi un arrêt de rejet de la Chambre civile, du 6 novembre 1872 (Gazette des Tribunaux du 9 novembre 1872), vient de décider récemment que l'arrêté préfectoral non réformé par l'autorité administrative supérieure, qui a réuni au domaine public, en les comprenant dans les limites d'un fleuve, des alluvions attachées à l'une des rives, constitue un trouble à la possession du propriétaire des terrains qui ont reçu l'accroissement, et ouvre le droit du propriétaire à une indemnité d'expropriation ; — que bien que le juge du possessoire n'ait pas le droit de réintégrer le demandeur en complainte dans la jouissance effective du terrain dont il a été dépossédé, il n'en est pas moins compétent pour statuer sur l'action possessoire, et constater, avec le fait et les conditions de la jouissance annale du riverain demandeur, le trouble de droit, apporté à sa possession légale. « Ce système, disait M. l'avocat général Reverchon, concluant devant la Chambre des Requêtes, est à nos yeux celui qui concilie les divers intérêts et les divers principes qui se trouvent en présence. » D'autre part, la Commission provisoire, remplaçant le Conseil d'État, est restée fidèle au principe tant de fois posé par la jurisprudence administrative : deux arrêts, l'un du 7 mai 1871, l'autre du 13 mai 1872, ne laissent place à aucun doute. La dernière de ces deux décisions est rédigée avec une précision remarquable. « Considérant que le droit qui appartient à l'adminis-

tration, en vertu de la loi du 22 décembre 1789-10 janvier 1790, de délimiter les cours d'eau naviguables, ne donne
au préfet d'autre pouvoir que celui de reconnaître et de déclarer la ligne séparative du domaine public et de la propriété privée ; qu'il s'en suit que les limites fixées par l'administration, doivent se confondre avec les limites naturelles
du cours d'eau, et qu'aucune parcelle de terrain située en
dehors des dites limites naturelles, ne saurait, même sous
la réserve d'une indemnité, être comprise par voie de délimitation administrative, dans le lit du cours d'eau, sans
qu'il en résultât un excès de pouvoir, devront aux intéressés le recours autorisé par la loi ; qu'ainsi, les dispositions
légales qui consacrent et circonscrivent à la fois le droit
de l'administration excluent, pour les Tribunaux civils,
tout pouvoir de réviser la délimitation administrative,
aussi bien au point de vue d'une indemnité à accorder aux
riverains, qu'au point de vue de la possession de terrains, et
par suite, la compétence que supposerait un pareil pouvoir, etc., etc. » En terminant, nous ne pouvons mieux
faire que de nous associer aux regrets récemment formulés
par M. Laferrière, en présence de ce conflit si regrettable.
« Nous reconnaissons plus que personne l'importance des
services qu'a rendus la Cour de Cassation, dans l'étude de
ces graves questions : nous sommes convaincu que sa sollicitude pour l'intérêt privé et les combinaisons hardies
qu'elles lui a suggérées, ont été un puissant stimulant pour
le Conseil d'Etat et n'ont pas peu contribué à inspirer la
nouvelle jusrisprudence. Mais après avoir rendu ce service
à la bonne administration de la justice, il lui en reste un
autre à rendre, fût-ce au prix d'un sacrifice : c'est de ne
pas persister dans une jurisprudence dont les véritables
causes ont disparu et de mettre fin aux différends que les
arrêts des Cours d'appel plus encore que les siens n'ont pas
cessé d'entretenir. Elle peut désormais le faire sans com-

promettre les intérêts des riverains, puisqu'ils sont mieux sauvegardés maintenant par le Conseil d'Etat qui restitue l'alluvion en nature, que par l'autorité judiciaire qui se borne à en restituer. » (Cpr. sur tous ces points, les deux articles de MM. Reverchon et Laferrière insérés dans la Revue Critique N. S. 1870, T. I, p. 275 et 363[1].)

17. Qu'arrivera-t-il si la rivière vient à abandonner son lit pour s'en creuser un nouveau ? Les institutes attribuent ce lit abandonné aux propriétaires riverains, sans que le propriétaire, dont l'héritage est envahi, puisse leur réclamer aucune indemnité. « Quod si naturali alveo in universum derelicto, parte alia fluere cœperit, prior quidem alveus eorum est qui prope ripam ejus prædia possident, pro modo scilicet latitudinis cujusque agri, quæ latitudo prope ripam sit ; novus autem alveus ejus juris esse incipit cujus et ipsum flumen, id est publicus, » § 23, de rer. divisione (II, 1.). Un arrêt de la Chambre des requêtes du 26 février 1840 (Dev. 41, 1, 54), paraît croire que sous l'em-

---

[1] En 1850, un député de la Gironde, M. Lagrange, avait déposé sur le bureau de l'Assemblée législative, une proposition ainsi conçue : « Art. 1er. Lorsque l'autorité administrative, par un arrêté qui détermine la largeur du lit des fleuves et rivières, aura détaché une portion quelconque des propriétés privées pour l'incorporer au domaine public, le propriétaire riverain qui croira qui lui est fait grief, pourra saisir les tribunaux, qui seront appelés à prononcer, et sur les questions de propriété et sur les demandes en expropriation pour cause d'utilité publique. — Art. 2. En cas de contestation de la part des propriétaires riverains sur les délimitations fixées par l'arrêté du préfet, le recours sera porté devant le Conseil d'Etat, jugeant en matière contentieuse. » Rien de plus obscur que la rédaction de ce projet de loi, qui ne put aboutir; ainsi que le remarquent les savants auteurs du journal de droit administratif (t. IV, p. 207), il ne tranchait même pas la difficulté et pouvait faire naître entre les deux pouvoirs de nouveaux conflits. Le recours au Conseil d'Etat et les arrêtés de délimitation semblaient rendre l'administration juge de la nature de ces délimitations, de leurs effets, de leurs conséquences, et cependant les tribunaux civils auraient pu être saisis des plaintes du riverain qui aurait prétendu qu'on lui faisait grief en détachant une portion quelconque de sa propriété pour l'incorporer au domaine public.

pire de notre ancienne jurisprudence, cette décision de la loi Romaine était acceptée comme le droit commun de la France. Il y a là une erreur manifeste ; en pays coutumier, on faisait une distinction entre les rivières qui sont navigables et celles qui ne le sont pas ; dans le premier cas, le lit abandonné était adjugé au roi, et les propriétaires autrefois riverains du fleuve n'y pouvaient rien prétendre, à moins qu'ils ne rapportassent des lettres de concession en bonne forme : ce n'était que dans le second cas que les propriétaires riverains étaient déclarés propriétaires des terrains mis à sec. Telle est notamment la doctrine de Pothier (Propr. n°s 160 et 164). Au point de vue des rapports féodaux, rien n'était changé par cette modification dans le régime du cours d'eau : M. Henrion de Pansey (Dissert. féod. V. Eaux, § 10, t. I, p. 660) enseigne que le changement subit de la totalité du lit de la rivière n'affecte en rien l'état respectif des deux seigneuries qu'elle délimitait auparavant ; chaque seigneur conserve sa directe et sa justice telle qu'elle était, c'est-à-dire jusqu'au point milieu de l'ancien lit de la rivière ; c'est ce qu'avait jugé un arrêt du Parlement de Paris du 15 avril 1744. En pays de droit écrit, on s'attachait naturellement au paragraphe des Institutes. « Si une rivière change de lit, disait Domat (Lois Civ., Part. I, liv. II, tit. IX, Sect. I, § 6), les lieux qu'elle occupe par son nouveau cours seront perdus pour ceux qui en étaient les maîtres, et les voisins de l'ancien canal pourront profiter de ce qui se trouvera ajouté à leurs héritages, sans qu'il se forme aucun engagement entre ceux qui profitent et ceux qui perdent, car, l'un n'acquiert pas ce que l'autre perd. Et ceux qui ont perdu leurs héritages, n'ont aucun droit au fond que l'eau occupait et qu'elle a abandonné ; mais ils doivent souffrir un évènement dont il n'y a pas d'autre cause que l'ordre divin qui leur a ôté la possession. » Toutefois, à en croire Cambacérès et Malleville, le Parlement de Toulouse aurait eu sur ce point une jurisprudence toute particulière ; dans son ressort, le lit abandonné aurait appartenu non pas aux propriétaires riverains de ce lit, mais aux propriétaires dont les héritages auraient été récemment occupés par le cours d'eau. — Nous n'avons pu trouver dans les auteurs de ce Parlement aucune trace de cette prétendue jurisprudence. Boutaric, toujours si exact, n'y fait aucune allusion, et se contente d'opposer à la doctrine Romaine celle des pays coutumiers (Inst., p. 149). Vedel (sur Catelan, liv. III, ch. XLI, t. I, p. 541) transcrit purement et simplement le passage des Institutes, et cite comme en appliquant les principes, un arrêt du 5 mai 1728 : il est donc assez difficile d'attacher une importance quelconque à l'observation présentée au Conseil d'Etat par M. Cambacérès et Malleville.

18. Le Code Civil s'est écarté à la fois du système romain et du système coutumier. L'article 563 est ainsi conçu : « Si un fleuve ou une rivière navigable, flottable ou non, se forme un nouveau cours en abandonnant son ancien lit, les propriétaires des fonds nouvellement occupés prennent, à titre d'indemnité, l'ancien lit abandonné, chacun dans la proportion qui lui a été enlevée. » Les articles 22 et 23 du projet présenté par la commission n'osaient pas aller si loin ; ils accordaient bien le lit abandonné par une rivière navigable aux propriétaires des fonds récemment envahis, mais en même temps, les terrains abandonnés par une rivière non navigable, restaient la propriété des riverains et ne pouvaient être réclamés par ceux dont l'eau avait couvert les héritages. Cette distinction paraissait difficile à justifier en théorie ; le Tribunal d'appel d'Orléans faisait remarquer qu'on ne pouvait donner une raison plausible de la différence établie entre les deux hypothèses. La commission tint compte de cette

observation et modifia en conséquence la disposition qu'elle avait proposée. — On conçoit aisément que l'article 563 qui rompait avec les traditions antérieures ait été l'objet de vives attaques dans le sein du Conseil d'Etat. M. Galli le regardait comme contraire à l'équité naturelle et proposait d'en revenir aux textes de la loi Romaine. « Ces décisions, disait-il, sont fondées sur ce que les riverains ayant souffert les incommodités des inondations et les autres dommages qu'entraîne le voisinage du fleuve, il est juste de leur en donner la compensation en leur abandonnant le lit que le fleuve a délaissé. Ce n'est pas qu'il ne faudrait souhaiter qu'on pût accorder une indemnité aux propriétaires des héritages desquels le fleuve s'empare dans son cours nouveau ; mais cette indemnité ne doit pas être assignée sur l'ancien lit au préjudice du droit antérieur qu'y ont les riverains. » Il ajoutait que les résultats de cette innovation seraient désastreux surtout dans le Piémont où les changements de lit des torrents sont choses presque journalières. — En sens inverse, Cambacérès, Treilhard, Malleville, insistaient énergiquement sur la nécessité d'indemniser les propriétaires dépouillés ; suivant eux, l'équité militait surtout en faveur de ceux dont l'héritage avait été envahi par le fleuve ; les incommodités purement accidentelles et passagères que le voisinage du fleuve pouvait donner aux riverains, étaient compensées avec usure par les avantages qu'il leur procurait, ne fût-ce que par la commodité des transports (Lacré, t. VIII, p. 128, 129). L'expérience a condamné irrévocablement la décision du Code ; en fait, le propriétaire dépouillé ne saurait regarder comme une indemnité sérieuse l'abandon qui lui est fait d'un sol privé de terres végétales, séparé toujours par une certaine distance de ses autres héritages, et pour l'accès duquel il sera fatalement obligé de payer des indemnités de passage qui en absorberaient la valeur. Aussi nous ne nous étonnons pas que le nouveau Code italien se soit ici séparé de la loi française. Article 461. « Si un fleuve ou une rivière se forme un nouveau lit, abandonnant l'ancien, celui-ci appartient aux propriétaires confinant sur les deux rives ; ils se le divisent, jusqu'au milieu de ce lit, suivant l'étendue du front du terrain de chacun. » — M. Demolombe (t. X, n° 164) nous paraît avoir trouvé la vraie solution du problème ; le savant jurisconsulte regrette que l'on n'ait pas permis aux propriétaires riverains de soumissionner, par préférence à tous autres, le lit abandonné, comme cela se pratique à l'égard des chemins déclassés ; on eût ensuite distribué le prix de cette soumission aux propriétaires des fonds nouvellement occupés. Rien de plus simple, rien de plus équitable que ce mode de règlement ; on eût évité par là toutes les complications et toutes les difficultés de pratique que fait naître l'application de l'article 563.

19. Dans quel cas y aura-t-il lieu à l'application de l'article 563 ? — Première condition : le déplacement du cours d'eau doit avoir lieu d'une manière subite et imprévue ; ce sera pour nous servir de l'exemple donné par M. Galli, un torrent de montagne qui, à l'époque de la fonte des neiges, change brusquement sa direction et se fraie un nouveau passage. Au contraire, si l'état de choses actuel ne se modifie que petit à petit et d'une manière insensible, nous rentrons sous l'empire de l'article 556. C'est ce qui se produira toutes les fois que, par suite des alluvions qui viennent à se former sur l'une de ses rives, le fleuve finit par abandonner son lit et par recouvrir les héritages de la rive opposée ; les terrains laissés à découvert sont de véritables terrains d'alluvion qui ne peuvent à aucun point de vue être réclamés par le propriétaire envahi. — Deuxième condition ; le déplacement de la rivière doit être tel que l'ancien lit se trouve entièrement à sec, aux époques où cette rivière coule à plein bord ; ainsi, il ne suffirait pas que cet

ancien lit fût découvert pendant la plus grande partie de l'année, et ne donnât passage, au moment des crues normales, qu'à une faible quantité d'eau ; la jurisprudence est formelle sur ce point (C. d'Etat, 29 août 1867. Lebon, 67, 821). Toutefois, nous ferons observer que les anciens auteurs s'étaient montrés beaucoup moins sévères. « Derelictum intelligo, disait Barthole, etiam si aliquantulum aqua fluat per antiquum alveum, si tamen sit ita modica ut fluminis nomen perdiderit, quod ex opinione circumcolentium intelligitur. » — Troisième condition : le déplacement du cours d'eau doit être la conséquence d'un évènement naturel. Dans ses observations sur le projet de l'an VIII, le Tribunal d'appel de Bruxelles proposait de terminer ainsi l'article 563, « à moins que le changement de lit du cours d'eau ne provienne du fait du propriétaire gagnant. » Bien que cette disposition ne se retrouve pas dans la loi, on admettra sans discussion que celui qui aura détourné un cours d'eau pour le faire passer sur son héritage, n'est pas devenu propriétaire des terrains laissés à sec. La question peut paraître plus délicate au cas où, dans un intérêt public, l'administration a détourné une rivière et lui a creusé un lit artificiel ; les propriétaires dépossédés par ces travaux devront-ils se contenter pour indemnité des terrains laissés à sec par le retrait des eaux? Nous ne le pensons pas pour notre part ; les propriétaires doivent recevoir une indemnité proportionnée au préjudice qui leur est causé, il y a là non pas un dommage permanent, mais une véritable expropriation ; on appliquera donc la loi du 3 mai 1841 (Metz, 27 nov. 1866. Dev. 67, 2, 191). — Quelle est maintenant l'autorité compétente pour apprécier si dans chaque espèce ces trois conditions sont exactement remplies ? En réalité, il s'agira uniquement de rechercher si les droits du propriétaire envahi par les eaux se sont trouvés reportés sur les terrains qu'a abandonnés la rivière ; une question de propriété se trouvera en jeu, ce qui suffit pour motiver la compétence judiciaire (Req. Rej., 20 janv. 1835 ; Dev. 35, 1, 363). Mais, d'un autre côté, il peut arriver que l'autorité administrative, chargée par les lois de 1790 de reconnaître toutes les modifications qui peuvent survenir dans le régime des cours d'eau, veuille, dans l'espèce, user du droit qui lui a été conféré ; un arrêté du préfet peut déclarer qu'actuellement la rivière ne peut être considérée comme ayant définitivement abandonné son lit, et que par conséquent les terrains qu'elle recouvrait n'ont pas cessé de faire partie du domaine public ; d'après la jurisprudence actuelle, l'acte est à l'abri de toute critique, et les tiers qui y auraient contrevenu ne pourraient, devant le Conseil de Préfecture, demander un sursis, jusqu'à décision de l'autorité judiciaire sur le point de savoir s'ils sont devenus propriétaires en vertu de l'article 563. L'arrêt du Conseil du 26 août 1867 (Lebon, 67, 821) ne laisse place à aucun doute, « Considérant qu'en procédant à la reconnaissance du lit de la Marne et de ses dépendances au lieu contesté, le préfet a fait un acte de ses fonctions aux termes des lois précitées et que, d'ailleurs, il appartenait au Conseil de Préfecture d'apprécier le mérite de l'arrêté de reconnaissance du préfet au point de vue de la contravention reprochée au sieur F... ; qu'il suit de là, que le Préfet, en prenant l'arrêté du 12 juin 1865, et le Conseil de Préfecture, en statuant en présence dudit arrêté, n'ont pas commis d'excès de pouvoir... »

20. On se demande ce que deviendra la propriété des îles qui s'étaient formées dans la rivière avant qu'elle abandonnât son lit pour s'en creuser un nouveau. M. Marcadé (t. II, p. 421) enseigne que le droit de l'ancien propriétaire de ces îles se trouve résolu et qu'elles suivront la condition du lit abandonné. En effet, dit-il, les îles des rivières navigables n'appartenaient à l'état que comme conséquence de

son droit de propriété sur le lit même du fleuve ; or, ce droit de propriété ayant aujourd'hui disparu, on appliquera l'adage « cessante causa, cessat effectus. » Et il reproduit le même raisonnement à l'égard des îles des petites rivières dont, suivant lui, les riverains ne sont propriétaires qu'à raison du droit de propriété, qui doit leur être reconnu sur le lit même de la rivière. Cette solution est la plus communément rejetée, et la doctrine tient en général que les îles continueront, comme par le passé, à appartenir soit à l'Etat, soit aux riverains. D'abord, argument de texte : l'article 563 n'accorde aux propriétaires, dont les terrains sont envahis, que l'ancien lit ; or, les îles ne faisaient point partie de ce lit proprement dit. Puis M. Marcadé affirme bien que les îles n'avaient été attribuées à l'Etat ou aux riverains que sous condition résolutoire ; il regarde comme certain que cette propriété ne peut durer qu'autant que l'état actuel du cours d'eau n'aurait pas été modifié ; mais, nulle part, ni dans le texte de la loi, ni dans les travaux préparatoires, nous ne trouvons aucune allusion à cette prétendue condition ; rien ne donne à penser que cette attribution des îles à l'état ou aux riverains n'ait pas été faite d'une manière fixe et immuable, quels que pussent être les événements postérieurs. Quant à l'argument que l'on tire de la maxime « cessante causa....., » nous ne nous y arrêterons pas ; en effet, nous verrons plus tard que les îles n'ont pas été attribuées soit à l'Etat, soit aux riverains, en raison du droit qu'ils pourraient prétendre sur le lit même des cours d'eau ; la question de la propriété des rivières et celle de la propriété des îles qui s'y forment sont absolument indépendantes l'une de l'autre, et c'est assez mal à propos que M. Marcadé est venu les confondre. Au surplus, on s'explique très-bien pourquoi l'île ne change pas de propriétaire lorsque l'événement prévu par l'article 563 vient à se réaliser ; l'ancien possesseur qui se regardait comme maître incontestable de l'île peut avoir élevé sur cette île des constructions importantes, peut avoir amélioré le terrain afin de le rendre propre à la culture, il y aurait donc une véritable injustice à l'exproprier sans compensation aucune. On pourrait, à la rigueur, exiger du nouveau propriétaire qu'il indemnisât son prédécesseur de tous ses frais et de toutes ses dépenses ; mais alors on rendrait à peu près inévitables les procès entre les anciens et les nouveaux propriétaires ; il y aurait là une source de difficultés que notre système supprime radicalement.

21. Les droits que les riverains pouvaient autrefois exercer sur le cours d'eau se sont évanouis du jour où a eu lieu le changement de direction ; les propriétaires dont les fonds ne sont plus bordés par la rivière ne seraient pas reçus à prétendre que leurs droits se sont trouvés reportés sur le nouveau lit : « Considérant, porte un arrêt, que les sieurs G..... et T..... avaient bien le droit de prendre de l'eau dans la rivière de Turdine pour arroser leurs prairies lorsqu'elle coulait le long de leurs propriétés, mais que l'état des lieux ne leur permet plus aujourd'hui d'user de ce droit, parce que la rivière s'est éloignée de leurs prairies en changeant de lit, et que le terrain qui formait cet ancien lit est devenu la propriété des sieurs B..... et T....., d'après l'article 563, comme étant propriétaires des héritages sur lesquels le nouveau lit s'est formé, etc., etc. » (Req. Rej. 11 février 1813. Sir. 15, 1, 109). En sens inverse, les droits qui grevaient le terrain envahi par le fleuve, se trouveront-ils reportés de plano sur l'ancien lit attribué au propriétaire de ce terrain à titre d'indemnité ? Pour l'usufruit, aucune difficulté : l'usufruitier est privé, quant à la jouissance du fonds nouvellement envahi, comme le propriétaire est privé quant à la nue-propriété ; il est donc juste que chacun d'eux soit indemnisé dans la proportion de son droit. Mais, pourra-t-on appliquer la même solution en ce qui touche

l'hypothèque conventionnelle ? Nous le croyons volontiers avec M. Persil (Reg. hyp. t. I, p. 466) et M. Pont (Hyp. t. I, p. 399). Le terrain abandonné est mis dans les mains de son nouveau propriétaire à titre d'indemnité : c'est ce qu'exprime la loi elle-même, et l'on ne voit aucune raison pour que cette indemnité qui fait revivre la chose dans une chose de même nature, ne profite pas aux créanciers hypothécaires comme elle profite à leur débiteur. Ces créanciers conserveront leur droit, comme ils le conserveraient si le fonds, au lieu d'être envahi par les eaux, avait été exproprié pour cause d'utilité publique ; nous pouvons même dire qu'ils se trouvent dans une position plus favorable qu'au cas d'expropriation, puisqu'ils vont conserver non-seulement leur droit de préférence, mais encore leur droit de suite. M. Demolombe (t. X, n° 165) regarde cette doctrine comme étant en contradiction avec le grand principe de la spécialité des hypothèques. Nous ne comprenons guère cette objection. Comment peut-on dire que l'hypothèque perd son caractère de spécialité, puisque l'immeuble qu'elle va grever désormais est subrogé à celui qu'elle grevait autrefois ? Le terrain attribué au débiteur représente, dans son patrimoine, celui dont il a été dépouillé ; par une sorte de fiction de la loi, l'état de choses ancien est toujours réputé subsister, il est donc impossible de soutenir que l'hypothèque frappera un bien distinct de celui sur lequel elle avait été établie, ce que le Code civil a formellement prescrit par l'article 2129.
— En un mot, l'hypothèque des créanciers s'exercera sur le lit abandonné, de la même manière et à la même date que sur le terrain submergé ; seulement, les créanciers devant faire rectifier les inscriptions prises antérieurement : nous appliquerons ici l'avis du Conseil d'Etat du 23 décembre 1810. — M. Persil suppose que le nouveau lit est situé dans un arrondissement, autre que celui dans lequel se trouvait l'ancien lit, et dans lequel on avait pris les inscrip-

tions; il décide que dans ce cas, de nouvelles inscriptions devront être prises au bureau de la situation des lieux. — Nous ne nous dissimulons pas les inconvénients qu'entraînera cette manière de procéder; l'ancien ordre des inscriptions va disparaître, et les créanciers hypothécaires exerceront tous leurs droits à la même date; mais on ne saurait se soustraire à l'application de l'article 2147 du Code civil; avant tout, le principe de publicité doit recevoir satisfaction.

22. L'administration pourrait, dans l'intérêt de la navigation et du flottage, entreprendre des travaux dont le résultat serait de faire rentrer le fleuve dans son ancien lit, nous croyons que, dans ce cas, une indemnité devrait être accordée aux propriétaires dont les terrains auraient été momentanément submergés, et qui auraient perdu la compensation que leur assurait l'article 563. M. Chardon (Tr. de l'Alluvion, n° 182) reconnaît également aux riverains de l'ancien lit, qui désireraient conserver leur adhérence au cours d'eau, le droit de faire tous travaux pour replacer ce cours d'eau dans sa première direction, en remplissant les mêmes conditions d'indemnité. Il est vrai que la considération d'utilité publique cesse d'appuyer cette proposition; mais, dit le savant magistrat, d'autres motifs paraissent également suffisants pour le faire également adopter dans cette nouvelle hypothèse. Ce n'est qu'à titre d'indemnité que la loi accorde l'ancien lit à ceux qui supportent le nouveau; lors donc qu'on leur offre une indemnité équivalente, ils restent sans intérêt à refuser cette offre, et comme une des règles les plus invariables dans l'administration de la justice est que l'intérêt est la mesure des actions, leur résistance devrait être réprouvée. Il serait par trop rigoureux de prétendre qu'il doit être interdit aux propriétaires des usines situées sur' l'ancien lit de ramener le cours d'eau à sa direction pri-

mitive, et qu'un accident réparable de fait doit être considéré comme légalement irréparable. — Enfin, il peut arriver qu'après un espace de temps plus ou moins long, la
rivière rentre naturellement dans son ancien lit. Il semble
logique de décider que les terrains qu'elle avait autrefois
envahis vont revenir à leurs propriétaires primitifs ; cependant, en droit romain, quelques doutes s'étaient élevés
et Gaius ne se prononçait qu'avec une certaine hésitation :
« Si cujus tamen totum agrum novus alveus occupaverit,
licet ad priorem alveum reversum fuerit flumen, non tamen
is cujus ager fuerat, stricta ratione quidquam in eo alveo
habere potest, quia ille ager qui fuerat, desiit esse, amissa
propria forma, et qui vicinum prædium nullum habet, non
potest ratione vicinitatis ullam partem in eo habere, sed
vix est ut id obtineat. » L. 7, § 5 ff. de acq. rer. dominio
(xli, 1). Dans notre ancien droit, Boutaric (Inst., p. 150)
regardait encore comme plus sûr de refuser tout droit
à l'ancien propriétaire ; mais il ajoutait de suite, « Automne
sur cette loi rapporte un arrêt du Parlement de Bordeaux,
qui, préférant la raison d'équité à cette autre, que la loi appelle stricta ratio, adjugea le nouveau canal qu'avait occupé
la rivière de Garonne et que cette rivière avait abandonné
quinze ou seize ans après pour reprendre son ancien lit, à
ceux qui en étaient originairement les propriétaires, et je
suis persuadé que si le cas se présentait, on jugerait encore
de même. » Actuellement, le droit des anciens propriétaires peut être regardé comme hors de toute contestation ;
du jour où les terrains qui leur avaient été attribués, à
titre d'indemnité, ont été envahis par les eaux, ces propriétaires peuvent revendiquer les terrains laissés à sec par le
nouveau mouvement de la rivière, c'est-à-dire les fonds qui
leur appartenaient autrefois ; suivant la remarque de
MM. Aubry et Rau (t. II, § 203, p. 259), le droit de revendication ne pourra s'exercer que si ces propriétaires

n'ont point aliéné les portions de terrains qui leur avaient été ainsi attribuées à titre d'indemnité ; au cas d'aliénation, l'acquéreur de ces parcelles serait le seul qui pût, en vertu de l'article 563, avoir un droit quelconque sur le lit actuellement délaissé par la rivière.

§ III

Des atterrissements susceptibles de constituer une propriété privée.

A. *Hypothèse de l'alluvion proprement dite.*
B. *Hypothèse de l'avulsion.*

A

23. Les alluvions profitent dans tous les cas aux propriétaires riverains : telle est la solution des articles 556 et 557 C. civ. — Article 556 : « Les atterrissements et accroissements qui se forment successivement et imperceptiblement aux fonds riverains d'un fleuve ou d'une rivière s'appellent alluvions. L'alluvion profite au propriétaire riverain, soit qu'il s'agisse d'un fleuve ou d'une rivière navigable, flottable ou non, à la charge, dans le premier cas, de laisser le marchepied ou chemin de halage, conformément aux réglements. » Article 557 : « Il en est de même des relais que forme l'eau courante qui se retire insensiblement de l'une de ses rives en se portant sur l'autre ; le propriétaire de la rive découverte profite de l'alluvion sans que le riverain du côté opposé y puisse réclamer le terrain qu'il a perdu..... » Le Code civil suit en cette matière les traditions de la loi romaine ; la définition de l'article 556 ne fait que reproduire le paragraphe 20, Inst. de divis. rerum (II, 1). « Est autem alluvio incrementum latens ; per alluvionem autem id videtur adjici quod ita paulatim adjicitur

ut intelligere non possis quantum quoquo momento temporis adjiciatur. » Le droit de propriété des riverains avait été bien nettement consacré par une constitution de Théodose et Valentinien de l'an 440. « Ea quæ per alluvionem sive in Ægypto per Nilum, sive in aliis provinciis per diversa flumina possessoribus acquiruntur neque ab ærario, neque a quolibet vendi, neque separatim censeri vel functiones exigi hac perpetuo valitura lege sancimus. » L. 3, C. de alluvionibus (VII, 1). Nous trouvons de même dans les Institutes : « Quod per alluvionem fluvio tuo adjecit, jure gentium tibi acquiritur. » — Au moyen-âge, rien de plus obscur que la matière des alluvions, et il est difficile de se reconnaître au milieu du chaos de textes contradictoires que présentent les ouvrages de l'époque. L'opinion commune était que les alluvions doivent appartenir aux seigneurs haut-justiciers si elles se forment sur une rivière non navigable. Une des maximes de Loysel portait que « la rivière ôte et donne au haut-justicier. » Liv. II, tit. II, n° 9. Et Laurière ajoutait : « le sens de cette règle est que la terre que la rivière emporte est perdue pour le propriétaire, et que cette terre qu'elle joint et unit à un autre fonds n'appartient point au propriétaire de ce fonds, mais au seigneur haut-justicier. » En ce sens, on citait un arrêt du Parlement de Paris du 30 mars 1601. Les droits du roi sur les alluvions des rivières navigables étaient affirmés par Bacquet, qui énonce comme une chose universellement reçue que les lois qui attribuent la propriété des îles, javeaux, atterrissements et assablissements aux détenteurs et propriétaires des héritages adjacents n'avaient jamais été pratiquées en France (Dr. de Justice, ch. xxx, n° 6). Des lettres-patentes du 18 avril 1572 avaient notamment mandé aux trésoriers généraux de France d'informer des entreprises faites sur les îles et alluvions des principales rivières du royaume ; même injonction était faite aux agents du domaine par la déclaration du mois d'avril 1683. Il paraît, du reste, que le droit de propriété du roi n'était considéré que comme un droit purement nominal ; en fait les usurpations étaient si fréquentes, qu'un édit de mars 1693 prescrivit d'interrompre les recherches commencées en vertu de la déclaration de 1683 ; le roi consentait à maintenir dans leur jouissance ceux qui se trouvaient en possession d'atterrissements ou alluvions fluviales. Tel était le droit commun, la plupart des coutumes dissidentes attribuaient les alluvions à ceux dont les héritages étaient bordés par la rivière, tantôt aux seigneurs fonciers, tantôt aux riverains quels qu'ils fussent. Suivant l'ancienne coutume de Bourbonnais, les seigneurs fonciers ont droit aux alluvions dans les châtellenies de Montluçon et de Heriçon ; les coutumes de Normandie (art. 195), d'Auxerre (art. 263), de Sens (art. 154) se prononcent en faveur des riverains. Enfin, nous devons ranger dans une classe à part certaines coutumes qui ne reconnaissent pas l'existence du droit d'alluvion. C'était un adage admis en Franche-Comté que « le Doubs ne tolle ni ne baille. » Nous citerons l'article 212 de la coutume de Bar : « Celui qui perd son héritage ou partie d'icelui, par le moyen du cours de la rivière, en peut reprendre autant de l'autre côté, moyennant que le voisin ou les voisins du dit côté aient ce qui leur appartient. » — De même, article 46 de la coutume de Hesdin : « Si rivières et eaux en dehors de l'ancien cours gagnent quelque chose contre autrui, soit sur prés, jardins, manoirs et terres à labourer ou bois, par mesureur sermenté, on les redresse et remet en leur ancien cours au plus près que faire se pourra. » — En pays de droit écrit, les riverains jouissaient des alluvions dans les termes de la constitution de Théodose ; aucune incertitude sur ce point. Cependant au XVIIIe siècle, les agents du fisc avaient, à deux reprises différentes, cherché à dépouiller les riverains de leurs droits légitimement acquis. Un arrêt du Conseil du 10 février 1728 prétendit attribuer au roi toutes les alluvions qui s'étaient formées dans le lit du Rhône. Plus tard, à la suite des embarras financiers que causa la guerre d'Amérique, deux arrêts du Conseil des 5 juillet 1781 et 31 octobre 1783 ordonnèrent l'aliénation au profit du roi, de toutes les alluvions qui s'étaient formées sur les bords de la Gironde, de la Dordogne et de la Garonne. L'émotion fut vive dans la Guyenne, le Parlement alors en lutte ouverte avec la Cour fit des remontrances et rappela les capitulations, aux termes desquelles les rois de France s'étaient engagés à maintenir et à respecter les statuts de la province. En présence de cette résistance inattendue, il fut mandé à Versailles, et le 29 juillet 1786 eut lieu dans le cabinet du roi et en présence du contrôleur général Calonne, une conférence qui dura plus de huit heures. « Après avoir tenu, pendant sept heures, la balance entre la nation et la couronne, le roi, dit M. Henrion de Pansey (Dissert. féod., t. I, p. 648), prononça lui-même contre lui et déclara propriétaires tous les riverains. Il fit donner lui-même au texte de ses nouvelles lettres-patentes un acte de généralité, qui rendait son acte de justice commun à tout le royaume. Il veut que ses premières lettres-patentes soient exécutées, sans qu'on puisse en induire que les alluvions, atterrissements ou relais, formés sur les bords des dites rivières, *ni d'aucune rivière navigable*, puissent appartenir à d'autres qu'aux propriétaires des fonds adjacents à la rive des dites rivières, et à nous lorsque la rive sera adjacente à des fonds de terre faisant partie de notre domaine. » La question était définitivement tranchée par ces lettres-patentes ; le domaine renonçait de lui-même à ses anciennes prétentions. Aussi, lors de la discussion du Code, le système suivi dans les pays de droit écrit, fut-il accepté sans observation et devint-il le droit commun de la

France ; c'était, comme le disait M. Portalis, maintenir les propriétaires dans l'exercice de leurs droits naturels.

24. Presque au lendemain de la promulgation du Code, de vives et nombreuses critiques furent dirigées contre nos art. 556-557. En 1809, une commission nommée pour la rédaction d'un Code rural contestait la légitimité du droit .d'alluvion ; elle proposait de décider que le riverain dont la propriété serait rongée par l'action incessante du cours d'eau, peut aller reprendre le terrain qu'il aura perdu en quelque endroit que la rivière l'ait porté. En 1830, M. Chardon publiait son remarquable traité de l'alluvion dans le but de faire ressortir « l'incohérence des dispositions du Code civil à l'égard de l'alluvion avec les bases essentielles de la législation. » Il présente le droit d'alluvion comme étant en opposition avec les règles fondamentales de l'équité et du droit de propriété. « L'équité, dit-il, est doublement violée, quand, pour l'utilité publique, je fournis sans indemnité une partie du lit de la rivière, et que celui qui possède le bord opposé, est gratuitement doté de tout le terrain dont se retirent les eaux pour se porter sur mon champ. » Et il ajoute que « si la rivière conserve la même impulsion, en quelques années elle aura fait glisser successivement son lit jusqu'à l'extrémité de mon héritage, et je serai immédiatement dépouillé. » L'objection est bien ancienne ; elle avait déjà frappé les jurisconsultes romains, et Cassien y répondait : « Quidquid aqua lambendo abstulerit, id possessor amittat ; quoniam scilicet ripam suam sine alterius damno tueri debet. » (L. 20 ff de acquirendo rerum dominio). Grotius s'exprimait à peu près de même : « Quæ omnia lege potuisse introduci et utilitate quadam muniendarum riparum defendi non nego. » (De jure pacis et belli. Lib. II, chap. 8, § VIII). Le riverain, dont la propriété se trouve diminuée, est victime de sa propre faute : il pouvait prévenir l'effet des dispositions de la loi, en entretenant et en réparant sa rive.

M. Chardon convient que cette réponse semble au premier abord très-plausible, mais, suivant lui, si l'on s'attache à la réalité des faits, on sera bientôt convaincu de l'injustice de la règle et de la frivolité du motif qui l'a dictée. Les efforts des riverains ne sont que trop souvent impuissants à prévenir les ravages des cours d'eau. Les cours d'eau ont à parcourir dans tous les sens la plaine qu'ils occupent, une tendance naturelle que l'homme peut un instant retarder, mais jamais amortir. Il suffit d'examiner les nombreux exemples cités par M. Chardon pour apercevoir la confusion dans laquelle est tombée le savant magistrat. De sa dissertation, il ne résulte qu'une seule chose, que les riverains sont absolument hors d'état de prévenir les inondations désastreuses qui, à certaines époques, bouleversent les propriétés adjacentes à la rive. Il a beau jeu pour démontrer qu'en semblable hypothèse, le motif donné par Cassien serait, comme il le dit, absurde et ridicule ; mais il oublie qu'ici ce ne seraient plus les principes de l'alluvion qu'il faudrait appliquer, il y aurait eu avulsion, et l'on tomberait sous l'application de l'art. 559, qui admet la revendication du propriétaire. Ce qu'il faudrait établir, c'est que les propriétaires n'ont à leur disposition aucun moyen capable de prévenir les accidents journaliers qui peuvent modifier à leur préjudice l'état primitif du rivage. Or, cette démonstration, nous la cherchons vainement dans l'ouvrage de M. Chardon. Pourquoi, d'autre part, le riverain du bord opposé se trouve-t-il gratuitement doté de tout le terrain d'alluvion ? M. Portalis s'exprime ainsi dans l'exposé des motifs : « Les alluvions doivent appartenir au propriétaire riverain, par cette maxime naturelle que le profit appartient à celui qui est exposé à souffrir le dommage. Les propriétés riveraines sont menacées plus qu'aucune autre. Il existe, pour ainsi dire, une sorte de contrat aléatoire entre le propriétaire du fonds riverain et la nature, dont la

marche peut à chaque instant accroître ou ravager ce fonds. »
Locré, T. VIII, p. 164. Mêmes idées dans le discours du
tribun Faure : « La propriété du riverain, au lieu de s'être
accrue, pouvait être diminuée ; c'est une chance qu'il a
courue : personne ne l'aurait dédommagé du mal, personne
ne doit le priver du bien. » (Locré, ibid., p. 184). Nous
ajouterons à ces considérations qui nous paraissent déci-
sives, que la plupart du temps le terrain d'alluvion ne sera
guère facile à distinguer du terrain primitif de la rive à
laquelle il s'est ajouté primitivement. Ce n'est que rarement qu'il se présentera une hypothèse aussi saillante que
celle rapportée par M. Chardon et sur laquelle le tribunal
d'Auxerre fut appelé à statuer en 1829. Admettre en pareille matière une sorte de droit de revendication de l'ancien
propriétaire, ce serait autoriser des procès insolubles, et
M. Proudhon (T. IV, n° 1264) disait fort bien qu'avec un
tel système « on ne verrait que discussions et troubles
dans les pays de rivières. »

25. Dans l'exposé des motifs, M. Portalis insistait sur
les différences qui séparent les alluvions fluviales proprement dites des lais et relais de la mer. En fait, cette distinction présente de sérieuses difficultés dans les fleuves où
remonte la marée. A quel point les atterrissements qui se
forment sur leurs rives perdent-ils le caractère d'alluvion
pour prendre le caractère de lais et relais de la mer ? Dans
notre précédent volume (n° 169), nous avons donné à cette
question tous les développements qu'elle comportait, et
nous avons décidé que cette difficulté ne pouvait être résolue à priori et d'une manière générale ; que l'appréciation
des circonstances particulières de chaque espèce pouvait
seule fournir les éléments d'une solution équitable. Nous
nous bornerons à rappeler ce passage de la dépêche adressée
le 30 août 1843, au préfet du Calvados, par M. Baulny,
directeur des domaines : « L'alluvion fluviale formée lente-

ment sera exclusivement composée de vase, de limon et de corps descendus avec les eaux de la rivière, et elle se couvrira d'herbages ordinaires. L'alluvion maritime, au contraire, apparaîtra tout à coup ; un coup de mer la produira, un autre la fera disparaître ; elle sera composée des matières que la mer dépose, soulève et délaisse, des sables et galets qu'elle charrie. La présence des coquillages qui ne peuvent vivre que dans l'eau salée, et les herbes salines qui croîtront à sa surface, attesteront d'une manière certaine qu'elle est un lais et relais, et que, par conséquent, le rivage qui la borde, est un rivage maritime. » — Certains atterrissements doivent, à raison de leur situation toute spéciale, être rangés dans une classe à part : nous voulons parler des schoorres et polders, qui se forment dans le lit de certaines rivières et à un point généralement assez voisin de leur embouchure. Ces atterrissements, par leur nature, constitueraient de véritables alluvions fluviales et devraient à ce titre appartenir aux propriétaires riverains. Mais, d'un autre côté, il ne faut pas perdre de vue que, dans un intérêt de sécurité générale, deux décrets en date des 11 janvier et 16 décembre 1811, ont soumis à un régime exceptionnel tous les terrains désignés sous le nom de *schoorres, polders, wateringues.* Le premier soin du législateur a été de les assimiler aux lais et relais de la mer, et en conséquence de les déclarer propriété de l'Etat. Ces décrets sont conçus dans les termes les plus généraux et paraissent au premier abord applicables aux schoorres des fleuves et rivières navigables comme à ceux de la mer : il faut voir dans leurs dispositions une dérogation formelle au principe de l'art. 556. Malgré cet argument de texte, la jurisprudence des tribunaux hollandais déclare que les décrets de 1811 ne concernent en rien les schoorres des rivières navigables et n'ont porté aucune atteinte aux droits des riverains. Nous citerons notamment l'arrêt de la Cour provinciale d'Over-Yssel, du 22 août 1844, l'arrêt de la Cour provinciale de Groningue, du 7 mai 1844, et enfin l'arrêt de la Haute-Cour des Pays-Bas du 12 décembre 1851. Cette dernière décision porte formellement que « l'art. 1 du décret impérial du 11 janvier 1811 ne s'applique qu'aux schoorres ou terres en avant des polders, qui sont couvertes et découvertes avec les changements de marée par l'eau de la mer, et non plus aux schoorres situées en avant des polders dans les bras des fleuves, lors même que, par l'influence de la marée, l'eau des fleuves les couvrirait et découvrirait alternativement ; qu'en conséquence, les schoorres de la première nature sont seuls des dépendances du domaine public. » Les jurisconsultes hollandais oublient trop facilement que, dans leur système, certaines des dispositions du décret ne pourraient présenter aucun sens. Ainsi, dans l'art. 2, il est fait mention de schoorres existant dans les départements de l'Escaut et des deux Nèthes ; or, en 1811, ces deux départements ne confinaient à la mer par aucune de leurs frontières ; les schoorres dont il est question et qui sont attribués au domaine ne peuvent donc être que des schoorres situés dans l'intérieur des terres et sur les bords des cours d'eau navigables. Les art. 22 § 2 et 23 sont encore plus concluants ; ils nous parlent de *schoorres à endiguer sur les deux rives de l'Escaut*, et exigent que tous les plans et projets relatifs à ces travaux soient communiqués au préfet maritime. A ces articles que vient-on opposer ? Une instruction du maître des requêtes directeur des polders, portant la date de 1811 et où l'on trouverait énoncée tout au long la distinction qui aurait échappé aux rédacteurs du décret. Pour écarter ce document, il nous suffira de demander depuis quand une circulaire émanée d'un fonctionnaire administratif, quelque élevé que soit son rang, peut prévaloir contre les énonciations d'un texte de loi. Cette instruction est-elle, d'ailleurs, aussi décisive qu'on le prétend ? Nous n'y trouvons guère que quelques phrases banales et sans portée sur le respect dû aux droits sacrés de la propriété ; nulle part la distinction entre les schoorres de la mer et ceux des rivières navigables n'est formulée d'une manière nette et précise. De plus, le directeur général annonce qu'il n'entend en rien innover aux principes qui, antérieurement à lui, ont régi l'administration des polders. Or il est constant qu'antérieurement à 1811, les schoorres des rivières navigables, alternativement couverts et découverts par la marée, étaient, dans l'Artois comme dans les Flandres, réputés faire partie du lit de la rivière. Les nombreux actes de concession octroyés aux particuliers par les souverains du pays, à la charge d'endiguement ou toute autre condition, démontrent quels étaient les principes admis relativement à la propriété de ces terrains. Ainsi cette instruction se trouverait en contradiction avec elle-même, si nous l'entendions dans le sens que lui donnent nos adversaires. Elle aurait commencé par déclarer que les schoorres constituaient naturellement des propriétés privées, et quelques lignes plus bas, elle aurait maintenu la règle d'après laquelle les schoorres n'appartiennent aux particuliers que s'ils leur ont été concédés par l'Etat. (Trib. d'Anvers, 10 juillet 1852 ; Belg. Judic. T. X, p. 1171 ; ibid. 23 juillet 1859 ; ibid. 9 juin 1860 ; Trib. de Malines, 15 mai 1862 ; Belg. Judic. T. XX, p. 722 ; Bruxelles, 12 août 1856 ; Belg. Judic. T. XV, p. 610.).

26. La loi ne reconnaît au profit d'un propriétaire le droit d'alluvion, que si deux conditions se trouvent réunies. Il faut : 1° que l'héritage soit riverain du cours d'eau ; 2° que l'accroissement se soit formé d'une manière nécessaire et imperceptible. Nos anciens auteurs se demandaient s'il ne fallait pas exiger en outre que l'héritage bordé par les eaux n'appartînt pas à son propriétaire comme limité expressément à une certaine quantité de me-

sures, par exemple à un certain nombre d'arpents. La difficulté provenait d'un texte de droit Romain : comment devait-on interpréter la loi 16 ff. de acquirendo rerum dominio ? « In agris limitatis jus alluvionis locum non habere constat, idque divus Pius constituit. » Dumoulin, s'appuyant sur l'autorité de Balde, voyait là une solution générale et applicable dans toutes les hypothèses : « Quod si civiliter mensurantur ad perticam, non habent jus alluvionis quia semper apparere potest quantum accreverit, sed si destinatione patris familias vel principis limites habent per terminos lapideos vel fossato ubi sub motis terminis quantum accreverit difficile discerni potest, ideo locus est alluvioni per D. L. in agris, quam ut ita diximus Baldus vult intelligi. » (In consuet. Paris. art. 1, Glos. V. n° 120) Cujas (Observat. l. II, ch. 9) admet également que le propriétaire d'un champ qui a été vendu comme ayant telle contenance déterminée ne profite pas de l'alluvion. De son côté, Dupérier (Quest. not. liv. II, quest. 3) enseignait que la loi 16 n'était qu'une loi d'espèce ; l'expression agri limitati, dont elle s'était servie, ne pouvait désigner que les champs conquis sur l'ennemi par les généraux Romains, et ensuite distribués aux légionnaires. On avait voulu, pour donner satisfaction au principe d'égalité dans les récompenses militaires, que les limites de ces concessions une fois fixées, ne pussent être modifiées par aucun évènement postérieur ; on conçoit dès-lors qu'il eût été illogique de reconnaître l'existence du droit d'alluvion au profit de ces propriétaires riverains ; en fait, pour prévenir toute variation, on était dans l'usage de laisser un espace de terre considérable entre les champs assignés aux soldats et le bord de la rivière voisine ; les changements du cours d'eau ne pouvaient avoir aucune influence sur l'étendue de ces terrains. Cette explication nous paraît pleinement confirmée par la suite de la loi 16. « Et Trebatius ait agrum qui hostibus devictis ea conditione concessus est, ut in civitatem veniret, habere alluvionem neque esse limitatum, agrum autem manucaptum limitatum fuisse ut sciretur quod cuique datum fuisset, quod venisset, quid in publico relictum esset. » Ainsi les terrains concédés aux soldats se trouvent placés en dehors du droit commun ; ce n'est que dans ce cas que le bénéfice de l'alluvion ne sera pas reconnu au profit du riverain. On ne comprendrait guère aujourd'hui que l'article 556 fût inapplicable par ce fait seul que l'on aurait acheté, non pas tel domaine déterminé, mais un certain nombre d'arpents. Dupérier faisait à ce propos une remarque fort juste. « Il s'ensuivrait une injustice insupportable, que les champs bornés, délimités, et certains voisins d'une rivière pourraient recevoir de la diminution et du dommage par une inondation, et ils n'en pourraient jamais être récompensés et indemnisés par le bénéfice de l'alluvion, contre cette loi d'équité naturelle, qui veut que le profit et la commodité soient pour ceux qui sont exposés à la perte et à l'incommodité. » — Depuis la promulgation du Code, l'opinion de Dupérier a été formellement consacrée par la jurisprudence (Nancy, 31 mai 1842. Pal. 43, 1, 267). Toutefois un arrêt de Bruxelles du 12 août 1856 (Belg. judic. t. XV, p. 610), a été quelquefois cité comme consacrant l'opinion de Dumoulin et de Cujas. Ses premiers considérants sont ainsi conçus : « Attendu que les titres d'acquisition dont se prévaut l'appelant, ne justifient son droit de propriété que sur 56 hectares 26 ares 42 centiares, qui lui ont été déterminément vendus ; que l'Escaut donné pour limite doit s'entendre du fleuve tel qu'il existait au moment des ventes, et comme bornant alors l'étendue des terrains vendus, mais nullement comme une limite mobile telle qu'auraient pu la rendre les variations que le temps pouvait amener dans le cours de ses eaux, — Attendu que lors des ventes par suite desquelles l'auteur de l'appelant est devenu soit directement, soit médiatement propriétaire, tous les droits de l'ancien propriétaire se trouvaient réunis dans la main du gouvernement vendeur ; que celui-ci, en faisant ces aliénations, n'a pas subrogé les acquéreurs nouveaux dans les droits que ses prédécesseurs avaient pu avoir sur les terres que recouvrent les eaux du fleuve, mais que les acquéreurs n'ont acquis, comme l'Etat n'a vendu et n'a voulu vendre que ce qui était spécifié et limité dans les actes de vente, c'est-à-dire, 56 hectares 26 ares 42 centiares, sans plus. » Mais les considérants suivants nous font voir que l'arrêt n'a pas en réalité touché à notre question ; si la Cour de Bruxelles refuse d'adjuger à l'acquéreur les atterrissements qui se sont formés sur les bords de l'Escaut, c'est qu'elle les regarde non comme des alluvions, mais comme des schoorres qui ne peuvent appartenir à des particuliers que s'il y a eu concession du domaine; elle invoque des dispositions du décret du 11 janvier 1811 : « Attendu que pour justifier son droit de propriété sur environ 800 hectares portés dans la déclaration de feu son auteur et au cadastre sous le nom de celui-ci, l'appelant ne peut se prévaloir du droit d'alluvion, tel qu'il est défini par l'article 556, C. Civ., parce que ces terres encore couvertes et découvertes par les eaux du fleuve sont désignées sous le nom de schoorres par une disposition spéciale de la loi, et que les schoorres sont régis par les dispositions du décret du 11 janvier 1811, qui les considère comme des dépendances du domaine public, et les met sur la même ligne que les lais et relais de la mer, etc., etc. »

27. Revenons à notre première condition. — L'héritage, avons-nous dit, doit être riverain du cours d'eau ; mais ici se présente une première question : que faut-il décider lorsque le fonds proprement dit est séparé de la rivière par une digue destinée à le protéger contre l'envahissement des eaux ? On pourrait être tenté de soutenir que le droit d'al-

luvion ne peut s'exercer au profit du propriétaire ; ce droit, suivant les expressions de Portalis, n'est accordé au riverain qu'en compensation des dommages qui peuvent lui être causés par la proximité de l'eau ; or, ici aucun dommage ne peut être souffert par ce propriétaire, et il ne peut invoquer aucun titre qui lui permette de bénéficier de l'alluvion ; la loi n'aurait eu aucune raison pour lui attribuer les terrains qui se sont formés au pied de la digue. Cette doctrine est trop absolue, et, suivant nous, la difficulté doit se résoudre dans un sens plus favorable à la propriété privée. Il faut distinguer plusieurs hypothèses ; nous supposerons d'abord que la digue n'appartient pas au même propriétaire que l'héritage riverain ; dans ce cas, il est logique de dire que cet héritage riverain est en réalité séparé du cours d'eau par une parcelle de terrain appartenant à un tiers, et que ce tiers pourra seul jouir de l'alluvion ; l'arrêt qui reconnaîtrait ce fait et en tirerait cette conséquence, serait à l'abri de toute censure de la Cour de cassation (Req. Rej. 17 juillet 1844 ; Dev., 44, 1, 839). Si, au contraire, la digue et l'héritage riverain appartiennent au même propriétaire, il nous paraît évident que ce dernier pourra regarder comme siens les terrains d'alluvion ; l'acquisition de ces terrains l'indemnisera des dépenses que lui auront causé la construction et l'entretien de la digue. Enfin, il est possible que la digue ait été établie sur un terrain appartenant au propriétaire riverain, et qu'en même temps cette digue appartienne à une tierce personne ; il arrive souvent que des propriétaires, dont les fonds ne joignent pas le lit de la rivière, obtiennent, à titre de servitude, le droit d'élever une digue de protection sur les héritages riverains ; le droit de servitude, qui leur a été reconnu, leur donne-t-il la faculté de s'emparer des alluvions ? Non, répondent les arrêts, « Attendu qu'en l'absence d'un titre qui règle les conditions d'un droit d'appui, le concessionnaire d'un tel droit, n'acquiert qu'un droit de servitude sur le fonds qui fournit l'appui, et qu'il n'existe aucune disposition de loi qui lui attribue la propriété du sol occupé et couvert par les ouvrages formant ce même appui ; — Attendu, d'autre part, qu'en vertu de l'article 556 C. civ., l'alluvion. ne profite qu'au propriétaire riverain ; — Qu'il suit de là qu'en décidant que le demandeur ne pouvait profiter de l'alluvion superposée à la partie de la digue qui s'appuie et s'enfonce dans le fonds des défendeurs, l'arrêt attaqué, loin de violer la loi, s'est, au contraire, conformé aux principes de la matière..... » Civ. Rej. 8 nov. 1843 ; Dev., 44, 1, 143.

28. Le propriétaire, dont l'héritage est séparé de la rivière par un chemin public, bénéficiera-t-il de l'alluvion ? Nos anciens auteurs décidaient généralement l'affirmative ; pour eux, l'existence d'un chemin ne faisait pas obstacle à ce que le droit d'alluvion s'exerçât en faveur des propriétaires situés de l'autre côté de ce chemin. C'était la doctrine d'Accurse et des glossateurs ; c'était celle que le Parlement de Toulouse avait consacrée par ses arrêts des 24 janvier 1731 et 17 avril 1784. — Mais, comme le remarque fort bien M. Chardon (n° 159), les motifs que l'on produisait à l'appui seraient inadmissibles aujourd'hui. On argumentait surtout de la loi 14 ff. quemadmodum servitutes amittantur. « Cum via publica vel fluminis impetu, vel ruina amissa est, vicinus proximam viam præstare debet. » Le riverain était tenu de fournir à ses frais les terrains nécessaires pour le passage du chemin ; il était donc parfaitement juste qu'en compensation d'une obligation aussi onéreuse, on le maintînt dans la jouissance des atterrissements qui pouvaient se former le long de ces chemins. Ce raisonnement n'a plus aucune valeur aujourd'hui que l'entretien de tous les chemins et leur rétablissement, au cas où ils viennent à être enlevés, incombent soit à l'Etat, soit aux départements, soit aux communes ; à un autre point de vue,

il est bon d'observer que lors de l'établissement du chemin, l'avantage éventuel dont le riverain se trouve privé, a dû être apprécié pour la fixation de l'indemnité ; l'Etat lui a en quelque sorte acheté le droit aux alluvions qui se formeraient dans la suite. (Civ. Cass. 12 déc. 1832 ; Dev. 33, 1, 5 ; Civ. Cass. 15 février 1836 ; Dev. 36, 1, 103.) Ces principes ne peuvent s'appliquer qu'aux chemins de communication proprement dits ; notre décision sera toute autre en ce qui touche les chemins de halage. Ainsi que nous l'établirons plus bas, les chemins de halage ne font pas partie du domaine public ; l'ordonnance de 1669 et le Code civil obligent bien les riverains à laisser de chaque côté du cours d'eau un certain espace pour le trait des bateaux ; mais ce n'est là qu'une simple servitude imposée aux propriétaires de ces héritages ; la loi leur conserve l'intégrité de leurs droits sur le terrain qu'ils ont dû abandonner, et, en conséquence, les alluvions leur appartiennent à l'exclusion du domaine public (Montpellier, 5 juillet 1833. Dev. 34, 2, 120). Ce n'est que dans certains cas exceptionnels que l'Etat se trouve propriétaire d'un chemin de halage ; ainsi, il faut supposer qu'un cours d'eau non navigable a été canalisé ; le chemin de halage n'a pu être exigé des riverains à titre de simple servitude et l'Etat a été obligé d'acquérir les terrains nécessaires à son établissement. Nous avons à peine besoin de dire que désormais entre le fonds riverain du cours d'eau et ce cours d'eau lui-même se trouve une propriété intermédiaire à laquelle accroîtront toutes les alluvions postérieures ; d'ailleurs, suivant l'observation de M. Maurice Block (Dict. d'adm. v. Canaux, n° 11), il est difficile, pour ne pas dire impossible, qu'une alluvion vienne à se former dans le lit du cours d'eau incorporé au canal ; la nécessité de maintenir le tirant d'eau oblige l'administration à faire des travaux de curage, qui détruiront fatalement tout germe d'alluvion.

29. M. Daviel (t. I, n° 135) soutient que le propriétaire d'un héritage bordé par une falaise à pic qui dominerait la rivière, ne peut réclamer les alluvions qui se formeraient au bas de cette falaise ; en ce sens il rapporte deux arrêts inédits de la Cour de Rouen des 8 avril 1818 et 24 décembre 1827. Ce système peut, au premier abord, paraître assez séduisant ; l'article 556 est fondé sur cette idée que le riverain doit être indemnisé des pertes que lui cause la proximité de la rivière ; telle est, dans notre droit moderne, la seule raison d'être de l'alluvion. Or, dans notre espèce, le riverain n'est exposé à aucune perte, à aucun dommage ; sa propriété ne peut être diminuée par l'action du cours d'eau ; donc elle ne doit pas, en bonne logique, être augmentée par l'action de ce même cours d'eau. Cependant, nous croyons plus sage de dire avec M. Demolombe (t. X, n° 47) et MM. Aubry et Rau (t. II, § 203, p. 248), que la conformation de la rive et la nature des éléments qui la composent ne peuvent exercer aucune influence sur le sort des alluvions ; nous répondrons notamment à M. Daviel : 1° que le texte des articles 556 et 557 est absolu et ne distingue pas entre les fonds à l'extrémité desquels il se trouve des roches ou des falaises, et les fonds qui bordent une rive plane, et unie entre les fonds qui sont de niveau avec la rive et les fonds qui dominent le cours d'eau ; 2° qu'il n'est pas toujours vrai de dire que les fonds, même dans cette situation, n'ont rien à craindre de l'action des eaux qui peuvent, au contraire, les submerger et les dégrader par des éboulements, d'où résultent les alluvions dont on voudrait les priver. — Ce point une fois acquis, M. Demolombe (t. X, n° 148) se demande quel peut être le droit des propriétés qui se trouveraient séparées de la rivière par un fossé, par une haie, par un mur, par une construction quelconque. Autrefois, quelques hésitations s'étaient produites dans la doctrine ; on disait que le propriétaire avait,

en quelque sorte, assigné à son héritage, des limites fixes et immuables, qu'il avait virtuellement renoncé à tout accroissement ultérieur. Barthole soutenait au contraire qu'il n'y avait pas lieu, dans l'espèce, de faire exception à la règle générale ; lorsqu'une maison est bâtie immédiatement sur le bord du fleuve, les alluvions qui se formeront le long de cette maison appartiendront à son propriétaire. « Quid ergo si cum domum juxta flumen haberem, ibidem per alluvionem flumen adjecerit ? certe meum erit ; idcirco enim legislator agri nomine usus est ut ostendat alluvionem respectu soli fieri, non ædificii superimpositi. » A l'appui de cette solution, nous nous bornerons à rappeler un considérant de l'arrêt de Nancy du 31 mai 1842 (Pal. 43, 1, 267). « Le principe de l'article 556 protége, sans exception, les propriétés closes et non closes, parce que l'action destructive des eaux, opérant sur les unes comme sur les autres, elles doivent toutes jouir de la compensation qui y est attachée. »

30. Deuxième condition. — L'alluvion doit s'être formée d'une manière successive et imperceptible ; faut-il exiger en outre que l'alluvion, une fois formée, ne se soit pas montrée brusquement et tout d'un coup ? Cette addition au texte de l'article 556 nous paraît complètement en dehors des termes de la loi : peu importe que l'alluvion qui existait auparavant avec tous les caractères voulus par la loi, ait été mise à nu par la retraite subite du cours d'eau (Civ. Cass. 25 juin 1828. Sir. 27, 1, 282). Les auteurs agitent une question beaucoup plus délicate : qu'arrivera-t-il lorsque l'alluvion se forme brusquement, — c'est-à-dire dans le cas du *lais*, lorsque le courant dépose contre une rive une masse de limon — dans le cas du *relais* lorsque, par une retraite subite, le fleuve délaisse une partie de la largeur de son lit en se jetant d'une rive sur l'autre, ou bien en restreignant son cours ? Suivant MM. Aubry et Rau (T. II, p. 249, §

203), l'hypothèse serait régie, soit par l'art. 559, soit par l'art. 563; la masse de sable emportée par les eaux, la portion de terrain laissée à sec par le retrait de la rivière, appartiendraien; au propriétaire dont l'héritage aurait été envahi par le reflux de la rivière; selon les circonstances, on pourrait dire, ou que le fleuve a enlevé subitement une partie considérable d'un champ riverain et l'a portée sur le fond d'autrui — ou que la rivière s'est formé un nouveau lit et que les terrains abandonnés doivent être attribués à celui dont le domaine est occupé par les eaux. Bien qu'il ait été consacré par un arrêt de Paris, du 1ᵉʳ décembre 1855 (Dev. 56, 2, 434), ce système est communément abandonné; d'une part, en effet, la revendication autorisée par l'article 559 ne peut s'exercer que si la superficie du champ a seule été enlevée. « Cet article, disait M. Tronchet, ne s'applique qu'à l'enlèvement de la superficie, et non au cas où le fonds même a été enlevé. » Locré T. VIII, p. 126. Dans notre espèce, le fonds lui-même a disparu : donc, à ce point de vue, l'action de l'ancien propriétaire doit être déclarée non recevable. D'autre part, l'article 563 suppose le changement total du lit de la rivière et non un simple déplacement partiel. Or, pourrait-on dire qu'en fait la rivière s'est créé un nouveau cours, que l'ancien lit est abandonné? M. Demolombe (t. X, n° 62) croit que les terrains en question, bien que n'étant pas de véritables terrains alluvionnaires, n'en doivent pas moins être attribués aux riverains dont ils joignent l'héritage. Pour établir les droits de ces derniers, dans le cas du lais proprement dit, il soutient qu'en principe, lorsqu'aucune réclamation n'est possible, les portions de terrain enlevées d'un champ voisin appartiennent au propriétaire du fonds auquel elles ont été unies; « si nul ne peut justifier de sa propriété sur les matières dont un attérissement subit est formé, ce lais appartient en vertu du texte même de la loi au propriétaire de la rive à laquelle il s'est uni ; » telles sont ses propres expressions. Dans le cas du relais, il se fonde sur cette considération que les riverains ne peuvent, par suite d'un fait accidentel, être privés des avantages que leur assurait la contiguité du cours d'eau. Une troisième opinion à laquelle nous nous rallions sans réserve, fait prévaloir le droit de l'Etat sur celui des propriétaires primitifs et sur celui des riverains. Les atterrissements qui se forment dans le lit des rivières navigables, appartiennent à l'Etat, dit l'article 560 : par cette expression: atterrissement, le législateur a principalement voulu désigner les terrains dont nous nous occupons en ce moment. M. Demolombe a toutefois essayé de contester cette interprétation si simple et si naturelle : il croit que l'art. 560 n'a songé qu'aux atterrissements qui se forment dans le lit du fleuve, sans adhérence à ses rives. L'art. 561 qui est en corrélation intime avec l'art. 560, démontrerait que dans la pensée des rédacteurs du Code, les mots « îles » et « atterrissements » étaient absolument synonymes. A l'appui, il cite les paroles de M. Treilhard, déclarant au Conseil d'Etat que l'art. 560 avait en vue « les morceaux de terre qui se placent au milieu du cours d'eau. » La meilleure réponse à faire à cet argument de texte est de transcrire ici l'art. 561 : « Les îles et atterrissements qui se forment dans les rivières non navigables ni flottables, appartiennent aux propriétaires riverains aux côtés où l'île est formée : si l'île n'est pas formée d'un seul côté, elle appartient aux propriétaires riverains des deux côtés à partir de la ligne qu'on suppose tracée au milieu de la rivière. » Le législateur veut uniquement nous dire comment aura lieu entre les propriétaires riverains, le partage des îles, mais non pas sans dire que pour lui l'île et l'atterrissement constituent une seule et même chose. De même, si l'on veut lire dans son entier la phrase prononcée par M. Treilhard, on verra que l'orateur était loin d'avoir les intentions que lui prête

M. Demolombe : la portée de ses expressions a été singulièrement dénaturée. Cette prétendue explication de l'article 560 nous semble d'autant plus extraordinaire qu'elle
est contradictoire avec tous les précédents de la matière.
Le sens du mot atterrissement avait déjà été nettement
précisé dans notre ancien droit : on voyait là un fait d'une
nature toute particulière, et qu'il fallait distinguer avec
soin de l'alluvion proprement dite. M. Demolombe en convient lui-même, quand il dit : « La distinction entre les
alluvions proprement dites et les autres espèces d'atterrissements était, dans notre ancien droit, de la plus haute importance, et les auteurs du Nouveau Denizart remarquent,
en effet, que c'est faute d'avoir distingué l'alluvion des
autres espèces d'atterrissements , que quelques auteurs
ont dit que l'alluvion appartenait au prince ; tandis qu'il est
constant qu'elle est acquise par droit d'accession aux propriétaires riverains. » (T. X, n° 7 bis). Se plaçant à un dernier
point de vue, M. Demolombe déclare ne pas comprendre
comment l'Etat bénéficierait de ces atterrissements, alors
qu'aucun dommage ne lui a été causé : le lit est toujours le
même, et ce qu'il a perdu d'un côté, il l'a gagné de l'autre ;
il l'a gagné sans aucune charge, sans aucune obligation
d'indemnité envers le propriétaire sur lequel la force majeure des eaux a fait porter le courant et aux dépens duquel elle a grandi le lit du fleuve. Pour nous, une raison
majeure commandait d'attribuer ces terrains au domaine
public : l'Etat devait pouvoir en disposer à sa guise, et les
supprimer dès que le moindre inconvénient se ferait sentir ;
la loi s'est surtout préoccupée des intérêts de la navigation,
que la présence de ces bas fonds entraverait singulièrement.
Nous rappellerons le discours du Tribun Grenier devant le
Corps Législatif. « L'intérêt du commerce exige que les
fleuves ou rivières soient libres ; la nation a déjà l'avantage
de ne dessaisir personne de ces objets, pour qu'ils n'appar-

tiennent à aucun particulier : elle se dispense seulement d'exercer aucune sorte de libéralité, parce que le public en souffrirait. » Locré, T. VIII, p. 207-208.

31. Les alluvions peuvent n'être pas l'œuvre exclusive de la nature et du mouvement spontané des eaux ; les riverains cherchent souvent à les faciliter en faisant des plantations ou autres ouvrages destinés à fixer sur le bord de leurs héritages le gravier et le limon qui pourraient y être déposés. — Dès le moyen-âge, cette espèce préoccupait les jurisconsultes ; Barthole disait : « Insulam quæ divina potestate sive hominis manu et opera facta fuerit, eodem jure censeri oportebit, ut proximiorum fiat. » Aymus ajoutait qu'en pareille circonstance, le droit des riverains ne lui paraissait pas susceptible de controverse ; il faisait observer que telle était la jurisprudence des rotes de Rome et de Florence. Voet leur permettait de même de favoriser la formation d'alluvions « in suam utilitatem moles in flumine erigendo, plantando, ripam muniendo aliisque modis dummodo navigationi aut agro quæsito non officiant. » Ainsi donc, il est bien certain que l'alluvion appartiendra aux riverains, toutes les fois que les ouvrages en question ne seront pas préjudiciables aux autres propriétaires, en refoulant les eaux du fleuve sur leurs héritages, ou n'entraveront pas le service de la navigation (Req. Rej. 8 juillet 1829. Sir., 29, 1, 437). Mais que décider si cette double condition ne se trouvait pas remplie ? Il est une première hypothèse qui ne peut faire difficulté ; un riverain, sans intention de nuire aux autres propriétaires, a construit une digue le long de son terrain, de manière à le mettre à l'abri de l'action des eaux. Les textes du droit Romain lui attribuent l'alluvion qui se formera par suite de la construction de cette digue. « Sunt qui putent excipiendum contra hoc interdictum quod ejus ripæ muniendæ causa non fiat, scilicet ut, si quid fiat, quo aliter aqua fluat, si tamen

muniendæ ripæ causa fiat, interdicto locus non sit. Sed
nec hoc quibusdam placet, neque enim ripæ cum incommodo accolentium muniendæ sunt. Hoc tamen jure utimur ut
prætor ex causa æstimet an hanc exceptionem dare debeat ; plerumque enim utilitas suadet exceptionem istam
dari. Sed, etsi aliqua utilitas vertatur ejus qui quid in flumine publico fecit (pone enim grande damnum flumen ei
dare solitum, prædia ejus depopulari) si forte aggeres, vel
quam aliam munitionem adhibuit ut agrum suum tueretur,
eaque res cursum fluminis ad aliquid immutaverit, cur ei
non consulatur? Plerosque scio prorsus flumina avertisse,
alveosque mutasse dum prædiis suis consulunt ; oportet
enim in hujusmodi rebus utilitatem et tutelam facientis
spectari sine injuria utique accolarum. » L. un. § 6 et 7 ff,
ne quid in flumine publico (XLIII, 13). » — Supposons
maintenant que dans le but de faire naître l'alluvion, un riverain ait eu recours à des moyens illicites et nuisibles à
ses voisins. Ici, les auteurs se trouvent partagés. Les uns,
se fondant sur un arrêt du Parlement d'Aix, du 30 avril
1782, et sur une observation présentée par le Tribunal
d'appel de Bourges, lors de la rédaction du Code, soutiennent que l'alluvion ne peut appartenir au propriétaire qui
l'aura ainsi provoquée ; ce propriétaire devra abandonner
au tiers dont l'héritage a été inondé, une quantité de terrain égale à celle que la fraude aurait conquise. — M. De-
molonde (t. X, n° 67) regarde avec raison cette solution
comme inadmissible ; l'indemnité qu'elle offre à celui dont le
terrain a été envahi, serait tantôt dérisoire, s'il n'obtenait de
l'autre côté qu'une bande de terrain inutile pour lui, tantôt
excessive, si ce terrain avait une valeur quelconque, l'autre
propriétaire se trouvant privé de la contiguité du cours
d'eau. Nous croyons donc qu'il y aurait purement et simplement à appliquer l'article 1382, et à allouer une indemnité pécuniaire proportionnée au dommage éprouvé. Bien

entendu, la destruction de la digue pourra être ordonnée par le tribunal saisi du litige ; nous verrons plus tard que le propriétaire menacé n'est même pas tenu d'attendre qu'un dommage lui ait été causé ; il peut, par voie d'action principale, demander la suppression des ouvrages qui sont pour lui une cause de dommage imminent.

32. Nous arrivons au cas où l'alluvion vient à se former par suite de travaux exécutés, non plus par un particulier sur son propre héritage, mais entrepris par l'Etat, les départements, les communes, dans un but d'intérêt général, par exemple, afin de prévenir les inondations ou de faciliter la navigation. A l'origine, quelques personnes s'étaient appuyées sur la loi du 16 septembre 1807, pour soutenir que l'article 556 était ici absolument inapplicable, et que l'alluvion appartenait à l'Etat ou à la personne morale qui avait subvenu aux frais des travaux. L'article 47 de cette loi porte que le gouvernement concède les alluvions des fleuves et rivières aux conditions qu'il juge convenables. Or, dans quelle hypothèse l'Etat peut-il devenir propriétaire d'une véritable alluvion, sinon dans celle qui nous occupe ? D'ailleurs, n'est-il pas parfaitement juste que l'Etat puisse bénéficier de ces terrains, en vertu de la maxime « ubi onus, ibi emolumentum. » — Les auteurs sont unanimes pour repousser ce système ; ils n'admettent pas qu'il faille s'attacher judaïquement aux termes de l'article 41 ; ils tiennent pour constant que les expressions dont s'est servi le législateur de 1807, ont mal rendu sa pensée ; il ne s'agissait point pour lui de statuer sur le sort d'une alluvion proprement dite, mais de réglementer la concession des alluvions en voie de formation, c'est-à-dire des créments futurs ; nous aurons dans quelques instants à nous demander comment peuvent être faites ces concessions, et quels tribunaux sont compétents pour statuer sur les difficultés qu'elles font naître.

33. L'article 47 de la loi du 16 septembre 1807, une fois écarté du débat, comment concilier les prétentions respectives de l'administration et des riverains ? Ce problème si difficile à résoudre, a depuis longtemps préoccupé les divers gouvernements qui se sont succédé en France. Dès 1835, un projet de loi sur les alluvions artificielles était présenté à la Chambre des députés ; le domaine obtenait gain de cause complet ; il était décidé en principe que les riverains n'auraient aucun droit sur les alluvions artificielles ; toutefois lesdites alluvions pouvaient leur être concédées, au cas où ils s'engageraient à concourir dans une certaine proportion, aux dépenses des travaux. La Chambre, après une longue discussion à laquelle avaient pris part M. Hennequin, M. Dufaure, M. Dumon, et surtout M. Béchard, se refusa à donner au projet la sanction législative. — Trois autres projets sont encore proposés aux Chambres en 1837, 1838 et 1842 ; aucun d'eux ne peut aboutir. — En 1849, la question semble près de recevoir une solution définitive. La canalisation de la Basse-Seine venait d'être décidée en principe, et les crédits nécessaires avaient été votés par l'Assemblée nationale. Les propriétaires riverains s'émurent ; de son côté, la Chambre de Commerce de Rouen saisit le ministre des Travaux publics d'un projet de loi dont elle demandait la sanction par voie législative. Elle s'en tenait encore aux errements du projet de 1835 ; suivant elle, les alluvions naturelles devaient seules accroître aux propriétés riveraines, et les alluvions artificielles devaient appartenir à l'Etat, par le double motif que ces alluvions ont pour cause des travaux exécutés au moyen des fonds du Trésor, et que le lit de la rivière appartient au domaine public. L'examen de ces réclamations fut renvoyé à une commission spéciale que présidait M. de Vatimesnil, et là, furent de nouveau présentées dans toute leur force, les objections qui avaient au-

trefois arrêté la Chambre des députés. Rien de plus sage que l'opinion qui prévalut alors ; les riverains sont considérés comme propriétaires de l'alluvion ; de son côté, l'Etat a le droit de leur demander une indemnité, puisque c'est par son fait seul que leur héritage s'est trouvé accru. « La Commission, lisons-nous dans les procès-verbaux, déclare *à l'unanimité* qu'il n'y a pas lieu de faire une loi sur la question de propriété des alluvions artificielles, et qu'il convient d'appliquer aux propriétés appelées à retirer un avantage, soit comme défense, soit comme accroissement, des travaux d'endiguement exécutés par l'Etat, le principe de la plus-value écrit dans l'article 30 de la loi du 16 septembre 1807. » En même temps, elle élabora un vaste projet de règlement en 80 articles, embrassant d'une manière générale les questions d'endiguements, et l'exercice du droit de plus-value qui, sous sept titres spéciaux, examinait successivement : 1° les formalités préliminaires aux travaux d'endiguement ; 2° l'organisation en syndicats des propriétaires intéressés ; 3° l'exécution des travaux ; 4° la formation des Commissions spéciales chargées de résoudre toutes les questions d'application de l'indemnité de plus-value ; 5° la comptabilité et le recouvrement des taxes à prélever sur les intéressés ; 6° le règlement des indemnités de plus-value ; enfin, 7° la délimitation du lit des cours d'eau avant l'exécution des travaux d'endiguement. Les principes posés par la commission furent acceptés sans hésitation par le ministère des Travaux publics. Ainsi quelques mois après, M. Fould, présentant à l'Assemblée un projet de loi sur les alluvions de la Basse-Seine, s'y référait en termes exprès : « La question de propriété est la première que fasse naître la formation de ces terrains. Sans entrer dans les détails de cette question si controversée, je me bornerai à déclarer que, malgré l'influence évidente que l'exécution des travaux entrepris par l'Etat a exercée sur la création des alluvions de la Seine, l'*Administration ne conteste pas*, même dans cette circonstance spéciale, *l'application du principe général posé par le Code Civil sur la propriété des alluvions*, mais elle se réserve expressément, vis-à-vis de ces propriétaires riverains, *l'exercice du droit de plus-value, stipulé au profit de l'Etat, par l'article 30 de la loi du 16 septembre* 1807, dans tous les cas où des propriétés privées viennent à acquérir une notable augmentation de valeur par suite de travaux exécutés par le gouvernement. Il est certain en fait que les alluvions de la Basse-Seine se sont formées sous l'influence immédiate des travaux exécutés sur les fonds du Trésor. En conséquence, la plus-value qui en résulte pour les propriétés riveraines pourra, conformément aux articles 30 et 31 de la loi de 1807, donner lieu, de la part des propriétaires qui en profitent, au paiement d'une indemnité en faveur de l'Etat, soit en espèces, soit en nature, jusqu'à concurrence de la moitié de la valeur de cette plus-value. Telle a été, dès l'origine, l'opinion de l'administration ; *cette opinion a été partagée par une commission spéciale qui avait été chargée d'examiner* cette question importante, et dans le sein de laquelle siégeaient plusieurs membres de l'Assemblée Nationale. » Enfin une décision ministérielle du 11 avril 1864 ne peut laisser aucun doute sur ce point. « Le gouvernement a reconnu que les alluvions dont les travaux d'endiguement du fleuve ont facilité la formation, devaient appartenir aux riverains par l'application de l'article 556, C. Civ., et que le droit de l'Etat se bornait à réclamer une part de la plus-value que ces alluvions apportaient à la propriété riveraine. » Suivent des instructions sur le mode de calculer cette plus-value et sur les formalités qui doivent être remplies par les riverains.

34. La théorie que nous venons de voir si nettement formulée par la commission de 1851 est aujourd'hui acceptée sans conteste par les auteurs et les arrêts. La jurispru-

dence actuelle peut se résumer ainsi : les alluvions qui sont le résultat des travaux opérés par l'Etat appartiennent aux particuliers toutes les fois qu'elles se sont produites d'une manière progressive et imperceptible ; elles restent, au contraire, la propriété de l'Etat, lorsqu'elles se sont formées tout à coup pour apparaître par suite du brusque retrait des eaux ; ce n'est, comme on le voit, que l'application du droit commun tel qu'il est établi par les articles 556 et seq. Nous citerons, en ce sens, de nombreuses décisions (Paris, 7 juin 1839 ; Dev., 40, 2, 29 ; Agen, 11 novembre 1840 ; Dev., 40, 2, 74 ; Req. Rej., 6 août 1849 ; Dev., 49, 1, 614 ; ibid., 6 déc. 1863 ; Dev., 64, 1, 29 ; Dijon, 5 mai 1865 ; Dev., 65, 2, 195 ; Trib. de Strasbourg, 19 déc. 1864 ; Rec. de Colmar, 67, p. 321 ; Aix, 13 juillet 1869 ; Bulletin Jud. d'Aix, 70, p. 65.). « On soutient, disait avec une remarquable précision M. le conseiller-rapporteur Mesnard, que l'article 556 ne se peut appliquer à la partie du lit d'une rivière navigable qui se trouve subitement retranchée par l'effet de travaux entrepris dans l'intérêt de la navigation. — Pourquoi pas, si l'alluvion s'est opérée dans les conditions prévues par la loi ? Qu'importe la cause initiale de l'atterrissement ? qu'un mouvement de retraite des eaux ait mis brusquement à découvert une partie de la rivière, ou que cette partie se soit exhaussée insensiblement par un amoncellement successif de sable ou de vase ? Par cela seul que ce terrain de nouvelle formation adhérera à un fonds riverain, le propriétaire de ce fonds n'en jouira pas moins du droit d'accession que lui accorde la loi. Il se peut, dans l'espèce, que la modification apportée aux cours des eaux par la construction de la digue ait déterminé la formation de l'atterrissement dont s'agit ; mais de ce que la cause provient du chef de l'Etat, il ne s'ensuit pas que l'effet produit cesse d'être réglé par la loi au profit des propriétaires riverains. » Cependant, malgré

cette unanimité apparente , malgré l'accord parfait qui
semble exister entre les auteurs et les arrêts, il ne faut pas
se dissimuler que l'application de ces principes donne lieu à
d'incessantes difficultés. Depuis que les lois des 31 mai
1846 et 28 mai 1858 ont autorisé l'endiguement de nos
principaux fleuves, les procès se multiplient chaque jour,
et, sur certains points, d'assez nombreux dissentiments se
manifestent entre les divers tribunaux. Les questions de
détail ont donné lieu aux controverses les plus subtiles,
et il est bien rare qu'à la suite d'un travail d'endiguement
quelque contestation ne surgisse pas entre le domaine et les
riverains. Aussi, pour obvier à ces inconvénients, l'administration s'est-elle plusieurs fois arrêtée à un moyen terme
de nature à faire disparaître tout débat ultérieur. Avant le
commencement des travaux, elle provoque un arrêté qui,
délimite le lit actuel du fleuve, conformément à la loi ; les
droits réciproques des deux parties se trouvent par là fixés
d'une manière définitive. Que si, par suite de ces travaux,
des atterrissements viennent à se former dans le lit du
fleuve, l'Etat, dont le droit exclusif sur ce lit a été reconnu,
peut seul s'en dire propriétaire ; et s'il consent à les abandonner aux riverains soit avant, soit après leur formation,
ces derniers seront tenus de lui payer une indemnité calculée suivant le mode adopté par la loi du 16 septembre 1807.
(Civ. Cass., 7 avril 1868. Dev., 68, 1, 392.)

35. Reste à examiner, au point de vue théorique, les
objections qui ont été formulées contre le système admis en
principe par la Cour de cassation et les Cours d'appel. Ce
dont on s'est surtout préoccupé, c'est de l'intérêt des riverains, dont on peut présenter la situation comme sacrifiée
au profit du domaine ; dans un cas donné, ils peuvent, au
gré de ce dernier, être privés de toute contiguité avec la rive
du cours d'eau, ce qui sera, peut-être pour eux, une véritable
ruine. M. Chardon (n° 126) fait observer que partout où

les digues sont construites, les riverains s'empressent d'a-
jouter aux dépôts de la rivière leurs propres efforts pour
combler cette portion séparée du lit en la couvrant de plantations et en y portant de la pierre ou des terres. Il est,
dit-il, absolument nécessaire d'encourager de pareils travaux qui, stimulés par l'intérêt individuel, servent la chose
publique en accélérant la consolidation des digues ; or, c'est
justement lorsque les riverains auront tout fait pour arriver à ce résultat et pour rendre la consolidation presque
immédiate que l'on viendra exciper de la spontanéité avec
laquelle se sera formé l'atterrissement et leur contester
tout droit de propriété. La Cour de cassation ne s'est point
laissée entraîner par ces considérations, si spécieuses
qu'elles soient ; elle applique impitoyablement le texte de
l'article 556, sans se préoccuper des circonstances de fait
qui pourraient plaider en faveur des riverains ; nous nous
contenterons de rappeler les termes de l'arrêt des requêtes
du 8 décembre 1863. « Attendu que si l'alluvion profite aux
propriétaires riverains, même sur les bords des fleuves et
rivières navigables, ce n'est qu'autant qu'elle s'opère dans
les conditions déterminées par la loi ; — attendu que l'article 556 ne comprend sous cette dénomination que les atterrissements ou les accroissements qui se forment successivement et imperceptiblement aux fonds riverains d'un
fleuve ou d'une rivière ; qu'il suit de là que les atterrissements, formés par le retrait subit des eaux, ne s'incorporent
pas aux fonds riverains, quoiqu'ils y soient adhérents, et
appartiennent à l'Etat sur les bords des fleuves et rivières
navigables ; — attendu que cette conséquence logiquement
tirée de l'article 556 trouve sa confirmation dans l'article
560, qui attribue à l'Etat, s'il n'y a titre ou prescription
contraire, indépendamment des îles et des îlots, les atterrissements qui se forment dans le lit des rivières navigables ; qu'en effet, dans cet article, l'atterrissement se dis-

tingue nécessairement des îles et îlots et ne peut raisonnablement s'entendre que de l'atterrissement adhérent à la
rive qui se produit en dehors des conditions exigées par la
loi pour caractériser et constituer l'alluvion ; — attendu,
en fait, qu'il résulte des constatations souveraines de l'arrêt
attaqué, que c'est seulement en 1850, et par l'effet immédiat de l'établissement de la chaussée conduisant de Trou-
ville à Saint-Pierre-sur-Dives, que le terrain litigieux, jusqu'alors couvert par les hautes eaux, s'est distingué du lit
de la Touques dont il se trouvait désormais séparé et a été
mis définitivement à l'abri de la submersion, etc..... » On
a cherché à modifier les conséquences, parfois exorbitantes,
qui résultent de l'application de ces principes ; c'est ainsi
que nous voyons dans l'arrêt de Dijon du 5 mai 1865, qu'en
cas de mise de vente par le domaine public des atterrissements que lui attribue la jurisprudence, les propriétaires
riverains ont un droit de préemption conformément à la loi
du 24 mai 1842. L'annotateur de Devilleneuve essaye bien
de justifier cette solution suivant laquelle il faudrait faire
jouir les riverains des cours d'eau d'un droit qui n'a été
établi expressément que pour les riverains des parties
déclassées des grandes routes ; elle résulterait naturellement de toutes les ressemblances qui existent entre les
voies navigables et les voies de terre, quant à leur but,
leur appropriation par le domaine, le régime administratif
et contentieux auquel elles sont soumises. Pourtant, il est
peu probable qu'elle eût trouvé grâce devant la Cour de
cassation si un pourvoi eût été dirigé contre elle ; il est en
effet constant qu'aucun droit de préemption sur les lais et
les relais de la mer ne peut être exercé par les propriétaires riverains, par ce motif que la loi de 1842 doit être exclusivement restreinte à l'hypothèse spéciale qu'elle a prévue ; les considérants de l'arrêt des requêtes du 19 mai
1858 (Dev., 59, 1, 152) sont parfaitement applicables à

notre espèce et détruisent par avance la théorie qu'a formulée la Cour de Dijon.

36. D'autres auteurs se sont placés à un autre point de vue beaucoup plus radical ; ils refusent à l'Etat la faculté de créer, à son profit, des atterrissements qu'il réclamerait ultérieurement comme s'étant produites en dehors des conditions de l'article 556. L'Etat peut-il oui ou non enlever aux riverains un bénéfice que la loi civile leur a adjugé ? Qu'il détruise dans leur germe tous ces accroissements lorsqu'ils nuisent à la navigation, rien de mieux, puisqu'il agit dans l'intérêt général ; mais ce que l'on ne saurait concevoir, c'est que pour un intérêt fiscal, il puisse dépouiller les riverains d'une chose qui, dans un temps plus ou moins long, doit fatalement leur appartenir. Bien que ces objections ne manquent pas de gravité au cas où l'alluvion s'est produite, non pas entre la digue et l'ancien lit de la rivière, mais en avant même de cette digue, nous ne pensons pas qu'il y ait lieu de s'y arrêter ; tant que l'alluvion n'est pas définitivement formée, l'administration est maîtresse absolue du lit de la rivière ; il n'y a pour les riverains qu'un simple espoir et non droit acquis ; par conséquent, en les privant d'une alluvion éventuelle et qui pouvait se former à tel ou tel endroit, on ne les a pas privés de ce qui leur appartenait d'ores et déjà. M. Gaudry (Tr. du domaine, t. I, p. 423, nº 154) propose une doctrine des plus sages et qui concilie parfaitement les deux intérêts en présence. Si les travaux entrepris ne sont qu'une consolidation de la rive, ils doivent être considérés comme ne changeant pas la nature de cette rive ; le propriétaire qui y touche est donc toujours riverain et partant continue à jouir de l'alluvion. Ici, il est parfaitement exact de dire que l'Etat ne doit pas pouvoir enlever aux particuliers un avantage qui leur est accordé comme compensation de pertes bien souvent éprouvées. Au contraire, si les travaux sont de telle nature

qu'ils constituent sur les bords de la rivière une véritable propriété de l'Etat, les alluvions formées sur la limite de ces travaux en seront une dépendance et, comme telles, seront appréhendées par l'Etat. L'Etat est, au même titre que tout autre particulier, propriétaire de la digue qu'il a élevée sur la limite du rivage ; il est donc devenu le véritable riverain du fleuve et les alluvions accroissent naturellement à sa propriété. Il est parfaitement logique que les riverains ne puissent désormais exercer aucun droit sur ces alluvions : leurs propriétés n'étant plus contiguës au fleuve sont désormais à l'abri des ravages journaliers occasionnés par les eaux de ce fleuve. Souvent aussi pour procéder à ces travaux, l'Etat aura dû dépouiller les riverains de la partie de leur propriété qui confinait à la rive ; dans la fixation de l'indemnité qui leur était due pour la perte de leur sol, on tiendra compte de ce fait que désormais le droit d'alluvion est perdu pour eux. Ajoutons que, dans le cas de simple consolidation, les riverains ne jouiront jamais d'une sécurité aussi complète ; les travaux entrepris auront pour but d'atténuer les ravages des eaux, plutôt que de les prévenir absolument : l'article 556 peut donc s'appliquer rationnellement. Seulement, il ne faudra pas perdre de vue que ces travaux auront singulièrement hâté la formation des alluvions, et l'on pourra exiger que les riverains se soumettent aux prescriptions de l'article 30 de la loi du 16 septembre 1807 : lorsque leurs propriétés auront acquis une augmentation de valeur notable, l'Etat a droit d'exiger d'eux une indemnité susceptible de s'élever jusqu'à la moitié des avantages qu'ils auront recueillis.

37. Les terrains d'alluvion ne peuvent être considérés comme étant la propriété des riverains que du moment où ils ont cessé de faire partie du lit du fleuve. D'abord, il est nécessaire que l'alluvion soit désormais adhérente à la rive et fasse corps avec elle. Qu'arrivera-t-il lorsque les

terrains d'alluvion, bien qu'adhérents à la rive, en seront néanmoins séparés par un simple filet d'eau ? A l'origine, la jurisprudence les accordait au propriétaire riverain toutes les fois que le filet d'eau qui les séparait de la rive était intermittent et n'atteignait pas la profondeur de l'ancien lit. (Req. Rej. 31 déc. 1838 ; Dev., 38, 1, 724.) M. Daviel (t. I, n° 131) exagérait encore la portée de cette solution ; ainsi les riverains pouvaient, suivant lui, réclamer les alluvions toutes les fois qu'il existait un gué permettant de franchir l'espace qui séparait l'alluvion de la rive véritable, toutes les fois que l'alluvion était séparée de la rive par un véritable bras de rivière, pourvu seulement que ce bras fût à sec lors de la marée basse. La Cour de Grenoble s'est, avec raison, montrée plus sévère dans son arrêt du 25 juillet 1866 (Dev., 67, 2, 225) ; elle exige que les terrains d'alluvion soient véritablement incorporés à la motte ferme de la rive et qu'il ne soit plus possible de les en distinguer ; elle décide, en conséquence, que l'on ne peut assimiler à une alluvion des atterrissements, même formés par des accroissements successifs et imperceptibles qui n'adhèrent à l'arrête extérieure de la berge que là où elle s'est affaissée au-dessous des grandes eaux, s'ils sont d'ailleurs en contre-bas partout où elle est demeurée intacte.— Nous exigerons, en second lieu, que les terrains adhérents à la rive aient cessé d'être recouverts par les eaux coulant à pleins bords. (Lyon, 25 fév. 1843 ; Dev., 43, 2, 315 ; Orléans, 28 février 1850 ; Dev., 50, 2, 273 ; Toulouse, 22 juin 1860 ; Dev., 60, 2, 441.) On avait soutenu autrefois que l'alluvion existait par cela seul que le terrain s'élevait au-dessus de la hauteur moyenne des eaux, et c'est ce que nous trouvons énoncé dans l'arrêt de Rouen du 6 décembre 1842 (Dev., 43, 2, 409). Cette doctrine n'a plus guère de partisans. La Cour de Grenoble la repoussait déjà dans ses observations sur le projet de Code rural de 1808.

« Il n'y a pas lieu à se prévaloir de l'atterrissement tant que le sol est alternativement couvert et découvert par les eaux dans leur plus grande crue périodique. » M. Gaudry (t. I, p. 320) résume ainsi les motifs qui la rendent inadmissible. « Le domaine est propriétaire du lit de la rivière ; cela est incontestable. Or, le lit se compose de tout ce qui forme l'ensemble du cours d'eau dans son état normal, et cet état normal est la rivière dans son plein. Souvent même, c'est alors que le domaine public en tire ses principaux avantages, notamment pour la navigation. Dans tous les cas, cet état de la rivière est ce qui règle sa police, ses limites et l'organisation de son service. Le débordement seul est un cas exceptionnel. Si le lit de la rivière ne conservait pas ce caractère sur toutes les parties couvertes par les eaux dans leur plein, et si, au contraire, un riverain était propriétaire des terrains découverts à sa hauteur moyenne, il en résulterait que la police du fleuve serait compromise ; car, autres sont les droits de l'administration sur le sol qui lui appartient, autres seraient ses droits sur un sol devenu la propriété d'un riverain. » Deux autres systèmes avaient encore été proposés par les glossateurs du moyen-âge ; les uns enseignaient que le riverain pourrait disposer du terrain d'alluvion aussitôt qu'il serait resté au-dessus des eaux pendant tout un été, « si priore æstate super aquam steterit ; » les autres qu'il n'en aurait le droit que si les eaux avaient cessé de submerger ce terrain pendant plus d'une année. Aucun auteur moderne, à notre connaissance, n'a reproduit l'une ou l'autre de ces théories ; nous n'avons donc pas à insister sur ce point.

38. Tant que l'alluvion n'est pas arrivée à maturité, le riverain, suivant une expression bien connue, a sur elle non pas un droit, mais une simple espérance. Jusque là l'administration est maîtresse absolue de faire exécuter dans le lit de la rivière des travaux qui auront pour but de détruire,

dans l'intérêt de la navigation, le germe des alluvions naissantes. La police des eaux lui appartient, et elle doit veiller à ce que le lit du fleuve ne s'encombre pas, et par conséquent, à ce que les travaux de déblayage, de nettoiement, de curage, s'exécutent avec rapidité. Les riverains ne pourraient se plaindre de ce que des bateaux dragueurs enlèveraient tous les sables et toutes les pierres qui se trouveraient sur le bord de la rivière, sous prétexte que les alluvions seraient par là rendues impossibles (Bourges, 27 mai 1839. Dev. 40, 2, 9). De même, le riverain ne doit retirer aucun profit de l'alluvion antérieurement à l'époque où elle est venue à maturité. Cette dernière solution n'a pas été acceptée sans difficulté par la pratique. Ainsi, nous voyons, dans un arrêté du Conseil de préfecture du département du Rhône, en date du 24 février 1865, que l'administration ne peut empêcher les riverains de couper les arbres et les plantes qui viendraient à naître sur les alluvions non encore formées. Cette décision se fonde principalement sur ce qu'aucun texte ne donne à penser que le législateur ait voulu constituer, à côté du domaine public, une sorte de domaine de l'Etat productif d'un revenu quelconque. Elle relève ce fait qu'antérieurement au procès, l'administration des domaines n'avait jamais revendiqué pour l'Etat la perception des fruits que pourraient produire les alluvions en voie de formation sur les rives du Rhône. Le Conseil de préfecture allait jusqu'à dire que, bien que, dans l'espèce, les particuliers ne fussent pas en pleine jouissance de la rive et ne pussent ni la mettre en culture, ni la clore, ni y faire des plantations, avant que, par l'effet des dépôts successifs, la superficie du terrain formé par l'alluvion se fût élevée au niveau des plus hautes eaux non débordées, parce qu'à ce moment seulement, ce terrain pouvait être réputé devenir inutile aux besoins de la navigation, il n'en était pas moins constant que ces riverains étaient propriétaires des

terrains formés par l'alluvion, quelle que fût la hauteur à
laquelle les eaux les avaient portés. Sur le recours du ministre des travaux publics, cet arrêté fut annulé par le Conseil d'Etat, le 18 août 1866 (Lebon, 66, 1030). Il était
constant en fait que des arbres avaient été coupés en deça
de l'arrêt supérieur du talus des berges de la rivière, sur
des terrains alternativement mis à nu et recouverts par les
mouvements des eaux : d'après la doctrine admise par le
Conseil d'Etat, ces terrains faisaient partie du lit de la rivière : donc les coupes qui avaient été effectuées par les riverains constituaient une contravention aux termes de la
loi du 29 floréal an X, et le Conseil de préfecture n'avait pu
légalement les renvoyer des fins du procès verbal dressé
contre eux. Ainsi les riverains ne jouiront, à aucun point
de vue, des alluvions en voie de formation. L'administration des domaines soutient pourtant que ces alluvions,
qui plus tard se rattacheront nécessairement aux propriétés des riverains, doivent entrer en ligne de compte
pour fixer, vis-à-vis de l'enregistrement, la valeur réelle des
terrains qu'ils auraient pu vendre. Cette prétention a été
consacrée par un arrêt des requêtes du 9 juin 1868 (Dev.
68, 1, 312). Comme le fait observer le savant rédacteur
du journal de droit administratif (T. XVI, p. 436), la
Cour de cassation va beaucoup trop loin en admettant
qu'une espérance, une probabilité, sont un élément de prix
dont la valeur peut être déterminée par une expertise conformément à la loi de l'an VII. L'espérance d'une alluvion ne peut constituer une valeur appréciable : une simple
inondation peut non-seulement détruire cette espérance,
mais encore priver le riverain d'une partie de la propriété elle-même. Rien n'est plus incertain que ces probabi-
lités qui dépendent du caprice de la rivière. En droit, il
suffit de rappeler ce que nous venons de dire il y a quelques
instants : une alluvion non encore formée n'est pas dans le

commerce et ne peut faire l'objet d'un prix de vente : tant qu'un terrain constitue le lit d'un fleuve, il n'est ni aliénable, ni prescriptible. Comment dès lors soutenir qu'il y a eu translation de propriété de ce terrain et qu'un droit d'enregistrement peut être perçu? Au surplus, nous ferons observer que, dans l'hypothèse, sur laquelle elle a statué en 1868, la Cour de cassation paraît avoir surtout été dominée par une question de fait. Cette préoccupation se traduit de la manière la plus évidente dans un des considérants de l'arrêté : « Attendu qu'en particulier, dans l'espèce, l'importance des alluvions était d'autant moins à négliger comme élément d'estimation qu'elles avaient fait l'objet d'une clause spéciale de contrat de vente. » Du rapport de M. le conseiller Truchard-Dumolin, il résulte que, dans la pensée de la Cour, les riverains, en disposant ainsi des alluvions, s'étaient en quelque sorte reconnus propriétaires actuels vis-à-vis de la régie. On pourrait presque dire que le pourvoi a été rejeté par une fin de non-recevoir plutôt que par un moyen de fond.

39. A quelle autorité appartient-il de décider si telle ou telle parcelle de terrain doit être attribuée aux riverains à titre d'alluvion ? Dans la doctrine, nous rencontrons deux opinions diamétralement opposées, et que leur exagération même rend inacceptables. D'un côté on cherche à attribuer aux tribunaux civils compétence absolue pour reconnaître si un atterrissement constitue une véritable alluvion dans les termes des articles 556, 557, C. Civ. Toutes les questions de ce genre, dit-on, sont des questions intéressant la propriété privée ; donc les tribunaux administratifs ne peuvent être appelés à les examiner. Mais on oublie que si les intérêts des particuliers se trouvent en jeu dans l'espèce, les intérêts généraux de la navigation ou du commerce y sont engagés au premier chef. Rappelons-nous ce principe qu'à l'administration seule il appartient de reconnaître et de dé-

limiter le domaine public fluvial. Or, voici que sous prétexte
d'appliquer l'article 556, un tribunal civil va pouvoir dire que
tel terrain réclamé par un riverain ne fait plus actuellement
partie du fleuve, c'est-à-dire de limiter le domaine public fluvial, résultat que l'on ne saurait admettre sans violer les règles les plus élémentaires du droit administratif. Faut-il dire
en sens inverse que toutes les questions relatives aux alluvions sont du ressort exclusif de l'autorité administrative ?
Ce serait tomber dans l'excès contraire ; la compétence administrative ne peut avoir de raison d'être qu'autant qu'il y
a lieu de délimiter le domaine public ; mais, serait-il logique de soutenir que le Conseil de Préfecture doit seul
avoir qualité pour rechercher si des terrains situés au-dessus
de la ligne atteinte par les plus hautes eaux, constituent l'alluvion de l'article 556, ou l'atterrissement de l'article 560 ? — On voit donc qu'une distinction est absolument nécessaire ; s'il s'agit de savoir si les terrains d'alluvion ont cessé de faire partie du lit du fleuve, incontestablement les juges administratifs seront valablement saisis de
la connaissance du litige ; si, au contraire, il s'agit de savoir si l'alluvion s'est formée suivant les conditions voulues
par la loi, la cause ne peut être déférée qu'aux tribunaux
civils. L'administration a, de son côté, cherché à tourner
la difficulté et à se soustraire aux conséquences de cette solution si simple et si équitable; sans contester en principe
le pouvoir des tribunaux civils, elle a essayé de paralyser
leur action autant qu'il était en elle. Dans une remarquable
dissertation, M. Chauveau Adolphe expose et discute tout
au long le système assez ¤singulier que les ingénieurs des
ponts-et-chaussées ont essayé d'introduire, relativement à
la jouissance des alluvions (V. Revue du notariat de l'enregistrement, t. IV, p. 889 et seq.), Ils prétendent qu'en
dehors du droit de fixer la largeur du cours d'eau navigable, l'administration peut déterminer le moment où il se-

rait permis aux riverains de considérer un atterrissement successif et imperceptible comme une alluvion faisant partie de leurs propriétés ; en un mot, ils modifient l'article 556 et font rentrer dans le gracieux administratif ce qui doit être essentiellement du contentieux judiciaire. Les cours d'eau sont assimilés à des voies publiques et des arrêtés d'alignement déterminent la limite de l'alluvion dont pourra jouir le riverain. M. Chauveau montre très-bien quelle est la portée véritable de ces arrêtés ; ce n'est plus l'article 556 qui créera le droit incontestable du propriétaire riverain, ce sera l'acte par lequel l'administration lui dira : « Vous ne dépasserez pas cette ligne qu'il me plaît de fixer ; au-delà, c'est une alluvion, vous pouvez en jouir ; en deçà, c'est bien une alluvion aussi, mais je vous défends d'en jouir : je verrai plus tard si je dois vous en faire la concession. » Le savant professeur insiste sur l'illégalité de pareilles mesures ; le droit d'alignement qui grève à titre de servitude les propriétés urbaines ou rurales, n'appartient à l'administration qu'en vertu de lois positives ; on ne peut comprendre qu'il soit imposé à une propriété, en vertu d'une simple nécessité puisée dans les principes généraux de surveillance. Or, aucune loi n'autorise l'administration à tracer une ligne sur une propriété privée et à dire au propriétaire, non pas : « vous ne construirez pas, vous ne planterez pas, » mais : « vous ne jouirez pas. » — D'où la conséquence que ces actes manquent de base légale et ne peuvent arrêter les tribunaux auxquels on viendrait demander la consécration du droit de propriété.

40. La jurisprudence est bien définitivement fixée dans le sens de la distinction que nous venons d'indiquer. Ainsi, suivant elle, l'autorité administrative a seule qualité pour déclarer si oui ou non un terrain revendiqué par des particuliers, en tant qu'alluvion, a cessé de faire partie du lit du fleuve (C. d'Etat, 23 août 1843. Lebon, 43, 472 ; ibid.,

4 avril 1845. Lebon, 45, 172; ibid., 5 septembre 1846. Lebon, 46, 470). — Elle admet encore que l'autorité judiciaire ne peut être appelée à statuer sur les difficultés pendantes entre l'Etat et les riverains, qu'autant que l'administration aura au préalable reconnu les limites de la rivière. « Considérant, porte l'arrêt du tribunal des Conflits du 8 juin 1850, que la demande du sieur Vignat, qui a pour objet la revendication d'une losne de terrain sise sur l'un des bras du Rhône, et de l'alluvion qui s'est formée en face de cette terre à laquelle elle est adhérente, est combattue par l'Etat, qui soutient que le terrain litigieux fait partie du domaine public; que cette question de propriété est subordonnée à la reconnaissance des limites anciennes ou nouvelles du fleuve (Lebon, 50, 644). » Autre arrêt du Conseil, en date du 14 décembre 1859. « Considérant que la demande du sieur Richet a pour objet de se faire reconnaître propriétaire des alluvions qui auraient été formées par la Garonne le long de sa propriété ; de faire condamner l'Etat à délaisser lesdits terrains et à les déblayer des matériaux et des ouvrages qui les occupent, et, en outre, à lui payer, à titre de dommages intérêts pour son indue possession, la somme de 10,000 francs ; que pour combattre cette demande, l'administration soutient que les terrains revendiqués comme alluvions n'ont jamais cessé de faire partie du lit de la Garonne ; que si la prétention du sieur Richet soulève une question de propriété dont il appartient à l'autorité judiciaire de connaître, cette question est subordonnée à la reconnaissance des limites, soit anciennes, soit nouvelles de la rivière » (Lebon, 59, 733). Mais en même temps, nous voyons le Conseil d'Etat décider que la question de savoir si des atterrissements reconnus par l'administration, comme ayant cessé de faire partie d'une rivière navigable, ont une cause naturelle ou artificielle, est une question de droit civil dont la connaissance

appartient essentiellement à l'autorité judiciaire (Arrêt du
11 août 1859. Lebon, 59, 577). Pour résumer ces diverses
solutions, nous ne pouvons mieux faire que de rapporter in
extenso les conclusions données en 1850 devant le tribunal
des Conflits, par M. Vuitry, commissaire du gouvernement. « Le sieur Vignat dit : « La contestation porte sur
une alluvion, et d'après les articles 556 et 563, C. Civ.,
l'alluvion appartient aux propriétaires riverains ; c'était
donc une véritable question de propriété, qui était soumise
au tribunal de Trévoux. » — Oui, l'alluvion peut être l'objet
de questions de propriété, mais préjudiciellement il y a
lieu de rechercher quel est le lit du fleuve, où commence
et où cesse le domaine public, et si l'alluvion est encore
comprise dans le lit du fleuve, auquel cas elle ne saurait
être susceptible de propriété privée. Si au contraire, après
cette déclaration préalable, l'alluvion ne se trouve pas faire
partie du domaine public, alors des questions de propriété
peuvent s'élever soit entre des propriétaires riverains, soit
entre le propriétaire et l'Etat. L'alluvion se constitue lentement, successivement. Avant qu'elle ne soit formée, elle
peut être un obstacle à la navigation, et l'administration a,
sans aucun doute, le droit de la faire disparaître. Mais
supposons que le lit du fleuve soit suffisamment large et
que l'alluvion se forme, à quelle époque naît le droit de
propriété des riverains sur cette alluvion ? Dans quelle limite l'ouverture au droit existe-t-elle ? Jusqu'où va l'extension du droit nouveau ? Voilà ce qu'il est fort difficile de
prévoir. Quelle est la limite des eaux, la hauteur de l'étiage ?
On rencontre ici toute une série de questions qu'il est nécessaire de trancher au point de vue de l'intérêt public et
du service de la navigation. C'est à l'administration qu'il
appartient de la résoudre, et elle n'a pas à se préoccuper
du droit des riverains qui conservent la contenance que
portent leurs titres. L'administration qui résout ces ques-

tions fait un acte d'administration non pas en vertu de son pouvoir de juridiction, mais en vertu de son pouvoir administratif. Il y a donc là une question préjudicielle, après la décision de laquelle seulement naît le droit du riverain à l'alluvion. »

. 41. La théorie des créments futurs que nous avons exposée dans notre précédent volume relativement aux lais et relais de la mer, s'applique également en matière d'alluvions fluviales ; l'administration peut d'ores et déjà concéder aux particuliers des atterrissements en voie de formation ; mais ces atterrissements ne sortiront du domaine public que lorsqu'ils auront été amenés à pleine maturité par les soins des riverains ; nous rappellerons à ce propos l'arrêt des Requêtes du 11 mars 1868 (Dev. 68, 1, 156). « Le département des Travaux Publics, d'accord avec celui des Finances, disait en 1864 M. le ministre des Travaux Publics, a reconnu qu'il convient, toutes les fois que les intérêts de la navigation le permettent, de faire aux riverains des voies d'eau, comme on le fait au profit des riverains des voies de terre, concession par mesure d'alignement (Art. 53 de la loi du 16 septembre 1807) des parcelles de terrain dépendant du lit des fleuves et rivières inutiles pour l'écoulement des eaux. Un grand nombre de concessions de cette nature ont eu lieu, et ont lieu journellement sur le Rhône, la Loire, la Seine, la Garonne. Ces concessions sont consenties à titre onéreux, c'est-à-dire moyennant une redevance payée à l'Etat ; elles ne peuvent être consenties bien entendu qu'en faveur des riverains, au profit desquels existe le droit éventuel à la propriété de l'alluvion ; il s'ensuit que la concession ne peut comprendre que les parcelles d'atterrissement confrontant la propriété de chaque riverain ; afin d'ailleurs, d'éviter toute contestation, le droit des tiers est toujours réservé dans les arrêtés qui constituent les concessions ; si donc, par une erreur qui peut se rencontrer, un arrêté de

.concession comprenait une étendue de terrain dont le sommet confronterait à la propriété d'un tiers, le droit de ce tiers subsiste pour revendiquer en temps opportun, la propriété de la partie de l'alluvion à laquelle il a droit en vertu des dispositions du droit commun. » La légalité de semblables arrêtés a été récemment contestée, et l'on a fait observer avec raison que, dans son avis de 1864, M. le ministre des Travaux Publics allait beaucoup trop loin en voulant appliquer ici l'article 53 de la loi du 16 septembre 1807 ; d'après son texte et d'après celui des articles qui précèdent, cette disposition a été rédigée pour les rues ou les routes, et non pour les rivières navigables ; entre les voies de terre et les voies fluviales, il y a des différences trop profondes pour qu'un texte manifestement rédigé en vue des unes puisse être appliqué aux autres par voie d'induction. Suivant nous, M. le ministre eût dû s'appuyer sur l'article 41 de la loi du 16 septembre 1807. « Le gouvernement concédera aux conditions qu'il aura réglées, les marais, lais et relais de la mer, le droit d'endiguage, *les accrues, alluvions et atterrissements des fleuves*, rivières et torrents, quant à ceux de ces objets qui forment propriété publique et domaniale. » Du reste, les annotateurs du recueil de Lebon (64, 649) ajoutent que même en l'absence d'un texte aussi formel que cet article 41, la possibilité de semblables concessions aurait pu être utilement défendue. Ainsi, on peut dire que l'administration n'a rien aliéné, et que la transmission de propriété au profit du riverain ne résulte pas de l'arrêté de concession, mais des dispositions du Code Civil qui, du moment où l'alluvion est complétement formée, en font un accessoire de la propriété riveraine. L'autorité se borne à donner au riverain une permission sans laquelle celui-ci, en exécutant des travaux qui faciliteraient la formation de l'alluvion, serait coupable de contravention de grande voirie. Le préfet qui, sous la direction du ministère des Travaux Publics, est chargé de prendre ou d'autoriser toutes les mesures favorables au bon régime de la rivière, n'excède pas les pouvoirs d'administration dont il est investi en autorisant des travaux dont il a reconnu que le résultat définitif serait d'améliorer par la diminution de la largeur du lit les conditions de la navigation.

42. Ces concessions d'alluvions futures ont donné lieu dans la pratique à d'assez nombreuses difficultés de campétence. D'abord, supposons qu'un procès s'élève entre particuliers à l'occasion d'une concession de ce genre ; ainsi, un propriétaire vient soutenir que les alluvions concédées à un tiers se trouvent situées sur le front de la propriété ; il revendique en conséquence le bénéfice que lui assurait l'article 556. De l'avis général, la réclamation de ce propriétaire doit être portée devant les tribunaux civils ; il résulte même de l'arrêt du Conseil du 12 juillet 1864 (Lebon, 64, 647), que le préfet n'aurait aucune qualité pour intervenir dans l'instance et chercher à trancher le litige en délimitant le lit du cours d'eau. « L'arrêté de concession intervenu en faveur du sieur Richet, porte l'avis ministériel que nous citions plus haut, précise l'étendue du terrain concédé et en indique très-nettement les limites ; or, une de ces limites est bien positivement la cale du bac de Podensac. Il est de la loyauté de l'administration de le reconnaître ; or, il arrive que la commune, à tort ou à raison, se prétend riveraine d'une partie de l'atterrissement concédé et revendique son droit. Appartient-il à l'administration de rectifier elle-même, par un arrêté de délimitation, la concession faite au sieur Richet ? Evidemment non. Un premier arrêté avait retranché du lit du fleuve le terrain concédé ; un arrêté de délimitation ne pouvait plus dès-lors intervenir pour déclarer dépendant du domaine public une portion de ce terrain : dès ce moment, le terrain était susceptible de propriété privée ; cette propriété, attribuée au

sieur Richet, en sa qualité de riverain, devait lui être intégralement maintenue en présence des réclamations de la
commune ; c'était une question en dehors de la compétence
administrative. Il s'agissait de reconnaître qui, de la commune ou du sieur Richet, était riverain du fleuve sur le
point litigieux. Or, cette reconnaissance et, par suite, l'attribution définitive de la propriété de la parcelle litigieuse
ne pouvait être faite que par les tribunaux ordinaires. L'administration n'avait pas à intervenir dans ce débat ; dès-
lors, en prenant un arrêté de délimitation pour résoudre la
difficulté, l'administration excédait ses pouvoirs et l'arrêté
ne peut être maintenu. » — Les contestations pendantes
entre l'administration et les particuliers, relativement à
l'interprétation de la concession, ne peuvent, au contraire,
suivant la jurisprudence, être examinées que par l'autorité
administrative (C. d'Etat, 14 déc. 1867 ; Lebon, 67, 921).
Nous avons déjà dit ce que nous pensions de ce système ;
dans l'espèce, l'administration nous paraît avoir agi comme
un simple particulier et, par conséquent, doit être soumise
à toutes les obligations du droit commun. M. Chauveau
Adolphe (Rev. du notariat, loc. cit.) précise très-exacte-
ment, suivant nous, le caractère du contrat intervenu ; il
voit là un bail de jouissance soumis à la surveillance de
l'autorité administrative, mais dont les conséquences sont
purement judiciaires. Il en conclut que les contestations
relatives à la durée de la jouissance, à l'interprétation du
contrat, au paiement de la redevance, à l'exécution enfin
des clauses et conditions, doivent être soumises à l'autorité
judiciaire ; il ne s'agit pas de travaux publics, mais d'une
perception de fruits ; en un mot, la position est identique à
celle de l'individu qui affermerait la coupe des herbes des
francs-bords d'un canal ou bien des joncs et herbages qui
croissent sur les bords d'un fleuve. — Quoiqu'il en soit, les
partisans de la compétence administrative se trouvent dans

un assez grand embarras lorsqu'ils veulent appliquer le principe qu'ils ont posé. L'interprétation de l'acte de concession doit-elle être faite par le Conseil de préfecture ? Dans un arrêt en date du 19 juin 1867 (Lebon, 67, 578), le Conseil d'Etat admet l'affirmative en se fondant sur le texte de la loi de pluviôse, qui attribue aux Conseils de préfecture la connaissance de toutes les contestations en matière de grande voirie, et spécialement en matière de vente de biens nationaux. D'un autre côté, un arrêt antérieur rendu le 6 juillet 1865 (Lebon, 65, 706) décidait que c'était au préfet du département, sauf recours devant le ministre des Travaux publics et, en cas de besoin, devant le Conseil d'Etat statuant au contentieux, qu'il appartenait de déterminer le sens, la portée et l'étendue de l'acte de concession. A laquelle des deux solutions faut-il se rattacher ? Nous n'examinerons pas quant à présent cette question avec tous les détails qu'elle comporte ; nous la retrouverons bientôt quand nous nous occuperons du cas où la concession portera sur des atterrissements en voie de formation qui venus à maturité eussent dû appartenir à l'Etat en vertu de l'article 560. Nous établirons avec M. Aucoc qu'une distinction est absolument nécessaire ; nous admettrons, dans le cas de concession à titre onéreux, la compétence exclusive du Conseil de préfecture ; dans le cas de concession gratuite, la compétence exclusive du préfet, sauf recours au ministre et au Conseil d'Etat statuant par la voie contentieuse : « ejusdem est interpretari cujus et condere. »

43. Comment les terrains d'alluvion seront-ils partagés entre les divers propriétaires qui peuvent y avoir droit ? — Le Code civil ne contient aucune disposition sur ce point, et nous devons le regretter d'autant plus que nos anciens jurisconsultes étaient loin d'être d'accord en ces matières. Il eût été à désirer, comme le dit M. Chardon (n° 229), que « cette controverse qui a fait écrire tant de

volumes depuis cinq cents ans, qui a occupé les jurescon-
sultes et les géomètres de l'Europe, sans que ce problème
ait été résolu par un seul à la satisfaction des autres, fût
tombée dans l'énorme collection d'écrits que les lois nouvelles ont rendus inutiles. » — Tout d'abord, comment ce
partage devra-t-il avoir lieu entre les riverains opposés ?
Nous dirons que la ligne séparative de leurs propriétés est
fixée au milieu de l'espace que les eaux peuvent couvrir
quand elles coulent à plein bord. Cette ligne se modifiera
par la suite d'après tous les changements qui se produiront
dans la direction du cours d'eau ; il n'y aura jamais à se
préoccuper de l'état ancien de la rivière et pour déterminer
le droit à l'alluvion, on considérera les choses telles qu'elles
sont actuellement. Peu importerait, par exemple, qu'à la
suite d'atterrissements successifs le lit du fleuve eût été
comblé en partie, et que la ligne qui forme aujourd'hui le
bord du fleuve eût dépassé l'ancienne ligne divisoire qui
séparait les propriétés riveraines sises à droite et à gauche.
Ce résultat est incontestable : toutefois, M. Chardon lui
adresse un reproche ; il ne comprend pas que les deux riverains opposés ne se trouvent pas dans une situation parfaitement égale, et il lui semble singulier que si l'un d'eux
vient à s'enrichir d'alluvions importantes, le droit de l'autre
se trouve, par cela même, restreint dans des limites plus
étroites ; il voudrait que la ligne séparative, une fois fixée
au milieu du fleuve, restât toujours la même, quels que
fussent les événements postérieurs ; et, en attendant ce
changement dans la législation, il conseille aux particuliers
de suppléer à son imperfection par des conventions qui,
n'étant contraires ni à l'ordre public, ni à une loi prohibi-
tive, ni aux bonnes mœurs, seraient à l'avance validées par
l'art. 6, C. civ. (v. n°233, p. 393).—Cette réforme se trouvait
déjà dans le projet de Code rural rédigé en 1808. Article
48 : « A la réception de la loi, la ligne de démarcation de

ces lits pour chaque propriétaire riverain sera tracée au milieu du courant de ces cours d'eau, d'après les limites prescrites par le bornage. » Article 49 : « Quelques changements qui arrivent par la suite dans la direction du cours de ces eaux, cette ligne fixera invariablement la limite entre les propriétés riveraines. » Les cours d'appel furent consultées sur ce point ; quatorze d'entre elles, celles de Douai, Trèves, Besançon, Liége, Aix, Angers, Orléans, Poitiers, Turin, Colmar, Ajaccio, Pau et Nîmes, admettaient l'innovation proposée ; celles de Toulouse et de Gênes la regardaient comme parfaitement conforme à l'équité, mais redoutaient les difficultés d'exécution ; enfin, les quatorze autres cours se prononçaient nettement en sens contraire. — Tout récemment encore, la question se présentait lors de la rédaction du nouveau code italien. La commission du Sénat voulait que les propriétés situées à droite et à gauche fussent séparées par la ligne médiane, supposée tracée dans le sens de la longueur du fleuve, et que cette ligne, fixée au jour de la promulgation du Code, fût désormais à l'abri de toute modification ultérieure. La discussion révéla tous les inconvénients de ce système. On reproduisit les objections formulées en 1808 par les cours de Lyon, de Montpellier, de Riom, de Bourges. « Supposons, disait-on, qu'entre deux points donnés on envisage le cours d'un fleuve, le Pô, par exemple, dans un endroit où il a une largeur normale de deux cents mètres. Voici ce qui pourra arriver sous l'empire du nouveau système : si le fleuve abandonne l'une de ses rives, la rive droite, par exemple, pour envahir la rive gauche, mais en conservant toujours la largeur de deux cents mètres, il arrivera un moment où un peu plus de la moitié du lit se trouvera à découvert. Les riverains de droite ne pourront profiter de cette alluvion que jusqu'à la ligne médiane qui demeurera toujours fixe malgré la retraite des eaux ; or, de l'autre côté de cette ligne médiane, il y aura un étroit lambeau de terrain appartenant aux riverains de gauche. Mais comment ces riverains de gauche, obligés de traverser un fleuve de deux cents mètres pour aborder à ce long et étroit ruban de terrain, pourront-ils utiliser leur droit de propriété ou surtout la forme bizarre de la portion d'alluvion qui leur revient? Evidemment, ils l'abandonneront et la laisseront sans culture ; alors ne vaut-il pas mieux abandonner l'alluvion entière aux riverains de droite qui a toute facilité pour la cultiver et la mettre en valeur? » La réponse est décisive, et il nous semble bien singulier que M. Chardon ait cru l'avoir réfutée quand il s'est contenté de dire (N° 231) que la mise en valeur des alluvions consiste uniquement dans la plantation d'arbres et d'arbrisseaux qui, souvent y poussent naturellement, et sans que le propriétaire ait jamais à s'en préoccuper.

44. Nous allons maintenant supposer que la difficulté s'élève entre les propriétaires d'héritages situés sur la même rive. Les jurisconsultes romains avaient examiné la question du partage des îles et des alluvions : mais rien n'est plus obscur que les fragments que nous trouvons dans la compilation de Justinien. La loi 7 § 3 ff. de acquirendo rer. dom. (XLI, 1), pose comme règle que le partage devra avoir lieu « pro modo latitudinis cujusque prædii, quæ latitudo prope ripam sit. » La concision de ce texte a donné lieu aux interprétations les plus divergentes, et il y a déjà longtemps que Jean de Botéon, abordant le terrain de cette controverse, écrivait : « Magnum quid et arduum est profecto quod aggredior ac difficile. » Barthole, le premier des glossateurs qui se soit occupé de ces matières, enseigne qu'on ne doit, pour le partage des alluvions, faire aucune attention aux lignes qui séparent les héritages riverains, et qu'il faut considérer uniquement l'étendue qu'ils ont auprès de la rive : il veut que de cette rive et du point de

contact des deux héritages contigus, on tire une ligne droite jusqu'à l'extrémité de l'alluvion, et il exige en outre que cette ligne soit perpendiculaire avec celle de la rive, et fasse avec elle deux angles égaux. Pour écarter cette proposition, M. Chardon (N° 162) fait observer que lorsque la perpendiculaire part d'une ligne qui n'est pas parallèle avec celle du cours d'eau, elle peut se croiser avec une autre ligne; dans ce cas, le propriétaire renfermé dans ces deux lignes ne peut pas aller plus loin : il perd sa contiguité au cours d'eau, et ses deux voisins vont se partager la partie supérieure de l'alluvion. Quelques années plus tard, Balde, disciple et rival de Barthole, soutenait que l'alluvion devait être partagée proportionnellement à l'étendue de la rive, en donnant à chaque riverain son contingent le plus près possible de son héritage, mais, sans qu'il fût indispensable de lui conserver la contiguité du cours d'eau. Il est bien évident que ce mode de partage est aussi vicieux que celui de Barthole, et qu'il est dès lors tout-à-fait impossible de s'y arrêter. C'est encore pour la même raison que nous écartons une troisième théorie indiquée en termes assez vagues par Toullier (T. III, n° 152) et depuis reproduite et développée par M. Chardon (N° 171). Suivant ces auteurs, le partage de l'alluvion doit s'opérer en prolongeant jusqu'à la rive actuelle du cours d'eau les limites séparatives des deux propriétés : or, il est bien facile de s'apercevoir que si l'héritage est plus large à son origine qu'aux extrémités contigues à l'ancienne rive, il pourra se faire que les deux lignes projetées se rencontrent avant d'avoir atteint l'extrémité de l'alluvion. D'autres systèmes arrivent à laisser sans maître des parties considérables d'alluvion. Tel est, par exemple, celui de Jean de Botéon et du jurisconsulte Bolonais Baptiste Aymus ; ils prennent pour base de leur opération une ligne droite, représentant la direction du courant, et placée au milieu,

quelle que soit d'ailleurs l'irrégularité des rives de chaque
côté de l'héritage riverain : ils tirent des lignes parallèles
qui aboutissent perpendiculairement sur la ligne médiane,
en formant avec elle des angles droits : partant de là, ils
attribuent à chaque propriétaire tout ce qui se trouve compris entre les deux parallèles, la médiane et la rive. L'inconvénient que nous signalions se produira toutes les fois
que la limite respective des deux héritages se trouvera à
l'endroit précis où le cours d'eau et par conséquent la ligne
médiane, changeront de direction; de ce point séparatif,
il sera nécessaire de tirer, non plus une, mais deux perpendiculaires qui, prolongées chacune dans un sens différent, aboutiront nécessairement à des points différents :
une étendue plus ou moins grande de l'alluvion va se trouver en dehors de leur tracé, et l'on ne sait vraiment à qui
attribuer les terrains compris dans l'angle que forme l'écart
des deux perpendiculaires, à moins que ce ne soit à l'Etat,
en vertu de l'art. 713, C. civ., solution qu'il suffit d'énoncer
pour en faire sentir toute la bizarrerie. Dans ses observations
sur le code rural de 1808, la Cour de Grenoble indiquait un
moyen de remédier au désavantage de cette situation : les
perpendiculaires abaissées de chaque côté de l'héritage
n'auront pas besoin d'êtres parallèles entre elles. « La ligne
de séparation entre les atterrissements formés le long des
deux héritages voisins, disait-elle, est prise depuis le point
de contiguïté des deux héritages sur le bord du lit, et de là,
en suivant une ligne perpendiculaire à la direction du courant. » C'est à ce système ainsi formulé que se sont ralliés la
plupart des auteurs : M. Proudhon (Dom. Publ. T. IV,
nº 1287); M. Duranton, (T. IV, nº 421); M. Demolombe
(T. X, nºs 76, 82); enfin MM. Aubry et Rau (T. II, § 225,
p. 251) l'adoptent, tout en lui faisant subir quelques modifications de détails; la jurisprudence est venue le consacrer
(Agen, 25 janvier 1854 ; Dev. 54, 2, 127). Ajoutons que

les mêmes principes se trouvent à peu près reproduits dans l'instruction générale de l'administration de l'enregistrement et des domaines en date du 23 janvier 1850. On sait que les terrains retranchés de la voie publique, par suite d'alignement, sont cédés aux propriétaires de ces voies publiques. Or, que nous dit l'instruction ? « Que la faculté d'obtenir la cession de ces parcelles n'appartient qu'aux propriétaires riverains, dans la proportion qui est déterminée par des lignes tirées perpendiculairement à l'axe de la route, et non d'après des lignes obliques, tirées selon la direction oblique des propriétés riveraines. » Cette manière de procéder est commode en pratique, nous ne le nions pas, mais M. Chardon avait déjà observé qu'il en résulterait souvent une foule de conséquences bizarres et injustes. « Je me bornerai, disait le savant magistrat, à la démonstration du fait géométrique le plus saillant. Partout où le cours d'eau suivra une ligne droite, les partages seront, il est vrai, dans une juste proportion avec le front de chaque héritage ; mais ce cas est infiniment rare, et la forme si nueuse est celle que les eaux, circulant toujours entre des matières plus ou moins faciles à diviser, prennent presque partout. Or, les lignes perpendiculaires à la circonférence d'un cercle ne sont pas autre chose que des rayons, et pour découvrir sur le champ le vice de ce système, il suffit de jeter les yeux sur la planche suivante :

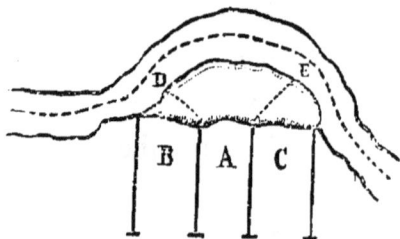

Trois frères ont partagé par portions égales une prairie sur le bord d'une rivière : quelques années après, cette ri-

vière fait un relai à peu près circulaire dont Pierre occupe
le centre. Le géomètre appelé pour tracer les lignes de division, veut appliquer le principe de la Cour de Grenoble,
c'est-à-dire des points de contiguité de Pierre avec Jean et
Paul, tirer une ligne perpendiculaire avec la direction du
courant. Pour cela, il cherche le centre du cercle que dé-
crit la rivière ; il le trouve en A, il y place son premier
jalon, et le second au point de contiguité entre Pierre et
Paul ; il tire ensuite sa ligne, et la trace jusqu'au courant
en D ; il en fait autant à l'égard de Jean ; la seconde ligne
va en E, et Pierre aura la presque totalité de l'alluvion. »
En résumé, le riverain dont l'héritage sera au milieu de
l'arc en recevra toujours plus que ses voisins, sans autre
droit que le vice du procédé. — M. Demolombe qui paraît
avoir aperçu la gravité de l'objection, ne trouve qu'un seul
moyen d'y répondre : il accorde au juge un pouvoir absolu
et il cite par analogie l'article 645 qui témoigne que le législateur s'en remet à la sagesse des magistrats dans celles
des matières qui ne comportent pas de règles inflexibles.
On opérera comme on le pourra, d'après l'état des lieux,
et sans se préoccuper des difficultés plus ou moins grandes
que le fait pourrait opposer à la théorie. Nous croyons,
quant à nous, devoir adopter le système suivi par M. Phi-
lippe Dupin (Encycl. du droit v° Alluvion n° 38) et qui nous
dispensera de recourir à de semblables expédients. Ce système veut arriver 1° à ne laisser sans maître aucune partie
de l'alluvion ; 2° à attribuer à ceux qui y ont droit, des
parts proportionnelles ; 3° à conserver à chaque propriétaire sa qualité de riverain. Pour parvenir à ce résultat, il
faut accorder à chaque riverain des parts d'alluvion qui
seront déterminées d'après la largeur de leurs terrains au
point qui aboutit sur l'ancienne rive comparée à l'étendue
de la rive nouvelle. Dans ce but, il suffit de diviser cette
dernière en autant de parties proportionnelles qu'il y a de

propriétés aboutissant à la première, et de joindre par une ligne droite les limites de chaque propriété aux parties correspondantes marquées sur la nouvelle rive. Par ce procédé, continue M. Dupin, on obtient quelque chose de satisfaisant pour tous les cas qui peuvent se présenter ; quelle que soit la direction de la nouvelle rive, quelle qu'ait été celle de l'ancienne, quelque forme que présentent les fonds riverains, il conduit à un résultat qui est toujours le même, toujours également équitable ; et de plus, il a l'avantage, si toutefois c'en est un, d'être plus conforme qu'aucun autre au texte de la loi Romaine « pro modo latitudinis cujusque prædii, quæ latitudo prope ripam sit. »

45. L'alluvion attribuée au propriétaire riverain par les articles 556-557, lui est acquise en vertu du droit d'accession. Ce principe était déjà posé dans la loi 11, § 7, ff. de public. in rem actione, et Dumoulin le développait dans nn passage bien souvent cité : « Incrementum latens alluvionis nobis acquiritur eo jure quo ager augmentatus primum ad nos pertinebat, nec istud incrementum censetur novus ager, sed pars primi. Eodem jure, eadem causa et qualitate acquiritur et possidetur sicuti ager cui adjectum est. » (In Paris. consuet. art. 1, Glose 5, n° 115). En un mot, le propriétaire n'a pas acquis un fonds nouveau, mais une dépendance du fonds qu'il possédait antérieurement ; donc, l'alluvion doit suivre la condition du fonds auquel elle adhère. Les applications de cette règle sont des plus nombreuses. Ainsi, dans notre ancienne jurisprudence, l'accroissement fait par alluvion prenait, au témoignage de Guyot (Rép. v° Alluvion), les qualités de fief et de roture que pouvait avoir l'héritage accru, et était sujet aux mêmes charges. Aujourd'hui, l'article 596, C. Civ., dispose que « l'usufruitier jouit de l'augmentation survenue par alluvion à l'objet dont il a l'usufruit. » Le tribun Gary disait : « Il doit pouvoir gagner par la même cause qui pouvait le faire

perdre. » — L'alluvion survenue depuis la confection du testament, appartiendra au légataire « Si quis post testamentum factum fundi Titiani legato partem aliquam adjecerit quam fundo Titiano destinaret, id quod adjectum est, exigi a legatario potest, et similis causa est alluvionis. » L. 24, § 2, ff. de legatis 1°. Ce que confirme pleinement l'article 1018. — Le grevé de substitution devra restituer aux appelés les alluvions qui sont venues augmenter le fonds durant sa jouissance : « Sæpe legatum plenius restituitur fideicommissario quam est relictum, veluti si alluvione ager auctus est, vel etiam insulæ natæ. » L. 16, ff de legatis 3°. — Lorsque deux époux sont mariés sous le régime de la communauté légale, l'alluvion dont s'augmente le propre de l'un des époux, appartient exclusivement à cet époux ; d'Argentré en faisait la remarque (sur Bretagne art. 418, glose II, n° 22). Les fruits produits par l'alluvion tomberont seuls dans la communauté. En sens inverse, sous le régime dotal, le mari ayant la jouissance des biens dotaux, jouira des alluvions qui s'y rattachent ; mais aussi ces alluvions demeureront inaliénables entre ses mains, comme l'est le fonds lui-même. « Si proprietati nudæ in dotem datæ, usufructus accreverit, incrementum videtur dotis, non nova dos, quemadmodum si quid alluvione accessisset. » L. 4, ff. de jure dotium. Salviat (Jurispr. du Parlement de Bordeaux, v° Acquets n° 3) enseigne également que si deux époux sont mariés sous le régime dotal avec société d'acquêts, l'alluvion qui accroîtrait au fonds dotal ne tomberait pas dans la société d'acquets, mais appartiendrait à l'époux propriétaire du fonds. — Enfin, le droit du créancier antichrésiste ou hypothécaire, s'étendra à l'alluvion qui est née postérieurement à la constitution d'antichrèse ou d'hypothèse. « Si fundus hypothecæ datus sit, deinde alluvione major factus est, totus obligabitur. » L. 16, ff. de pignoribus et hypothecis. « Si nuda proprietas pignori data sit, usufructus qui postea accrevit pignori erit ; eadem est causa alluvionis. » L. 18, § 1, ff. de pigneratitia actione. Cpr. art. 2133, C. Civ.

46. Aucune difficulté ne s'élève sur les solutions que nous venons d'énoncer ; il nous reste à examiner deux questions qui, dans notre ancien droit, avaient donné lieu à de longues controverses. 1° Le locataire ou fermier a-t-il le droit de jouir des terrains d'alluvion ? Trois systèmes se trouvent en présence ; les uns reconnaissent au fermier le droit de s'emparer de ces terrains sans avoir à payer de supplément de prix ; les autres distinguent entre le cas où le fermage est fixé en bloc et celui où il est fixé à tant par mesure ; dans le premier cas, le fermier jouit de l'alluvion sans supplément de prix ; dans le second, le propriétaire peut demander à ce que le terrain soit mesuré, et contraindre ainsi le fermier à payer un fermage distinct pour les terrains d'alluvion. Enfin une dernière opinion refuse au fermier d'une manière absolue le droit de jouir de l'alluvion, à moins qu'il ne consente à l'augmentation du prix de son bail. Cette doctrine, soutenue par Pothier (Louage n° 278), nous paraît préférable à tous égards. Et, en effet, l'article 1722 autorise le fermier à demander une diminution de prix ou la résiliation du bail, suivant que la chose louée est détruite en partie ou en totalité ; a contrario, dans le cas où l'immeuble reçoit une augmentation importante, le propriétaire doit pouvoir demander un supplément de prix en vertu de l'adage « ubi damnum, ibi lucrum. » On argumente en sens contraire du caractère de l'alluvion qui se forme petit à petit, moment par moment. Ne serait-il pas singulier, soit de priver le fermier jour par jour, moment par moment, de ces accroissements insensibles, soit de lui demander à chaque instant un supplément de prix insignifiant? M. Demolombe (t. X, n° 95) répond que le fermier n'a droit de demander une diminution de prix, que dans le

cas où il s'agit d'une perte sérieuse et facilement appréciable; par conséquent, pour que le propriétaire puisse ré--
clamer une indemnité, il faut que l'augmentation per alluvionem soit déjà considérable; il y aura là une question
que les juges apprécieront souverainement; nous leur reconnaissons volontiers, en pareille matière, un pouvoir
analogue à celui que leur confère l'article 559. — 2° Le
vendeur à réméré, lorsqu'il exerce le droit de rachat qu'il
s'est réservé, peut-il réclamer sans supplément de prix les
alluvions survenues postérieurement à la vente? Oui, disait
Tiraqueau (De retract. convent. nos 91-93), et il invoquait
ce principe, qu'au cas d'exercice du réméré, les parties
doivent se trouver dans la même position que si la vente
n'avait pas eu lieu. Cette théorie était en minorité parmi
nos anciens jurisconsultes; elle était combattue par Rons-
seaud de la Combe (vo Faculté de rachat no 9), par Pothier
(Vente no 402), et enfin dans les derniers temps par Merlin
(Rép. vo Faculté de rachat). Mais les raisonnements que
ces auteurs apportent à l'appui de leur opinion, se ressen-
tent par trop des subtilités de l'école, et on a pu leur reprocher avec raison de n'avoir opposé aux notions d'équité
qu'ils apercevaient que de subtiles argumentations. Pothier part de cette idée que depuis le contrat de vente, la
chose était aux risques de l'acheteur; si elle eût péri en
tout ou en partie, il en aurait souffert la perte, puisque le
vendeur se fût bien gardé d'exercer le réméré; donc, puisque
l'acheteur eût souffert la perte, il doit en équité profiter de
l'augmentation et retenir l'alluvion qui s'est produite depuis
le contrat. Pour écarter cette raison de décider assez spécieuse en apparence, il suffit de se rappeler quelle est la
nature du pacte intervenu entre les parties. La vente à réméré n'est pas autre chose qu'une vente sous condition résolutoire; or, lisons l'article 1183 : « La condition résolutoire, lorsqu'elle s'accomplit, remet les choses au même

état que si l'obligation n'avait pas existé. » Par conséquent,
au jour où le réméré est exercé, l'acquéreur cesse d'avoir
aucun droit sur la chose ; comment dès-lors pourrait-il conserver le terrain d'alluvion qui s'est incorporé à cette chose
et en fait désormais partie intégrante ? Pothier prévoyait
l'objection ; il répondait que l'accrue qui n'avait commencé
à exister que depuis la vente, n'avait pas été vendue à
l'acquéreur, que l'acquéreur en la séparant de l'héritage
vendu ne retenait rien de ce qui lui avait été vendu ; d'où
cette conclusion que le principe qu'on lui opposait n'avait
reçu aucune atteinte. Nous reconnaissons très-bien qu'au
moment de la vente, l'alluvion n'existait pas ; mais, comme
le dit M. Chardon (n° 154), le fonds vendu étant borné par
la rivière, le droit à l'alluvion faisait partie de la vente ;
or, le droit à la chose, et la chose étant de même nature,
ne peuvent avoir deux maîtres différents. A quel titre l'acquéreur a t-il recueilli l'accroissement ? A titre de propriétaire conditionnel de l'héritage riverain ; donc, il n'a possédé
l'accroissement que conditionnellement et pour le rendre
avec l'héritage. Maintenant, peut-on soutenir avec Pothier que l'acquéreur exposé à la perte de la chose, se trouverait dans une position désastreuse, s'il ne profitait pas
des accroissements que cette chose aurait pu recueillir ?
Evidemment non ; en effet, le danger que court cet acquéreur est compensé dans la plus large mesure par les avantages qui résultent pour lui de son contrat de vente ; le plus
souvent, ce sera un spéculateur qui profitera du désir qu'a
le vendeur de recouvrer son héritage, pour ne l'acheter
qu'au-dessous de sa valeur. Pothier (n° 437) le reconnaît
lui-même : « Les ventes sont le plus souvent faites dans
des circonstances dans lesquelles l'acheteur profite de la
nécessité où est le vendeur de vendre, pour acheter la
chose à vil prix, ce qui rend la cause du vendeur favorable, et celle de l'acheteur défavorable. » La cause du ven-

deur est défavorable ; c'est ce principe que nous appliquons : puisque les bénéfices de l'acquéreur sont bien souvent excessifs, rien d'étonnant à ce qu'il soit exposé à des pertes parfois considérables.

B.

47. L'hypothèse de l'avulsion était réglementée en droit romain par le paragraphe 21 Inst. de rer. divis. « Quod si vis fluminis partem aliquam ex tuo prædio detraxerit et vicino prædio attulerit, palam est tuam permanere. Plane, si longiore tempore fundo vicini tui hæserit, arboresque quas secum traxerit in eum fundum radices egerint, ex eo tempore videntur vicini fundo acquisitæ esse. » Dans les pays de droit écrit, quelques doutes s'étaient élevés sur la portée de ce texte. Boutaric résumait la controverse : « Les interprètes, nous dit-il (p. 147), expliquent ce paragraphe différemment. Les uns l'entendent de manière que la terre arrachée par la violence des eaux n'est acquise à celui » cujus prædio allata est « qu'après que les arbres ont pris de nouvelles racines ; — les autres, au contraire, de manière que la terre arrachée par la violence des eaux est perdue pour son ancien maître dès qu'elle a été unie et incorporée à un ancien fonds, les nouvelles racines prises par les arbres, proposées seulement par Justinien comme une preuve de l'incorporation. » — Dans les pays coutumiers, ces terres appartenaient au roi, s'il s'agissait d'une rivière navigable ; dans le cas contraire au seigneur haut-justicier : on les considérait comme biens vacants et sans maître. — Boutaric continue ainsi : « Quoiqu'il en soit, nous n'observons ce paragraphe en France, ni en l'un, ni en l'autre cas. Tout accroissement appartient au roi si la rivière est navigable, et, si elle n'est pas navigable, au seigneur haut-justicier. C'est cet accroissement apparent que la déclaration du mois d'avril 1683 appelle atterrissement et que les Coutumes ap-

pellent javeau, relaissée, assablissement. » Le Code civil a
fait cesser toutes ces divergences en introduisant une règle
des plus simples : le propriétaire de la partie enlevée peut
réclamer sa propriété, mais il faut que la demande soit formée par lui dans l'année, sauf le cas où le propriétaire du
fonds auquel la partie s'est unie n'en aurait pas encore pris
possession. — Article 559 : « Si un fleuve ou une rivière
navigable ou non enlève, par une force subite, une partie
considérable d'un champ riverain et la porte vers un champ
inférieur ou sur la rive opposée, le propriétaire de la partie
enlevée peut réclamer sa propriété, mais il est tenu de former sa demande dans l'année. Après ce délai, il n'y sera
plus recevable, à moins que le propriétaire du champ, auquel la propriété enlevée a été unie, n'ait encore pris possession de celle-ci. » Le tribun Faure justifiait ainsi cette
décision. « Le propriétaire a le droit de réclamer sa propriété partout où il la trouve. L'enlèvement de ces terres
est l'effet d'une crise violente opposée à la marche ordinaire
de la nature. L'on ne peut pas dire que la nature a uni ; on
doit dire, au contraire, que le violence a désuni. Tant que
le propriétaire du champ auquel la partie enlevée se trouve
jointe n'a pas encore pris possession de cette partie, l'ancien propriétaire est recevable à réclamer. Il ne l'est plus,
s'il a laissé passer un an depuis sa prise de possession. Un
plus long temps prolongerait l'incertitude des nouveaux
possesseurs et retarderait la culture de leurs nouvelles
terres. Le silence que l'ancien propriétaire a gardé pendant
une année suffit pour présumer qu'il n'a pas voulu faire
usage de son droit de réclamation. » Locré, t. VIII,
p. 185.

48. Quelle est précisément l'espèce que prévoit l'article 559 ? M. Demolombe (t. X, n° 99) distingue avec soin
les deux cas qui peuvent se présenter. « La partie séparée
du sol et devenue flottante, ne tarde pas à se fixer, soit sur

le bord d'une rive par appulsion, où un point d'arrêt se rencontre et la retire du courant, soit même dans l'intérieur du champ au-dessus du sol où l'eau débordée la dépose et l'abandonne en rentrant dans son lit. Il peut donc y avoir soit juxtaposition, soit superposition de la partie enlevée à l'égard du terrain vers lequel elle a été portée. » — Le savant jurisconsulte admet que l'article 559 est applicable dans les deux hypothèses ; ce qui est d'autant plus raisonnable suivant lui, que c'est le même accident qu'il s'agit de régler dans un cas comme dans l'autre. Bien que la plupart des auteurs se prononcent dans le même sens, nous croyons, avec M. Demante (t. II, n° 395 bis, I), que les rédacteurs du Code ne songeaient qu'au cas de juxtaposition proprement dit, et que les termes de l'article 559 ne peuvent comprendre le cas de superposition. Dans notre pensée, l'article 559 correspond au paragraphe 21 des Institutes que nous avons cité plus haut. Or, ce paragraphe nous parlait d'une juxtaposition comme l'indique assez le mot *attulerit*, qui n'est pas synonyme de *intulerit*. C'est d'ailleurs l'idée de juxtaposition qui forme le lien logique entre l'espèce dont traite ce paragraphe et l'espèce de l'alluvion qui forme l'objet du paragraphe précédent. La même induction peut encore aujourd'hui se tirer de la place qu'occupe dans le Code l'article 559 immédiatement après les articles 556-558, relatifs à l'alluvion. Il est bien vrai que les termes dont s'est servi la loi sont assez peu significatifs. Si l'expression « *porte vers un champ inférieur* » convient plutôt à l'idée d'une juxtaposition, l'expression « *sur la rive opposée* » convient plutôt à celle d'une superposition. Mais, ajoute de suite M. Demante, en présence du texte de droit romain que le législateur avait sous les yeux quand il écrivait l'article 559, on ne doit pas hésiter à croire qu'il n'a eu en vue que le cas unique prévu par ce paragraphe, et qu'il a seulement voulu le régler un peu différemment. La raison de la distinction que nous proposons est bien facile à saisir. Lors qu'il y a superposition, la partie enlevée se confond absolument avec le terrain du fonds auquel elle a été unie ; le plus souvent, il y a impossibilité de la reconnaître, et une des conditions prescrites par l'article 559 fait absolument défaut. Puis, l'enlèvement ne pourrait avoir lieu sans causer un dommage considérable au propriétaire, sur le fonds duquel le terrain aurait été déposé par les eaux ; il faut empêcher qu'on ne vienne bouleverser son héritage pour arriver à un résultat presque toujours insignifiant et sans utilité aucune pour le revendiquant.

49. Nous rechercherons maintenant en quoi consiste le droit du propriétaire de la partie enlevée. S'agit-il dans l'article 559 de la revendication d'un immeuble conservant la nouvelle position qu'une force majeure lui a donnée, ou seulement d'une action tendant à reprendre les terres déplacées pour les reporter sur le fonds qui en a été dépouillé ? Cette dernière interprétation paraît avoir été adoptée par les jurisconsultes romains. « Ea quæ vi fluminis importata sunt condici possunt. » L. 4, § 2 ff. de rebus creditis. Un passage de Caepolla, bien souvent cité, ne laisse aucun doute sur le sens dans lequel cette loi était entendue. « Non desino possidere terram, si ei crusta applicetur ex fundo vicini. » Tract. II de servit., cap. ii, n° 97. — Lors de la discussion au Conseil d'Etat, M. Tronchet se ralliait à cette doctrine traditionnelle ; à la séance du 17 vendémiaire an XII, il s'exprimait dans les termes suivants : « L'article ne s'applique qu'à l'enlèvement de la superficie ; il est impossible de venir *reprendre* des terres qui se détachent insensiblement ; mais si des arbres, des maisons ont été emportés, comme ils sont reconnaissables, on ne peut refuser au propriétaire la faculté de les *reprendre*. » Locré, t. VIII, p. 126. L'emploi du mot *reprendre* est significatif dans la bouche de M. Tronchet ; il résulte bien de ces paroles que

les auteurs du Code n'ont entendu reconnaître au propriétaire de la partie enlevée que la faculté de venir la rechercher au lieu où elle a été déposée. Cette solution nous
semble incontestable, et nous nous étonnons que M. Demante (t. II, n° 395 bis III) ait proposé d'accorder au propriétaire de la partie enlevée une action au moyen de laquelle son droit, une fois déclaré, s'exercerait sur cette
chose à la place qu'elle occuperait alors. M. Demante se
montre au reste assez embarrassé par les paroles de
M. Tronchet; il se borne à dire, d'après l'autorité de Malleville, que la pensée de l'orateur aura été mal rendue par
le procès-verbal de la discussion. Il ajoute, qu'en tout cas,
Tronchet n'avait pas le dessein de s'expliquer sur l'hypothèse qui nous occupe, mais seulement de répondre à
M. Pelet de la Lozère, qui avait demandé si l'article 559
régirait le cas assez fréquent dans les pays de montagnes
où des bâtiments et des bois sont emportés dans la vallée.
Enfin, au pis aller, l'opinion de Tronchet n'est pour lui
qu'une opinion particulière, et rien ne prouve que le Conseil
d'Etat ait entendu la consacrer législativement. Quoiqu'il
en soit, il suffit pour écarter le système de M. Demante,
de songer à toutes les injustices et à tous les inconvénients
qu'il entraînerait vis à vis du propriétaire du fonds auquel
la partie enlevée s'est trouvée unie.

50. L'action pourra être intentée indéfiniment tant que
le propriétaire du champ, auquel la partie enlevée s'était
unie n'en aura pas pris possession ; au contraire, cette réclamation doit avoir lieu dans l'année même de l'enlèvement, s'il y a eu prise de possession. Tel est le sens précis
de notre article 559. — Nous ajouterons 1° que la loi
n'exige pas que la possession du propriétaire ait duré pendant une année; il suffit qu'il ait pris possession à une
époque quelconque de cette année, fût-ce même le dernier
jour, pour que la revendication soit déclarée non recevable

une fois l'année écoulée. Les auteurs font remarquer avec raison, que dans le cas de l'article 559, il n'y a en réalité ni prescription acquisitive, ni prescription extinctive, mais une simple déchéance établie par la loi ; d'où cette conséquence déjà signalée par M. Delvincourt, que ce délai d'un an courrait alors même que le propriétaire de la partie enlevée se trouverait en état de minorité. — 2° Que cette prise de possession doit résulter d'un fait de l'homme, et non pas de l'œuvre seule de la nature ; il ne suffirait donc pas, comme on l'a soutenu, que les deux terrains fussent liés l'un à l'autre par l'effet de la végétation ou de l'extension des racines. L'article 559 nous paraît formel sur ce point, et nous nous écartons sans hésiter des lois Romaines qui se contentaient d'une cohésion matérielle : " Ita demum crustam vindicari posse idem Alphenus ait, si non coaluerit nec unitatem cum terra mea fecerit ; nec arbor potest vindicari a te quæ translata in agrum meum cum terra coaluit. Sed nec ego potero tecum agere jus mihi non esse ita crustam habere si jam cum terra mea coaluit. " L. 9, § 2, ff. de damno infecto. — 3° Que le propriétaire du fonds auquel la partie enlevée a été unie, ne peut être tenu d'aucune indemnité vis-à-vis du propriétaire dépouillé. — 4° Que le propriétaire du fonds auquel la partie enlevée a été unie, est en droit, sans attendre la fin de l'année, d'interpeller le propriétaire de la partie enlevée, pour le forcer à s'expliquer sur le point de savoir s'il entend oui ou non faire usage de la faculté que lui confère l'article 559. M. Chardon (n° 88) posait cette règle, que celui dont le sol est encombré, peut, s'il veut jouir librement de son héritage, demander que dans un délai proportionné aux circonstances, son champ soit débarrassé, à peine par l'autre de perdre sa chose ; aucun motif plausible ne saurait en effet être invoqué contre une semblable mise en demeure. La doctrine est unanime sur ce point ; seuls, MM. Aubry et

Rau (t. II, p. 254) n'admettent pas que l'action interroga-
toire puisse être admise dans notre hypothèse ; ils en limi-
tent l'exercice au cas de superposition qu'ils font rentrer
sous l'empire de l'article 559. Les savants traducteurs de
Zacchariæ soutiennent que dans le cas d'une adjonction la-
térale qui n'entrave en rien la culture du fonds auquel la
partie enlevée est venue se réunir, il n'existe aucun motif
pour accueillir de la part du propriétaire de ce fonds, une
interpellation de ce genre, qui ne serait fondée ni sur un
droit, ni sur un intérêt actuel. Cette solution pèche en ce
qu'elle tend à perpétuer l'incertitude sur la question de savoir si un terrain appartient à tel ou tel individu. L'intérêt
général veut que le terrain dont il s'agit soit cultivé ; or,
peut-on espérer qu'une personne viendra le mettre en culture, alors que cette personne ignorera si elle doit le considérer comme sa chose ou comme la chose d'autrui ? Il est
donc inadmissible, qu'au cas de juxtaposition, il faille
attendre une année entière pour savoir à quoi s'en tenir
sur les intentions du propriétaire de la partie enlevée.

51. Il est bien certain que le propriétaire de la partie
enlevée, n'est point tenu de venir la reprendre ; on ne peut
retourner contre lui le droit que lui confère l'article 559,
et il est généralement reconnu que dans le cas où il abandonne la partie qui a été séparée de son champ, il ne saurait être tenu d'aucuns dommages-intérêts envers l'autre
propriétaire. En sens inverse, qu'arrivera-t-il lorsque le
propriétaire de la partie enlevée usera du bénéfice de l'article 559 et viendra réclamer son terrain ? M. Demolombe
(t. X, n° 112) enseigne qu'il ne pourra reprendre ce terrain qu'à la charge 1° de le reprendre tout entier et sans
pouvoir choisir parmi les débris, en emportant les uns et
en abandonnant les autres ; il s'agit d'un accident unique
dont les résultats doivent être acceptés ou répudiés pour le
tout ; 2° de réparer le préjudice que le propriétaire du

fonds, auquel la chose est venue s'ajouter, a dû éprouver par suite de cette adjonction. Cette dernière proposition est des plus contestables, et nous nous rallions sans réserve à la doctrine contraire enseignée par MM. Aubry et Rau (t. II, p. 252, note 23). M. Demolombe invoque à l'appui de sa thèse, d'abord la disposition générale de l'art. 1382, puis des textes de droit Romain assez nombreux et notamment la loi 9, § 1, 2 et 3, ff. de damno infecto. « De his quæ vi fluminis importata sunt, an interdictum dari possit quæritur. Trebatius refert cum Tiberis abundasset et res multas multorum in aliena ædificia detulisset, interdictum a prætore datum ne vis fieret dominis quominus sua auferrent si modo damni infecti repromitterent.— Alphenus quoque scribit : si ex fundo tuo crusta lapsa sit in meum fundum, eamque petas, dandum in re judicium de damno jam facto ; idque Labeo probat. Nam arbitrio judicis apud quem res prolapsæ petentur, damnum quod ante sensi non contineri, nec aliter dandam actionem quam ut omnia tollantur quæ sunt prolapsa. — Si ratis in agrum meum vi fluminis delata sit, non aliter tibi potestatem tollendi faciendam quam si de præterito damno quoque mihi cavisses. » MM. Aubry et Rau répondent avant tout que l'article 1382 ne peut recevoir aucune application dans l'espèce : « Tout fait quelconque de l'homme qui cause à autrui un dommage... » Or, il s'agit d'un événement de force majeure, et le propriétaire de la partie enlevée ne fait qu'user de son droit en la réclamant : « Neminem lædit qui jure suo utitur. » Que si l'on voulait appliquer par analogie l'article 1386, rendant le propriétaire d'un bâtiment responsable de sa ruine, nous dirions que cet article exige encore que le propriétaire soit en faute, ce qui suffit pour écarter l'argument. Quant aux textes de droit Romain sur lesquels on s'appuie, il suffit de les lire avec soin pour demeurer convaincu qu'ils n'ont aucun trait à la question ; ils prévoient l'hypothèse non d'une avulsion, mais d'un éboulement de terre, ou de l'enlèvement par la force des eaux d'objets mobiliers tels qu'un radeau. Ce sont là des faits qu'avec quelques précautions il eût été facile de prévenir ; aussi concevrait-on à la rigueur que le propriétaire, s'il venait à revendiquer ces objets, pût être astreint à réparer un dommage qui lui serait jusqu'à un certain point imputable. Mais il est bon de se rappeler que les solutions Romaines sont formellement repoussées par notre jurisprudence moderne ; d'après les arrêts, le propriétaire du fonds supérieur n'est responsable des dommages résultant d'éboulements survenus, que dans le cas où , par des plantations , par des ouvrages quelconques, il a occasionné la chute des terres ; il ne répond pas des éboulements que peuvent entraîner la nature du terrain ou le défaut d'entretien. En d'autres termes, il faut que l'on allègue contre le propriétaire de la partie éboulée , une faute directe et réelle et non pas seulement une omission, un simple manque de surveillance (Req. Rej. 11 mai 1853. Dev. 53, 1, 564 ; Poitiers, 6 mai 1856. Dev. 56, 2, 470). Il est bien entendu d'ailleurs que ce que nous venons de dire ne s'appliquera pas aux réclamations qui pourraient être exercées contre le propriétaire revendiquant, relativement au dégât causé par l'opération de l'enlèvement ; on comprend très-bien qu'il soit déclaré responsable de toutes les négligences qu'il commettrait à ce moment ; l'application de l'article 1382 serait donc pleinement justifiée en semblable occurrence.

§ IV.

Des îles et îlots qui se forment dans le lit des rivières navigables ou flottables.

52. La matière qui va nous occuper était une des plus obscures de notre ancienne jurisprudence. En pays de droit

écrit, on attribuait les îles aux riverains, que le cours d'eau fût ou ne fût pas navigable. « Insula in flumine nata, quod frequenter accidit, si quidem mediam partem fluminis tenet, communis est eorum qui ab utraque parte fluminis prope ripam ejus prædia possident, pro modo latitudinis cujusque fundi quæ latitudo prope ripam sit ; quod si alteræ parti proximior sit, eorum est tantum qui ab ea parte prope ripam prædia possident. » Inst. § 22, de rerum divis. — Le droit coutumier excluait formellement les riverains, toutes les fois qu'il s'agissait d'une rivière navigable ; mais alors à qui attribuer la propriété des îles? Primitivement et à l'époque où les rivières navigables ne faisaient pas encore partie du domaine royal, les seigneurs haut-justiciers appliquaient la théorie des vacants ; ils se disaient propriétaires des îles comme ils l'étaient des biens qui n'appartenaient à personne ; c'est là un point que M. Championnière (n° 373) a mis en relief avec son érudition habituelle. De nombreux textes de Coutumes avaient consacré leur prétention. Article 341 de la Coutume de Bourbonnais : « Et si la rivière laisse île, elle est au seigneur haut-justicier en la justice duquel ladite île sera la plus près, eu égard au fil de l'eau de ladite rivière, et s'entend des rivières d'Allier, Loire, Siolle, Cher et Bèbre ; autre chose est des petites rivières et ruisseaux. » — De même, article 13, titre Ier de la Coutume de Sens : « Iles en rivières et fleuves publics appartiennent au seigneur haut justicier, s'il n'y a titre valable ou prescription suffisante au contraire. » — Article 28, titre III de la Coutume de Metz : « Que si la rivière fait une île, elle appartiendra au seigneur de la rivière, non à ceux qui ont héritage à l'endroit d'icelle. » — Au XVIIe siècle, la royauté avait exproprié les seigneurs haut-justiciers de leurs droits sur les îles qui venaient à se former, comme elle les avait expropriés de leurs droits sur le fleuve lui-même ; dans les rivières navigables, les îles appartenaient au roi ; dans les rivières non navigables, aux propriétaires riverains. Cette distinction est très-nettement établie par Pothier. « Par notre droit français, nous dit-il (Propr. n° 141), les fleuves et les rivières navigables appartiennent au roi. Les îles qui s'y forment, aussi bien que le lit, lorsqu'ils l'ont abandonné pour prendre leur cours ailleurs, appartiennent au roi ; les propriétaires des héritages voisins n'y peuvent rien prétendre, à moins qu'ils ne rapportent des lettres de concession du roi. » Plus bas (n° 164), il ajoute : « A l'égard des rivières non navigables, lorsque ce sont les propriétaires des héritages riverains qui sont chacun en droit soi propriétaires de la rivière, ils doivent aussi l'être chacun en droit soi et des îles qui s'y forment et du lit de la rivière, lorsqu'elle l'abandonne pour porter son cours ailleurs. » Conformément à ces principes, un édit d'avril 1683 revendiquait pour le domaine la propriété des îles qui se trouvaient sur les rivières navigables. « Comme les grands fleuves et les rivières navigables appartiennent en pleine propriété aux rois et aux souverains par le seul titre de leur souveraineté, tout ce qui se trouve dans leur lit comme les îles, etc., nous appartient. » Du reste, cet édit, malgré les termes absolus de son préambule, maintenait dans leur propriété, possession et jouissance, toutes personnes qui pourraient rapporter des « titres de propriété authentiques, faits avec les rois nos prédécesseurs, en bonne forme, auparavant l'année 1566 ; c'est à savoir inféodations, contrats d'aliénation et engagements, aveux et dénombrements qui nous auront été rendus. » Un second édit de 1693 prenait en considération les difficultés qu'éprouvaient les détenteurs des îles, à rapporter des titres justificatifs de leur propriété, les maintenait définitivement dans leur possession ; de fait, il était impossible d'appliquer à la lettre la théorie rigoureuse énoncée par Pothier.

53. L'article 18 du projet présenté au Conseil d'Etat, dans la séance du 20 vendémiaire an XII, attribuait à l'état la propriété des îles sans faire exception pour le cas où le riverain pourrait, soit présenter un titre de propriété, soit invoquer en sa faveur la prescription : « Les îles, îlots, atterrissements qui se forment dans le lit des fleuves ou des rivières navigables ou flottables, appartiennent à la nation. » Cette disposition qui semblait dépouiller les propriétaires dont les droits avaient été reconnus antérieurement à 1789, suscita d'énergiques protestations. Le tribunal d'appel de Rouen se fit l'interprète de l'opinion commune : « La loi Romaine Dig. de acquirendo rerum dominio, attribuait au propriétaire voisin, les îles qui se formaient dans les fleuves, disposition qui paraît plus équitable que cet article du Code, et plus digne d'une grande nation, dont le véritable intérêt n'est pas d'acquérir des propriétés nouvelles par préférence aux particuliers. Les édits et déclarations des ci-devant rois, qui attribuaient au domaine les îles des fleuves et rivières navigables, n'étaient que des lois bursales. Ces lois se fondaient sur le faux prétexte que les îles étaient un accessoire du fleuve qu'on regardait comme appartenant au roi. 1° Le fleuve lui-même n'est point un domaine national, mais une chose publique ; il appartient à la nation, non à titre de propriété, mais à titre de souveraineté. 2° L'île n'est pas un accessoire des eaux du fleuve, mais du lit sur lesquels les droits des particuliers ne sont pas méconnus lorsque le fleuve l'abandonne. 3° Il ne peut guère se former une île sans que le fleuve s'élargisse aux dépens des propriétaires voisins, et les ravages auxquels sont exposés les propriétaires de ces terrains, doivent leur faire obtenir les îles qui se forment dans le fleuve, comme une juste indemnité des risques qu'ils courent et des pertes qu'ils éprouvent. Le principe que nous proposons ne porterait aucune atteinte à la propriété domaniale des îles que

la nation possède, ou sur lesquelles elle a des titres d'engagement ; mais il servirait à tranquilliser les particuliers, qui depuis des siècles pòssèdent des îles dans les fleuves, comme véritables propriétaires, et que les agents du domaine ont toujours vexés, sans pourtant parvenir à les dépouiller de leurs fonds. » Lors de la discussion, M. Jollivet, tout en allant moins loin que le tribunal de Rouen, demanda que le Code consacrât formellement les droits des propriétaires antérieurs. « Avec l'article proposé, disait-il, le domaine dépouillerait même ceux dont la propriété repose sur l'autorité de la chose jugée. » Le Conseil d'Etat adopta l'amendement qu'il proposait, et l'article 560 fut définitivement rédigé dans les termes suivants : « Les îles, îlots, atterrissements qui se forment dans le lit des fleuves et des rivières navigables ou flottables, appartiennent à l'Etat, s'il n'y a titre ou prescription contraire. » L'addition demandée par M. Jollivet, reproduit à peu près textuellement les expressions dont s'était servie la Coutume de Sens.

54. Sur quel fondement repose la décision de l'article 560 ? Une doctrine bien ancienne veut que les îles appartiennent à l'Etat comme conséquence de son droit de propriété sur le lit des rivières navigables. A Rome, déjà la question de la propriété des îles était intimement liée à la question de la propriété des cours d'eau ; l'île appartenait aux particuliers, parce que le lit du fleuve leur appartenait. Un jurisconsulte avait dit : « Solum ipsum privatum est, usus autem ejus publicus intelligitur. » L. 30, § 1, de acquir. rer. dominio. — Les commentateurs du droit romain, tout en mentionnant les changements qui se sont opérés dans la législation, nous répètent encore que les îles suivent la même condition que le fleuve ; écoutons Heinnecius (Elem. juris, § 360) : « Insulæ sunt ejusdem cujus est flumen, ideoque eas sibi princeps vel respublica vindicare solet. » — Nos anciens auteurs s'expriment dans des termes

analogues, et Pothier surtout abonde en ce sens ; de même
dans la déclaration de 1683, nous voyons nettement formulé ce principe que les grands fleuves, faisant partie du
domaine royal, les îles doivent également faire partie de ce
domaine. — Au Conseil d'Etat, cette explication fut égale-
meut la seule que l'on donna pour justifier l'art. 560. Dans le
cours de la discussion, M. Jollivet, parlant de notre article,
le regardait comme tranchant une question encore débattue ; suivant lui, aucun texte ne décidait encore que les îles
et îlots appartenaient à la nation. M. Treilhard de répondre
aussitôt « que la question est déjà résolue ; puisque le
Conseil a décidé que le lit des rivières navigables et flottables appartient au domaine national, il a décidé nécessairement aussi que les îles et îlots, qui font partie du lit,
suivent le sort de la chose principale. » Et M. Regnauld
de Saint-Jean-d'Angély d'ajouter : « qu'en effet, l'article 18
n'est que la conséquence de l'article 22 du titre précédent. »
Locré, t. VIII, p. 126. — La question que nous examinons
en ce moment n'a pas seulement un intérêt théorique ; lorsque nous nous demanderons plus tard si les petites rivières
appartiennent aux riverains, nous comprendrons combien
il importe d'être fixé sur un point aussi important. Si l'explication donnée par MM. Treilhard et Regnauld de Saint-
Jean-d'Angély est la vraie, si l'Etat n'est propriétaire des
îles qu'en sa qualité de propriétaire du lit des rivières navigables, il faudra admettre comme conséquence que l'article
561 n'attribue aux riverains les îles qui se forment dans les
rivières non navigables, que parce que les riverains sont
propriétaires du lit de ces rivières. M. Championnière
(n° 426) expose parfaitement cet argument : « Ne doit-on
pas dire que l'attribution aux riverains de l'île née dans la
rivière non navigable est une preuve que le principal, c'est-
à-dire le lit, appartient à ces mêmes riverains, de même
que l'attribution à l'état de l'île née dans les rivières navi-

gables découle de la propriété de l'Etat sur le fleuve et sur son lit. » — L'erreur de M. Treilhard est, suivant nous, bien facile à démontrer ; son système conduirait nécessairement à dire que l'île doit être absolument assimilée à la rivière, qu'elle doit être placée dans la même condition et soumise aux mêmes lois, en un mot, qu'elle doit absolument se confondre avec lui : « Non censetur ager separatus sed pars alvei. » Or, cette assimilation est absolument impossible : d'un côté, le lit du cours d'eau fait partie du domaine public et, à ce titre, est inaliénable et imprescriptible ; de l'autre, l'île fait partie du domaine de l'Etat et est aliénable et prescriptible ; le lit de la rivière appartient à l'Etat représentant des intérêts généraux de la nation ; les îles appartiennent à l'Etat envisagé comme simple particulier. M. Treilhard le reconnaissait lui-même : « Le lit du fleuve n'est pas susceptible de propriété privée, mais il ne s'ensuit pas que les morceaux de terre, qui se placent au milieu, ne puissent appartenir à des particuliers et, par conséquent, ne deviennent prescriptibles. » Les orateurs du Conseil d'Etat se sont laissés égarer par les souvenirs de l'ancien droit ; le rapprochement entre la propriété des îles et la propriété des rivières pouvait encore être vrai à l'époque de Pothier, où l'on ne distinguait pas le domaine public de l'état du domaine privé ; il n'a plus de fondement depuis les lois de 1790 et l'on peut presque affirmer qu'en droit le lit des rivières et les îles qui s'y forment appartiennent à deux propriétaires différents. Nous regrettons, pour notre part, que M. Treilhard ne se soit pas souvenu de cette observation si sage du tribunal d'appel de Rouen ; les îles ne sont pas un accessoire du fleuve, mais un objet distinct, régi par des principes distincts. — Le motif véritable de l'article 560 était indiqué au Conseil d'Etat par M. Defermon : « Pour établir la flottaison, le gouvernement peut disposer de tout ce qui est dans les rivières flottables et navigables. » En d'autres termes, l'Etat devait dans l'intérêt général du commerce et de la navigation conserver la libre disposition des îles, îlots et atterrissements formés dans des cours d'eau dépendant du domaine public. Le rapport de M. Grenier est encore plus significatif : « L'intérêt du commerce exige que les fleuves ou rivières soient libres ; la nation a déjà l'avantage de ne dessaisir personne de ces objets puisqu'ils n'appartiennent à aucun particulier, elle se dispense seulement d'exercer une espèce de libéralité parce que le public en souffrirait. » Locré, t. VIII, p. 207-208. M. Faure insistait de même sur l'intérêt du commerce et disait qu'à ce point de vue, rien de ce qui se forme dans le lit des fleuves ne doit être étranger au domaine public. Les rédacteurs du Code n'ont donc pas voulu qu'au cas où l'Etat chercherait à améliorer la navigation en creusant le lit du fleuve, il fût, à chaque instant, arrêté par des demandes d'indemnité que formeraient les propriétaires de ces îles, soit même simplement par leur opposition aux mesures projetées. L'administration est, en principe, débarrassée de toutes ces entraves ; elle peut librement soit restreindre l'étendue de l'île, soit même la faire disparaître en totalité lorsque les besoins du service public viennent à l'exiger.

55. Les îles des rivières navigables, faisant partie du domaine privé de l'Etat, sont naturellement susceptibles d'être concédées aux particuliers : par application de l'art. 41 de la loi du 16 septembre 1807, cette concession aura lieu aux conditions que le gouvernement aura réglées lui-même : il y aura seulement lieu à suivre le mode d'instruction prescrit dans l'ordonnance du 23 septembre 1825. La propriété des îles peut également être prescrite contre l'Etat : déjà dans notre ancien droit, un arrêt du Parlement de Paris du 12 mai 1766, confirmant une sentence de la sénéchaussée de Moulins, avait décidé que sous l'empire de la coutume de Bourbonnais, la longue possession pouvai⁺

être opposée par les tiers aux seigneurs hauts-justiciers,
propriétaires naturels des îles et des atterrissements. Maintenant, à partir de quel moment peut-on dire qu'une île est
définitivement formée, et a cessé d'appartenir au lit même
de la rivière, c'est-à-dire au domaine public proprement dit ?
Suivant la doctrine commune, on ne doit considérer comme
île que le terrain que les eaux entourent complètement et
qu'elles laissent à sec lorsqu'elles sont à leur plus grande
élévation. C'est ce que nous retrouvons dans un des considérants de l'arrêt de Grenoble, du 25 juillet 1866. « Attendu
qu'il résulte du rapport de l'expert D..., que la hauteur du
plateau de l'îlot AB, dépasse la hauteur des plus fortes eaux ;
que dès lors cet îlot ayant cessé de faire partie du domaine
public pour devenir propriété de l'Etat, a pu être prescrit ;
que Madame de B.... offre de prouver qu'elle a possédé
sans trouble pendant trente ans ; mais qu'en l'admettant
comme les premiers juges à rapporter cette preuve, il
convient de préciser que l'enquête portera sur l'époque où
le terrain de l'îlot a acquis la hauteur et la solidité nécessaires pour se trouver à l'abri des plus fortes eaux, dans
les crues normales du fleuve, parce que c'est à partir de
cette époque seulement que l'îlot est devenu prescriptible. »
Dev., 67, 2, 225. — D'assez grandes difficultés se sont présentées dans la pratique, sur le point de savoir par quelle
autorité peuvent être tranchées les questions relatives à la
propriété des îles : la question de compétence est naturellement soulevée toutes les fois qu'un débat s'élève en semblable matière entre l'administration et les particuliers.
Les arrêts font une distinction : dans le cas où il y a lieu
d'examiner les clauses et la portée d'un acte de concession,
émané de l'autorité administrative, ils décident invariablement que la connaissance du litige est exclusivement réservée à l'autorité administrative (Trib. de conflits, 31 mai
1851 ; Lebon, 51, 405) ; dans le cas contraire, ils regar-

dent la compétence des tribunaux civils comme incontestable : on rentre alors sous l'empire de la règle qui réserve aux tribunaux civils l'examen des questions de propriété (C. d'Etat, 6 août 1861 ; Lebon, 61, 703). Toutefois, l'administration a essayé d'échapper aux conséquences de cette dernière solution : elle a voulu tourner la difficulté et arriver indirectement à proclamer sa propre compétence. Plus d'une fois, des arrêtés préfectoraux, s'appuyant sur le droit qui appartient à l'administration, pour la délimitation du domaine public, ont prononcé l'incorporation au domaine public d'îles dont la propriété était revendiquée par des particuliers : et cette manière de procéder a reçu à plusieurs reprises l'approbation du ministre des Travaux Publics. Le Conseil d'Etat s'est montré plus sévère : par un arrêt du 23 mai 1861 (Lebon, 61, 412), il annulait l'acte par lequel le préfet de la Nièvre avait déclaré propriété domaniale, un îlot situé à la jonction de l'Yonne et de la rigole d'alimentation du canal de Nivernais. Dès 1850, M. Vuitry concluant devant le Tribunal des Conflits, avait dans une matière identique, condamné les agissements de l'administration. Au cours d'un procès pendant entre le domaine et un particulier relativement à la propriété d'un étang, le préfet de l'Hérault avait pris un arrêté par lequel l'étang litigieux était déclaré partie intégrante du domaine public maritime. M. Vuitry, revendiquait énergiquement les prérogatives de l'autorité judiciaire : « C'est l'autorité judiciaire, disait-il, qui devait demeurer saisie de la question de propriété relative à cet étang. Le résultat doit-il être différent, parce qu'il a plu au préfet de l'Hérault, le jour même où il proposait le déclinatoire, de prendre un arrêté par lequel il déclarait l'étang du Mayet, dépendant du domaine public maritime ? Non : car, d'une part, il ne pouvait appartenir à l'administration de revendiquer, par ce moyen indirect, une cause pour la revendication de laquelle la loi a prescrit des formalités spéciales ; et d'autre part, le préfet n'a pu incorporer au domaine l'étang du Mayet qu'avec la qualité de domaine aliénable qu'il avait auparavant. »

56. L'article 560 met sur la même ligne que les îles, les atterrissements qui se forment dans le lit des rivières navigables et flottables. — En quoi un atterrissement se distingue-t-il d'une alluvion proprement dite? Nous avons déjà dit qu'il y avait atterrissement appartenant à l'Etat, dès que l'accroissement n'avait pas eu lieu d'une manière successive et imperceptible. Nous avons parlé du cas où une partie du lit d'un fleuve se montre brusquement à découvert à la suite de travaux exécutés par l'Etat ; nous citerons encore, à titre d'exemple, le cas où les terrains qui se seraient formés sur le bord du cours d'eau auront été produits par des scories, immondices, escarbilles, jetés et abandonnés soit sur le rivage', soit dans le lit même de ce cours d'eau (Civ. Cass. 12 nov. 1849; Pal. 50, 528). Comme les îles, les atterrissements peuvent être concédés par le gouvernement aux conditions qu'il juge convenables. C'est ce que porte formellement l'art. 41 de la loi du 16 septembre 1807. Suivant une opinion assez accréditée, et à laquelle le ministère des travaux publics a adhéré plusieurs fois, notamment en 1844 et en 1857, les riverains auraient un droit de préemption sur les atterrissements qui séparent leur propriété du cours d'eau : avant toute concession, ces riverains doivent être mis en demeure d'acquérir, chacun en droit soi, les parcelles de terrain attenant à leurs héritages. On propose d'appliquer ici les dispositions de la loi du 24 mai 1842, et, pour compléter l'assimilation, on accorde que l'indemnité à payer par les riverains sera fixée par le jury d'expropriation, dans les termes des art. 60-61 de la loi du 3 mai 1841. « Il est évident, disait M. le ministre des travaux publics, que, par l'expression générale ,

voie publique, employée dans ces articles, on doit entendre tout ce qui sert à la circulation et au transport des hommes et des marchandises. Or, les fleuves présentent ce caractère aussi bien que les routes. De plus, ils assurent aux riverains des avantages particuliers pour l'irrigation de leurs propriétés. » Nous rappellerons que cette doctrine, d'ailleurs toute favorable à la propriété privée, est des plus contestables, et que notamment la jurisprudence se refuse à appliquer la loi de 1842 à des voies de transport autres que les voies de terre pour lesquelles cette loi a été spécialement édictée. — Il arrivera souvent que les concessions portent non point sur des atterrissements déjà formés, mais sur des créments futurs, en d'autres termes que le gouvernement concède à des particuliers le droit d'endiguement. Si des difficultés s'élèvent à ce propos, nous persistons à penser qu'elles doivent être portées devant les tribunaux de l'ordre judiciaire et non devant les autorités administratives. Nous convenons toutefois que la jurisprudence est contraire à ce système. Comme nous avons déjà eu occasion de l'annoncer, les partisans de la compétence administrative ne sont guère d'accord quand il s'agit de savoir à quelle autorité sera soumise la difficulté. Suivant l'arrêt du Conseil du 19 juin 1867 (Lebon, 67, 578), la demande d'interprétation doit être soumise en premier ressort au Conseil de préfecture. On invoque en ce sens le texte si souvent cité de la loi du 28 pluviose an VIII (art. 4) : « Le Conseil de préfecture prononcera sur le contentieux des domaines nationaux. » On ajoute que les concessionnaires pourraient en quelque sorte être considérés comme des entrepreneurs de travaux publics, ce qui entraînerait encore la compétence du Conseil de préfecture : « Le Conseil de préfecture prononcera ... sur les difficultés qui pourraient s'élever entre les entrepreneurs de travaux publics et l'administration concernant l'exécution de leur marché. » D'autres auteurs, et leur prétention a été admise par les arrêts des 10 décembre 1857 et 6 juillet 1865 (Lebon, 57, 811 ; ibid. 65, 706), une fois accepté le principe de la compétence administrative, s'appuient sur la maxime : « Ejusdem est interpretari, cujus est condere, » et renvoient la connaissance de la question à l'autorité même dont est émanée la concession. L'application de cette maxime, disait M. le commissaire du gouvernement de Lavenay, est incontestable toutes les fois qu'il s'agit d'interpréter un acte administratif. Le Conseil de préfecture n'a qu'une compétence d'exception; il n'est compétent que dans les cas où la loi a formellement établi sa compétence. Dans l'espèce, l'administration est désintéressée ; elle est hors du débat. Il ne s'agit pas ici d'une difficulté entre un entrepreneur de travaux publics et l'administration sur le sens ou l'exécution des clauses du marché. Donc il faut se rattacher à la règle générale et dire que l'acte de concession ne peut être interprété que par celui dont il émane. Tout en se ralliant à cette dernière solution, M. Aucoc a parfaitement montré qu'elle ne pouvait être acceptée sans quelques réserves. La maxime que l'on invoque est inapplicable aux contrats à titre onéreux passés entre l'administration et les particuliers. L'administration qui a été partie au contrat ne peut être appelée elle-même à déterminer la portée de ses engagements et celle des obligations qu'elle a imposées aux concessionnaires. En sens inverse, l'application de cette maxime est incontestable toutes les fois qu'il s'agit d'actes à titre gratuit : dans ce cas, s'il s'agit d'un décret, l'interprétation sera donnée par le Président de la République, le Conseil d'Etat entendu ; s'il s'agit d'un arrêté préfectoral, par le préfet, sauf recours au Conseil d'Etat par la voie contentieuse. « Vous avez reconnu (ce sont là les propres expressions de M. Aucoc) que c'était au préfet qu'il appartenait de déterminer le sens et la portée de l'acte qu'il avait fait ou que ses prédécesseurs avaient fait.

Seulement vous avez ajouté que, dans ce cas, l'interprétation se trouvant liée à un litige, il fallait donner aux parties la garantie d'un recours par la voie contentieuse. Nous pouvons vous citer notamment une décision rendue dans une affaire Follet, jugée le 18 mai 1854. Deux usiniers étaient en contestation sur le point de savoir si l'un d'eux s'était conformé aux prescriptions de l'arrêté du préfet, qui réglait son usine et notamment fixait la hauteur du déversoir. La Cour d'Amiens, saisie du litige, avait renvoyé les parties devant l'autorité administrative compétente pour faire donner l'interprétation de cet acte. Les parties s'étaient adressées au Conseil de préfecture, qui s'était reconnu compétent et avait statué. Vous avez décidé que le Conseil de préfecture était incompétent ; que « l'acte qu'il s'agissait d'interpréter étant « un arrêté du préfet de la Somme, qui réglait certains tra- « vaux à exécuter à des ouvrages dépendant de l'usine du » sieur Follet, c'était au préfet, sauf recours devant qui de « droit, qu'il appartenait de déterminer le sens dudit acte. » Et ce recours devant qui de droit, c'est devant le ministre compétent qu'il doit être porté et ensuite devant le Conseil d'Etat par la voie contentieuse, ainsi que vous l'avez décidé dans une affaire Boutillot, jugée le 9 février 1854. Ce recours par la voie contentieuse semble au premier abord contraire à la règle d'après laquelle c'est celui qui fait un acte qui doit en déterminer le sens. Il est cependant nécessaire, car, sous prétexte d'interprétation, on pourrait altérer le sens de l'acte à interpréter et porter atteinte aux droits qui en pourraient découler pour l'une des parties en cause. »

57. Une rivière, en formant un bras nouveau, coupe et embrasse le champ d'un particulier ; cette île va-t-elle appartenir ipso facto au domaine de l'Etat ? Non, répondait déjà la loi 7, § 4, Dig. de acq. rer. dominio. « Quod si uno latere perruperit flumen et alia parte novo rivo fluere cœ-

perit, deinde infra novus iste rivus in veterem se conver-
terit, ager qui a duobus rivis comprehensus, in formam insulæ redactus est, ejus est scilicet cujus et fuit. » Telle est
encore la décision de l'article 562 : « Si une rivière ou un
fleuve, en se formant un bras nouveau, coupe en l'embrassant le champ d'un propriétaire riverain et en fait une île,
ce propriétaire conserve la propriété de son champ, encore
que l'île soit formée dans un fleuve ou dans une rivière navigable ou flottable. » « Le propriétaire, disait le tribun
Faure, est assez malheureux de voir une partie de sa propriété inondée, et le surplus converti en île. La loi ne veut
point aggraver son infortune; d'ailleurs, ce n'est point une
île qu'il acquiert, c'est un débris qui lui reste de sa propriété continentale. » Locré, t. VIII, p. 186. Il peut arriver encore que le champ d'un particulier se trouve envahi
d'une manière définitive par les eaux d'une rivière navigable, et fasse dès lors partie du domaine public ; une île
vient plus tard à se former en cet endroit : on s'est demandé si cette île appartiendrait au propriétaire de l'héritage envahi. Dans l'intérêt de l'affirmative, on peut soutenir
que bien souvent l'île proviendra de terres et de matériaux
détachés de la propriété aujourd'hui couverte par les eaux ;
le propriétaire y aurait droit comme à un reste de son ancien
héritage. Cette solution peut paraître assez équitable ; mais
malheureusement elle est en contradiction formelle avec
le texte de la loi. L'article 562 suppose bien certainement
que la partie du champ riverain a été convertie en île par
un mouvement du fleuve, qui l'a séparée plus ou moins
brusquement du continent sans la résoudre, ni la rendre
méconnaissable. Telle est l'opinion de M. Demolombe
(t. X, n° 118) : « Lors même que la propriété aurait été
manifestement entamée par les eaux, l'île formée de sédi-
ments qui ne seraient plus reconnaissables, et qui d'ailleurs
se trouveraient toujours mêlés plus ou moins à des ma-

tériaux détachés des autres rives, continuerait à être régie par l'article 560. » Cpr. Lyon, 22 juin 1839 ; Dev. 41, 2, 343.

§ V.

Des servitudes imposées aux propriétaires riverains des cours d'eau navigables. — Du marchepied et du chemin de halage.

58. Domat disait : « L'utilité de la navigation des rivières demande l'usage libre de leurs bords, de telle sorte que, dans la largeur et dans l'étendue nécessaires pour le passage et le trait des chevaux tirant les bateaux, il n'y ait ni arbres plantés, ni autres obstacles. » Dr. Public. liv. I, tit. VIII, sect. 2, § 9. De là, l'établissement des servitudes de halage et de marchepied dont nous allons nous occuper. Nous les trouvons consacrées pour la première fois par un document qui remonte à l'an 558 : une charte du roi Childebert, concède aux moines de l'abbaye de Saint-Germain-des-Prés, le droit de pêche dans la Seine, depuis le pont de la Cité jusqu'à Sèvres ; pour faciliter l'exercice de ce droit, on enjoint aux riverains de laisser libre, sur les bords du fleuve, un certain espace de terrain, et l'on rappelle que cette servitude a été instituée par la Coutume, pour faire monter et descendre les bateaux, jeter et retirer les filets. Vient ensuite l'ordonnance du roi Charles VI, du mois de février 1415 : son article 650 veut que le chemin de halage ait une largeur de vingt-quatre pieds ; il est ordonné aux riverains de laisser cet espace absolument libre, à peine d'amende arbitraire. Un règlement de Louis XII, rappelé dans le préambule d'une déclaration du 24 avril 1703, fixait à dix-huit pieds la largeur du chemin de halage sur les bords de la Loire et de ses affluents. Un édit de mai 1520, constatait que les prescriptions de l'Ordonnance de 1415

étaient la plupart du temps inexécutées ; il prononçait des peines sévères contre ceux qui y contreviendraient désormais. Les deux ordonnances de 1669 et 1672 ont maintenu ces anciennes dispositions ; nous y joindrons l'arrêt du Conseil du 24 juin 1777, relatif à la navigation de la Marne et des autres rivières du royaume ; ces textes, d'une importance capitale en notre matière, sont encore aujourd'hui en vigueur ; nous y trouvons énumérées toutes les prohibitions dont la servitude de halage ou de marchepied grève la propriété privée ; ces mesures sont prises pour faire disparaître les obstacles qui pourraient entraver la navigation, et une amende de 500 livres est prononcée contre tout contrevenant. Pendant la période révolutionnaire, les chemins de halage n'étant l'objet d'aucune surveillance, ne tardèrent pas à devenir impraticables. Il résulte du préambule de l'arrêté directorial du 13 nivôse an V, qu'à cette époque les riverains de la Seine, de l'Aube, de l'Yonne faisaient des plantations, construisaient des murs et ouvraient des fossés jusque sur le bout de la berge, de manière à intercepter le passage, ce qui ralentissait la marche des bateaux et exposait les chevaux à périr ; il était constaté, qu'à une époque peu éloignée, plusieurs chevaux avaient été noyés avec leurs conducteurs. L'arrêté enjoignait en conséquence aux particuliers d'exécuter, selon leur forme et teneur, les anciens règlements sur la navigation et le chemin de halage. Les continuateurs de Denisart, qui écrivaient vers 1806, se plaignent encore du mauvais état des chemins de halage. « Les riverains, disent-ils (v° Flottage, t. XIII, p. 673), avaient planté des arbres, d'autres avaient élevé des barrières ou bâti des murailles jusque sur le bord des rivières, et le halage était devenu si difficile, qu'à quatre pieds d'eau, les équipages des bâtiments étaient obligés de hâler leur navire au cou. Ceux qui ont des fossés dont l'eau se décharge dans les rivières, loin de pratiquer des passages commodes, se contentaient de jeter une petite solive large de quatre à cinq pouces, que la marée n'avait pas plutôt couverte de boue et de vase, que les gens étaient exposés au danger de tomber dans les fossés. Cet embarras du halage sur les rivières commerçantes, fait un tort considérable aux navigateurs, jette leurs équipages dans un travail excessif, empêche de profiter des marées favorables, retarde les arrivages, fait échouer les bâtiments, et occasionne toujours un dommage considérable. » Le décret du 22 janvier 1808 fit droit à ces plaintes, et réglementa à nouveau la servitude de halage. Depuis cette époque, l'administration n'a pas cessé de se préoccuper du bon entretien et de l'amélioration de ces chemins ; des sommes considérables ont été consacrées à leur mise en état ; dans un grand nombre de cas, l'Etat s'en est rendu propriétaire, et grâce à l'activité des agents préposés au service de la navigation, les empiétements des propriétaires riverains sont devenus impossibles ; nous verrons avec quelle sévérité la moindre contravention se trouve aujourd'hui réprimée. Les équipages des bateaux de commerce jouissent de la sécurité la plus complète et ne craignent plus, comme par le passé, d'être arrêtés à chaque instant par le mauvais vouloir des riverains ; c'est là un des progrès les plus considérables qui aient été réalisés dans le régime de notre navigation intérieure.

58. L'article 560 C. civ. range parmi les servitudes que la loi a établies pour l'utilité publique, le marchepied le long des rivières navigables. Le Code semble n'admettre l'existence que d'une seule servitude, celle de marchepied ; il importe, au contraire, de distinguer avec soin les deux servitudes qui sont imposées aux riverains. Sur ce point, nous n'avons qu'à nous référer aux énonciations de l'ordonnance de 1669, art. 7, tit. XXVIII. « Les propriétaires des héritages, aboutissant aux rivières navigables, laisseront le

long des bords vingt-quatre pieds au moins de place en largeur pour chemin royal et trait de chevaux, sans qu'ils
puissent planter arbres, ni tenir clôture ou haie plus près
que trente pieds du côté que les bateaux se tirent et dix
pieds de l'autre, à peine de cinq cents livres d'amende, confiscation des arbres, et d'être, les contrevenants, contraints
à réparer et à remettre les chemins en l'état à leurs frais. »
— Ainsi : 1° Servitude de halage. Du côté que les bateaux
se tirent, les riverains doivent laisser un espace de vingt-
quatre pieds pour chemin royal et trait de chevaux ; il leur
est interdit de plus de planter des arbres, d'établir une haie
ou une clôture à une distance du bord moindre de trente
pieds. 2° Servitude de marchepied. Sur la rive où n'a pas
lieu le halage des bateaux, les riverains doivent laisser un
espace de dix pieds de largeur, qui servira aux mariniers
lorsqu'ils sont obligés de mettre pied à terre ou de procéder
à quelque manœuvre. — Ce point bien établi, nous allons
nous demander quels sont les héritages grevés de ces
servitudes. L'ordonnance répond : « Ceux qui aboutissent aux rivières navigables. » Mais une difficulté s'était
présentée dans la pratique ; les dispositions de l'ordonnance
devaient-elles être restreintes aux rivières navigables en
1669, ou bien devaient-elles être étendues aux rivières qui
n'étaient devenues navigables que postérieurement à cette
époque ? La question a été tranchée dans ce dernier sens
par le décret du 22 janvier 1808. Article premier. « Les
dispositions de l'article 7, titre xxvii de l'ordonnance de
1669 sont applicables à toutes les rivières navigables de
l'empire, soit que la navigation y fût établie à cette époque,
soit que le gouvernement se soit déterminé depuis, ou se
détermine à l'avenir à les rendre navigables. » Et l'article 2
ajoute : « En conséquence, les propriétaires riverains, en
quelque temps que la navigation ait été établie, sont tenus
de laisser le passage pour le chemin de halage. » — Donc,

le chemin de halage existe sur toute rivière, du jour où la navigation y est possible ; peu importerait qu'en fait la navigation n'eût pas lieu sur ce cours d'eau ; peu importerait également que l'administration n'eût rien fait pour faciliter l'exercice du chemin de halage ; les riverains ne pourraient se soustraire à l'obligation imposée par l'Ordonnance, sous prétexte que ce chemin serait impraticable (C. d'Etat, 23 juin 1843 ; Lebon, 43, 299). Il est bien évident encore qu'on ne saurait se prévaloir contre l'administration, de ce fait qu'aucun règlement n'aurait déterminé d'une manière certaine l'existence et les limites de ce chemin ; que la zône grevée de la servitude n'aurait pas été tracée contradictoirement et n'aurait pas été signalée d'une manière visible sur le terrain ; mais la jurisprudence va plus loin encore : elle décide que la servitude de halage continue de grever les héritages riverains, quand bien même l'administration aurait paru renoncer à son droit, en laissant pendant de longues années les propriétaires riverains s'affranchir de cette servitude ; c'est ainsi que la servitude de halage n'a été imposée aux riverains de l'Isle qu'en 1864, bien qu'il fût constant que cette rivière était navigable dès 1765. « Considérant, porte l'arrêt du Conseil du 17 avril 1869, qu'il résulte des pièces qui sont jointes au dossier, qu'antérieurement au 22 janvier 1808, la rivière d'Isle était navigable depuis son confluent avec la Dordogne jusqu'au pont de Périgueux, que si l'administration n'a pas établi simultanément, sur toute cette partie du fleuve, le régime de la navigation, et si c'est seulement en 1864 qu'elle a exigé l'établissement du chemin de halage sur la propriété des sieurs L..... et consorts, ceux-ci ne sauraient se prévaloir de cette circonstance pour soutenir qu'ils ne peuvent être obligés à fournir ce chemin que moyennant une indemnité... » (Lebon, 69, 387). — Au commencement de ce volume, nous avons expliqué ce qu'il fallait entendre par cette expression « rivières navigables » nous n'insisterons pas sur ce point, et nous nous bornerons à dire que dans la plupart des cas, l'administration, pour imposer aux propriétaires la servitude de halage, s'appuiera sur les énonciations de l'ordonnance du 10 juillet 1835 (v. not. C. d'Etat, 28 avril 1864 ; (Lebon, 64, 396). Mais, d'un autre côté, il faudrait bien se garder de croire, comme le font certains auteurs, que ce texte a désigné limitativement les cours d'eau auxquels peuvent s'appliquer les dispositions de l'ordonnance de 1669 ; dès que la navigation est possible, le riverain est tenu de livrer le chemin de halage, quand bien même la rivière dont s'agit ne serait pas de celles qui sont comprises au tableau annexé à l'ordonnance de 1835 (C. d'Etat, 18 mars 1869 ; Lebon, 69, 235). En sens inverse, du jour où une rivière cesse d'être navigable, la servitude de halage cesse de peser sur les propriétaires riverains ; c'est ce qui a été jugé par l'arrêt du Conseil du 10 janvier 1867 ; (Lebon, 67, 56). Et, il n'est pas nécessaire que dans ce dernier cas, la rivière ait été déclassée par un acte de l'administration supérieure ; à partir de quel moment la navigation est-elle devenue impossible ? Voilà le seul point qu'il conviendra d'examiner toutes les fois qu'une contestation s'élèvera entre les riverains et les agents de la navigation.

60. La servitude de halage, une fois la navigabilité du cours d'eau constatée, s'exercera sans solution de continuité sur les rives de ce cours d'eau et de ses dépendances ; ainsi, pour ne citer qu'un exemple, lorsqu'une gare d'eau est une dépendance d'une rivière navigable, le chemin de halage doit être réservé sur ses bords (C. d'Etat, 13 déc. 1866 ; Lebon, 66, 1148). Il est également hors de doute que ce chemin doit être réservé sur les bras navigables des rivières, quand même ils n'auraient qu'une importance secondaire, eu égard au bras principal. (C. d'Etat, 19 mars

1868 ; Lebon. 68, 336). Mais la même décision doit-elle s'appliquer en ce qui touche les bras non navigables de ces mêmes cours d'eau ? La plupart des auteurs tiennent avec raison pour la négative ; sans doute, les bras non navigables d'une rivière navigable sont, quant au droit de propriété, assimilés à la rivière elle-même ; mais cette assimilation est impossible quant à la servitude de halage, qui n'a trait qu'à la navigation et qui n'est légitime que là où la navigation peut avoir lieu. Ce qui est plus délicat, c'est de savoir si la servitude existe dans la partie des rivières navigables où le flux et le reflux se font sentir avec assez de force pour que le halage n'ait pas lieu. Trois arrêts du Conseil d'Etat, rendus le 19 mai 1843 (Lebon, 43, 212), permettent à l'administration d'exiger qu'en de semblables endroits les chemins et contre-chemins de halage soient praticables à toutes les époques de marée où la navigation est possible. Nous ne pouvons, quant à nous, accepter cette jurisprudence en présence de l'avis du Conseil d'Etat du 8 messidor an XIII, avec lequel elle se trouve en contradiction flagrante. La question y était nettement posée ; il s'agissait de rechercher « si la disposition de l'article 7 titre xviii de l'ordonnance de 1669 doit être exécutée littéralement dans la partie des rivières navigables où le flux et le reflux se font sentir avec assez de force pour que le halage des bateaux n'y ait pas lieu ; s'il y a lieu, en conséquence, de faire exécuter, dans cette partie où les bateaux ne se tirent ni d'un côté ni de l'autre, la prohibition d'élever haies, arbres ou clôtures. « Après quelques considérations accessoires, le Conseil décide : « ..... 2° Que l'espace dont s'agit doit être laissé par tous propriétaires d'héritages aboutissant aux rivières navigables, quel que soit le mode de la navigation, parce que là où il n'y a pas trait de chevaux, il y a au moins chemin, ce que l'ordonnance, dans le sommaire du titre, et le Code civil (art. 650) appellent marchepied ; 3° que l'ordonnance détermine la largeur de ce marchepied par la disposition qui exige dix pieds libres du côté que les bateaux ne se tirent pas, ce qui rend cette largeur commune aux deux bords lorsqu'il n'y a tirage sur aucun d'eux. » D'où la conclusion que le marchepied seul pourrait être exigé par l'administration.

61. Autre question.— La servitude de halage existe-t-elle de plein droit sur les rivages des îles, comme sur les autres terrains aboutissant aux rivières navigables ? Il y avait eu controverse dans notre ancienne jurisprudence. Oui, répondaient un arrêt du Parlement de Paris du 23 février 1581, relatif à l'île Louviers, et un arrêt du Conseil du 8 novembre 1689. De son côté, le Parlement de Rouen s'était prononcé en sens inverse, par ses arrêts des 30 août 1675 et 28 janvier 1717. L'arrêt du Conseil du 24 juin 1777 avait voulu trancher la difficulté ; l'article 2 princ. est ainsi conçu : « Enjoint S. M. à tous propriétaires riverains de livrer vingt-quatre pieds de largeur pour le halage des bateaux et trait des chevaux, le long des bords de ladite rivière de Marne, et autres fleuves et rivières navigables, *ainsi que sur les îles où il en serait besoin...* » Ce texte, malgré sa précision, n'avait pas suffi à dissiper tous les doutes, et deux sentences de la vicomté de l'eau de Rouen, rendues les 17 août 1787 et 30 janvier 1788, maintenaient encore la doctrine à laquelle s'était attaché le Parlement de Normandie. Actuellement, bien que le point n'ait pas encore été tranché par voie législative, l'administration considère la servitude de halage comme applicable de plein droit aux rivages des îles. On lit dans une lettre du directenr général des ponts-et-chaussées, écrite le 8 janvier 1824 : « Les propriétaires situés le long de l'île Géboin, doivent subir les conséquences de leur position. Rien ne peut les soustraire à la servitude dont ils sont grevés par l'Ordonnance de 1669 et l'arrêt de 1777. Les riverains, pour avoir été

jusqu'à présent, comme ils le prétendent, exempts du chemin de halage, ne sont pas pour cela dispensés de cette servitude, et ils ne sont nullement fondés à prétendre à des indemnités pour le terrain qu'ils doivent fournir. » Un arrêt de la cour de Rennes du 17 août 1863 (Dev. 63, 2, 232) admet l'existence de ce chemin de halage sur les îles, et il en tire cette conséquence que les îles ne peuvent pas être réputées propriétés closes, dans le sens de la loi du 3 mai 1844. Enfin le droit de l'administration nous paraît pleinement confirmé par l'arrêt du Conseil du 10 janvier 1867 (Lebon, 67, 56), d'où il résulte que sur la rivière de Marne, ces servitudes sont acceptées sans réclamation par les propriétaires des îles. Ce qui nous fortifie dans cette opinion, c'est la discussion qui eut lieu, lorsque fut présenté au Conseil d'Etat l'article 560, C. Civ., attribuant au domaine la propriété des îles dans les rivières navigables. M. Regnauld de Saint-d'Angély, s'appuyait, pour justifier le projet, sur la nécessité d'assurer la flottaison, c'est-à-dire sur la nécessité d'assurer l'entretien et la conservation du chemin de halage le long de ces îles ; on ne voulait pas que le service public fût à chaque instant entravé par les particuliers propriétaires des îles. Or, il serait étrange que les législateurs aient entendu à la fois grever les îles de la servitude de halage, lorsqu'elles feraient parties du domaine de l'Etat, et en même temps les en dispenser lorsqu'elles constitueraient une propriété privée. Pour combattre la jurisprudence, quelques auteurs s'appuient sur cette idée que, dans ce cas, la servitude de halage greverait inutilement la propriété privée. « En effet, dit M. Dalloz (v° Eaux n° 136-137), quand sur une île les chevaux auront tiré un, deux ou trois kilomètres, plus ou moins, et qu'ils seront parvenus à la pointe, qu'en ferez-vous? Vous serez obligé de les transporter sur un autre bord, c'est-à-dire sur le véritable chemin de halage. Il est clair que telle n'a pu être la pensée du législateur. Evidemment, le chemin de halage doit se composer d'une rive continue, soit à droite, soit à gauche de la rivière, et ce ne serait qu'au cas de tempête ou d'avarie quelconque, que le chemin de halage pourrait se trouver accidentellement sur l'île, par la volonté des marins en péril. » M. Dalloz oublie que bien souvent une île située du côté du chemin de halage, n'est séparée de la rive proprement dite, que par un courant d'eau non navigable ; dans ce cas, pour ne pas interrompre la navigation, il est absolument nécessaire que le halage soit reporté de la rive principale du cours d'eau, sur la rive de l'île ; les chevaux et les mariniers y auront accès, soit au moyen du gué formé par l'abaissement des eaux, soit même au moyen de ponts et de passerelles établis dans ce but ; c'est ce qui a lieu notamment pour les chemins de halage de la Basse-Seine. Au surplus, l'inconvénient que signale M. Dalloz, n'est pas aussi à redouter qu'il paraît le croire ; toutes les fois que l'établissement du chemin de halage n'offrira aucun intérêt sérieux pour la navigation, les riverains pourront demander à être exonérés de la servitude (Décret du 22 janvier 1808, art. 4). Rien n'est donc plus facile que de concilier les droits de la propriété privée avec les besoins de la navigation, sans être obligé de se rallier à une théorie en contradiction formelle avec le texte de l'arrêt de 1777.

62. Le chemin de halage est imposé aux propriétés riveraines, à titre de servitude légale ; donc, les riverains n'ont rien à réclamer pour son établissement. Quelquefois cependant, l'administration se départit de la rigueur de son droit et consent à accorder une indemnité au propriétaire dépossédé de la pleine propriété de son terrain ; ce qui a lieu notamment lorsque l'ouverture de ce chemin de halage nécessite la démolition de constructions élevées sur le bord du fleuve. Nous avons à peine besoin de faire observer que cette indemnité étant purement facultative, le montant

n'en saurait être discuté par la voie contentieuse ; le riverain doit se contenter de la somme qui lui a été allouée, sans pouvoir prétendre qu'elle ne constitue pas un dédommage suffisant (C. d'Etat, 9 février 1854 ; Lebon, 54, 99). Nous ne connaissons qu'une seule exception à la règle générale que nous citions plus haut ; le riverain obligé de livrer le chemin de halage, peut réclamer une indemnité, toutes les fois que la rivière n'est devenue navigable qu'à partir du 22 janvier 1808. Article 3 du décret du 22 janvier 1808. « Il sera payé aux riverains des fleuves ou rivières, où la navigation n'existait pas et où elle s'établira une indemnité proportionnée au dommage qu'ils éprouveront ; cette indemnité sera évaluée conformément aux dispositions de la loi du 16 septembre dernier. » Sur ce texte, nous ferons avant tout deux observations : d'abord nous en restreindrons l'application au cas où la rivière aura été rendue navigable au moyen d'ouvrages d'art ; aucune indemnité ne sera due lorsque la navigabilité résultera d'un événement naturel et imprévu. Seul, l'établissement de la navigation artificielle soumet les riverains à des charges que ni la situation des lieux, ni la loi ne leur imposaient ; ce n'est qu'alors que le principe d'un dédommagement nous paraît suffisamment justifié. En second lieu, la demande en indemnité fondée par un riverain ne saurait être écartée, sous prétexte que la rivière aurait été classée, par un acte administratif, antérieurement au 22 janvier 1808, s'il était constant en fait que les travaux qui l'ont rendue navigable n'ont été achevés que postérieurement à cette époque ; c'est ce qui a été reconnu en 1869, par M. le ministre des Travaux publics. Le décret nous renvoie, pour le règlement de l'indemnité, à la loi du 16 septembre 1807 : faut-il aujourd'hui corriger le texte de cette disposition, et dire qu'il y a lieu de suivre les formes prescrites par la loi du 3 mai 1841 ? Dans une consultation délibérée en 1834, et à la-

quelle avaient adhéré sept avocats du barreau de **Rennes**,
Toullier soutenait qu'il y avait dans l'espèce une véritable
expropriation ; que le décret de 1808 ne visait la loi de 1807
qu'en tant que loi générale régissant la matière de l'expropriation pour cause d'utilité publique ; que dès 1810, ce renvoi n'avait plus de raison d'être, qu'en conséquence l'indemnité avait dû être fixée de 1810 à 1833, par les tribunaux civils, depuis 1833 par les jurys d'expropriation. Cette consultation porte en substance « qu'en vain l'on objecte qu'il ne
s'agit, dans la demande des propriétaires, que d'une indemnité pour simple dommage, sans privation ou sans diminution de la propriété, qu'en effet c'est une grave erreur de
droit, que de mettre en doute si l'établissement d'une servitude n'est pas pour celui qui la subit, une véritable expropriation ; que l'expropriation c'est la perte de la propriété, que
la propriété c'est le droit sur la chose et non la chose qui en est
l'objet ; qu'exproprier c'est donc priver du droit sur la chose,
encore bien que la détention de l'héritage n'en soit pas enlevée ; que l'expropriation peut être totale ou partielle ;
totale, si tous les actes dont la réunion constitue l'exercice
du droit de propriété, sont interdits au propriétaire sur
toute la chose ; partielle, s'ils lui sont tous interdits sur une
partie de sa chose, ou si quelques-uns de ces actes seulement lui sont interdits, ou si un autre que lui est admis à
les exercer concurremment, l'exclusion étant ici l'un des
principaux éléments du droit absolu de propriété ; que tout
droit réel concédé par le propriétaire sur sa chose ou obtenu contre lui, est un démembrement de son droit de propriété, une partie de ce droit ; que le droit de servitude est
un de ces démembrements, puisqu'après l'établissement de
la servitude, le particulier, d'abord propriétaire absolu de
sa chose, n'en a plus la libre disposition ; qu'ainsi, le propriétaire assujetti à souffrir l'exercice d'une servitude, est
un propriétaire exproprié ; que d'ailleurs la servitude ré-

clamée par l'Etat ne serait pas temporaire ; que le proprié-
trire serait partiellement exproprié de l'héritage, et qu'ainsi
c'est une raison de plus pour reconnaître la compétence des
tribunaux. » Pour repousser ce système, les arrêts s'appuient invariablement sur ce fait que l'établissement du chemin de halage n'entraîne aucune cession de fonds, condition
nécessaire pour qu'il y ait expropriation ; ce fait est considéré par eux comme une cause de dommages permanents ; or,
on sait qu'aujourd'hui, d'après la jurisprudence, les demandes
d'indemnité pour dommages permanents sont du ressort exclusif des Conseils de Préfecture ; ce principe a été appliqué
par l'arrêt du Conseil du 25 août 1835, (Lebon, 35, 525).
C'est en se fondant sur le même principe que l'arrêt du Conseil du 19 mars 1868 (Lebon, 68, 336) paraît admettre dans
ses considérants que le paiement de l'indemnité ne doit pas
être préalable à la dépossession du riverain. « Il ne s'agit
pas ici, disait à la même époque devant la Cour de cassation
Belge, M. le premier avocat général Faider, d'une dépossession ou d'une expropriation forcée, mais de l'établissement
ou mieux de la naissance d'une servitude légale. Cette servitude a déjà été définie et qualifiée par les lois que nous
avons citées ; elle est définie et qualifiée par l'art. 650, C.
Civ., qui considère le marchepied le long des rivières navigables et flottables, comme une servitude établie par la loi, et
qui déclare que tout ce qui concerne cette espèce de servitude
est déterminée par des lois ou des règlements particuliers ;
il ne peut donc être question d'indemnité préalable dans
les formes de l'expropriation, pour cause d'utilité publique. »
Au surplus, la jurisprudence a corrigé ce que cette doctrine
pouvait avoir d'excessif pour la propriété privée ; du jour
où elle s'est mise en possession, l'administration doit aux
particuliers les intérêts de la somme qui leur sera allouée à
titre d'indemnité ; c'est ce qui résulte en termes exprès de
l'arrêt du Conseil du 20 janvier 1853 (Lebon, 53, 154).

63. Le plus communément, le chemin de halage n'existe que sur une seule des deux rives du cours d'eau, celle où a lieu le trait des bateaux, comme disent les anciens réglements ; qu'arrivera-t-il dans le cas, assez rare, où l'administration jugera nécessaire, soit de reporter le chemin de halage d'une rive sur l'autre, soit de l'établir concurremment sur les deux rives ? Les propriétaires, qui antérieurement n'étaient assujettis qu'à la servitude bien moins onéreuse du marchepied, pourront-ils réclamer une indemnité ? La difficulté provient du texte de l'ordonnance de 1669, qui semble précisément n'imposer la servitude de halage que du côté que les bateaux se tirent habituellement, par conséquent que d'un seul côté. Les auteurs ne se laissent pas, en général, arrêter par cette objection. En effet, des réglements postérieurs nous montrent bien clairement que les termes de l'ordonnance n'ont pas la portée qu'on serait disposé à leur attribuer. Nous nous contenterons de citer : 1° l'article 3 du chapitre Ier de décembre 1672. « Seront tenus, tous propriétaires d'héritages aboutissant aux rivières navigables, de laisser, le long des bords, vingt-quatre pieds pour le trait de chevaux.. .. » 2° l'article 2 de l'arrêt du Conseil du 24 juin 1777 : « Enjoint S. M. à tous propriétaires riverains de livrer vingt-quatre pieds de largeur pour le halage des bateaux et le trait des chevaux, le long de ladite rivière..... » Ainsi donc, on considère la servitude de halage comme frappant les riverains des deux côtés et au même titre ; elle est due le long des bords de la rivière et non plus seulement du côté où les bateaux se tirent. C'est cette doctrine qu'a appliquée un décret du 22 janvier 1808, relatif à la rivière de Sèvre. Article 2. « Il sera appliqué *sur chacune de ses rives* un chemin de halage de six mètres de largeur, non compris les talus des berges de la rivière..... » Nous estimons, quant à nous, qu'il faut généraliser cette décision spéciale ; comme on l'a

très-bien dit, la servitude de halage dérive de la destination que la nature a assignée aux rivières navigables, et c'est par cette raison qu'elle a lieu sans indemnité ; or, il est possible que la rivière ne puisse remplir cette destination, à moins que cette servitude n'existe concurremment sur les deux rives ; dès lors on ne voit pas pourquoi les riverains auraient droit à une indemnité lorsque leurs terrains sont grevés de la servitude de halage, qui n'avait frappé jusque là que la rive opposée (C. d'Etat, 13 avril 1853 ; Lebon, 53, 457). Le document le plus récent en cette matière est l'instruction adressée par M. le Ministre des Travaux publics au préfet de Saône-et-Loire le 27 mai 1861. Nous en détacherons le passage suivant : " Quant à la question de savoir si l'administration peut reporter le chemin de halage d'une rive sur l'autre, ou même l'établir sur les deux rives, elle n'est pas douteuse. Il est bien entendu, toutefois, qu'une mesure semblable ne peut être prescrite que dans l'intérêt de la navigation. Il y a dans une semblable mesure une sensible aggravation de la servitude, et, dès lors, il convient de ne l'appliquer qu'avec beaucoup de réserve, mais il n'est pas nécessaire pour cela de recourir à un décret, une simple décision suffit. "

64. L'ordonnance de 1669 fixait la largeur du chemin de halage à vingt-quatre pieds ou sept mètres quatre-vingt centimètres, — et celle du marchepied à dix pieds ou trois mètres vingt-cinq centimètres. L'espace nécessaire pour donner cette largeur au chemin de halage sera calculé d'après l'état du lit du fleuve ou les accidents du sol riverain. Lorsque la berge est à pic, la distance se mesurera à partir de son arête ; dans le cas contraire, lorsque les berges sont inclinées en pente douce, quelques difficultés peuvent se produire ; ainsi, d'un côté le Directeur général des Ponts et Chaussées, par une décision du 4 mai 1821, estimait que le chemin de halage serait déterminé en pre-

nant pour point de départ la ligne qu'atteignent les eaux
parvenues à leur hauteur moyenne ; de l'autre, une lettre
du Ministre des Travaux publics adressée, le 29 juin 1830,
au préfet de la Meurthe, conseillait de prendre pour point
de départ à laisse des eaux à la hauteur desquelles cesse la
navigation. Le premier de ces deux systèmes est évidemment préférable, puisqu'il se borne à appliquer, en cette
matière, les principes du droit commun. Quant aux parties
des rivières sujettes au flux et au reflux de la mer, l'administration, pour alléger la servitude que la jurisprudence
impose aux riverains, choisit généralement un terme moyen
entre les eaux basses et l'élévation des plus hautes marées ;
on en a de nombreux exemples dans la pratique. — Le chemin de halage, établi dans l'intérêt de la navigation, suivra
toutes les variations de la rivière elle-même ; ainsi, lorsque
la rivière viendra à emporter le terrain sur lequel ce chemin était établi, les propriétaires riverains devront en fournir un nouveau sur les terres qui leur restent et reculer
jusqu'à ce qu'ils aient laissé l'espace réglementaire. « Cum
via publica vel fluminis impetu, vel ruina amissa est vicinus proximam viam præstare debet. » L. 14, § 1 ff. quemadmodum servitutes. En droit, les riverains ne peuvent réclamer aucune indemnité pour le dommage que leur cause
l'établissement de ce nouveau chemin. Quelques auteurs
ont proposé cependant de faire une exception pour le cas
où le riverain serait obligé soit de supprimer des plantations
soit de détruire des constructions antérieurement existantes ;
on rapporte, en ce sens, trois décisions du Directeur général des Ponts et Chaussées des 29 octobre 1811, 19 mai
1818, 25 juillet 1823. Nous croyons, pour notre part, que
cette indemnité est purement facultative de la part de l'administration et ne pourrait donner lieu à un débat contentieux devant les tribunaux ; nous rappellerons la doctrine
de l'arrêt du Conseil du 9 février 1854 (Lebon, 54, 99). —

En sens inverse, si la rivière se porte sur la rive opposée, ou s'il se forme une alluvion sur les bords du cours d'eau. le chemin de halage avancera et la partie de l'héritage riverain, qui se trouve franche de servitude, s'accroîtra en proportion. On comprend qu'en présence d'une semblable mobilité dans l'assiette du chemin de halage, l'administration refuse de se lier à l'avance en délivrant aux riverains des arrêtés d'alignement, que ces derniers pourraient croire définitifs. Les règles, en cette matière, sont tracées par l'instruction ministérielle du 27 mai 1861 : « Les chemins de halage et de contre-halage, dit-elle, ne peuvent être assimilées aux voies de communication de la grande voirie ; les réglements sur les alignements de la grande voirie ne leur sont donc pas applicables. Or, comme les réglements spéciaux de la voirie fluviale ne mentionnent nulle part l'obligation de demander alignement pour les clôtures ou les plantations, il s'ensuit que l'administration n'a pas autorité pour contraindre les riverains à en demander. L'administration est allée plus loin ; elle a toujours répondu, lorsque la question a été posée, qu'il était préférable de ne pas donner d'alignement de cette nature, alors même que la demande en serait faite, attendu qu'il pourrait arriver que des clôtures ou des plantations, qu'elle aurait autorisées, dussent être enlevées, si l'état des berges venait à changer. La servitude du halage et du contre-halage est due, en effet, dans tout état des eaux ; la zône de terrain frappée de cette servitude recule donc ou avance, selon que des corrosions menacent la berge ou que des alluvions l'étendent. Le propriétaire riverain est libre de se clore de quelque manière qu'il l'entend ; il agit à ses risques et périls, et pourvu que la largeur voulue pour les chemins de halage et de contre-halage soit respectée, l'administration n'a pas à intervenir ; si, à quelque époque que ce soit, cette largeur n'existe plus, il y a contravention, et la répression doit alors être poursuivie devant l'autorité compétente. »

65. Les préfets ont, de l'aveu de tout le monde, seule qualité pour reconnaître la nécessité du chemin de halage et pour prescrire toutes les mesures nécessaires à son exécution ou à son bon entretien ; les arrêtés, qu'ils peuvent prendre en cette matière, sont susceptibles d'être déférés au ministre des Travaux publics par les parties qui se croiraient lésées ; mais, en aucun cas, les tiers ne pourront se pourvoir par la voie contentieuse devant le Conseil d'Etat, à moins que leur recours ne soit fondé sur la violation d'un texte de loi, comme si, par exemple, on alléguait que l'arrêté attaqué aurait donné au chemin de halage une largeur plus grande que celle fixée par les réglements ; il n'y a plus de doute sur ce point depuis les deux arrêts du Conseil du 13 août 1850 (Lebon, 50, 777). — L'administration jouit de la plus grande latitude en ce qui touche l'application des réglements ; dans chaque espèce elle peut diminuer ce que leur rigueur aurait d'excessif pour les propriétaires riverains. L'arrêt du Conseil du 23 juillet 1783, relatif à la navigation de la Loire, avait déjà réduit à quatorze pieds la largeur du chemin de halage sur les bords de cette rivière et des cours d'eau y affluant ; le décret du 22 janvier 1808, applicable à toutes les rivières de France, autorise l'administration à accorder aux propriétaires toutes les restrictions de ce genre compatibles avec le service public. Article 4 : « L'administration pourra, lorsque le service du halage n'en souffrira pas, restreindre la largeur du chemin de halage, notamment lorsqu'il y aura antérieurement des clôtures en haies vives, murailles ou travaux d'art ou des maisons à détruire. » Comme exemple, nous nous contenterons de citer l'article 3 du décret du 29 mai 1808, portant que le chemin de halage, établi le long de la rivière de Sèvre, n'aura qu'une largeur de dix mètres ; cette disposition est, suivant la jurisprudence, applicable non-seule-

ment à la Sèvre elle-même, mais encore à tous ses affluents navigables (C. d'Etat, 17 déc. 1862 ; Lebon, 62, 802). Le décret du 22 janvier n'autorise pas l'administration à supprimer en entier le chemin de halage ; nous insistons sur cette idée qu'elle n'a qu'un simple droit de restriction. En est-il de même vis à vis du marchepied ou chemin de contrehalage ? M. Daviel (t. I, nos 107-108) part de ce principe, que la police de la navigation appartient au préfet et qu'il entre dès lors dans les attributions de ce dernier de réglementer arbitrairement tout ce qui a trait à la servitude de halage ; donc, dit-il, s'il est constant en fait, que dans telle localité il suffit, en raison du peu de profondeur du cours d'eau, de s'aider d'une seule rive, le préfet pourra décider que nul ne pratiquera l'autre rive. Le savant magistrat vise à l'appui de sa thèse l'article 4 du décret du 28 juillet 1793, relatif à la canalisation de l'Eure, puis un arrêt de Cassation rendu par la Chambre criminelle le 22 juillet 1824 (Dev. C. Civ., 7, 1, 502). Il nous semble cependant bien difficile d'admettre qu'en l'absence d'un texte formel les préfets puissent, par de simples arrêtés, supprimer une servitude légale qui se lie aussi étroitement à l'intérêt public. Nous ne nous arrêterons guères à l'argument tiré du décret de 1793 ; nous verrons, en effet, que le chemin de halage, le long des canaux, existe à un tout autre titre que le chemin de halage le long des rivières navigables ; dans le premier cas, en effet, l'administration, qui doit acheter les terrains nécessaires à l'ouverture des chemins de halage, est maîtresse absolue de décider que, eu égard au mode de navigation en usage sur le canal, l'établissement de l'un ou l'autre de ces deux chemins est absolument inutile. De même, l'importance de l'arrêt de 1824 est bien moins grande que ne le croit M. Daviel. Cette décision est motivée sur ce fait, que dans l'arrêt attaqué la Cour de Lyon avait interprété des décisions administratives dont elle ne pouvait

connaître à aucun titre ; elle vise uniquement la loi du
24 avril 1790, et l'on peut dire qu'en réalité elle renvoie la
connaissance dc la question à l'autorité administrative, sans
se prononcer sur la légalité de l'arrêté préfectoral. Enfin,
dernière question : l'administration peut-elle relever les riverains de l'interdiction de bâtir à une distance de moins de
trente pieds du rivage ? L'affirmative n'est pas sérieusement contestée et l'on va jusqu'à dire que dans le cas où
l'administration s'est bornée à restreindre la largeur du
chemin de halage sans statuer sur ce dernier point, le propriétaire est simplement tenu à n'élever aucune construction dans un espace de dix pieds à partir des bords intérieurs du chemin, tel qu'il a été reconnu par l'administration ; la modération de la servitude de halage entraîne la
modération de la servitude de ne pas bâtir. Pour terminer
ce qui a trait au décret de 1808, nous nous bornerons à
faire observer que toutes les restrictions, dont il vient d'être
question, ne peuvent être accordées par l'administration
qu'à titre de simple tolérance ; si elles venaient plus tard à
reconnaître la nécessité de rendre au chemin sa largeur
réglementaire, le propriétaire ne pourrait se soustraire à
l'application stricte de l'ordonnance de 1669, et aucune indemnité ne devrait lui être allouée (C. d'Etat, 23 déc. 1844 ;
Lebon, 44, 668). Le propriétaire ne pourrait pas non plus
exciper de ce que l'état de choses autorisé par l'administration aurait duré pendant plus de trente ans ; la servitude
ne serait pas éteinte par non usage dans les termes des articles 706-707 (C. Civ.).

66. La propriété du chemin de halage appartient aux
riverains et non point à l'Etat. C'est ce qui est formellement
reconnu par l'avis du Conseil d'Etat du 8 messidor an XIII.
« Considérant, y est-il dit, que l'obligation de laisser un
espace libre sur le cours des rivières navigables est une
servitude imposée par la loi sur les héritages riverains

(art. 649 et 650 C. Civ.); que si les propriétaires de ces héritages ne peuvent rien faire qui tende à diminuer l'usage de la servitude ou à la rendre plus incommode, les individus qui font partie du public qui a ce droit de servitude ne peuvent user que suivant leur titre, etc., etc. » Le même principe résulte encore plus clairement d'une ordonnance du 26 août 1818, insérée au Bulletin des Lois : « Considérant que l'obligation résultant de l'ordonnance de 1669 et des dispositions du Code civil de laisser sur le bord des rivières navigables un chemin pour le halage des bateaux, impose une servitude et ne caractérise pas une expropriation... » Il en résulte, suivant l'opinion commune, que le chemin établi le long d'une rivière doit être présumé chemin de halage plutôt que chemin vicinal et propriété communale. Tant que la preuve du contraire n'aura pas été administrée, les riverains en seront réputés propriétaires. De ce fait qu'il n'y a dans l'établissement du chemin de halage qu'une servitude imposée aux riverains, nous tirerons plusieurs conséquences : 1° Comme tout propriétaire grevé d'une servitude, le propriétaire du chemin de halage est tenu *ut patiatur*, et non pas *ut faciat*. Par conséquent, on ne peut lui imposer l'obligation soit d'établir, soit d'entretenir à ses frais le chemin de halage. C'est ce qui avait été décidé autrefois par deux arrêts du Parlement de Paris des 23 octobre 1761 et 12 juin 1762, et c'est ce qui a été maintenu sous l'empire de notre législation moderne par l'arrêt du Conseil d'Etat du 23 mars 1854 (Lebon, 54, 247). Il ne peut y avoir d'exception que dans un seul cas, celui où l'entretien de ce chemin procure une plus-value aux propriétaires riverains, par exemple, lorsque ces travaux ont pour résultat la consolidation de la rive et aident au développement des alluvions. On doit décider ici que, par application de la loi générale du 16 septembre 1807, l'administration pourra imposer aux propriétaires une part contributive dans les dépenses qui auront été effectuées. Les droits de navigation établis par la loi de floréal an X étaient affectés à l'entretien des ports et des chemins de halage. Aujourd'hui cette affectation spéciale n'existe plus, et les dépenses de ce service figurent chaque année au budget et parmi les fonds votés pour le service des Ponts-et-Chaussées. — 2° Le propriétaire riverain a droit d'exiger que ceux qui usent du chemin de halage ne fassent rien qui aggrave la condition du fonds servant. Nous verrons dans un instant que tout dépôt de pierres ou de matériaux sur le sol du chemin constituerait une contravention de grande voirie ; à plus forte raison, l'administration n'aurait-elle pas le droit de modifier la nature du chemin de halage et d'en faire une route proprement dite. La jurisprudence ne l'autorise qu'à faire les travaux strictement nécessaires pour faciliter le trait des bateaux. Ainsi, elle peut bien répandre sur ce chemin du sable, du gravier (C. d'Etat, 21 déc. 1861; Lebon, 61, 928); mais elle ne pourrait, sous aucun prétexte, le faire empierrer et remblayer, de manière à le rendre praticable aux voitures. Si l'ouverture d'une voie de communication devenait nécessaire à cet endroit, le riverain devrait être exproprié et indemnisé antérieurement à tout travail. Au cas où les travaux seraient commencés sans que les formes de l'expropriation eussent été suivies, les propriétaires riverains pourraient faire ordonner par l'autorité judiciaire leur discontinuation dans les termes de l'art. 70 de la loi du 3 mai 1841 (C. d'Etat 15 et 30 décembre 1858; Lebon, 58, 712 et 784). Le riverain pourrait encore s'opposer à ce que les bateliers vinssent fixer des pieux sur le chemin de halage et y amarrer leurs bateaux : nous sommes loin de la doctrine des Institutes : « Riparum quoque usus publicus est juris gentium, sicut ipsius fluminis : itaque navem ad eas applicear, funes arboribus ibi natis religare, onus aliquod in his reponere, cuilibet liberum est, sicut per ipsum flumen

navigare ; sed proprietas illorum est quorum prædiis in-
hærent. » § 4 De rerum divisione. — Enfin, les personnes
étrangères au service de la navigation n'ont pas le droit de
circuler sur le chemin de halage sans l'aveu des propriétaires. En ce qui touche les pêcheurs, l'article 35 de la loi
du 15 avril 1829, porte : « Les fermiers ou porteurs de
licences ne pourront user sur les fleuves, rivières et canaux
navigables que du chemin de halage, sur les rivières et
cours d'eau flottables, que du marchepied. Ils traiteront de
gré à gré avec les propriétaires riverains pour l'usage du
terrain dont ils auraient besoin pour retirer et assécher
leurs filets. » Lors de la discussion, on avait cherché à
étendre cette exception. A la Chambre des Pairs, notamment, on demandait que les pêcheurs pussent, conformément au droit romain, faire sécher leurs filets sur la rive.
Il fut répondu précisément « que le chemin de halage n'est
destiné qu'au tirage des bateaux et à la circulation ; que
les pêcheurs ne peuvent en user pour d'autres opérations et
surtout s'y placer avec leurs filets de manière à intercepter
le passage. » — 3° Les riverains ont seuls le droit de jouir
des produits du chemin de halage ; seuls ils peuvent récol-
ter les herbes qui y croissent (C. d'Etat, 6 juillet 1856 ;
Lebon, 56, 402); seuls ils peuvent profiter de l'abattage
des arbres qu'ils y ont plantés, et les arrêts leur reconnaissent le droit de faire abattre ces arbres sans avoir au préalable obtenu d'autorisation. « Considérant qu'il résulte de
l'instruction et qu'il n'est pas contesté, que les arbres abattus par le sieur Dufont étaient plantés dans la zône de halage de l'Escaut, sur un terrain qui lui appartenait ; considérant qu'aucune disposition de loi ni de réglement n'interdit aux propriétaires d'arbres plantés sur les chemins de
halage de les abattre sans autorisation préalable ; que si le
décret du 10 avril 1812 a rendu applicable aux canaux et
rivières navigables le titre IX du décret du 16 décembre

1811, contenant réglement sur la construction, la réparation et l'entretien des routes, la même extension n'a pas été donnée à l'art. 101 dudit décret, compris sous le titre 8, article qui a seul servi de base à la condamnation prononcée par le Conseil de préfecture contre le sieur Dufont... » (C. d'Etat, 14 juin 1851 ; Lebon, 51, 450).

67. La police des chemins de halage est réglementée par l'arrêt du Conseil du 24 juin 1777, résumant sur ce point tous les textes antérieurs et notamment les Ordonnances de 1669 et de 1672. Les articles 2 et 4 interdisent d'une manière formelle tout travail qui pourrait entraver le service de la navigation ; les riverains ne peuvent, sans autorisation, planter des arbres, établir des clôtures, bâtir des constructions à une distance moindre de trente pieds du bord de l'eau ; nous rappellerons que l'administration n'a pas besoin de mettre les riverains en demeure de se conformer à cet article ; c'est à eux à observer ses dispositions, sous peine d'être poursuivis devant les tribunaux administratifs , ils se prévaudraient vainement de ce que l'autorité préfectorale ne leur aurait pas enjoint de tenir en état le chemin de halage, et n'aurait pas délimité la zône frappée de la servitude (C. d'Etat, 28 août 1844 ; Lebon, 44, 548). Les autorisations données par l'administration sont essentiellement précaires ; à première réquisition, les ouvrages tolérés antérieurement doivent être détruits ; l'arrêt du 9 février 1854 (Lebon 54, 99) a décidé formellement que les constructions élevées le long des rivières navigables, n'ont, quelle que soit leur ancienneté, qu'une existence précaire, et que la démolition peut en être ordonnée à toute époque, sauf le droit à une indemnité, dans le cas où la navigation ne se serait établie sur le cours d'eau, que postérieurement au décret du 22 janvier 1808. En fait, l'administration use de la manière la plus large du droit d'ordonner la suppression des ouvrages qui nuiraient à la naviga-

— 161 —

tion ; c'est ainsi, par exemple, qu'il a été décidé que le préfet du Nord n'avait pas excédé ses pouvoirs en ordonnant qu'un particulier, autorisé précédemment à construire un pont tournant en bois sur le chemin de halage du canal d'Aire à la Bassée, serait tenu de le démolir et de le reconstruire dans des conditions donnant toute sécurité au passage des chevaux pour le halage (C. d'Etat, 5 février 1867 ; Lebon, 67, 148). En second lieu, l'arrêt de 1777 interdit aux riverains ou à quelque autre personne que ce soit, de déposer sur le chemin de halage des terres, pierres, bois, pieux, débris de bateaux ou autres objets pouvant entraver le service de la navigation : nous en conclurons que les mariniers ne pourraient établir des ports le long du chemin de halage, ni y décharger leur marchandise ; suivant la remarque de M. Daviel (t. I, n° 70), ce n'est qu'en cas de péril imminent que l'on pourrait tolérer, soit le dépôt de quelques objets, soit l'amarrage des câbles. Troisième prohibition, résultant de l'arrêt de 1777 : les riverains ne peuvent pratiquer sur le chemin de halage aucune fouille ni excavation, à moins de 6 toises (11m 69) des bords de la rivière. Enfin, dans son article 11, l'arrêt déclare ouvrages royaux, tous les ouvrages construits pour la facilité du halage ; il enjoint aux maires, syndics et autres officiers municipaux des communautés riveraines, de veiller et empêcher que lesdits ouvrages ne soient détruits, dégradés ni enlevés ; il ordonne que tous ceux qui feraient ou occasionneraient des dégradations, soient poursuivis extraordinairement, condamnés en une amende arbitraire, et tenus de réparer les choses endommagées. Comme on le voit, les termes de l'arrêt permettent les applications les plus étendues, et les tribunaux administratifs font rentrer dans ces prohibitions les hypothèses les plus diverses. Ainsi, ils décident que le fait de labourer le chemin de halage constitue une contravention de grande voirie (C. d'Etat, 17 janvier

1867 ; Lebon, 67, 85). Il en est de même du fait d'avoir laissé paître des bestiaux sur ce chemin (C. d'Etat, 18 février 1854 ; Lebon, 54, 148 ; — ibid., 22 mars 1854 ; Lebon, 54, 219 ; — ibid., 13 avril 1856 ; Lebon, 56, 254; — ibid., 26 mars 1856. Lebon, 56, 209 ; — ibid., 2 février 1859 ; Lebon, 59, 289 ; — ibid. 16 mars 1859 ; Lebon, 59, 210 ; — ibid., 2 juin 1869 ; Lebon, 69, 566). La question serait peut-être plus délicate, dans le cas où on reprocherait à un propriétaire riverain d'avoir circulé soit en voiture, soit à cheval, sur le chemin de halage. Pourtant, il est généralement admis que ce fait rentrerait encore sous l'application de l'arrêt de 1777 ; le droit de circuler, si on le reconnaissait en principe aux riverains, serait absolument incompatible avec les nécessités de la navigation ; le maintien de cette disposition est le seul moyen d'empêcher que le chemin de halage ne subisse des dégradations perpétuelles (C. d'Etat, 31 mai 1854 ; Lebon, 4, 514 ; — ibid., 19 mars 1864 ; Lebon, 64, 241 ; — ibid., 20 juin 1865 ; Lebon, 65, 642 ; — ibid., 28 août 1865 ; Lebon, 63, 873). Peu importerait que la propriété des riverains se trouvât absolument enclavée et ne pût avoir d'autre issue que le chemin de halage (C. d'Etat, 9 juin 1859 ; Lebon, 59, 453). On peut dire dès-lors que le riverain enclavé se trouve ici dans le cas prévu par l'article 682, C. Civ. ; bien que son héritage confine au chemin de halage, il pourra réclamer sur les fonds de ses voisins un passage qui lui permette de gagner la voie publique (Toulouse, 19 janvier 1825 ; Sir., 25, 2, 119 ; Bordeaux, 15 janv. 1835 ; Dev., 36, 2, 334). Au surplus, l'administration qui cherche avant tout à favoriser l'exploitation des héritages ruraux, accorde volontiers des autorisations de circuler sur le chemin de halage, aux propriétaires qui lui en font la demande ; sur certains canaux, et notamment sur celui du Midi, des règlements spéciaux désignent nominativement les propriétés qui auront droit à cette tolérance.

66. L'arrêt de 1777 prononce une peine de cinq cents livres d'amende pour toutes les contraventions qu'il énumère dans ses articles 2, 3 et 4 ; quant aux contraventions qui ne pourront être qualifiées que de dégradation ou destruction d'un ouvrage public servant à la navigation, l'article 11 parlait d'une amende arbitraire ; c'est le cas dèslors d'appliquer la loi du 23 mars 1842, et de prononcer une amende de seize à trois cents francs. Il est bien constant que ces dispositions générales de l'arrêt sont encore aujourd'hui en vigueur ; et ce n'est que par suite d'une erreur regrettable, qu'un arrêt du Conseil en date du 11 février 1857 (Lebon, 57, 132) a considéré comme ne pouvant être puni que d'une amende arbitraire, le fait d'avoir déposé des matériaux sur un chemin de halage. Quelques hésitations se sont produites sur des points de détail. Ainsi on s'est demandé 1° si dans les cas très-rares où l'administration accorde un alignement aux riverains, les contraventions à ces arrêts continuent d'être réprimées par l'arrêt du 24 juin 1777 ; quelques personnes ont voulu appliquer ici les règlements sur les contraventions aux alignements délivrés le long des routes proprement dites en s'appuyant surtout sur ce fait que dans l'Ordonnance de 1669, les chemins de halage sont déclarés chemins royaux. Ce système a été repoussé avec raison par un arrêt du Conseil d'Etat du 8 février 1838 (Lebon, 38, 86) , — 2° si le fait d'avoir labouré un chemin de halage tombe aujourd'hui encore sous le coup de l'arrêt de 1777 ou sous le coup de l'article 40 de la loi des 28 septembre et 7 octobre 1791, punissant d'une amende de 3 à 24 francs ceux qui auront dégradé, de quelque manière que ce soit, les chemins publics, ou qui auront usurpé sur leur largeur. Il est facile de répondre que la loi de 1791, remplacée par l'article 479, § 11, C. Pén., n'est applicable qu'aux matières de petite voirie, et ne sau-

rait, en conséquence, être étendue aux contraventions commises sur les chemins de halage qui sont assimilés aux chemins royaux et font par conséquent partie de la grande voirie (C. d'Etat, 20 août 1847 ; Lebon, 47, 590). Outre le paiement de l'amende, le propriétaire doit être condamné à la démolition des ouvrages qu'il aura pu élever. L'arrêt de 1777 voulait que les ouvrages établis en contravention aux règlements, fussent abattus dans le délai d'un mois ; il ajoutait : « Autorise Sa Majesté tous voituriers par eau et mariniers fréquentant lesdites rivières, le délai expiré, d'abattre et enlever lesdits obstacles sur la permission des juges qui en doivent connaître, auxquels lesdits voituriers et mariniers seront tenus de dénoncer les ouvrages nuisibles à la navigation, et pour dédommager lesdits voituriers et mariniers de leur peine et dépens, les objets qu'ils auront démolis ou abattus leur appartiendront pour en disposer comme bon leur semblera. » Aucun texte postérieur n'a dérogé à cette prescription de l'arrêt, et nous croyons que même actuellement, les conducteurs de bateau pourraient se faire autoriser par l'autorité administrative à détruire les obstacles qu'ils pourraient rencontrer, et auraient droit de retenir, à titre d'indemnité, les matériaux provenant de ces démolitions. Du reste, l'administration ne se laisse jamais devancer par les bateliers ; dès qu'elle a connaissance d'une construction établie contrairement aux règlements, elle met immédiatement les riverains en demeure de la supprimer ; elle peut même, sans aucune mise en demeure préalable, les traduire devant lee tribunaux compétents (C. d'Etat, 1 déc. 1853 ; Lebon, 53, 994). Il est arrivé plusieurs fois que des arrêtés préfectoraux, ayant pour but la reconnaissance du chemin de halage, portaient que faute par les riverains intéressés de satisfaire à une première mise en demeure, l'administration des ponts-et-chaussées pourrait après un certain délai aviser aux mesures nécessaires pour assurer au chemin sa largeur normale. Il y a bien certainement là un excès de pouvoir, et le Conseil d'Etat a reconnu plusieurs fois, notamment le 12 février 1863 (Lebon, 63, 113), que l'autorité compétente, pour constater la contravention, c'est-à-dire le Conseil de Préfecture, avait seul qualité pour prescrire l'abattage des arbres et des haies, le comblement des fossés et la démolition des constructions. Conformément à l'article 640, Instr. Crim., toutes ces contraventions aux règlements sur les chemins de halage, seront, quant à l'application de la peine, prescriptibles par le délai d'un an ; nous avons à peine besoin de faire remarquer que l'administration conserverait, nonobstant la prescription de l'amende, le droit d'ordonner la suppression des ouvrages faits en contravention. Cette solution résulte de l'arrêt du Conseil du 20 août 1847.

« Considérant qu'aux termes de l'article 7, titre XXVIII de l'Ordonnance de 1669 déclarée applicable à toutes les rivières et canaux navigables par le décret du 22 janvier 1808, les propriétaires d'héritages aboutissant auxdites rivières et auxdits canaux doivent laisser libre, le long des bords, un certain espace pour chemin de halage et trait des chevaux ; considérant dès-lors qu'en laissant subsister, malgré les injonctions de l'autorité, dans la zône de terrain affectée au chemin de halage sur le bord de la Scarpe, la haie mentionnée au procès-verbal du 7 juillet 1843, le sieur Fleurquin avait commis une contravention de grande voirie que le Conseil de préfecture a réprimée, en ordonnant la destruction de la haie ; considérant toutefois que le fait d'avoir planté ladite haie, étant antérieur de plus d'une année à la constatation de la contravention, l'action publique à l'égard de l'amende encourue par le sieur Fleurquin était prescrite... » (Lebon, 47, 592.)

CHAPITRE II.

DES CANAUX DE NAVIGATION.

––––––––

68. Les premiers essais de canalisation en France, ne remontent guère au-delà du XVIᵉ siècle. Les écluses à sas qui forment la base essentielle de la construction des canaux, avaient été employées pour la première fois à Viterbe vers la fin du XVᵉ siècle. Léonard de Vinci introduisit en France l'invention nouvelle, et François Iᵉʳ l'appliqua presqu'aussitôt sur la Vilaine, entre Rennes et Redon. — De 1605 à 1645, est construit le premier canal à point de partage, le canal de Briare, qui unit la Loire à la Seine, par la rivière de Loing. De 1666 à 1688 est ouvert le canal du Midi ; quelques années après le canal de Grave, entre Cette et Montpellier ; enfin de 1679 à 1691, le canal d'Orléans, qui a la même destination et à peu près la même étendue que celui de Briare. A cela, il faut ajouter quelques ouvrages entrepris à la même époque, dans un intérêt soit local, soit stratégique, comme par exemple, le canal de la Bruche, construit par Vauban. Pendant le XVIIIᵉ siècle, ces travaux sont poussés avec une ardeur plus grande encore. Les canaux du Loing, de Givors, du Centre sont livrés au commerce ; le canal du Rhône au Rhin est ouvert entre Dôle et la Saône ; le canal du Languedoc est relié à l'Aude par le canal de Narbonne. On commence ceux de la Somme, de Bourgogne, du Nivernais, de Saint-Quentin ; enfin, on arrête en principe la construction des canaux de Bretagne, du Berry et de l'Ourcq. « On ne peut évaluer à moins de 3000 kil. la longueur totale des canaux dont il faut faire remonter la pensée à une date antérieure au XIXᵉ siècle. A la fin du XVIIIᵉ siècle, la longueur livrée à la navigation est de 1067 kil., » disait M. Rouher dans le rapport inséré au Moniteur du 23 février 1860, dont nous avons extrait la plupart des détails qui précèdent. A l'époque révolutionnaire, toutes ces entreprises sont interrompues et ce n'est que sous le Consulat que l'on reprendra les anciens projets : en 1801, concession du canal de Beaucaire ; l'année sui-

vante, exécution du canal de l'Ourcq, des canaux Saint-Denis
et Saint-Martin ; peu après, concession du canal de la haute
Seine et du canal St-Maur. L'Empire n'ajouta pourtant que
205 kil. aux canaux antérieurs ; mais parmi les nouvelles
lignes, figurent une partie du canal de Bourgogne et le
canal de Saint-Quentin, qui établit une communication entre
la France et la Belgique. En 1820, la Restauration, sortie
des embarras financiers, qui avaient signalé ses premières
années, voulut compléter notre système de navigation intérieure : une statistique préparée par l'administration des
Ponts-et-Chaussées, exposait l'ensemble des travaux jugés
alors nécessaires ; et les lois d'emprunt des 5 avril 1821 et
14 août 1822, vinrent créer les ressources nécessaires à la
réalisation de ces projets. Ces canaux, qui avaient une longueur de 2242 kil., n'étaient autres, pour la plupart, que
ceux qui avaient été décrétés par l'empire. La dépense
totale, évaluée à 126,000,000, était couverte par des emprunts que soumissionnaient des compagnies concessionnaires. A la fin de la Restauration, on n'avait achevé que
920 kil., et pourtant à cette époque, les emprunts étaient
épuisés, et les prévisions de la dépense notablement dépas-
sées. Le gouvernement de Juillet n'en poursuivit pas moins
l'entreprise commencée : une somme de 43 millions fut pré-
levée sur le budget ordinaire ; enfin, on obtint des Chambres
des crédits spéciaux, s'élevant à 64,000,000 de francs.
En 1842, tous les travaux furent terminés. On ne s'en tint
pas aux projets de 1822 ; ainsi en 1853, ouverture du canal
de la Marne au Rhin ; en 1855, du canal latéral à la Garonne ; en 1859, du canal de l'Aisne à la Marne. En 1860,
on comptait 4,700 kil. de canaux en exploitation. A cette
époque, M. Rouher résumait ainsi le système général de
nos cours d'eau artificiels. « Par la Seine, l'Oise, le canal
de Saint-Quentin, l'Escaut et les nombreux canaux qui se
rattachent à cette ligne principale, Paris communique d'une

part avec la mer au Hâvre, de l'autre, avec les houillères de la Belgique et de la Flandre Française, ainsi qu'avec nos ports du littoral du nord. Le canal des Ardennes unit le bassin de la Meuse avec l'Aisne, et, par cette dernière rivière, avec Paris et tout le réseau de la navigation de la Flandre. La Marne et le canal de la Marne au Rhin, établissent entre Paris et l'Alsace une voie navigable qui se rattache au système des canaux du nord, par le canal de l'Aisne à la Marne. A Strasbourg, le canal de la Marne au Rhin se rallie à celui du Rhône au Rhin, et ce dernier, suivant la plaine de l'Alsace jusqu'à Mulhouse, puis, franchissant le faîte séparatif des vallées du Rhin et de la Saône, forme le nœud de la grande artère qui, par la Saône et le Rhône, met l'Alsace et la Suisse en communication avec les houillères du bassin de Rive de Gier et avec la Méditerranée. Cette même ligne fluviale du Rhône et de la Saône est reliée avec Paris par le canal de Bourgogne et par l'Yonne et la Seine. Le canal du Centre unit la Saône et la Loire, et sert de débouché aux exploitations houillères de Blanzy. Dans la vallée de la Loire, ce canal vient se joindre à Dijon, au canal latéral qui, de Roanne à Briare, supplée à l'imperfection de la navigation du fleuve. A Briare et plus bas, au-dessus d'Orléans, prennent leur origine les deux canaux de Briare et d'Orléans, qui, réunis près de Montargis, empruntent le cours du Loing canalisé et viennent aboutir dans la Seine, à Moret. A Decize, commence le canal du Nivernais qui, après avoir franchi les montagnes du Morvan, si riches en forêts, vient déboucher dans l'Yonne, à Auxerre, et forme ainsi une seconde voie de communication navigable entre la Loire et la Seine. Au-dessous de Nevers, le canal du Berry se rattache au canal latéral à la Loire, et après avoir remonté jusqu'à Montluçon, descend par les vallées de l'Auron et du Cher jusqu'à Tours en coupant ce vaste triangle que forme entre Nevers et

Tours le centre de la Loire. Les houillères de Saint-Etienne, celles de Commentry et les forges de Montluçon, trouvent dans cet ensemble de voies navigables, leur principal débouché vers Paris et la Basse Loire. A Nantes, commence le réseau des canaux de Bretagne, qui mettent toute cette contrée en communication avec la Loire, et par la Loire avec le centre de la France. Le plus important de ces canaux, celui de Nantes à Brest, traverse les villes de Redon, Napoléonville, Chateaulin. A Redon, il se joint à la Vilaine canalisée, qui, d'un côté, se jette dans la mer au-dessous de la Roche-Bernard; de l'autre, remonte jusqu'à Rennes et par le canal d'Ile et Rance, aboutit à la Manche près de Saint-Malo. A Napoléonville, le canal de Nantes à Brest communique avec la rivière canalisée du Blavet, qui vient se jeter dans la rade de Lorient. C'est ainsi que deux de nos grands arsenaux maritimes se trouvent desservis par un système complet de voies navigables. Si l'on porte les yeux vers le midi de la France, on y trouve la grande ligne de communication des deux mers, une des plus grandes œuvres du siècle de Louis XIV. Le canal du Midi, ouvert entre Cette et Toulouse, a été complété par le canal latéral à la Garonne, de Toulouse à Castets, qui remédie à l'irrégularité du cours du fleuve. Enfin, à partir de Cette, la navigation se continue jusqu'au Rhône, par le canal des Etangs et le canal de Beaucaire. » M. Rouher signalait ensuite comme urgents, des travaux d'amélioration dont il évaluait la dépense à 12,000,000, — en même temps, il proposait de construire le canal des houillères de la Sarre; un embranchement de Colmar sur le canal de la Marne au Rhin : pour faciliter l'entreprise, les industriels d'Alsace avaient offert une somme de 11,800,000 fr.; un canal de Marans à La Rochelle, interrompu depuis 1844, époque où le pénitencier militaire de La Rochelle avait été supprimé; le canal de la haute Seine, le canal de Roubaix et enfin celui de Saint-Martory à Toulouse : les dépenses ne devaient pas s'élever en tout à 24 millions. La plupart de ces projets ont été depuis mis à exécution, en vertu de lois spéciales. Quant au canal des houillères de la Sarre, une convention avait été passée pour son établissement, avec le gouvernement prussien, à la date du 4 avril 1861 et avait été promulguée par décret des 14-22 juillet 1861. Depuis cette époque, l'activité que le gouvernement avait su imprimer aux travaux de canalisation, ne s'est point ralentie ; malgré les désastres des guerres récentes , de nouvelles lignes sont mises à l'étude, et l'on cherche autant que possible à compléter le réseau de nos voies navigables, et à parer ainsi aux crises dont la cause première a été reconnue être l'insuffisance des moyens de communication mis à la disposition du commerce et de l'industrie. On peut voir, par les rapports sur la situation des voies navigables du bassin de la Seine, présentés récemment à l'Assemblée nationale par M. Krantz, au nom de la commission d'enquête des chemins de fer, avec quel soin ces questions sont actuellement examinées [1]. Nous ne saurions mieux faire que de reproduire les dernières lignes de ce remarquable travail : « Ecrasée sous les énormes charges de la dernière guerre, la France pourra-t-elle bientôt reprendre ces travaux de navigation qui l'ont honorée et enrichie dans le passé? Nul ne le sait et l'avenir est bien obscur. Mais, alors même que notre pays devrait encore pour quelque temps suspendre l'achèvement de cette œuvre déjà tant de fois interrompue, la commission pense qu'il est sage de définir la situation de nos voies navigables, d'indiquer ce qui manque à nos réseaux et d'arrêter d'une main ferme le programme des travaux à exécuter. »

69. Par qui et dans quelle forme peut être autorisé l'éta-

---

[1] V. *Journal Officiel* des 15, 16 et 24 novembre 1872.

blissement d'un canal ? La législation a plusieurs fois varié
sur ce point. La loi de finances du 21 avril 1832 (art. 10)
décidait qu'à l'avenir aucun canal ne pourrait être créé
qu'en vertu d'une loi spéciale ou d'un crédit ouvert à un
chapitre spécial du budget ; la demande de crédit devait nécessairement être accompagnée de l'évaluation totale de la
dépense. Les lois des 7 juillet 1833 et 3 mai 1841 portaient
de même qu'en principe aucun canal ne pourrait être exécuté qu'en vertu d'une loi, rendue après enquête administrative ; peu importait que les travaux fussent entrepris
par l'Etat ou par des compagnies particulières avec ou
sans subsides du Trésor, avec ou sans aliénation du domaine. Toutefois, on admettait une exception pour le cas où
il s'agirait d'exécuter un canal d'embranchement, de moins
de vingt mille mètres de longueur ; ici une simple ordonnance
royale suffisait pour autoriser les travaux. Vint ensuite le
sénatus-consulte du 25 décembre 1852 ; les travaux de canalisation, comme tous les travaux d'utilité publique étaient
ordonnés ou autorisés par des décrets impériaux, rendus
en la forme prescrite par les réglements d'administration
publique ; en d'autres termes, on était revenu à la législation antérieure à 1832, telle qu'elle résultait de la loi du
6 mars 1810 (art. 3). Enfin, lorsque le gouvernement impérial revint aux traditions du régime parlementaire, un
de ses premiers actes dut être de restituer au Corps législatif le droit d'autoriser et d'ordonner les travaux publics.
L'autorité législative, souveraine dans l'appréciation des
entreprises financières, peut seule en déclarer l'utilité publique et en prescrire l'exécution ; tel est le sens précis de
la loi du 27 juillet 1870 : « Tous grands travaux publics,
routes impériales, canaux, chemins de fer, canalisation des
rivières, bassins et docks, entrepris par l'Etat ou par compagnies particulières avec ou sans péage, avec ou sans sub-
side du Trésor, avec ou sans aliénation du domaine public,

ne pourront être autorisés que par une loi rendue aprés enquête administrative. — Un décret impérial, rendu en la
forme des réglements d'administration publique et également
précédé d'une enquête, pourra autoriser l'exécution
des canaux et chemins de fer d'embranchement de moins de
vingt kilomètres de longueur, des lacunes et rectifications
de routes impériales, des ponts et de tous autres travaux
de moindre importance. » Le paragraphe 3 consacre une
amélioration considérable à la législation de 1841 : « En
aucun cas, les travaux, dont la dépense doit être supportée
en tout ou en partie par le Trésor, ne pourront être mis à
exécution qu'en vertu de la loi qui crée les voies ou moyens,
ou d'un crédit préalablement inscrit à l'un des chapitres du
budget. » — « Le gouvernement, porte l'exposé des motifs, ne pouvait se borner, comme on l'a fait en 1841, à
fixer les domaines respectifs de la loi et du décret. Il a tenu
à compléter la disposition en ajoutant avec netteté un principe financier qui, en matière de travaux publics, a une importance de premier ordre ; c'est que, même après que les
travaux auront été autorisés ou ordonnés par une loi ou un
décret, suivant les cas, on ne puisse en commencer l'exécution, sans qu'au préalable les ressources nécessaires aient été
créées et mises régulièrement à la disposition du ministre
chargé de la dépense. L'entraînement à la dépense, pour
réaliser de grandes entreprises, a souvent, et à diverses
époques, amené de sérieux embarras pour les finances ; on
y pourvoyait le plus souvent par des crédits extra-budgé-
taires, qui, s'ajoutant chaque année aux découverts, avaient
pour résultat de grossir démesurément la dette flottante ;
sans doute, par ce procédé et par quelques autres abandonnés aujourd'hui, on a fait de grandes choses ; sans doute
encore, comme on l'a dit et répété, les grands travaux sont
la création d'éléments de force et de prospérité qui veulent
qu'on se résigne aux sacrifices nécessaires pour les obte-

nir ; tout cela est vrai ; mais ce qui ne l'est pas moins, c'est qu'en matière financière, les entraînements sont pleins de dangers et qu'il faut à tout prix les éviter, surtout sur le terrain plein de séduction des travaux publics. Or, la vraie manière de parer au péril est dans l'application du principe plus haut rappelé. Il est évident que la nécessité de placer toujours en regard dans la loi ou le décret qui déclare l'utilité publique, les voies et moyens qui doivent en assurer l'exécution est le frein le plus énergique et le plus efficace qui puisse être employé. »

69 *bis*. L'expropriation des terrains nécessaires à la construction du canal sera, bien entendu, poursuivie dans les formes prescrites par la loi du 3 mai 1841, et les enquêtes auront lieu conformément à l'ordonnance du 18 février 1834. Les entrepreneurs de travaux de canalisation sont considérés comme entrepreneurs de travaux publics ; par conséquent, toutes les difficultés qui s'élèveraient, quant à l'interprétation de leur cahier de charges, seraient, aux termes de la loi de Pluviose, de la compétence absolue des conseils de préfecture (C. d'Etat, 18 nov. 1853 ; Lebon, 53, 962). L'article 11 de l'arrêté directorial du 19 frimaire an VII prononçait la franchise des droits de navigation, en faveur des matériaux destinés aux travaux du canal du Centre, et conduits pour le compte de l'Etat par des agents de l'administration des Ponts et Chaussées ; aujourd'hui, cette exemption est accordée en faveur des matériaux destinés soit à la construction, soit à la réparation de n'importe quel canal, pourvu qu'il s'agisse de travaux s'exécutant par voie de régie. C'est ce qui résulte de la circulaire du Directeur général des Ponts et Chaussées, en date du 25 février 1835 : « M. le Ministre des Finances, que j'avais consulté à ce sujet, vient de décider, le 30 octobre dernier, que l'exemption prononcée pour le canal du Centre serait, à l'avenir, étendue à tous les canaux, et qu'en conséquence

les matériaux employés aux travaux de régie devront être
accompagnés d'un certificat constatant leur destination et
qui sera délivré par l'ingénieur des travaux. J'avais demandé que l'exemption ne fût pas restreinte au mode de
régie, et qu'on l'appliquât aussi aux travaux entrepris par
voie d'adjudication ; je fondais cette demande sur ce qu'en
imposant aux entrepreneurs l'obligation d'acquitter les
droits de navigation, on les forçait d'élever leurs soumissions en raison du montant de ces droits, et qu'en définitive
c'était toujours l'Etat qui se payait le droit à lui-même.
M. le Ministre n'a pas cru devoir adopter ma proposition ;
il a pensé que l'inconvénient que je signalais était moins
grave que ne le seraient ceux d'une exemption générale,
dont il serait très-difficile de prévenir ou d'empêcher l'abus ;
il a, en conséquence, maintenu sa décision restrictive du
30 octobre dernier. Cette décision a déjà été portée à la
connaissance des préposés de l'administration des Contributions indirectes ; et dans les instructions qu'il leur a données, M. le Directeur de cette administration a fait observer, avec raison, qu'on devait, par analogie, appliquer
l'affranchissement prononcé par le Ministre aux matériaux
destinés à effectuer des travaux sur des rivières canalisées
et même sur des cours d'eau ordinaires, en tant que ces
travaux seront faits pour le compte direct de l'administration des Ponts et Chaussées et sous sa direction immédiate. »

70. On a souvent, dans la pratique, à se demander si tels
ou tels ouvrages nécessités par la construction du canal
font partie du canal lui-même et doivent être soumis aux
mêmes réglements. La question s'est présentée notamment
en ce qui touche les digues et les francs-bords des canaux ;
aucun doute ne peut subsister depuis l'arrêt du Conseil
d'Etat du 1er juin 1861, qui déclare que les francs-bords du
canal latéral à la Garonne dépendent du domaine public,

au même titre que ce canal (Lebon, 61, 479). On va même jusqu'à assimiler aux terrains recouverts par le canal les terrains que recouvrent les pépinières destinées à renouveler les arbres des francs-bords ; nous citerons, en ce sens, une décision du Directeur général des Ponts et Chaussées, datée du 30 novembre 1817 ; depuis un arrêt du Conseil du 6 mai 1848 (Lebon, 48, 376) a jugé que les contraventions commises dans les pépinières contiguës au canal des Ardennes doivent être considérées comme contraventions de grande voirie et réprimées par les tribunaux administratifs. La récolte des herbes et autres produits des francs-bords constitue pour les concessionnaires des canaux un revenu important ; et l'on conçoit facilement que l'amodiation de ces produits sur les canaux appartenant à l'Etat, ait depuis longtemps fait l'objet de prescriptions spéciales. D'après une circulaire du Directeur général des Ponts et Chaussées du 20 janvier 1833, les amodiations des produits accessoires des canaux ne sont pas sujettes à homologation ministérielle. Si les adjudications n'ont lieu que pour une année et au moment de la coupe des herbes, sans stipulation de jouissance ultérieure, ce ne sont, porte la circulaire, que de simples ventes de récoltes régies par l'arrêté directorial du 23 nivose an VI ; les préposés des Ponts et Chaussées doivent y procéder en présence de l'autorité administrative ou d'un commissaire délégué par elle. Si ces adjudications ont lieu pour plusieurs années, ou si, n'étant faites que pour une année, elles ont lieu quelque temps avant la coupe, et si l'adjudicataire a le droit de continuer sa jouissance, soit en coupant les herbes une seconde fois, soit en les faisant pâturer par les bestiaux, ce sont de véritables baux qui, aux termes des lois des 5 novembre 1790 et 12 septembre 1791 doivent être passés devant les préfets et sous-préfets, représentant les directoires de district, dans les formes prescrites pour les baux de biens nationaux.

Lorsque l'intérêt du Trésor exige que le bail soit fait sur les lieux, et que le préfet et le sous-préfet ne peut s'y rendre, une décision du 21 messidor an VIII l'autorise à déléguer le maire pour le représenter. Une circulaire du 15 juin 1864 confie aux agents des Ponts et Chaussées le soin de préparer et de diriger les opérations qui précèdent l'adjudication ; les agents des Contributions indirectes sont tenus de s'assurer si toutes les dispositions nécessaires à la garantie du Trésor sont bien inscrites au cahier des charges, d'assister aux adjudications, de discuter, le cas échéant, la solvabilité des adjudicataires et de leurs cautions, enfin, de percevoir, pour le compte de l'autorité préfectorale, à titre officieux, les frais d'adjudication. — Le cahier de charges, qui sert de base à de semblables adjudications, date de 1841; jusqu'à ce jour, il ne paraît avoir reçu de modifications que par la circulaire du 15 juin 1864. « J'ai arrêté, disait M. le Ministre des Travaux publics, les dispositions suivantes : 1° Le décret du 25 mars 1863 ayant chargé l'administration des Douanes et des Contributions indirectes de l'encaissement de tous les produits des canaux, des fleuves et des rivières navigables, on supprimera dans le cahier des charges les dispositions qui prévoient l'intervention de l'administration des Domaines. 2° On modifiera l'article 23 en ce sens, qu'il sera spécifié que le prix du bail sera payé de trois mois en trois mois et d'avance, conformément aux règles particulières établies par la régie des Contributions indirectes. 3° L'article 24 sera modifié ainsi qu'il suit : « Indépendamment du prix du bail porté au procès-verbal d'adjudication, chaque amodiateur sera tenu de payer comptant dans la caisse du receveur des contributions indirectes : 1° à titre de frais d'adjudication un et demi pour cent du prix de son bail pour une année ; 2° les droits de timbre et d'enregistrement, tant de la minute du procès-verbal d'adjudication que de l'expédition de ce procès-

verbal et de celle du cahier des charges à lui délivrer.
L'avance de ces différents frais devra être faite par vous,
Monsieur le Préfet ; le remboursement de ces avances se
fera comme pour les adjudications de pêche. Je me réfère,
à cet égard, aux instructions contenues dans ma circulaire
du 1er décembre 1863. » — Le ministre s'est réservé le
droit de statuer en dernier ressort : 1° sur les plaintes qui
lui seraient adressées par les agents de l'administration au
cas de collision frauduleuse entre les enchérisseurs ; 2° sur
les demandes en réduction ou en décharge de prix que pourraient formuler les adjudicataires définitifs.

71. On admet sans difficulté que les rigoles d'alimentation des canaux font partie du canal lui-même ; en effet
elles n'ont pu être établies que sur des terrains acquis soit
par l'Etat, soit par les concessionnaires (C. d'Etat, 23 février 1870 ; Lebon, 70, 165). Il n'y a pas non plus de contestation quant aux ponts qui traversent le canal ; d'après
la jurisprudence, les cahiers de charges imposant au propriétaire du canal l'obligation d'entretenir et de reconstruire
ces ponts, lui reconnaissent ipso facto la propriété de ces
ouvrages (C. d'Etat, 23 mai 1870 ; Lebon, 70, 615). Arrivent maintenant deux questions assez délicates : 1° Que
faut-il décider à l'égard des terrains qui recouvrent le souterrain d'un canal ? Un arrêté du Conseil de préfecture de
la Charente-Inférieure avait refusé de les comprendre dans
les dépendances du canal ; M. le ministre des Travaux publics se pourvut contre cette décision. « Le Conseil de
Préfecture, disait-il, a vu dans le fait reproché à la femme
Boulerne, un simple dommage causé à une propriété domaniale, et non une contravention de grande voirie, attendu
que les terrains, sur lesquels l'herbe a été coupée, ne font
pas partie des ouvrages constituant le canal, et dont les
dispositions de l'arrêt du 24 juin 1777 ont pour but d'assurer la conservation. Il s'est, par ce motif, déclaré incom-

pétent. Le Conseil de Préfecture me paraît être dans l'erreur. Le terrain qui enveloppe le souterrain d'un canal est incontestablement une dépendance du canal, au même titre que les levées et francs bords. Ce n'est pas là une propriété ordinaire régie par la loi civile. Il y aurait de graves inconvénients et même des dangers au point de vue de la conservation des voûtes, à admettre la doctrine du Conseil de Préfecture de la Charente-Inférieure. Il existe des souterrains sur la plupart des canaux ; leur périmètre est indiqué sur les plans, et il n'a pas été contesté jusqu'à présent que les règlements de grande voirie ne fussent applicables pour réprimer les contraventions qui seraient commises dans l'enceinte de ce périmètre. » Le Conseil d'Etat s'est prononcé dans le sens de l'avis ministériel, par arrêt du 21 novembre 1861 (Lebon, 61, 835). 2º Que faut-il décider à l'égard des chambres d'emprunt situées de chaque côté du canal ? Suivant une doctrine acceptée par le ministère des Travaux publics, elles devraient, dans un but d'intérêt général, être considérées comme dépendances des canaux ; elles se rattachent aux levées du chemin de halage et rentrent par conséquent dans l'ensemble des travaux exécutés par l'Etat. Dans l'espèce à laquelle nous faisons allusion, cette prétention de l'administration pouvait paraître des plus raisonnables ; elle soutenait qu'il y avait contravention de grande voirie, dans le fait d'avoir coupé des saules plantés dans une chambre d'emprunt située au pied d'une digue du canal de Berry ; elle faisait observer qu'il était indispensable, pour la conservation de cette digue, que la chambre d'emprunt fût tapissée de plantations touffues pour résister à l'action des eaux ; sans ces plantations, il était impossible qu'on pût combler l'excavation qu'elle formait à une faible distance de la rive. Le Conseil d'Etat n'a pas cru pouvoir aller aussi loin, et le système proposé par le ministère des Travaux publics a été rejeté

par un arrêt du 27 janvier 1859 (Lebon, 59, 71). L'existence de ces chambres d'emprunt préoccupe, à juste titre,
l'administration supérieure, qui cherche, autant que possible, à en prescrire la suppression ; en tous cas, aux
termes de la jurisprudence, l'Etat ou la Compagnie concessionnaire sont tenus de prendre toutes les mesures nécessaires pour leur assainissement ; c'est ce qui a été décidé
en thèse générale par arrêt du Conseil du 2 mai 1866
(Lebon, 66, 423).

72. La délimitation des canaux navigables est absolument soumise aux mêmes règles que la délimitation des rivières proprement dites. Les arrêtés du préfet intervenant
en semblable matière, doivent se conformer strictement aux
titres qui déterminent la largeur du canal et les droits soit
de l'Etat, soit des concessionnaires sur les dépendances de
ce canal. Si des terrains constituant une propriété privée,
ont été sans cause compris dans le périmètre du canal, le
seul mode de procéder sera, comme nous l'avons soutenu
tant de fois, le recours contentieux du Conseil d'Etat qui
annulera l'arrêté et remettra les propriétaires en possession.
La question de savoir si tel ou tel terrain fait partie d'un
canal, peut également se présenter comme question préjudicielle ; ici, la jurisprudence n'a pas admis, comme elle l'a
fait pour la délimitation des rivières, que le tribunal, juge
de la question du fond, fût également juge de l'exception ;
nous ne pouvons, pour notre part, comprendre les motifs
de cette différence. D'après les arrêts, si la question surgit
au cours d'une instance pendante, le tribunal qui en est saisi
doit, avant de statuer sur le fond, renvoyer les parties à se
pourvoir devant l'autorité compétente, pour obtenir la délimitation préalable du canal ou pour faire reconnaître tels
autres droits qu'elles prétendraient avoir. Nous citerons
les termes de l'arrêt du Conseil du 19 juillet 1855 : « Considérant que la société du canal de Buzay soutient qu'elle

est propriétaire du canal et de ses levées qui en forment une dépendance ; que la dame Le Bourdais prétend au contraire, que si ce canal, qui sert à l'entretien du desséchement des étangs et marais de Buzay et à la navigation, est placé sous la garde et la surveillance de l'administration, les levées dont s'agit lui appartiennent, en vertu de titres privés, et que par conséquent elle a droit à une indemnité, à raison des dégradations que leur ont fait éprouver les eaux du canal ; que dans ces circonstances, il y avait lieu, par le Conseil de Préfecture, de surseoir à prononcer sur cette indemnité, jusqu'à ce qu'il eût été statué par l'autorité compétente sur les droits de propriété qu'elle prétend avoir sur lesdites levées... » (Lebon, 55, 550). Ce ne sera que dans des cas très-graves, que la question préjudicielle pourra être déférée à l'autorité judiciaire; presque toujours, il s'agira de rechercher quelle est la portée des actes administratifs contemporains de l'établissement du canal, c'est-à-dire des arrêts du Conseil, ordonnances, lois, décrets qui en ont fixé la largeur et le tirant d'eau réglementaire. Il faudrait, pour trouver une hypothèse où la compétence des tribunaux ordinaires fût indiscutable, supposer qu'un propriétaire riverain veut faire constater quels étaient, avant l'établissement du canal, ses droits sur des terrains qui en dépendent aujourd'hui. « Considérant que le préfet, par son arrêté de conflit, ne conteste pas la compétence de l'autorité judiciaire, pour le cas où l'action du sieur Ratier aurait seulement pour objet de faire reconnaître les droits qu'il aurait eus à une servitude de passage sur les terrains dont il s'agit, avant qu'ils eussent été affectés au service du canal, ou qui lui auraient été réservés lorsque ces terrains ont été acquis en vue de cette affectation... » (C. d'Etat, 6 juin 1861 ; Lebon, 61, 479). Encore n'accepterions-nous pas sans réserve la dernière phrase de cet arrêt; l'appréciation des réserves auxquelles il fait allusion, ne nécessi-

tera-t-elle pas l'intervention de l'autorité administrative ?
S'il est nécessaire de statuer sur le sens à donner à telle
ou telle stipulation, sur la valeur de telle ou telle clause, il
est évident qu'il ne s'agira plus seulement d'appliquer un
acte administratif, mais de l'interpréter, ce qui est interdit
aux juges civils. Les pouvoirs des tribunaux administratifs
sont très-nettement consacrés par les arrêts intervenus sur
la matière. Il en résulte : 1° qu'en cas de discussion sur l'é-
tendue des francs-bords d'un canal de navigation, c'est aux
tribunaux administratifs seuls qu'il appartient de statuer sur
ce chef (Trib. des Conflits, 11 mars 1850 ; Lebon, 50,
445) ; 2° que les tribunaux administratifs peuvent seuls décider si un terrain, revendiqué par un particulier, fait ou ne
fait point partie des dépendances d'un canal de navigation
(Trib. des Conflits, 20 mars 1850 ; Lebon, 50, 471) ; 3° que
dans une contestation portée devant l'autorité judiciaire
entre le riverain d'un canal et l'Etat, relativement à la possession d'une zône de terrain attenant au canal, il y a lieu
pour l'autorité administrative de revendiquer le droit de
constater quelles sont, à cet endroit, les limites du domaine
public (C. d'Etat, 2 août 1860 ; Lebon, 60, 599) ; 4° que
dans une contestation entre l'Etat et un particulier, au sujet de parcelles de terrain que l'administration soutient être
les dépendances d'un canal, les tribunaux ordinaires n'ont
aucune qualité ni pour interpréter un acte de vente nationale, ni pour apprécier quelles ont pu être, à une époque
donnée, les dépendances du canal (C. d'Etat, 13 déc. 1861 ;
Lebon, 61, 898).

73. Les nécessités de l'alimentation des canaux ont donné
lieu à d'assez nombreux procès. Il arrive souvent que les
concessionnaires sont obligés pour se procurer le volume
d'eau nécessaire, de détourner le cours d'une rivière ou tout
au moins d'y faire des prises d'eau considérables, d'où un
conflit presque inévitable entre eux et les particuliers qui

avaient antérieurement des droits sur ladite rivière. Le propriétaire d'une usine non autorisée ne pourrait certainement pas se plaindre de ce qu'en concédant un canal, l'administration ait mis fin à la tolérance dont elle usait vis-à-vis de lui. Nous allons donc supposer que des usiniers ayant un titre légal, c'est-à-dire possédant un établissement que l'administration ne peut supprimer sans indemnité, soutiennent que la force motrice dont ils disposaient se trouve notablement diminuée par l'ouverture d'un canal. Un arrêt fort longuement motivé de la Cour de Bruxelles, en date du 1er août 1864 (Belg. Judic., T. XII, p. 84) décide en principe que le concessionnaire d'un canal autorisé par son octroi à disposer des eaux d'une rivière pour l'alimenter dans la mesure des besoins de la navigation, peut, sans avoir d'indemnité à payer, élargir et approfondir son canal. Les tiers n'ont d'action contre lui que s'ils allèguent : 1° que des prises d'eau excessives sont nécessitées par le mauvais état du canal ; 2° que le concessionnaire a abusé de sa jouissance en accordant des prises d'eau sur son propre canal. Dans ces hypothèses, le droit à indemnité n'est pas contesté. D'après les conclusions qui ont précédé cet arrêt, on voit que la Cour de Bruxelles s'est laissée dominer par cette idée que l'administration jouissait d'une manière absolue du droit de diriger les eaux vers un but d'utilité générale ; que ce droit était inaliénable et imprescriptible, et ne pouvait cesser de lui appartenir sous quelque prétexte que ce soit. Nous établirons plus tard qu'il y a dans cette proposition ainsi généralisée une grave erreur. Lorsque les usines ont été concédées antérieurement à l'époque où les cours d'eau sont devenus propriétés domaniales, lorsqu'elles ont été vendues comme biens nationaux, le pouvoir de l'administration est absolument neutralisé ; elle est obligée de respecter ces établissements. Elle ne peut, sans bourse délier, en modifier le régime sous prétexte de diriger les eaux

vers un meilleur but. Il faut donc décider d'une manière générale que le droit à l'indemnité s'ouvre en faveur des usiniers
dont nous parlons, par cela seul que leur jouissance a été
troublée, soit par l'ouverture, soit par l'approfondissement du
canal. Mais à quelle autorité les usiniers pourront-ils s'adresser? LaCour de Bruxelles nous paraît singulièrement exagérer les pouvoirs de l'autorité administrative, en disant, dans
l'arrêt précité, que les tribunaux civils seraient incompétents
au cas où la demande en dommages-intérêts serait fondée sur
un abus de jouissance du concessionnaire. Suivant nous, il
y a lieu de distinguer : si le dommage allégué par l'usinier
provient directement du fait de l'administration et est la
conséquence naturelle des travaux prescrits par l'acte de
concession, le litige devra être porté devant le Conseil de
préfecture ; l'action qui est introduite tend à infirmer les
dispositions de l'acte de concession, et par conséquent les
tribunaux pourraient être amenés à entraver indirectement
l'exécution d'un acte administratif ; que si, au contraire, le
dommage allégué par l'usinier provient du fait des concessionnaires du canal, le litige devra être porté devant les
tribunaux civils : c'est ce qui arrivera toutes les fois qu'on
allèguera contre eux un abus de jouissance dont ils seraient
seuls responsables. La compétence judiciaire est de droit
toutes les fois qu'il s'agit d'entreprises sur la propriété privée
commises sans l'ordre de l'administration par ceux qui sont
chargés de l'exécution des travaux publics en qualité d'entrepreneurs ou à tout autre titre. En pareil cas, elle constitue
pour les particuliers une garantie que ni la loi des 16-24
août 1790, ni celle du 28 pluviose an VIII n'ont supprimée
ou même simplement restreinte. Telle est la doctrine d'un
arrêt de la Cour de Paris du 30 septembre 1858, maintenu
par la Chambre des requêtes le 29 juin 1859. « Considérant
que s'il appartient à l'autorité administrative de régler,
dans l'intérêt général dont la défense lui est confiée, la

hauteur et l'usage des cours d'eau et les conditions d'existence des usines placées sur ces cours d'eau et d'assurer,
dans l'intérêt public, l'exécution des réglements de l'administration sur les cours d'eau et usines, aux tribunaux ordinaires, seuls juges des litiges privés et des difficultés à
régler entre particuliers par l'application des dispositions
de droit civil, de titres ou de contrats, ou l'appréciation de
fautes dommageables, il appartient de rechercher et décider si l'inexécution des réglements sur les cours d'eau et
usines a occasionné à des particuliers des dommages à réparer par des particuliers usagers des cours d'eau et usines ;
que la constatation de faits et l'avis demandé à l'expert
commis pour assurer aux intimés y ayant intérêt l'exécution
des conditions de la concession dont jouit Darblay, en cas
d'infraction aux dispositions de la concession, déterminer
les réparations pécuniaires à allouer, réparations que l'autorité administrative n'aurait pas le droit de fixer, n'impli-
quent en aucune manière une usurpation sur l'autorité et
la juridiction administratives, dont la sentence tend à faire
respecter des prescriptions que l'autorité judiciaire n'aurait
pas le droit de méconnaître ou de modifier... » (Dev. 60, 1,
158).

74. Quelle est au juste la situation des propriétaires
dont l'héritage confine à un canal de navigation ? Nous nous
demanderons tout d'abord si ces propriétaires sont grevés
de la servitude du halage. La question a longtemps fait
doute dans la jurisprudence. En juin 1843, la Compagnie
des canaux d'Orléans et de Loing reconnaissait que pour les
canaux proprement dits, il n'y avait point de servitude sur
les propriétés riveraines : elle ne réclamait la servitude de
halage et de contre halage que sur les rivières canalisées
qui se trouvaient incorporées dans les canaux à elle concédés. Cependant, quelques mois plus tard, le Conseil
d'Etat se prononçait en sens inverse : d'après l'arrêt du 9

déc. 1843 (Lebon, 43, 593). La servitude de halage existerait le long des canaux de navigation, en vertu de l'Ordonnance de 1669 et du décret du 22 janvier 1808. La même
décision fut consacrée d'une manière générale par les arrêts des 19 déc. 1848 (Lebon 48, 702), et 6 mars 1856
(Lebon, 56, 185). La plupart des auteurs, s'élevaient énergiquement contre cette doctrine : l'art, 650 qui impose aux
riverains la servitude de halage ne peut, disaient-ils, s'appliquer qu'aux rivières navigables ou flottables ; son texte
ne fait aucune allusion aux canaux. Le décret de 1808 est
également conçu dans les mêmes idées : la servitude ne
peut être réclamée moyennant indemnité, que toutes les
fois qu'une rivière vient à être canalisée : ne serait-il pas
bien téméraire d'ajouter aux termes de ces dispositions
législatives ? — C'est ce que comprit le ministère des Travaux publics : dès le mois de mai 1856, il déclarait formellement ne plus invoquer le bénéfice des arrêts antérieurs :
« L'administration n'a jamais prétendu appliquer la servitude de halage aux riverains des canaux. L'ordonnance de
1669, l'arrêt de 1777 et le décret de 1808 qui établissent
cette servitude, ne parlent en effet que des héritages aboutissant aux fleuves et aux rivières navigables. » Aussi, un
arrêt du 6 juin 1856, rompant avec les traditions antérieures,
déclara-t-il que les riverains du canal de jonction entre la
Haute et la Basse Deule n'étaient aucunement soumis à la
servitude de halage (Lebon, 56, 407). La portée de cet
arrêt est d'autant plus considérable que dans l'espèce, un
arrêt du Conseil, du 28 juin 1752 et un décret du 15 janvier 1810, étaient intervenus précisément pour reconnaître
l'exercice de la prétendue servitude de halage : on a décidé
que cet arrêt et ce décret n'auraient dû contenir que des
règlements de police, et qu'il y avait eu excès de pouvoir
dans les dispositions ayant pour but de créer une servitude, contrairement aux dispositions de l'Ordonnance de

1669. Aussi est-il reconnu aujourd'hui que l'état ou la compagnie concessionnaire devront, antérieurement à l'ouverture du canal, acheter non-seulement les terrains qui seront nécessaires à l'établissement même de ce canal, mais encore ceux sur lesquels sera établi le chemin de halage. Ces terrains seront considérés comme partie intégrante du canal, et assujettis à un usage public : il a été jugé avec raison que le non usage ne peut leur enlever ce caractère aussi longtemps que le canal conservera son caractère et sa destination (Gand, 26 déc. 1862. Belg. Jud, T. XXII, p. 7.).

75. Quel est le sort des alluvions qui se forment dans les canaux de navigation ? La doctrine est unanime pour décider qu'il n'y a pas lieu d'appliquer l'art. 556 : entre les propriétés riveraines et le canal se rencontre le chemin de halage : l'alluvion doit naturellement appartenir à ce chemin de halage qui lui-même est la propriété, soit de l'Etat, soit de la compagnie concessionnaire. Au surplus, il est bien difficile, pour ne pas dire impossible, qu'une alluvion vienne à se former dans le lit du canal : la nécessité de maintenir le tirant d'eau oblige l'administration à opérer des travaux de curage qui suppriment fatalement tout genre d'alluvion. M. Chardon (n° 27), se demande ce qui arriverait, dans le cas où un canal n'ayant pas été entretenu pendant de longues années, aurait peu à peu perdu sa rectitude primitive et subi la direction sinueuse que suivent naturellement les eaux dont le cours est libre : il enseigne avec raison que ce changement n'ayant pu avoir lieu qu'au détriment des héritages contigus et rendant impossible le retour des choses à leur ancien état, il s'est lentement opéré dans les obligations et les droits des parties intéressées une mutation absolue ; il en conclut que les alluvions seront désormais la propriété des riverains, par ce motif qu'une prescription en quelque sorte réciproque aurait éteint les droits et les

obligations originaires, et donné naissance à ceux qui sont attachés aux cours d'eau naturels. Le savant magistrat convient lui-même qu'un tel événement ne se produira que bien rarement, l'Etat ayant trop d'intérêt à l'entretien des canaux de navigation ; mais, ajoute-t-il, le même motif n'existe pas pour les canaux d'amenée des usines : que leur lit s'élargisse ou devienne tortueux, peu importe aux propriétaires, dès qu'ils jouiront de la quantité d'eau nécessaire à leur exploitation. Ce que nous venons de dire, s'applique également aux rivières canalisées : seulement, lors de l'établissement du canal, les riverains devront être indemnisés non-seulement pour la perte des alluvions déjà formées, mais encore pour la perte de leur droit éventuel sur les alluvions futures. Il est encore possible que sans créer un canal proprement dit, l'État ait creusé un nouveau lit à une rivière, afin de supprimer les obstacles qui jusque là, entravaient la navigation. Ici de deux choses l'une : ou bien le nouveau lit de la rivière présente l'aspect d'un véritable canal, dont le fond est empierré, dont les eaux sont contenues entre des banquettes constamment entretenues par l'État, et alors nous appliquerons ce que nous venons de dire des canaux : les riverains dont les propriétés ne sont pas menacées par le mouvement incessant, ne peuvent, à titre de compensation, réclamer les alluvions; — ou bien, l'administration s'est bornée à ouvrir le lit et à y introduire les eaux qui, dès lors, se trouvent libres dans leur cours, et vont se répandre sur les propriétés voisines, tout comme si elles suivaient leur lit primitif : nous dirons dans ce cas que l'alluvion appartiendra aux riverains; l'État, par son nouvel ouvrage, les a soumis à tous les inconvénients du voisinage des eaux naturelles : il ne peut pas dès lors leur refuser les avantages qui n'en sont qu'un faible dédommagement.

76. Après l'ouverture du canal, les riverains ont droit de réclamer une indemnité pour les infiltrations et inondations

qui viendraient à se produire. Cette hypothèse se présente encore quelquefois, bien que les ingénieurs cherchent autant que possible à prévenir cette cause de dommage qui non-seulement préjudicie aux riverains, mais encore augmente les dépenses d'approvisionnement d'eau. Au cas où elle vient à se réaliser, l'Etat ou les concessionnaires du canal exciperaient vainement de ce que les riverains auraient été, lors de l'expropriation, indemnisés à l'avance de tous les inconvénients qui résulteraient pour eux de la proximité de ce canal. Il y a là un cas extraordinaire que les parties ne pouvaient prévoir à cette époque, et dont le jury n'a pas dû se préoccuper en fixant l'indemnité d'expropriation. Quelques personnes ont soutenu que si l'inondation se produisait sans qu'il y eût faute proprement dite de l'Etat ou des concessionnaires, l'action en dommages-intérêts deviendrait non recevable de la part des riverains. Il leur semblait difficile d'appliquer à ce cas la formule générale de l'article 1382. A quoi on a répondu que la construction même du canal engage dans tous les cas la responsabilité de son propriétaire. C'est le fait de cette construction qui est la cause première des dégâts dont se plaignent les riverains : donc il est inexact de dire que ces derniers se trouvent en dehors des termes du Code civil. On a également contesté le droit à une indemnité quelconque dans l'hypothèse où les concessionnaires se sont, lors de la construction du canal, strictement conformés aux prescriptions de l'administration supérieure. Reprenant un argument dont on a bien souvent abusé, on a dit que l'approbation des autorités administratives couvrait absolument la personnalité des concessionnaires et les dégageait de toute responsabilité quant aux événements ultérieurs. On s'est étonné que ces concessionnaires, qui n'ont pu agir eux-mêmes, qui ont obéi à toutes les injonctions des ingénieurs de l'Etat, dont les travaux ont été reconnus irréprochables par ces mêmes ingénieurs, puissent être recherchés pour des vices de construction qu'il n'était pas en leur pouvoir d'éviter ; ils sont restés dans les termes de leurs cahiers de charges : donc il serait illogique de faire retomber sur eux la conséquence d'une faute qui n'est imputable qu'aux agents directs de l'administration. Ces considérations ne sauraient prévaloir contre ce principe que l'administration n'a pu concéder le canal et n'a pu approuver les travaux exécutés que sous réserve du droit des tiers. C'est ainsi 1° que la Compagnie du canal de la Sambre à l'Oise a été déclarée responsable des dégâts que pouvait amener le peu d'élévation des berges au canal, bien qu'en fait ces berges eussent été portées à la hauteur maxima fixée par le ministère des travaux publics ; 2° qu'il a été jugé, vis-à-vis de la même compagnie, que la décision du ministre des travaux publics fixant la hauteur maximum des eaux dans un bief de partage ne préjugeait rien quant aux droits des riverains dont les propriétés auraient été inondées et ne les empêchait pas de se pourvoir ainsi qu'ils aviseraient (C. d'Etat 10 janvier 1845 ; Lebon, 45, 14 ; ibid, 6 fév. 1846 ; Lebon, 46, 72). En semblable matière, la compétence administrative n'est point contestable. Nous nous trouvons dans un des cas prévus expressément par la loi de pluviose, puisque les travaux de construction et d'entretien des canaux sont considérés comme de véritables travaux publics. On peut voir en ce sens l'arrêt du Conseil du 4 juillet 1837 (Lebon, 37, 296). S'il y a devant le juge administratif contestation sur l'existence même du dommage, il faudra recourir à une expertise. On suivra les formes indiquées par l'art. 56 de la loi du 16 septembre 1807. Les experts seront nommés l'un par le propriétaire, l'autre par le préfet, et le tiers-expert, s'il en est besoin, sera de droit l'ingénieur du département. Que si les canaux appartenaient à des concessionnaires, un expert serait nommé par le propriétaire, un autre par les concessionnaires, et le tiers-expert par le préfet (C. d'Etat, 19 juillet 1855 ; Lebon, 55, 550).

77. Antérieurement à la révolution, il était rare qu'un canal de navigation fût exécuté directement aux frais de l'Etat. Le plus souvent une Compagnie se chargeait des travaux et, après leur achèvement, devenait seule et unique propriétaire du canal. C'est ainsi que la déclaration de septembre 1638, qui ordonne la construction du canal de Briare, le concède à perpétuité à une compagnie que représente un ancien receveur des tailles de Montargis ; elle lui accorde les droits de haute, basse et moyenne justice sur toute l'étendue du canal et lui permet d'établir à Briare un juge, un lieutenant et un procureur de seigneurie, qui connaîtront de toutes les contestations relatives audit canal, les appels de cette justice relevaient directement de l'Hôtel-de-Ville de Paris. En conformité de cette déclaration, un arrêt du Parlement de Paris du 27 septembre 1786 maintint par provision le juge conservateur du canal de Briare dans le droit et possession de sa juridiction universelle et exclusive sur et à l'occasion dudit canal, ses levées, bords, ports, magasins, rigoles, ruisseaux, ouvrages et héritages en dépendant ; défenses étaient faites aux officiers du bureau de la ville, ainsi qu'à leurs subdélégués, inspecteurs, gardes, commis ou préposés de l'y troubler, sous quelque prétexte que ce fût. Le canal du Midi fut également constitué en seigneurie par l'édit du 14 octobre 1666 : le siége de la châtellenie et de la juridiction du canal était établi dans la ville de Toulouse. En 1679, le canal d'Orléans fut l'objet d'une concession à perpétuité. Quelques années plus tard, des lettres patentes du mois de novembre 1719 accordaient au duc d'Orléans la concession du canal du Loing avec attribution de propriété perpétuelle et incommutable. Enfin, en 1761, le canal de Givors fut concédé de la même manière. A une époque où chaque année amenait dans les

finances un déficit nouveau, les concessions perpétuelles
étaient évidemment le meilleur moyen d'assurer l'exécution
des travaux. Déjà, sous le ministère de Colbert, lorsqu'on
discutait dans le Conseil la question de savoir si le roi devait retenir la propriété du canal du Midi, on avait fait remarquer « qu'un ouvrage qui demandait tant d'attention,
d'habileté et de dépenses, ne pouvait être laissé, sans les
plus graves inconvénients, aux soins de la régie publique ;
qu'il était plus sûr d'en confier la conduite et d'en accorder
la propriété à un particulier intelligent qui pût le maintenir
par une vigilance continuelle et qui eût intérêt à le faire
comme étant sa chose propre. » Les canaux dont l'Etat
s'était réservé la construction ne purent être entrepris
qu'au moyen de subsides extraordinaires et de fonds accordés par les Etats provinciaux. C'est ce qui arriva pour les
canaux de Bourgogne et de Charolais. Le gouvernement
impérial crut trouver un moyen de subvenir à ces travaux
en obligeant législativement les localités intéressées à y
contribuer pour la plus forte part. D'après l'art. 28 de la
loi du 16 septembre 1807, les départements ou arrondissements dont le territoire se trouvera amélioré par suite de
l'ouverture des canaux de navigation pourront être tenus
de supporter une part des dépenses par voie de centimes
additionnels aux contributions, et ce dans les proportions
qui seront déterminées par des lois spéciales. Néanmoins on
fut bien souvent obligé de revenir aux anciens errements.
En l'an X, le canal de l'Ourcq était concédé à perpétuité à
la ville de Paris. En 1810, les canaux du Loing et de Narbonne furent également concédés à des compagnies particulières. En même temps de nombreuses compagnies ob-
tinrent des concessions temporaires variant entre quarante
et quatre-vingt-dix-neuf ans : à l'achèvement de ces concessions, les canaux devaient définitivement appartenir à
l'Etat, qui se trouverait libre, soit de les exploiter par lui-

même, soit de les donner à bail à qui bon lui semblerait. Depuis 1814, le système de l'exécution directe par les soins de l'Etat a définitivement prévalu. On n'a recours à d'autres modes de procéder qu'au cas où les dépenses premières greveraient le budget dans une trop forte proportion. Dans les premiers temps de la Restauration, on s'était demandé s'il ne serait pas possible d'assurer à l'Etat les capitaux nécessaires, en intéressant à l'achèvement des canaux les puissantes sociétés financières : on espérait qu'au moyen d'emprunts remboursables sur le produit même des canaux, on arriverait à compléter en peu de temps les lacunes que présentait notre navigation intérieure. Un essai fut tenté par les lois des 5 août 1821 et 14 août 1822. Les canaux dont elles autorisaient la construction devaient être exécutés par l'Etat dans un délai déterminé ; mais en même temps des Compagnies anonymes, autorisées à émettre des actions, devaient prêter au gouvernement les sommes dont il aurait besoin. En revanche, l'Etat s'engageait à payer à ces compagnies : 1° l'intérêt des sommes qu'elles auraient avancées ; cet intérêt était calculé, suivant les cas, sur le taux de 5, 5 1/2 et 6 p. 0/0 ; — 2° une prime annuelle tantôt de 1, tantôt de 1 1/2 p. 0/0, à partir du moment où les travaux auraient été terminés. Les recettes du péage, celles des fermages et locations d'usines établies ou à établir, les revenus de la plus-value des terrains desséchés, le produit de la vente des herbes et des arbres, en un mot tous les revenus du canal et de ses dépendances quels qu'ils fussent, étaient affectés au service des intérêts et des primes : en cas d'insuffisance de ces revenus, le gouvernement s'engageait à y suppléer par des sommes complémentaires, imputées annuellement sur le budget du ministère de l'intérieur, chapitre des Ponts-et-Chaussées. L'amortissement des actions devait commencer le jour même où les primes seraient payées pour la première fois ; il s'effectuait par le remboursement, soit de 1, soit de 2 p. 0/0 du capital engagé. Comme le dividende de la prime, celui du fonds d'amortissement devait être acquitté aux mêmes caisses et aux mêmes époques que le montant des intérêts. Dans les années où l'ensemble des produits excédait le montant des dépenses et des prélèvements destinés à faire face aux services des intérêts et des primes, le fonds d'amortissement devait s'accroître de cet excédant, et, sous aucun prétexte, il ne pouvait en être distrait quoi que ce soit pour une autre destination. Enfin, à partir du moment où le capital engagé aurait été complètement amorti, il devait être fait annuellement entre l'Etat et la compagnie un partage des produits nets du canal : pour certains des canaux concédés à cette époque, ce partage devait avoir lieu pendant cinquante ans. Accessoirement, l'Etat s'engageait 1° à laisser surveiller par les compagnies l'exécution des travaux : elles pouvaient se faire assister par un ingénieur des Ponts-et-Chaussées, en retraite et même, lorsque le service public n'en souffrirait pas, par un ingénieur du service ordinaire ; 2° à ne pas modifier sans l'autorisation de la Compagnie, les tarifs établis sur le canal; 3° à n'assujettir le canal au paiement d'aucun impôt. — Ainsi que nous le verrons bientôt, les lois de 1821 et 1822 n'ont eu dans la pratique que de déplorables résultats : aussi actuellement, quand l'exécution des canaux par l'Etat semble impossible, préfère-t-on directement concéder le canal à une compagnie qui se chargera de l'établir et qui, en revanche, percevra pendant un certain laps de temps des droits de péage, fixés par l'acte de concession. Quelquefois aussi, l'Etat, pour se rembourser de ses avances, donne à bail à une compagnie le canal qu'il a fait exécuter à ses frais : c'est ainsi qu'une loi du 8 juillet 1852 autorise le gouvernement à concéder à la compagnie des Chemins de fer du Midi l'exploitation du canal latéral à la Garonne, etc., etc,

78. Les cahiers de charges imposés aux Compagnies concessionnaires des canaux et insérés pour la plupart au Bulletin des Lois, à la suite des actes de concession, sont rédigés suivant un type uniforme arrêté par le ministère des travaux publics : nous y trouvons invariablement les mêmes clauses et conditions : 1° *Cahiers de charges pour la construction des canaux.* Avant tout, les cahiers de charges se préoccupent du tracé et de la construction du canal : ils fixent son point de départ et son point d'arrivée, la profondeur et la largeur normale de son lit, la nature et la dimension des ouvrages nécessaires à la navigation : la compagnie doit, au moyen de ponts et de passerelles, soit fixes soit mobiles, établir une communication permanente entre les deux rives du canal, partout où l'administration le croira nécessaire ; elle sera tenue également d'assurer l'écoulement des eaux dont le cours aurait été suspendu et modifié par son établissement. En ce qui touche l'exécution même des travaux, on exige que les plans et projets aient été approuvés par le ministre des Travaux Publics ; l'administration contrôle et surveille tous les travaux que la compagnie reste maîtresse de faire exécuter par les moyens et agents à son choix ; aucune partie du canal ne peut être livrée à la navigation, sans avoir été reçue et approuvée par les ingénieurs du gouvernement ; enfin, une fois les travaux achevés, la compagnie est tenue de faire procéder au bornage du canal, et de faire dresser un état descriptif de tous les ouvrages d'art qu'elle devra remettre au bureau des ingénieurs. Il va de soi que la compagnie est subrogée aux lois de l'Etat, quant aux formalités d'expropriation, et qu'elle supporte en revanche les indemnités à payer pour achat de terrains et pour tout dommage, quel qu'il soit. La section deuxième de ces cahiers de charges, traite de l'entretien et de l'exploitation du canal : les principales dispositions ont pour but de soumettre la compagnie à tous les

règlements qui existent lors de la concession, ou qui pourraient intervenir ultérieurement pour le régime des canaux
et la police de la navigation ainsi que d'organiser le contrôle des ingénieurs de l'Etat. Une troisième section est
consacrée à la durée du rachat et à la déchéance de la concession. En ce qui touche le premier point, rien de plus
variable que les décisions des cahiers de charges. Les concessions accordées actuellement sont toutes temporaires;
il n'est fait d'exception que pour les canaux d'une exécution
extraordinairement difficile, ou pour les prolongements de
canaux déjà concédés à perpétuité : nous n'en connaissons
guères d'exemple depuis la loi des 29 mai -5 juin 1827, portant concession du canal du Centre et de celui de Saint-
Quentin. Les concessions les plus longues sont de quatre-
vingt-dix ans; les plus courtes de vingt-quatre seulement.
A l'époque fixée par la concession, le canal devient de
plein droit propriété du gouvernement et doit lui être livré
en bon état. Pour assurer l'exécution de cette obligation,
dans les cinq dernières années qui précéderont l'expiration
du terme convenu, l'administration aura le droit de saisir
les revenus du canal et de les employer aux travaux reconnus nécessaires. Après l'expiration des quinze premières
années de la concession, le gouvernement peut racheter le
canal ; généralement l'indemnité qui est due à la compagnie lui est attribuée sous forme d'annuités calculées sur le
produit moyen du canal, et qui lui sont payées au commencement de chacune des années restant à courir sur la durée
de la concession. La déchéance de la compagnie peut être
prononcée 1° si les travaux n'ont pas été commencés à l'é-
poque prescrite ; 2° s'ils ne sont pas entièrement terminés
dans le délai fixé par le cahier des charges. L'Etat est autorisé dans ce cas à faire procéder à l'adjudication des travaux du canal ; les matériaux d'approvisionnement et les
ouvrages en cours d'exécution deviennent immédiatement

sa propriété (Cpr. C. d'Etat, 6 fév. 1846; Lebon, 46, 72).
En dernier lieu, sous la rubrique « Clauses diverses, » on
impose à la compagnie l'obligation 1° de déposer un cautionnement en numéraire; 2° de faire élection de domicile dans
les départements traversés par le canal; 3° d'accepter la
compétence administrative, pour toutes les difficultés qui
surviendraient entre elle et l'Etat. En outre, la compagnie
s'engage à n'élever aucune réclamation pour l'exécution
ou l'autorisation ultérieure de routes, de chemins de fer, de
canaux, de travaux de navigation dans la contrée où est située le canal : elle est tenue de ne mettre aucun obstacle
à l'établissement des canaux qui seraient plus tard concédés
à des tiers et qui viendraient s'embrancher sur le canal
objet de la concession actuelle, pourvu qu'il n'en résulte ni
obstacles à la circulation, ni frais particuliers qui puissent
demeurer à sa charge. — 2° *Cahiers de charges pour l'affermage des canaux.* Avant l'entrée en jouissance, un état descriptif du canal et de ses ouvrages devra être fait contradictoirement entre l'Etat et les fermiers ; une expédition du
procès-verbal devra être délivrée par eux, à leurs frais, au
ministère des Travaux Publics. L'entretien du canal, pendant la durée du bail est à la charge du fermier soumis à ce
point de vue au contrôle et à la surveillance directe de l'administration. Les époques et la durée des chômages ne peuvent être fixées que par l'autorité supérieure ; la même
réserve est faite en ce qui touche les concessions de prises
d'eau dans le lit même du canal. Le prix du bail est fixé
par des dispositions particulières à chaque cahier de
charges; le recouvrement en sera fait conformément aux
règles ordinaires sur la location des biens de l'Etat ; on
peut se référer à ce que nous avons dit à l'occasion des
baux, des lais et relais de la mer.

79. A qui appartiennent les canaux de navigation qui se
trouvent entre les mains d'une compagnie concessionnaire ?

Il est une première hypothèse sur laquelle tout le monde est d'accord : lorsque la concession n'est que temporaire, le canal fait partie du domaine public, tout comme s'il était exploité par l'Etat ; on peut dire que les concessionnaires ne sont, quant à la construction du canal, que les entrepreneurs d'un travail public, et quant à son exploitation, que les entrepreneurs d'un service public. C'est ce que le Conseil d'Etat a reconnu par plusieurs arrêts, en date du 22 mars 1851 (Lebon, 51, 197). La loi du 20 février 1849 venait d'établir la contribution foncière de main-morte sur les immeubles appartenant aux sociétés anonymes ; d'où la question de savoir si les concessionnaires à temps des canaux devaient supporter l'impôt à raison du sol même de ces canaux. On décida qu'il n'en était rien, par le motif que la contribution dont s'agit « ne porte que sur les biens immeubles qui appartiennent aux établissements ou personnes civiles, mentionnés dans l'article 1 de la loi ; que le canal n'appartient pas à la Compagnie à laquelle l'exploitation temporaire a été concédée, mais fait partie du domaine public ; que dès-lors la taxe ne saurait être assise sur le canal même et sur celles de ses dépendances qui font avec lui partie du domaine public. » Mais, supposons qu'il s'agisse d'une concession perpétuelle ; les auteurs décident en général que, même dans ce cas, le canal ne peut constituer une propriété privée entre les mains du particulier ou de la Compagnie qui en a obtenu la concession (Merlin Rep. v° Canal ; Proudhon, t. III, n° 794 ; Daviel, t. I, n° 33 ; Dufour, t. IV, n° 443 ; Gaudry, t. I, n° 197 ; — Cpr. Req. Rej. 29 fév. 1832 ; Dev. 32, 1, 521). Ces principes se trouvaient nettement développés dans l'exposé des motifs d'un projet de loi sur les tarifs des canaux présentés à la Chambre des députés le 2 février 1841. « Nous ne considérons pas les concessionnaires de canaux, même à perpétuité, comme de véritables propriétaires, du moins dans le sens ordinaire de ce mot. Ce que l'Etat leur a abandonné, ce n'est pas le fonds du canal, mais le droit d'y percevoir des péages à certaines conditions et dans certaines limites. Les terrains mêmes que les concessionnaires peuvent avoir acquis soit à l'amiable, soit par expropriation, et en vertu de la délégation que l'Etat a pu leur faire de son droit, ces terrains sont devenus domaine public en vertu de leur destination ; l'Etat a conservé sur eux, comme sur toutes les autres parties du canal, un droit imprescriptible. » En faveur de ce système, on invoque tout d'abord la résolution prise par le Conseil des Cinq-Cents en vendémiaire an IV, et devenue, dit-on, le préambule législatif du décret du 21 vendémiaire an V, qui réorganisait la navigation sur le canal du Midi ; nous en rapporterons les termes précis : « Considérant que les grands canaux de navigation font essentiellement partie du domaine public ; que les concessions qui peuvent avoir été faites ne peuvent faire obstacle aux mesures à prendre pour leur conservation, amélioration et agrandissement, sauf le droit des concessionnaires au remboursement des indemnités qui peuvent leur être dues, et la continuation de leur jouissance jusqu'à l'acquittement entier et effectif ; — que le canal du Midi est menacé d'un dépérissement progressif et rapide, s'il n'y est promptement pourvu par une loi qui détermine le mode de son administration et qui mette à la disposition du Directoire exécutif les moyens d'en assurer la réparation et l'entretien sans surcharge pour le trésor. » Pour faire justice de cet argument, il suffit de se référer au texte même du décret, tel qu'il a été inséré au Bulletin des Lois ; nous y voyons que le préambule de ce décret se trouve précédé de la déclaration suivante : « Le Conseil des Anciens, adoptant les motifs exprimés dans le dernier considérant de la résolution, approuve l'acte d'urgence. » Suit la teneur de la résolution du 29 thermidor. Ainsi, il y a eu diver-

gence entre les Cinq-Cents et les Anciens, et cette dernière
assemblée s'est formellement refusée à consacrer les prétendus droits du domaine ; nous pouvons dire que le premier de ces deux considérants doit être regardé comme
inexistant, et par conséquent rejeté du débat. Au surplus,
le Conseil des Cinq-Cents ne devait pas tarder à revenir sur
sa décision première ; deux années plus tard, il rejetait la
théorie qu'il avait posée en l'an IV. Il s'agissait de savoir
si l'impôt foncier pèserait sur les canaux de navigation ;
or, nous remarquerons que la loi du 3 frimaire an VII
ne nous dit jamais « l'Etat propriétaire des canaux, »
mais « le propriétaire des canaux. » Cette expression si
générale se retrouve dans les articles 6, 93, 94, 95 et
96 ; ce dernier texte va jusqu'à supposer que les canaux
peuvent appartenir aux mêmes propriétaires que les moulins, fabriques, usines situés sur leur bord, par conséquent
à de simples particuliers. Il y a plus : la loi de l'an VII
soumet à une législation spéciale les canaux de navigation
qui font partie du domaine public. L'article 107 établit que
la cote de leur contribution foncière ne pourra surpasser en
principal un cinquième de leur produit effectif. Au contraire, les canaux de navigation qui appartiendront à des
particuliers, supporteront la contribution foncière au taux
moyen de celle qui sera supportée par les autres propriétés
de la commune (art. 92 in fine). En dernier lieu, le décret de
Vendémiaire, en admettant qu'il ait jamais pu recevoir dans
la pratique une application quelconque, serait depuis longtemps abrogé. Il n'avait en effet qu'un seul but : annuler la
concession faite à la famille Riquet par l'édit de 1666. Le
canal du Midi avait été constitué en fief par Louis XIV ;
partant de là, on soutenait que les concessionnaires n'en
jouissaient qu'en vertu d'un titre féodal, c'est-à-dire d'un
titre absolument nul depuis les lois abolitives de la féodalité. C'est sur ce point que porta la discussion ; seul, M. Por-

talis combattit cet adage prétendu, suivant lequel tous les canaux feraient partie du domaine public ; les autres orateurs ne s'occupèrent que de la question toute spéciale de savoir si le canal du Midi devait, à raison de sa position particulière, être rangé parmi les biens du domaine public. Les discussions qui ont précédé la loi, nous montrent clairement que son préambule, loin d'être aussi général qu'on le prétend, ne s'appliquait qu'au seul canal du Midi. Or, toutes les dispositions législatives de l'époque révolunaire, concernant le canal du Midi, ont été abrogées par la loi générale du 5 décembre 1814, restituant à leurs anciens propriétaires les biens confisqués durant l'émigration. Une ordonnance des 25 avril-1er mai 1823, décide textuellement que, par l'effet de cette loi, « le gouvernement a cessé d'avoir des droits à la propriété de ces canaux, » et plus bas elle qualifie les Compagnies concessionnaires de Compagnies propriétaires. Donc, il n'y aurait encore pour ce motif aucun parti à tirer de la loi de Vendémiaire, qui en somme n'offre plus pour nous qu'un intérêt historique. Se plaçant ensuite à un autre point de vue, les partisans de la domanialité des canaux s'appuient sur la formule générale qui termine l'article 538, C. Civ. Un canal doit être essentiellement à l'usage de tous; ils concluent de là que c'est une de ces choses qui ne sont pas susceptibles de propriété privée et qui dès lors doivent être considérées comme faisant partie du domaine public. En l'an IV, M. Portalis répondait déjà à ce raisonnement : « Les choses publiques ou à l'usage public, disait-il devant le Conseil des Anciens, ne sont pas pour cela domaniales; ne confondons pas la souveraineté avec le domaine. Sans doute, les choses publiques ou à l'usage public sont essentiellement sous la surveillance immédiate de la souveraineté, mais elles ne sont point unies de droit au domaine ; pour les Etats, comme pour les particuliers, point de propriété sans acquisition, et point d'acquisition sans les moyens de droit ou de fait que les lois indiquent pour acquérir. » On a quelquefois, comme le faisait Régnier au Conseil des Anciens, cherché à assimiler les canaux aux routes de terre. Présenté sous cette forme, l'argument ne serait guère concluant ; en effet, il faudrait non pas se placer dans l'hypothèse ordinaire, celle d'un chemin établi et entretenu par l'Etat, mais bien au contraire, supposer que l'Etat a concédé à une Compagnie le droit d'établir un chemin avec faculté pour elle de percevoir à perpétuité un droit de péage sur toute personne qui userait de ce chemin : telle est la situation dans laquelle se trouvent la plupart des grandes routes d'Angleterre. Or, de ce que toute personne aurait droit d'user de ce chemin, s'ensuivrait-il qu'on dût le considérer comme faisant partie essentielle du domaine public ? Nons ne croyons pas qu'il puisse y avoir lieu sur ce point à controverse sérieuse, et ainsi disparaît l'assimilation que l'on a cherché à établir. En un mot, nous ne trouvons aucun texte d'où résulte la prétendue propriété de l'Etat ; d'autre part, il nous est impossible de voir quel est le motif impérieux qui commanderait d'attribuer à l'Etat une semblable propriété. Suivant nous, les Compagnies concessionnaires sont absolument maîtresses de leurs canaux ; elles peuvent conférer à des particuliers tous les droits que bon leur semble, mais à une condition, c'est que les droits, ainsi concédés, ne portent aucune atteinte à la libre circulation. Un canal, quoique formant une propriété privée, est grevé de la servitude perpétuelle de rester en cet état et de livrer passage à tous ceux qui le réclament ; le gouvernement reste investi d'un pouvoir de surveillance générale ; il doit veiller, dans l'intérêt public, à la conservation et à l'amélioration des canaux ; il doit exiger que les compagnies exécutent strictement les conditions qu'il leur a imposées ; mais là se bornera son pouvoir. Ainsi, par exemple, les concessionnaires restent maîtres d'autoriser un particulier à creuser une voûte sous le canal, dès qu'il est certain que la navigation ne sera point compromise, ou bien à établir un embranchement qui relierait leurs propriétés au canal, à condition que le tirant d'eau réglementaire n'en soit pas diminué, etc., etc. D'un autre côté, les concessionnaires seront soumis, pour le lit même du canal, au paiement de la taxe foncière établie par la loi du 20 février 1849. Toutes ces solutions ont été admises par la jurisprudence qui revenant sur ses premiers errements s'est définitivement fixée en ce sens. (Req. Rej., 5 mars 1829 ; Dalloz, v° Eaux, n° 154 ; Civ. Rej., 22 août 1837 ; Dev. 37, 1, 852 ; Req. Rej., 22 avril 1844 ; Dev. 44, 1, 406 ; Req. Rej., 7 nov. 1865 ; Dev. 66, 1, 57 ; Req. Rej., 11 nov. 1867 ; Dev. 68, 1, 171 ; Gand, 17 juillet 1865 ; Pas. 65, 2, 364 ; Paris, 9 octobre 1867 ; Dev. 67, 2, 343 ; C. d'Etat, 19 mai 1864 ; Lebon, 64, 479 ; C. d'Etat, 21 juillet 1870 ; Lebon, 70, 938 ; Cpr. 1° Consultation de MM. de Vatimesnil et Berryer, Pal. 37, 2, 224 ; 2° consultation de MM. Ravez et de Saget, Observ. des Trib. t. V, p. 385 ; 3° consultation de M. Ph. Dupin, ibid. p. 441.)

80. En vertu du pouvoir de surveillance que nous lui avons reconnu, l'administration réglemente le service de la navigation sur tous les canaux, quels qu'ils soient et quels que soient leurs propriétaires. Tout d'abord elle peut fixer le maximum du tirant d'eau que le canal aura dans toutes ses parties ; un arrêt du Conseil du 6 février 1846 (Lebon, 46, 72) a jugé, dans cette hypothèse, 1° que la décision du Ministre des Travaux publics, qui détermine la fixation du maximum de hauteur à donner aux eaux dansle bie f de partage d'un canal, est un acte purement administratif qui ne peut être attaqué que pour excès de pouvoir ou pour violation des formes prescrites par la loi ; 2° que cette décision ne préjuge rien quant aux droits que pourraient avoir

les riverains en cas d'inondation, et ne fait pas obstacle à ce qu'ils se pourvoient ainsi qu'ils aviseront. L'administration fixe également, pour chaque canal, la largeur du chemin de halage : elle peut décider qu'il y aura lieu d'appliquer ici les prescriptions de l'ordonnance de 1669 ; ou bien elle peut user du droit que lui confère le décret du 22 janvier 1808, et restreindre la largeur réglementaire du dit chemin. Toutefois, dans ce dernier cas, des difficultés surgissent presque inévitablement entre l'administration et le concessionnaire du canal qui vient se plaindre des entraves apportées à sa jouissance par une semblable mesure ; la plupart du temps, la décision intervenue sera attaquée pour excès de pouvoir. La jurisprudence fait une distinction, à laquelle nous ne pouvons que nous rattacher. Il y a excès de pouvoir toutes les fois qu'il s'agit d'un canal proprement dit, ou d'une rivière canalisée postérieurement à 1808, c'est-à-dire toutes les fois que le concessionnaire a dû soit acheter le terrain sur lequel est établi le chemin de halage, soit payer aux riverains une indemnité pour la servitude dont leurs propriétés ont été grevées. Au contraire, lorsqu'il s'agit d'une rivière canalisée antérieurement au décret de 1808, la décision attaquée est à l'abri de toute critique ; la servitude n'existe plus en vertu d'un titre spécial, mais en vertu du droit commun ; l'administration peut donc se prévaloir du droit commun, c'est-à-dire appliquer purement et simplement le décret de 1808, et réduire, quand il lui plaît, la largeur du chemin de halage (C. d'Etat, 10 juillet 1862 ; Lebon, 62, 568). Enfin l'administration peut enjoindre aux concessionnaires du canal de procéder aux réparations nécessaires ; nous verrons plus tard qu'à elle seule appartient de fixer les époques auxquelles a lieu le chômage des canaux et autres voies navigables. La police des canaux est exercée par les agents des Ponts et Chaussées et ceux du service de la navigation ; les compagnies concessionnaires sont, de

plus, autorisées par leurs cahiers de charges à commissionner des gardes particuliers, qui prêtent serment devant les
tribunaux de première instance ; les contraventions à la
police des canaux peuvent être également constatées par
les agents de l'une et de l'autre catégorie. Le droit de poursuivre la répression de ces contraventions appartient, avant
tout, à l'administration ; mais, dans certains cas, il se
trouve accordé aux compagnies concessionnaires par des
dispositions spéciales ; c'est ce qui a lieu notamment pour
les canaux d'Orléans et du Loing (Décret du 22 février
1813, art. 67). C'est une question des plus controversées
que de savoir ce qui arrivera dans le cas où les actes de
concession n'auront pas délégué formellement aux concessionnaires le droit d'agir directement contre les contrevenants ; faut-il dire que les compagnies devront se borner à
transmettre les procès-verbaux à qui de droit, sans pouvoir
saisir elles-mêmes la juridiction administrative ? En 1856,
M. le Ministre des Travaux publics, auquel la question
était déférée, ne s'est point montré de cet avis. « Le canal
de Lez, a-t-il dit, forme une concession perpétuelle ; à ce
titre, le concessionnaire doit avoir un droit de police et on
ne peut lui contester le pouvoir de faire dresser des procès-
verbaux par des agents assermentés, et de poursuivre, devant l'autorité compétente, la répression des contraventions. La question ne s'est pas encore présentée pour le
canal du Lez, mais elle a été soulevée maintes fois au sujet
des canaux d'Orléans et du Loing et du canal du Midi :
de nombreux arrêts du Conseil d'Etat ont consacré le droit
et le pouvoir des concessionnaires de ces canaux. J'estime
donc que M. de Grave avait qualité pour se pourvoir devant
le Conseil d'Etat comme il l'avait fait devant le Conseil de
préfecture. » Les arrêts se prononcent actuellement en sens
contraire (C. d'Etat, 24 janv. 1861 ; Lebon, 61, 60) et ré-
servent à l'administration seule le droit d'agir contre les

tiers. Ce qui paraît avoir surtout frappé le Conseil d'Etat, c'est qu'il serait anormal de remettre l'action publique entre les mains de simples particuliers. On a répondu avec raison qu'il est dans l'esprit de la législation sur les rivières et canaux navigables, de faciliter, par tous les moyens possibles, l'action des tribunaux chargés de la répression des contraventions, et l'on a invoqué à l'appui l'arrêt du 24 juin 1777, qui donnait à toute personne, y ayant intérêt, le droit de saisir ces tribunaux. Article 2 : « Autorise Sa Majesté tous voituriers par eau et mariniers fréquentant les dites rivières, le dit délai expiré, d'abattre et d'enlever les dits obstacles sur la permission des juges, qui en doivent connaître, auxquels les dits mariniers et voituriers seront tenus de dénoncer les ouvrages nuisibles à la navigation. »

81. Depuis longtemps le gouvernement a cherché, autant qu'il était possible, à racheter les canaux qu'il avait concédés aux particuliers. Dans un grand nombre de cas, il pouvait profiter des conditions des cahiers de charges, autorisant le rachat du canal après l'expiration d'un certain laps de temps ; mais, malgré tout, il se trouvait entièrement désarmé vis-à-vis des compagnies les plus importantes qui, lors de la concession qui leur avait été faite, avaient refusé de se soumettre à de semblables clauses de rachat. La situation des canaux ouverts en vertu des lois de 1821 et de 1822, avait surtout appelé son attention. Les concessionnaires s'opposaient énergiquement à tout abaissement de tarifs ; le commerce, de son côté, se plaignait des bénéfices exagérés qu'ils réalisaient chaque année. Trois sortes d'actions avaient été émises par les compagnies : *Actions financières* représentant les intérêts de la portion du fond annuel d'amortissement payé par l'Etat, — *Coupons de prime* ayant droit au montant de la prime qui était allouée par l'Etat, conformément aux stipulations des lois de 1821

et 1822, — enfin, *Actions de jouissance* représentant la portion des bénéfices qui devait être partagée entre l'Etat et les concessionnaires. La lutte ne tarda pas à s'engager entre le gouvernement et les porteurs des actions de jouissance sans le consentement desquels aucun changement ne pouvait intervenir quant à la quotité des droits perçus. En 1842, un projet de loi sur le rachat de ces actions était voté par la Chambre des députés ; le rapport, présenté à la Chambre des Pairs, avait conclu à son adoption, et néanmoins il n'y fut donné aucune suite. Le gouvernement ne voulut point reculer ; malgré les protestations des compagnies, deux ordonnances des 14 avril 1844 et du 23 mars 1845 réduisirent, dans des proportions considérables, les tarifs de 1821 et de 1822. Les compagnies se pourvurent immédiatement devant les tribunaux civils et réclamèrent des dommages-intérêts pour le préjudice qui leur était causé ; mais un arrêt du Conseil du 30 août 1847 (Lebon, 47, 614), rendu sur conflit, décida que l'autorité administrative était seule compétente pour connaître de semblables réclamations. Elles essayèrent alors de demander par la voie contentieuse l'annulation de ces ordonnances ; nouvel arrêt du Conseil du 16 juin 1853 (Lebon, 53, 613) déclarant que ces ordonnances ne constituant que des actes d'administration, ne pouvaient être déférées directement à l'empereur en Conseil d'Etat, et que le seul droit des compagnies était de réclamer une indemnité devant le Conseil d'Etat. La question ne présentait plus à cette époque qu'un intérêt des plus restreints ; immédiatement après la promulgation des ordonnances incriminées, le ministère avait demandé aux Chambres un bill d'indemnité pour les mesures extraordinaires qu'il avait prises ; et une loi, en date du 29 mai 1845, l'avait autorisé à exproprier tous les canaux concédés par les lois de 1821 et de 1822. Cette loi a pour nous une importance capitale ; elle a permis au gouvernement de

sortir de la situation fâcheuse où il s'était placé. « Je crois,
disait à la tribune de la Chambre M. Muret de Bort, qu'il
est intéressant de sortir de cette situation. C'est pour en
sortir que la loi a été faite, non pas pour qu'on s'en servît
dans beaucoup de cas, dans tous les cas, mais pour qu'elle
restât comme une arme entre les mains du gouvernement
qui en usera suivant les éventualités. » Il est impossible de
mieux préciser le but que se proposait le législateur de
1845 ; il a cherché avant tout à amener une transaction
entre les parties intéressées, et, au cas de refus, il a donné
au gouvernement les moyens de triompher de toute résistance quelle qu'elle fût.

81. Le projet de 1842 obligeait l'Etat à racheter immédiatement les actions de jouissance de tous les canaux concédés en 1821 et 1822. De nombreuses objections furent
présentées et l'on demanda que ce rachat fût non plus obligatoire, mais simplement facultatif. Il paraissait singulier
de forcer l'Etat à exproprier certaines compagnies qui, depuis longtemps, s'étaient mises d'accord avec lui et avaient
consenti à une réduction de tarifs ; on rappelait que sur
l'Oise canalisée les tarifs étaient tellement modérés que
c'eût été imposer au Trésor des sacrifices inutiles que de le
mettre dans la nécessité de les réduire encore. Puis, n'al-
lait-on pas contre le vœu même de la loi en empêchant le
gouvernement de négocier avec les compagnies au moment
opportun, et de les amener à amiable composition ? « Ce
système, disait le rapport de M. Galos, nous a paru dangereux ; il tend à considérer l'utilité publique comme une situation permanente et, en quelque sorte, corrélative à la
loi ; tandis que pour nous elle est d'une nature essentiellement variable ; impérieuse aujourd'hui, elle peut cesser de
l'être demain. En effet, sur quoi se fonde-t-elle ? Sur des
causes qui se modifient à chaque instant. En ce moment, les
compagnies imposent leur joug au gouvernement ; elles

élèvent leurs tarifs, suscitent des entraves à la circulation et font obstacle au développement du commerce. Mais quelques-unes d'entre elles, mieux conseillées, ne peuvent-elles pas changer d'attitude? Ne peut-il pas arriver qu'elles abaissent raisonnablement les droits de navigation? Reconnaissons donc que l'utilité publique est essentiellement mobile et a besoin de se constater d'une manière directe et expresse. » En conséquence, l'article 1er du projet de loi fut modifié dans les termes suivants : « Les droits attribués aux compagnies par les lois des 5 août 1821 et 14 août 1822, représentés par les actions de jouissance des canaux exécutés par voie d'emprunt, pourront être rachetés pour cause d'utilité publique. » En même temps, une disposition ajoutée à cet article par la Chambre des Pairs donnait aux compagnies des garanties sérieuses. « Ces rachats ne pourront s'opérer pour chaque compagnie qu'en vertu de lois spéciales. » Ici encore, nous ne pouvons mieux faire que de citer textuellement le rapport de M. Galos. « Le gouvernement, de son côté, sera tenu d'examiner en particulier chaque cas, de justifier des raisons d'intérêt public qui le déterminent à demander l'application de la loi générale à tel canal. Par la présentation de la loi spéciale, tous les intérêts seront admis à se faire entendre. Aucune enquête pour constater l'utilité publique, en matière d'expropriation, ne saurait être plus complète, ni plus solennelle que celle-là. Les ministres soumettront à la Chambre des documents qui prouveront que la dépossession de la compagnie, moyennant indemnité, est indispensable à l'intérêt de la navigation et du commerce. Si cette preuve n'est pas suffisante, la loi ne sera pas votée, et l'expropriation n'aura pas lieu. »

83. D'après l'article 2, le prix de rachat des canaux devait être fixé par une commission spéciale, instituée pour chaque compagnie par une ordonnance royale et composée

de neuf membres, dont trois devaient être désignés par le
Ministre des Finances, trois par la compagnie, et trois par
le premier président et les présidents réunis de la cour
royale de Paris. Les trois membres, dont le choix était
réservé à la compagnie, devaient être élus dans la forme
établie par ses statuts pour la nomination des directeurs et
administrateurs ; telle était la décision de l'article 3. L'article 4 ajoutait que, si dans un délai de deux mois, à partir
de la mise en demeure qui lui aurait été notifiée, la compagnie n'avait pas nommé les trois membres, dont le choix
lui appartenait, le premier président et les présidents
réunis de la Cour royale de Paris y pourvoiraient d'office à
la requête du Ministre des Finances. L'article 5 était relatif
au mode de délibération qui devrait être suivi dans le sein
de la commission. La commission, en se constituant, élisait,
à la majorité des voix, son président et son secrétaire ; la
constitution de la dite commission devait être notifiée à la
compagnie en la personne de ses directeurs et administrateurs. Le projet primitif voulait que la commission pût délibérer lorsque cinq de ses membres se trouveraient présents. M. Luneau appela l'attention de la Chambre sur le
danger de cette proposition ; il était évident que, dans tous
les cas, les membres qui représenteraient la compagnie et
qui seraient, par conséquent, pécuniairement intéressés aux
conditions du rachat, seraient toujours présents aux opérations de la commission ; de sorte qu'en autorisant la commission à délibérer au nombre de cinq membres seulement,
on permettrait aux membres représentant la compagnie
de former à eux seuls la majorité. M. Galos, rapporteur,
demandait, en conséquence, que la commission ne pût délibérer en l'absence des trois membres désignés par les présidents de la cour royale. La Chambre, se rattachant à
une résolution beaucoup plus simple, se contenta de modifier légèrement l'article 5 et de porter à sept le nombre des

membres présents, exigé pour la validité de la délibération. L'article 6 prévoyait le cas où les membres désignés
pour composer la commission s'abstiendraient de prendre
part à ses travaux. " Si, pendant trois séances consécu-
tives, les trois membres nommés par la compagnie ou par
le Ministre des Finances s'abstenaient de prendre part aux
délibérations de la commission, il sera pourvu à leur remplacement conformément à l'article 4. » — Enfin, les articles 7 et 8 s'occupaient des crédits qui devraient être alloués
pour le rachat des canaux. Article 7. " Après que la
commission aura prononcé, le rachat ne deviendra définitif
qu'en vertu d'une loi spéciale qui ouvrira, s'il y a lieu, les
crédits nécessaires et qui devra être proposée aux Chambres dans l'année qui suivra la décision. Toutefois, si, dans
l'année, il n'intervient pas de loi portant allocation des
crédits nécessaires pour le rachat des droits attribués à
une compagnie, le rachat ne pourra plus avoir lieu qu'en
vertu d'une loi nouvelle. » M. Dufaure expliquait très-bien
la portée de cet article : " Lorsqu'on dit dans le projet de
loi que la décision de la commission ne sera définitive
qu'après une loi spéciale, on emploie une expression qui
n'est pas parfaitement exacte ; il semble que la décision de
la commission soit soumise à une sorte d'appel, à une révision dans ses éléments. Ce n'est pas le fait du législateur ;
le législateur n'est pas juge, il est maître de la fortune publique, il accepte ou il refuse, il rachète ou il ne rachète
pas, mais il ne modifie pas la décision de la commission.
Elle est définitive quant à la fixation de l'indemnité ; elle
n'est rien ni légalement, ni moralement quant à l'obligation
pour l'Etat de racheter. » Article 8 : " Les lois spéciales
présentées en vertu de la présente loi, fixeront le mode de
paiement des actions de jouissance et détermineront les
effets de l'expropriation. »

84. La loi de 1845 fut assez difficile à exécuter ; ce ne

fut que le 21 janvier 1852 que trois décrets-lois ordonnèrent le rachat des droits attribués 1° à la Compagnie du canal du Rhône au Rhin ; 2° à la Compagnie du canal de Bourgogne ; 3° à la Compagnie des quatre canaux. On avait craint jusque là d'imposer au Trésor public une charge trop lourde en rachetant purement et simplement les canaux dans les termes de la loi de 1845 ; on avait parlé d'un crédit de cinquante millions, indispensable, disait-on, pour arriver à l'extinction complète des actions de jouissance qui pourraient se trouver entre les mains des particuliers. D'après une combinaison proposée en 1849, l'Etat aurait affermé pour une période de quatre-vingt dix-neuf ans les produits des canaux concédés en 1821 et 1822 ; de leur côté, les sociétés fermières se seraient engagées à racheter intégralement les actions de jouissance des anciennes Compagnies et à abandonner au Trésor une somme de quarante millions, qui serait destinée à l'amélioration de notre navigation intérieure. Le commerce s'alarma vivement de ce projet ; sans doute, les tarifs actuellement en vigueur allaient être réduits ; mais convenait-il que, sans tenir compte des enseignements du passé, le gouvernement abandonnât une seconde fois le droit de consentir à de nouvelles et ultérieures réductions de tarifs ? N'était-il pas à craindre qu'il ne se trouvât absolument lié vis à vis des nouvelles Compagnies et qu'il fût obligé de recommencer la campagne qu'il avait engagée de 1842 à 1845 ? Les décrets de 1852 furent rédigés sous l'influence de ces idées. C'est ce que nous lisons dans le rapport qui les précède, et qui a été rédigé par le ministre des Finances et par celui des Travaux publics :

« En exécution de la loi de 1845, deux projets furent présentés en novembre 1850 à l'Assemblée législative, pour racheter les droits attribués aux Compagnies des quatre canaux et du canal du Rhône au Rhin, dont l'opposition s'était traduite en protestations déférées au Conseil d'Etat ;

mais la Commission chargée de l'examen de ces projets en changea radicalement la pensée et l'objet, et au lieu du rachat, elle proposa l'affermage général ou partiel de dix canaux. Le rapport n'est pas arrivé à discussion. C'est dans cette situation que la question a été reprise ; il est d'autant plus urgent de la résoudre que quelques-uns des tarifs en vigueur expirent au mois de mars prochain. Après un nouvel examen, il a été reconnu que l'affermage immédiat des canaux serait désavantageux à l'Etat, et qu'il était préférable de maintenir les projets de rachat. D'une part, en effet, il serait imprudent d'aliéner pour un laps de temps considérable (quatre-vingt-dix-neuf ans) un domaine dont on ne connaît pas encore réellement tout le produit, grevé qu'il est d'une servitude qui en diminue nécessairement la valeur ; d'autre part, les conditions d'affermage telles qu'elles avaient été formulées, ont paru inacceptables sous beaucoup de rapports. Le gouvernement ne renonce point (il en a manifesté plusieurs fois la pensée) à livrer à l'industrie privée la gestion des canaux, comme il a consenti à lui livrer la gestion des chemins de fer ; mais il a le droit et le devoir de ne le faire qu'à de bonnes conditions, quand le moment lui semblera opportun, et lorsque l'administration des canaux étant devenue libre et dégagée d'entraves, leur concession pourra être l'objet d'une concurrence sérieuse. » Le prix de rachat des trois canaux a été fixé par la loi du 3 mai 1853 à 7,480,742 fr. 40 c. pour le canal du Rhône au Rhin ; à 6,000,000 fr. pour le canal de Bourgogne ; à 9,800,000 fr, pour les quatre canaux. L'article 3 de la loi dispose que ces sommes seront payées à chaque Compagnie en trente annuités. « Un titre donnant droit à trente annuités, chacune de la somme de.... sera délivré à cet effet à la Compagnie en remplacement des droits attribués aux actions de jouissance émises par elle et dont les titres seront alors annulés de plein droit. » Le paiement de la première annuité a eu lieu le 1ᵉʳ juin 1853, et chaque année, les crédits nécessités par ce service sont inscrits au budget.

85. L'année 1860 vit achever en grande partie l'œuvre commencée en 1852. A l'époque où le traité de commerce avec l'Angleterre inaugurait chez nous le premier essai du libre échange, il était urgent de réduire les droits de navigation sur la plupart des canaux, et de rendre ainsi moins coûteux les transports intérieurs. La question du rachat des canaux fut de nouveau mise à l'ordre du jour. Sept lois rendues à la date des 28 juillet et 1ᵉʳ août 1860, prescrivirent le rachat 1° de l'écluse d'Iwuy sur l'Escaut ; 2° du canal de Roanne à Digoin ; 3° du canal d'Arles à Bouc ; 4° des canaux d'Orléans et du Loing ; 5° des canaux de la Somme et de Manicamp ; 6° du canal des Ardennes ; 7° du canal latéral à l'Oise ; 8° du canal de la Sensée ; 9° du canal d'Aire à la Bassée ; 10° du canal de Briare. Ces lois sont conçues dans des termes identiques ; elles ont été l'objet d'un seul exposé de motifs ; elles ont été renvoyées à la même Commission, qui n'a fait pour toutes qu'un seul rapport. Le principe du rachat, une fois admis, comment devait-il y être procédé ? Fallait-il appliquer la loi du 3 mai 1841 sur l'expropriation pour cause d'utilité publique, ou bien s'en référer à la loi du 29 mai 1845 ? La loi de 1845 était une loi exceptionnelle ; elle avait été faite pour les canaux construits au moyen des ressources créées par les lois de 1821 et de 1822 ; on faisait remarquer que les concessions faites par ces lois de 1821 et de 1822 ne donnaient droit qu'à des redevances plus ou moins prolongées, tandis que plusieurs des canaux, dont les lois proposées autorisaient le rachat, avaient été l'objet de concessions perpétuelles, notamment les canaux d'Orléans et du Loing, de Briare, de Roanne à Digoin et d'Aire à la Bassée. Néanmoins le Corps législatif crut devoir passer outre ; l'art. 2

prescrivit que le rachat de ces canaux aurait lieu dans les termes de la loi de 1845 ; l'exposé des motifs et le rapport de la Commission s'appuyait sur ce fait que, lors du rachat des canaux de Bourgogne, du Rhône au Rhin et des quatre canaux, l'application de cette loi avait donné les meilleurs résultats, et qu'aucune réclamation ne s'était élevée de la part des intéressés. Une difficulté analogue fut soulevée en ce qui touche la nature de l'indemnité à allouer aux Compagnies. En 1852 et 1853, les Compagnies, comme nous l'avons vu, avaient reçu non pas un capital fixe, mais un titre leur donnant droit à des annuités trentenaires qui représentaient les intérêts et l'amortissement du prix fixé par les Commissions. Rien de plus logique, puisque, dans le système des lois de 1821 et de 1822, le droit des Compagnies concessionnaires se bornait à la perception de redevances annuelles ; elles étaient donc indemnisées de la manière la plus équitable, lorsqu'elles recevaient un titre productif d'un revenu annuel, susceptible d'être converti en argent comme leur titre antérieur ; elles se trouvaient dans la même position qu'auparavant, et elles ne pouvaient raisonnablement exiger plus qu'elles n'avaient antérieurement au rachat. Ici au contraire, on était en présence de Compagnies qui se disaient propriétaires des canaux concédés et qui pouvaient soutenir que, dépouillées d'un capital proprement dit, elles avaient droit à obtenir, à titre d'indemnité, un capital équivalent. Sans s'expliquer bien nettement, la Commission du Corps législatif parut considérer les canaux comme des biens d'une nature spéciale ; tout en évitant de se mettre en contradiction avec la jurisprudence de la Cour de cassation et d'attribuer au domaine public les canaux concédés à perpétuité, elle soutint que de semblables propriétés ne pouvaient être régies par la loi commune ; qu'à raison des droits que l'Etat peut exercer sur les canaux, les concessionnaires n'étaient en fait que de simples usufruitiers : « Le concessionnaire, disait-elle en propres termes, n'a dans ses mains qu'un titre représentant la chose commune, et dans la vente qu'il peut en faire, c'est le titre et le droit plutôt que la chose qui sont l'objet de l'aliénation. » Donc, en privant les concessionnaires de leur droit d'usufruit, on pouvait les indemniser en leur attribuant une redevance annuelle représentative de cet usufruit. L'article 3 est ainsi conçu : « Le capital qui aura été fixé pour le prix du rachat, valeur au 1er juillet 1860, sera payable au choix de l'Etat, soit en rentes 3 pour cent, au cours moyen des trois mois qui précéderont sa fixation, soit en... annuités composées chacune de l'intérêt à 4 pour cent et du fonds d'amortissement nécessaire pour opérer en huit ans au même taux, la libération de l'Etat. » Les Commissions appelées à fixer le prix du rachat, devaient, comme celles instituées en 1845, être composées de neuf membres ; toutefois, la loi de 1860 modifiait quelque peu le mode de nomination de ces membres. « Le prix du rachat, dit l'article 2 in fine, sera fixé par une Commission spéciale instituée pour chaque Compagnie, par un décret de l'empereur, et composée de neuf membres, dont trois seront désignés par le ministre des Finances, trois par la Compagnie et trois par l'unanimité des six membres déja désignés. Faute par ceux-ci de s'entendre dans le mois de la notification à eux faite de leur nomination, le choix de ceux des trois derniers membres qui n'auront pas été désignés à l'unanimité, sera fait par le premier président et les présidents réunis de la Cour de Paris. » Quant à la manière dont devait fonctionner la Commission, quant à la désignation du Président et du secrétaire, on s'en référait tacitement aux énonciations de la loi de 1845 ; il était inutile d'insister à nouveau sur des points de détail qui, dans la pratique antérieure, avaient été appliqués sans difficulté aucune. Les Commissions fonctionnèrent dans le courant des années 1860 et 1861 ; dans une lettre qui porte la date du 7 mars 1862, M. Fould, ministre des Finances, annonça que le gouvernement avait l'intention de payer, au moyen d'annuités, le capital qui serait fixé pour le rachat des canaux. Sept lois promulguées le 20 mai 1863, ont déterminé le montant de ces annuités. Un amendement qui fut alors soumis au Corps législatif, portait que le gouvernement serait tenu de racheter également le canal du Midi de Toulouse à Cette. Cet amendement fut écarté par une fin de non recevoir ; la proposition de racheter un nouveau canal, disait la Commission, ne pouvait trouver place dans un ensemble de lois dont le seul but était de sanctionner, par un vote financier, le rachat de huit canaux, décidé en principe par des lois antérieures. On annonçait en même temps que la question n'était que réservée, et qu'elle serait bientôt remise à l'étude. Malgré toutes les réclamations des provinces du Midi, malgré les vœux si souvent formulés par les Conseils généraux, cette promesse n'a point encore reçu d'exécution ; les dépenses qu'entraînerait l'expropriation d'un canal de 280 kilomètres de longueur et objet d'une concession perpétuelle, ont fait jusqu'ici reculer le gouvernement ; en même temps on s'est préoccupé de la situation où se trouverait placée la Compagnie des chemins de fer du Midi, si le canal qui lui a été donné à bail, venait à passer de ses mains dans celles de l'Etat ; les produits de la ligne de Bordeaux à Cette seraient infailliblement réduits des trois quarts, sans que la Compagnie pût lutter contre la concurrence de la batellerie. Jusqu'ici le gouvernement s'est borné à imposer à la Compagnie de nombreuses modifications de tarifs qui pussent atténuer le monopole dont il est investi ; il est peu probable que d'ici à longtemps il vienne à se départir de cette ligne de conduite et à proposer le rachat pur et simple du canal du Midi.

CHAPITRE III

NOTIONS SOMMAIRES SUR LA NAVIGATION FLUVIALE.

§ Ier.

Des droits perçus sur les rivières navigables.

A

Droits de navigation proprement dits.

§ II.

Police de la navigation fluviale.

A

Règlement général du 20 juin 1855.

B

Règlements particuliers aux bateaux à vapeur.

§ III.

Organisation administrative du service de la navigation.

A. *Service de la navigation sur les cours d'eau navigables et les canaux exploités par l'État.*

B. *Service de la navigation sur les canaux exploités par les compagnies.*

C. *Service spécial des ports du bassin de la Seine.*

A

162. Organisation du service de la navigation.
163. Dispositions spéciales au ressort de la préfecture de police.
164. Des gardes rivières et éclusiers. — De leur nomination.
165. Du traitement des gardes rivières et éclusiers.
166. Allocations exceptionnelles accordées aux gardes rivières et éclusiers. — 1° Pour passage de nuit aux écluses et ponts mobiles.
167. 2° Pour déplacements et travaux extraordinaires.
168. 3° Pour constatation des contraventions en matière de pêche fluviale.
169. Agents subalternes du service de la navigation.
170. Service du pilotage. — Institution des chefs de ponts.
171. Nomination des chefs de ponts.
172. Privilége des chefs de ponts. — Questions de compétence.
173. Suite.

B

174. Situation légale des agents commissionnés par les compagnies particulières.

C

175. Nécessités spéciales du bassin de Paris. — Création des gardes ports et jurés compteurs. — Edit de 1704. — Décret du 21 août 1852.
176. L'administration peut instituer des gardes ports sur les rivières partout où elle le juge convenable. — Difficulté quant aux canaux. — Nomination des gardes ports.
177. Attributions des gardes ports.
178. Le service de la comptabilité des ports est centralisé entre les mains des gardes ports.
179. Des inspecteurs des ports. — Nature de leurs fonctions.
180. Les inspecteurs et gardes ports sont assermentés. — De leur rôle quant à la répression des contraventions.
181. Les inspecteurs et gardes ports n'ont point de traitement fixe, mais ont droit de percevoir certaines taxes sur les marchandises confiées à leur surveillance. — Controverses sur la légalité du tarif de 1704. — Tous les doutes ont été dissipés par le décret de 1852.
182. Quelles sont les marchandises donnant lieu à une perception?
183. Y a-t-il lieu à perception au cas de simple transbordement de marchandises?

§ Ier.

Des droits perçus sur les rivières navigables.

A. *Droits de navigation proprement dits.*

B. *Droits de navigation maritime perçus à l'embouchure des fleuves.*

C. *Droits de stationnement sur les ports.*

D. *Droits de navigation sur les canaux concédés.*

E. *Perception de l'impôt du dixième sur les bateaux servant au transport des voyageurs.*

A

86. L'établissement des péages sur la plupart des cours d'eau navigables paraît remonter à l'époque de la domination romaine ; nous les voyons survivre à l'invasion des barbares et se développer de plus en plus sous les rois de la première race. En 633, l'abbaye de Saint-Denis percevait déjà un droit, dit de *tonlieu*, sur les bateaux servant au transport des marchandises amenées à la foire du Lendit. En 755, un capitulaire de Charlemagne constate l'existence de ces droits ; défense est faite aux officiers du roi de les percevoir là où ils ne sont point dus : « de teloneis ut a peregrinis non exigantur neque in iis locis ubi esse non debent. » En 821, pareilles injonctions sont renouvelées, et un capitulaire de Louis le Débonnaire détermine les personnes qui en sont exemptées. Bientôt les péages passent

du domaine du roi dans celui des seigneurs féodaux. « L'impôt perçu sur les routes et les passages à titre de péage, dit M. Championnière (n° 324), tomba comme tous les revenus fiscaux dans l'appropriation privée des *honores*. La généralité des péages d'une localité était, le plus souvent, attribuée au vicaire chargé de la surveillance des chemins, « per vicarios ; » quelquefois ce fut l'objet d'une attribution particulière comprenant tout ce qui était relatif aux voies publiques ; dans ce dernier cas, l'officier ou l'honoré prenait le nom de viarius. La similitude des noms et des attributions du vicarius et du viarius les a fait souvent confondre ; les textes et les auteurs coutumiers ont également pris l'un pour l'autre le viguier et le voyer. Cependant, lorsqu'on examine avec soin les textes primitifs, on se convaincra qu'il existait une différence réelle entre ces conditions et que la voière ou viaria n'était pas exactement la viguerie ou basse justice. Une charte royale de 1124 les distingue expressément : « cum bosco et prato et molendino et pratis et viaria et justitia. » — Pour ne citer qu'un seul exemple, le roi Sigebert II lègue, par son testament, à des abbayes le droit de percevoir des péages sur certaines rivières d'Aquitaine et sur les bords de la Loire. « Deinde anno XIV regni sui, idem rex Sigibertus testamento legavit B. Remaclo quædam in Aquitania, puta telonia in portu Vetraria, ad fluvios Tanacum et Illam ; itemque portus Sellis et Vogaticum ad flumen Ligerim, cum omnibus ad eum attinentibus. » Le seigneur qui a établi un péage sur une rivière est tenu d'entretenir le cours d'eau et de veiller à la réparation des ponts qui le traversent. Un capitulaire de 854 l'avait décidé dans les termes suivants : « De pontibus restaurandis videlicet est ubi antiquitus fuerunt reficiantur ab his qui honores illos tenent de quibus ante pontes facti vel restaurati fuerunt. » Les abus de ces péages seigneuriaux donnèrent lieu au moyen âge à des plaintes continues ; Lapoix

Fréminville (Prat. des terriers, t. IV, p. 124) comptait sur le Rhône trente péages dans un espace de trente-six lieues ; sept seulement de ces péages se percevaient au lieu de leur destination ; quelques bureaux étaient éloignés de deux, trois, cinq, et même jusqu'à neuf lieues du passage où la perception eût dû légalement être faite. C'est ce qui se trouve encore attesté par Loyseau. « Les péagers, dit-il (ch. IX, n° 98), qui sont volontiers quelques soldats dévalisés ou quelques praticiens affamés ou autres mauvais garnements sont si malicieux qu'ils pendent leurs billettes et assignent le lieu du péage et acquit le plus loin qu'ils peuvent du grand chemin et ès-endroits les plus effondrés et de difficile accès, afin que les marchands, ennuyés de se détourner, se hasardent de passer sans payer et que, partant, ils aient ou une marchandise saisie ou une grosse amende. »

87. Du jour où la royauté parvint à mettre la main sur les fleuves et rivières navigables, elle déclara immédiatement que le droit de percevoir un péage ne pouvait appartenir qu'au roi. Merlin (Rép. v° Péage, § Ier) établit en ces termes la doctrine qui avait fini par prévaloir dans le courant du XVIIe siècle. « En général, les droits de péage appartiennent au roi et ne peuvent être levés qu'au profit de Sa Majesté ou des engagistes des domaines ou de ceux à qui ils ont été accordés à titre d'inféodation ou d'octroi. Les seigneurs haut-justiciers ne peuvent les exiger sans concession expresse ou du moins s'ils n'ont en leur faveur une possession immémoriale. » Une déclaration du 31 janvier 1663 portait qu'il serait fait recherche des droits de péage qui auraient pu être usurpés par les seigneurs ; elle ajoutait que les péages, maintenus entre les mains des seigneurs, ne pouvant exister qu'en vertu de concessions royales, les pancartes qui seraient affichées seraient précédées de la formule « de par le roi » et timbrées des armes

de France. L'ordonnance de 1669 fixa, d'une manière plus complète, les droits qui devaient être perçus et le mode de perception qui serait désormais suivi ; on peut en résumer les dispositions en disant qu'elle maintenait les péages établis antérieurement à 1569, en vertu de titres légitimes et dont les possesseurs auraient joui sans interruption aucune ; qu'elle enjoignait, en conséquence, aux seigneurs, soit ecclésiastiques, soit laïques, de justifier immédiatement des titres et de la possession requise. Un arrêt du Conseil du 29 août 1724 établit un bureau composé de maîtres des requêtes et de conseillers d'Etat, qui était chargé d'examiner les titres de ceux qui se prétendraient propriétaires de droits de péage ; mêmes prescriptions dans deux autres arrêts des 24 avril 1725 et 4 mars 1727. Le dernier document que nous rencontrons est l'arrêt du Conseil du 15 août 1779. En principe, tous les péages seigneuriaux devaient être immédiatement supprimés , sauf l'allocation d'une indemnité aux propriétaires des péages. L'article Ier ordonnait en conséquence à tous propriétaires de péages sur les rivières navigables de leur nature d'envoyer incessamment au Conseil, savoir les engagistes des dits droits une expédition en forme de leur contrat d'engagement, et les propriétaires à titre patrimonial, l'arrêt du Conseil rendu sur l'avis des commissaires du bureau des péages, ainsi que les derniers baux à ferme des dits droits s'ils étaient affermés ou les registres des recettes des dix dernières années si ces péages avaient été exploités par les propriétaires eux-mêmes. L'article 2 ajoutait que les engagistes et propriétaires devraient joindre aux susdites pièces un état des charges dont ils étaient tenus à raison de l'existence de ces péages et un certificat de l'intendant de la généralité, portant qu'ils avaient régulièrement satisfait à l'obligation d'entretenir les ponts et les chemins qui y aboutissent. Par les articles 3 et 4, le roi se réservait toute latitude quant à la fixation du montant de l'indemnité et de l'époque à laquelle devait avoir lieu définitivement la suppression des péages ; provisoirement les seigneurs étaient maintenus dans leurs droits ; injonction était faite aux marchands et à tous autres d'acquitter le montant des droits entre les mains de qui il appartiendrait. Enfin, l'article 5 décidait que l'arrêt n'était, en aucune manière, applicable aux péages établis sur les canaux ou sur les rivières navigables artificiellement. « N'entend point, Sa Majesté, comprendre dans ces dispositions des articles 1, 2, 3, les péages établis sur les canaux ou sur les rivières qui ne sont navigables que par le moyen d'écluses et d'autres travaux d'art et qui exigent un entretien et un service journalier. »

88. La suppression des péages seigneuriaux ne fut définitivement opérée que par les lois révolutionnaires. L'art. 13, tit. II de la loi des 15-28 mars 1790 est ainsi conçu : « Les droits de péage, de long et de travers, passage, halage, pontonnage, barrage, chômage, grande et petite coutume, tonlieu et autres droits de ce genre, ou qui en seraient représentatifs, de quelque nature qu'ils soient et sous quelque dénomination qu'ils puissent être perçus, par terre ou par eau, soit en nature soit en argent, sont supprimés sans indemnité. En conséquence, les possesseurs desdits droits sont déchargés des prestations pécuniaires et autres obligations auxquelles ils pourraient être assujettis pour raison de ces droits. » — L'art. 15 contenait un assez grand nombre d'exceptions : « Sont exceptés quant à présent de la suppression prononcée par l'art. 13 : 1° les octrois autorisés qui se perçoivent sous aucune des dénominations comprises audit article, soit au profit du trésor public, soit au profit des provinces, villes, communautés d'habitants ou hôpitaux ; 2°...........; 3° ceux des droits énoncés dans ledit article qui ont été concédés pour dédommagement des

frais de construction de ponts, canaux et autres travaux ou ouvrages d'art contruits sous cette condition ; 4° les péages accordés à titre d'indemnité à des propriétaires légitimes de moulins, usines, bâtiments et établissements quelconques, supprimés pour raison d'utilité publique. » L'art. 16 obligeait seulement les propriétaires maintenus dans la jouissance de leurs péages à représenter dans l'année leurs titres aux directoires de département, faute de quoi la perception de ces droits devait être provisoirement suspendue. Vient ensuite la loi beaucoup plus sévère du 25 août 1792, qui, abrogeant l'art. 13 de la loi de 1790, n'admet plus d'exception qu'en faveur des seigneurs qui prouveraient par titres authentiques que les péages dont ils jouissaient antérieurement, étaient la représentation ou le dédommagement d'une propriété dont le sacrifice aurait été fait à la chose publique, et encore les droits ainsi maintenus pouvaient-ils être rachetés dans l'intérêt du commerce et de la navigation. La loi du 17 juillet 1793 fit disparaître les derniers vestiges de l'ancien régime : elle supprima tous les droits seigneuriaux maintenus en 1792 et par conséquent tous les péages conservés au profit des ci-devant seigneurs qui pouvaient établir par des titres primordiaux qu'ils ne les avaient acquis de la nation qu'à titre onéreux. La Convention ne laissait subsister que les droits de navigation perçus sur les canaux et les péages dont les produits étaient destinés à l'entretien des ponts et autres ouvrages d'art. C'est ainsi qu'un décret du 17 fructidor an II, rendu relativement au péage de Saint-Rambert, chargeait l'administration du département de Rhône-et-Loire du soin de vérifier si les propriétaires de ce droit étaient réellement chargés du balisage de la rivière. De même, un jugement du tribunal de Cassation du 26 germinal an VII (Dev. C. N. 1, 1, 190), maintenait un droit de pontonnage perçu successivement par la ville de Rouen et par l'Etat, pour la réparation du pont de bateaux qui assurait alors la communication entre les deux rives de la Seine. En ce qui touche les canaux, les anciens tarifs n'avaient reçu aucune modification ; seul, le canal du Midi avait été soumis à des règlements nouveaux. Le décret du 21 vendémiaire an V, que nous avons déjà cité, décidait que les droits à percevoir sur les voyageurs et sur les marchandises transportés par ce canal, seraient provisoirement portés à dix fois la valeur de ceux fixés par le tarif de 1684.

89. La loi du 14 floréal an X revint aux traditions de l'ancien régime. Sous le titre d'octroi de navigation intérieure, elle établissait des droits de péage spécialement affectés à l'amélioration des cours d'eau sur lesquels ils étaient perçus. Le gouvernement déterminait pour chaque cours d'eau en particulier, la quotité des droits qui pourraient être perçus et les lieux où seraient opérées ces perceptions. Cette législation arrivait fatalement à une conséquence déplorable. Aucune vue d'ensemble ne présida à la rédaction des divers tarifs qui furent appliqués aux principaux cours d'eau de France. « La fixation de l'impôt, dit M. Grangez (Tr. des droits de navigation, p. 2 et seq.) avait été réservée au gouvernement, qui ne devait y procéder que d'après l'avis des Conseils et des commissions formées, dans chaque département, des délégués des parties intéressées. C'est ainsi que furent successivement rendus, sous forme de règlements d'administration publique , les arrêtés d'après lesquels fut établie la perception du droit de navigation intérieure. Ainsi s'explique le défaut d'uniformité qui entachait les bases elles-mêmes des tarifs qui furent alors adoptés purement et simplement, et qui depuis ne subirent que d'insignifiantes modifications. Formée sous ces influences locales, la loi offrait de bassin à bassin, de rivière à rivière, et quelquefois de bureau à bureau, des différences essentielles non-seulement dans la quotité des taxes, mais

encore dans le mode de perception. Sur telle rivière, le droit était fixé par bateau, avec la simple désignation des noms sous lesquels l'espèce était alors connue, et sans que rien eût réglé la dimension ou la capacité. Sur telle autre, les bateaux étaient divisés en deux ou trois classes et quelquefois plus en raison de leur longueur, sans que la largeur et le tirant d'eau fussent limités. Sur une autre encore, la largeur formait seule les classes. Dans un bassin, la largeur était imposée sur la charge possible, c'est-à-dire la capacité constatée, et dans un autre sur la charge réelle. Ailleurs, il frappait le poids, la mesure, le volume ou l'espèce des marchandises divisées en plusieurs classes. Les bateaux vides supportaient le quart, le tiers, la moitié ou même la totalité du droit imposé sur les bateaux chargés. Cette complication rendait la perception difficile. Le receveur et le contribuable étaient également embarrassés pour appliquer le droit ; l'expéditeur et le batelier ne pouvaient guère évaluer la dépense totale du voyage, lorsque la navigation embrassait plusieurs cours d'eau [1]. » D'un autre côté, le principe de spécialité inscrit dans la loi de l'an X n'avait pas tardé à disparaître ; c'est ce qui fut consacré par la loi de finances du 23 septembre 1814. Une loi du 24 mars 1825 autorisa seulement l'administration à établir des droits de péage extraordinaires toutes les fois que la né-

---

[1] D'après les documents que M. Grangez a pu analyser, on payait par tonne et par distance de 5 kilomètres :

Sur la Meuse.	0 fr. 0118
Sur la Seine Supérieure.	0 fr. 0170
Sur la Garonne.	0 fr. 0179
Sur le Rhône et la Saône.	0 fr. 0190
Sur la Loire.	0 fr. 0244
Sur le Cher.	0 fr. 0344
Sur la Somme.	0 fr. 0635
Sur la Charente.	0 fr. 0736
Sur la Vilaine.	0 fr. 0754
Sur la Seudre.	0 fr. 1375
Sur la Sèvre-Niortaise.	0 fr. 1525

cessité en serait reconnue. En présence de cet état de choses, le gouvernement avait songé de bonne heure à une révision de la loi de floréal ; dès 1820, une commission spéciale avait été nommée pour étudier la question ; le 6 avril 1824, elle présentait un projet de loi établissant sur tous les cours d'eau une taxe uniforme de 0 f. 04 par tonne et par distance de 5 kilomètres. Ce projet ne put être converti en loi à raison des nombreuses lacunes qu'il présentait ; mais bientôt de nouvelles études furent reprises. On reconnut alors, suivant les expressions de M. Grangez (p. 6), qu'il fallait 1° faire payer l'impôt en raison de la distance parcourue ; 2° asseoir la taxe sur le poids des marchandises ; 3° faire servir le tonnage du bateau comme moyen de vérification ; 4° ne pas imposer les bateaux vides ; 5° ne pas taxer uniformément toutes les marchandises. Une loi du 20 mai 1834 appliqua ce système à la navigation de la basse Seine ; deux années plus tard était promulguée la loi du 9 juillet 1836, dont les principales dispositions sont encore en vigueur et à l'étude de laquelle nous consacrerons quelques pages [1].

90. Avant d'entrer dans l'examen des textes, il est nécessaire de trancher une question qui domine toute cette matière. Par quelle autorité des droits de navigation pourraient-ils être établis sur une rivière qui, antérieurement, en était exempte ? On a soutenu plusieurs fois que les droits de navigation n'avaient pas le caractère d'un impôt véritable et ne constituaient, en réalité, que de simples taxes d'entretien ; d'où la conséquence qu'ils pourraient être perçus en vertu d'un simple décret. On a argumenté en ce sens de l'article 3 de la loi du 30 floréal an X, déclarant

---

[1] Nous nous bornerons, dans ce chapitre, à déterminer quel est le montant des droits de navigation proprement dits ; nous ne nous préoccuperons pas des décimes qui, suivant les circonstances, peuvent être ajoutés par une loi spéciale au principal de l'impôt.

précisément que le gouvernement avait un pouvoir absolu pour soumettre à tel ou tel péage la navigation de chaque rivière. Ce système paraît avoir été accueilli en 1834 par la commission de la Chambre des Députés, chargée d'examiner le projet de loi sur la navigation de la Seine. « Les péages sur les rivières ne sont pas des impôts, mais des taxes destinées à l'entretien des travaux, taxes que doivent payer ceux qui en profitent en raison des avantages qu'ils en retirent. » La jurisprudence se montre beaucoup plus sévère et exige formellement l'intervention du pouvoir législatif. (Trib. de la Seine, 1er février 1828 ; Gazette des Tribunaux du 2 février 1828 ; Crim. Rej. 25 fév. 1853 ; Dev. 55, 1, 511.) A l'appui, on invoque deux raisons qui nous semblent péremptoires : 1° L'article 24 de la loi de 1836 n'autorise le gouvernement à modifier les tarifs existants qu'à la condition de faire convertir en lois dans les premiers mois de la session suivante les ordonnances rendues à ce sujet ; 2° les droits de navigation figurent chaque année dans la loi de finances en tant qu'impôts indirects ; ce qui établit d'une manière indiscutable leur qualité réelle. — Chose curieuse : l'administration avait elle-même acquiescé d'avance à cette solution ; nous lisons dans une circulaire du Directeur général des Ponts et Chaussées, en date du 1er avril 1820. « Les droits de navigation constituent *un impôt*, assis sur une branche particulière d'industrie, et fondé sur les avantages que retire cette industrie des dépenses qui ont été faites pour la rendre plus facile par l'entretien des fleuves et des canaux. »

91. L'article 1er de la loi de 1836 porte qu'à dater du 1er janvier 1837, le droit de navigation intérieure sera perçu d'une manière uniforme sur toutes les parties de cours d'eau qui n'auront pas fait l'objet de concession particulière ; à ce droit de navigation proprement dit, on assimile les droits de péage spécialisés perçus à cette époque

sur la Garonne, le Tarn, la Bayse, le Lot, la Sèvre-Niortaise, l'Allier et la Seine, dans les termes de la loi du 24 mars 1825. Un tableau annexé à la loi fait connaître les fleuves et rivières sur lesquelles aura lieu la perception des droits de navigation ; nous n'y voyons figurer que dix des bassins de navigation qui existent en France, savoir : ceux de la Seine, de la Meuse, de la Moselle, du Rhône, de l'Adour, de la Gironde, de la Charente, de la Loire, de la Vilaine et de l'Orne. Le projet où figuraient en outre les droits à percevoir dans les bassins de l'Aa et de l'Escaut était ainsi développé par l'exposé des motifs : « Le tarif annexé au projet de loi ne fait mention que de douze des vingt-un bassins de navigation qui existent en France. Sept ne sont pas imposés parce qu'ils sont à peine navigables et les deux autres, ceux de la Somme et de l'Hérault, n'ont pas dû être compris au tarif. La canalisation de la Somme étant achevée, la perception sur la partie au-dessous d'Abbeville jusqu'à Saint-Valery sera incessamment établie de la même manière que dans la partie supérieure de ce canal concédé. Quant à l'Hérault, il est assujetti à un tarif semblable au canal du Midi, dont il peut être considéré comme une dépendance. » Les bassins de l'Aa et de l'Escaut disparurent pour une raison analogue du tableau annexé à la loi de 1836 ; M. le comte Jaubert, rapporteur du projet, fit observer à la Chambre des Députés que le gouvernement était sur le point de faire exécuter, par voie de concession, des travaux considérables dans le lit de l'Aa ; que l'Escaut était déjà en partie concédé ; qu'en outre, ces deux rivières et leurs affluents, ainsi que les nombreux canaux qui y aboutissaient, formaient un ensemble tellement lié qu'on ne pouvait, en quelque sorte, en toucher une partie sans apporter dans tout le reste des perturbations dont il était difficile de prévoir exactement les effets. — La loi de 1836 ne soumettait à un régime particulier que deux voies navigables : 1° la rivière d'Oise qui restait soumise aux dispositions de l'ordonnance du 13 juillet 1825, rendue en exécution de la loi du 5 août 1821 ; 2° le canal du Centre, régi par les dispositions d'un tableau spécial annexé à la loi. Une ordonnance royale devait déterminer l'époque à laquelle le tarif porté à ce tableau entrerait en vigueur ; mais le gouvernement ne put obtenir que les compagnies exploitant les canaux d'Orléans, de Briare et du Loing adoptassent un tarif analogue ; la mesure, votée par les Chambres, ne présentait plus aucun intérêt et ne fut jamais mise à exécution. Des modifications importantes ne tardèrent pas à être apportées à ces tableaux ; une ordonnance du 27 juin 1837 remania complétement les tarifs ; une seconde ordonnance du 30 novembre 1839 changea la base de la taxe, de manière à la mettre en concordance avec le système décimal des poids et mesures, enfin l'ordonnance du 2 mai 1845 combla une des lacunes les plus regrettables de la législation antérieure, en décidant qu'il serait perçu sur les canaux construits par l'Etat, latéralement aux rivières navigables, les mêmes droits que sur ces rivières elles-mêmes ; cette disposition était immédiatement déclarée applicable au canal de Toulouse à Montauban, au canal latéral à la Marne, au canal de dérivation de la Dordogne et au canal latéral à l'Aisne. A la suite du rachat des canaux opéré en 1860 par l'Etat, les tarifs ont encore été l'objet d'une révision nouvelle. Le décret du 22 août 1860 a diminué, dans les plus larges proportions, ce que ces droits pouvaient avoir de trop onéreux pour le commerce ; hâtons-nous d'ajouter que de nombreuses décisions ministérielles ont, depuis, autorisé les receveurs à se départir de la rigueur que leur commandaient les dispositions impératives des lois et réglements. Les fleuves et rivières dénommés dans la loi de 1836 sont seuls assujettis, par le décret de 1860, à une taxe uniforme ; chacun des canaux récemment rentrés dans les mains du gouvernement se trouve encore soumis par ce décret à des tarifs particuliers. Ces tarifs peuvent se ramener à six types principaux : 1° Tarifs des rivières et canaux non concédés des bassins de l'Aa et de l'Escaut ; 2° Tarifs des canaux de Blavet, d'Ille et Rance, de Nantes à Brest ; 3° Tarifs du canal de Saint-Quentin ; 4° Tarifs des canaux du Rhône au Rhin, de Bourgogne, etc., etc.; 5° Tarifs du canal des Étangs ; 6° Tarifs de la rivière d'Oise canalisée. On comprend facilement que cet état de choses soit dans la pratique une source d'embarras incessants, et sans vouloir insister sur les questions d'unification des tarifs, qui sont exclusivement du ressort de l'économie politique, nous renverrons le lecteur aux intéressants débats qu'a soulevés dans la séance du Sénat du 26 décembre 1863, la pétition de M. Thomé de Gamond. Le rapport de M. Stourm est un des documents que consulteront avec le plus de fruit, ceux qui se livrent à l'étude de ce difficile problème : abaisser actuellement, supprimer plus tard les droits de navigation sans déranger en rien l'équilibre des budgets.

92. Trois éléments sont à considérer lorsqu'il s'agit de fixer le quantum des droits de navigation qui peuvent être exigés dans telle ou telle circonstance : 1° *Charge réelle du bateau*. Art. 2. « Le nombre des tonneaux imposables sera déterminé au moment du jaugeage des bateaux, et pour chaque degré d'enfoncement, par la différence entre le poids de l'eau que déplacera le bateau chargé, et celui de l'eau que déplacera le bateau vide, y compris les agrès. » Le jaugeage des bateaux a précisément pour but de faire connaître le nombre de tonneaux imposables. « Il existe, dit M. Dalloz, (v° Voirie par eau, n° 465), un moyen de connaître le poids de tout le chargement d'un bateau, et de déterminer ainsi la taxe à percevoir; sans procéder au pesage direct de tous les objets transportés, ce qui entraînerait des longueurs et des inconvénients de toutes sortes. Ce moyen

est fondé sur ce principe de physique, que le poids d'un corps plongé dans l'eau est égal au poids du volume d'eau qu'il déplace. Pour connaître le poids d'un bateau et de sa charge, il suffit donc de rechercher le volume de l'eau déplacée ; le nombre de tonneaux imposables se trouve ainsi déterminé par la différence entre le poids de l'eau que déplace le bateau chargé et celui que déplace le bateau vide, y compris les agrès. » Cette opération était prescrite dans les termes suivants par l'article 10 de la loi : « Aucun bateau ne pourra naviguer sur les fleuves, rivières ou cours d'eau, qu'après avoir été préalablement jaugé à l'un des bureaux qui seront désignés pour chaque cours de navigation, par une ordonnance royale. Dans les six mois qui précèderont la mise en exécution de la présente loi, tout propriétaire ou conducteur de bateaux sera tenu de les conduire à vide à l'un desdits bureaux, à l'effet de faire procéder au jaugeage par les employés des contributions indirectes. Le procès-verbal de jaugeage déterminera le tirant d'eau à vide, et la dernière ligne de flottaison à charge complète sera fixée de manière que le bateau, dans son plus fort chargement, présente toujours un décimètre en dehors de l'eau. Toute charge qui produirait un renfoncement supérieur à la ligne de flottaison ainsi fixée, est et demeure interdite. » De même, article 11 : « Toute personne mettant à flot un nouveau bateau sera tenue de le présenter avant son premier voyage ou après son déchargement, à l'un des bureaux de jaugeage. Toutefois, les bateaux qui ne font qu'un voyage, pourront être jaugés à l'un des bureaux de navigation ou au lieu de déchargement ; mais il ne sera pas permis de les dépecer avant que les droits aient été acquittés. » Ces prescriptions ont été développées par les articles 1 à 6 de l'Ordonnance réglementaire du 15 octobre 1836, par l'instruction ministérielle du 24 octobre de la même année, et enfin par les circulaires des 5 novembre 1836 et 27 juin 1838. L'ordonnance indique d'abord quels seront les bureaux ouverts pour le jaugeage des bateaux sur les fleuves, rivières et canaux ; le tableau qui y est annexé a été modifié par une série de textes postérieurs qui n'offrent qu'un intérêt secondaire et que nous nous abstiendrons par conséquent de rappeler ici. Suivant l'article 2, les employés des contributions indirectes devront, lors du jaugeage, se conformer exactement aux instructions émanées du ministère des Finances. Ils dresseront de l'opération un procès-verbal, dont copie sera remise au propriétaire ou conducteur du bateau, et qui énoncera 1° le nom et la devise du bateau ; 2° les noms et domicile du propriétaire et du conducteur; 3° les dimensions extérieures du bateau mesurées en centimètres ; 4° le tirant d'eau à charge complète ; 5° le tirant d'eau à vide avec les agrès ; 6° le tonnage du bateau à charge complète et le tonnage par centimètres d'enfoncement. La progression croissante ou décroissante du tonnage sera réglée par tranches de vingt en vingt centimètres de l'échelle mise en place; les millimètres ne seront pas comptés. L'article 3 autorise les conducteurs des bateaux à faire procéder à un contre-jaugeage ; les résultats de cette nouvelle opération seront également constatés par un procès-verbal dont il leur sera délivré une ampliation en échange de la précédente. De leur côté, les employés peuvent, lorsque le bateau est arrivé à destination, procéder d'office à une contre-vérification du jaugeage, notamment s'assurer que le zéro de l'échelle correspond bien au tirant d'eau à vide ; s'il n'y a point de différence, ils se borneront à viser l'ancien procès-verbal. En tout cas, les vérifications ne pourront avoir lieu que lors du stationnement et après le déchargement des bateaux. L'article 2 de la loi de 1836 voulait que le degré d'enfoncement du bateau fût indiqué au moyen d'échelles métriques incrustées dans le bordage extérieur du bateau ; les mesures à prendre pour assurer l'exécution de cette disposition essentielle, ont surtout préoccupé le rédacteur de l'ordonnance. « De chaque côté du bateau, dit l'article 4, sera incrustée une échelle en cuivre, graduée en centimètres, dont notre ministre des Finances déterminera la forme, la dimension et le placement. Le zéro de l'échelle correspondra au tirant d'eau à vide, et une marque apposée dans la partie supérieure indiquera la ligne de flottaison à charge complète, à la limite déterminée par l'article 10 de la loi du 9 juillet 1836. Les propriétaires ou conducteurs des bateaux pourront fournir et placer les échelles en présence des employés et en se conformant aux indications de l'administration des contributions indirectes. A leur défaut, cette administration y pourvoira ; dans ce cas, le prix des échelles lui sera remboursé au moment du jaugeage, à raison de trente centimes par décimètre, y compris la mise en place. » Nous voyons dans les articles 5 et 6, qu'il est défendu aux bateliers d'enlever ou déplacer les échelles ; que toutes les fois que par un accident quelconque, les échelles auront été enlevées ou seront détériorées, le batelier sera tenu de les faire immédiatement remplacer en se conformant aux dispositions de l'article 4. Enfin l'article 8 prévoit le cas où un bateau chargé de marchandises effectuerait son premier voyage, en prenant pour point de départ un endroit où il n'existerait pas de bureau de navigation : « La perception du droit sur tout bateau chargé et non jaugé qui naviguera pour la première fois, sera garantie par un acquit à caution, délivré conformément à l'article 14 de la loi du 9 juillet 1836, et qui énoncera indépendamment du tonnage par évaluation, la distance entre le plat bord et la ligne de flottaison du chargement. Le batelier sera tenu, aussitôt après le déchargement du bateau, de le faire jauger et d'acquitter le droit. Il ne sera pas apposé d'échelle sur tout bateau qui sera dépecé après le premier voyage, et dans ce cas, le jaugeage sera fait au lieu même du déchargement. »

93. Une ordonnance royale du 11 décembre 1822 avait décidé : 1° que le jaugeage des bateaux à vapeur établis sur les différents canaux de navigation, appartenant à l'Etat, serait calculé d'après l'espace uniquement destiné au placement des voyageurs et des marchandises, et déduction faite de l'espace nécessaire à l'emplacement de la machine à vapeur, au magasin des combustibles, à celui des agrès et à celui des employés des équipages ; 2° que la même distraction aurait lieu pour les bateaux à vapeur naviguant sur les bassins et canaux où le droit serait perçu d'après le chargement possible du bateau. La loi de 1836 s'est montrée beaucoup moins libérale. Article 17 : « Les dispositions qui précèdent sont toutes applicables aux bateaux à vapeur ; mais lors du jaugeage, la machine, le combustible pour un voyage, et les agrès seront compris dans le tirant d'eau à vide. » Le système de l'ordonnance de 1822 fut vivement défendu à la Chambre des Députés par M. Jard-Panvilliers, et tout en combattant l'amendement proposé, M. le Ministre des Finances consentit à une sorte de transaction ; renonçant à appliquer la loi dans toute sa rigueur, il déclara que dans l'ordonnance d'exécution pour le jaugeage des bateaux à vapeur, on considérerait comme ne devant supporter aucun droit l'espace nécessaire aux employés qui tiennent la comptabilité du bateau et au mécanicien. « C'est, disait-il, ce qui a été fait jusqu'à présent, c'est ce qu'on continuera de faire. Mais, quant au reste de l'équipage, on ne peut pas évaluer l'emplacement qu'il occupe. De deux choses l'une : ou le bateau à vapeur transporte des voyageurs et alors il paie d'après les conditions spéciales de cette espèce de navigation ; ou il transporte des marchandises et il paie d'après le degré d'enfoncement ; eh bien ! l'équipage contri-

buera à ce degré d'enfoncement comme dans les autres bateaux. La Chambre comprend qu'on se jetterait dans d'inextricables difficultés si l'on voulait établir de pareilles distinctions dans la loi. »

94. 2° *Nature des marchandises transportées par eau.* — L'article 3 de notre loi établit, en ce qui touche la fixation des droits de navigation, deux classes de marchandises soumises chacune à des perceptions distinctes ; dans la seconde classe, la loi range : 1° les bois de toute espèce autres que les bois étrangers d'ébénisterie, le charbon de bois ou de terre, le coke et la tourbe, les écorces et les tans. Des explications données à la Chambre des Pairs, il résulte que ces dispositions doivent être entendues dans le sens le plus large ; que tous les dérivés des bois jouissent des bénéfices de ce tarif réduit ; c'est ainsi que dans la pratique on a toujours considéré comme marchandises de seconde classe les lattes, cercles, merrains, bois de charronnage qui, sans être absolument bruts, n'ont pas encore reçu d'apprêts définitifs et ne sont, en quelque sorte, qu'à l'état de matière première ; 2° le fumier, les cendres et les engrais de toute sorte ; 3° les marbres et granits bruts ou simplement dégrossis, les pierres et moëllons, les laves, le grès, le tuf, la marne et les cailloux ; 4° le plâtre, le sable, la chaux, le ciment, les briques, tuiles, carreaux et ardoises ; enfin le minerai, le verre cassé, les terres et les ocres. Diverses décisions ministérielles ont en outre fait rentrer dans cette dernière catégorie le manganèse, tant que ce minéral n'aura pas été séparé des matières hétérogènes avec lesquelles il est naturellement combiné et n'aura pas été ramené à l'état de métal. Quant aux asphaltes, ils sont assimilés aux marchandises de deuxième catégorie sur tous les canaux où la perception est faite par l'Etat ; sur les rivières navigables les pierres d'asphalte et produits de même na-

re, qui n'auront subi aucune préparation, bénéficieront seuls de cette taxe réduite. Toutes les marchandises qui ne sont pas comprises dans la présente énumération, ajoute l'article 3, sont imposées à la première classe. — Le décret du 22 août 1860 est venu compléter les énonciations de la loi de 1836 ; les tableaux qui y sont annexés ont été rédigés dans l'esprit le plus libéral et le plus favorable aux intérêts du commerce. Sur les canaux du Blavet, d'Ille-et-Rance, de Nantes à Brest, les marchandises imposables continuent à être divisées en deux catégories ; sur le canal de Saint-Quentin elles forment trois catégories ; enfin, elles sont rangées en quatre catégories sur les canaux du Rhône au Rhin, du Centre, de Berry, etc., etc. Sur la rivière de l'Oise canalisée, les marchandises de toute espèce sont soumises, sans distinction de classe, à une taxe uniforme. — Restait à savoir ce qui arriverait dans l'hypothèse où les bateaux seraient chargés de marchandises diverses appartenant à des catégories différentes. La loi de 1836 voulait qu'ils fussent imposés au droit le plus élevé, à moins que les marchandises imposées comme étant de première catégorie ne formassent pas le dixième de celles qui seraient transportées ; auquel cas chaque droit devait être appliqué séparément aux deux parties du chargement. Depuis le décret du 15 septembre 1858, les bateaux chargés de marchandises de diverses classes sont imposés proportionnellement au poids et en raison de la nature de chaque partie du chargement. Cette disposition a été maintenue par l'article 5 du décret du 22 août 1860. « Les bateaux chargés de marchandises diverses supporteront les droits proportionnellement au poids et suivant la nature de chaque partie du chargement. »

95. Des règles spéciales ont été édictées pour certains bâtiments d'une nature toute particulière. D'abord, com-

ment calculer la perception des droits de navigation sur les bateaux servant aux transports des voyageurs ? L'article 5 résout la difficulté dans les termes suivants : « Tout bateau sur lequel il y aura des voyageurs paiera le droit imposé à la première classe du tarif, quelle que soit la nature du chargement. Il sera ajouté au poids reconnu un dixième de tonneau pour chaque voyageur qui serait descendu du bateau avant la vérification. » La portée de cet article fut bien nettement précisée dans les discussions qui eurent lieu à la Chambre des Pairs. M. le marquis de Cordoue, rapporteur, avait demandé si il serait applicable dans toute sa rigueur à un batelier qui recevrait par charité un individu sur son bateau. M. le Ministre des Finances répondit que la loi ne pouvait prévoir tous les cas ; que l'article s'appliquait aux bateaux dont la destination est de transporter des voyageurs, et point du tout à des bateaux qui pourraient accidentellement transporter des voyageurs. « Dans l'application de cette loi, ajoutait-il, on mettra toute l'indulgence et la douceur compatibles avec la sûreté de la perception. » La loi s'est ensuite préoccupée des bascules à poissons qu'il n'eût pas été possible d'imposer d'après leur charge réelle, puisque leur réservoir est toujours submergé. Comme le dit très-bien M. Grangez (p. 40), si les bascules servaient au transport d'autres marchandises que le poisson, il est évident qu'elles devraient être considérées comme des bateaux : mais, quand elles sont uniquement destinées à l'usage qu'annonce leur dénomination ou qu'elles ne sont placées qu'à la traîne et à la suite d'autres bateaux, le réservoir seul est imposable. L'article 3 dispose en conséquence que « les bascules à poissons seront imposées en raison de leur volume extérieur en mètres cubes. Chaque mètre cube sera assimilé pour la perception à un tonneau de marchandises de deuxième classe. Les bascules entièrement vides ne paieront aucun droit. » Nous joindrons à ce texte le paragraphe 16 de l'instruction ministérielle du 24 octobre 1836. « Pour déterminer le volume extérieur des bascules à poisson on ne cubera que l'espace occupé par le réservoir. »

96. 3° *Distance parcourue.* — Suivant l'article 1ᵉʳ de la loi de 1836, l'unité de distance, pour la perception des droits de navigation ou de péage spécialisé, était fixée à cinq kilomètres ; l'article 9 de l'Ordonnance du 15 octobre 1836 complétait ce texte en décidant que toute fraction d'une demie distance ou au-dessus serait comptée pour la perception comme une distance entière, et que toute fraction inférieure serait négligée. Ces dispositions durent être modifiées à la suite de la promulgation de la loi du 4 juillet 1837 sur l'application du nouveau système décimal ; une ordonnance du 30 novembre 1839 prescrivit que la perception des droits de navigation aurait lieu à partir du 1ᵉʳ janvier 1840 par distances de un myriamètre ; que le droit serait appliqué proportionnellement aux dixièmes de myriamètres ; que toute fraction de cinq cents mètres et au-dessus serait comptée pour un kilomètre, et que toute fraction inférieure serait négligée. Le décret du 22 août 1860 a inauguré un mode de perception beaucoup plus simple, en prenant pour unité de distance le kilomètre ; la taxe est fixée conformément au tableau suivant :

	MARCHANDISES			
	de 1ʳᵉ CLASSE.	de 2ᵉ CLASSE.	de 3ᵉ CLASSE.	de 4ᵉ CLASSE.
	Par tonne et par kilom.	Par tonne et par kilom.	Par tonne et par kilom.	Par tonne et par kilom.
1° Fleuves et rivières déterminées au tableau A, annexé à la loi de 1836.	0,002	0,001	»	»

	de 1ʳᵉ CLASSE.	de 2ᵉ CLASSE.	de 3ᵉ CLASSE.	de 4ᵉ CLASSE.
MARCHANDISES	Par tonne et par kilom.	Par tonne et par kilom.	Par tonne et par kilom.	Par tonne et par kilom.
2° Rivières et canaux non concédés, des bassins de l'Aa et de l'Escaut.	0,005	0,002	»	»
3° Canaux du Blavet, d'Ille et Rance, etc., etc....	0,002	0,001	»	»
4° Canal de St-Quentin..	0,01	0,005	25 dix millièmes	»
5° Canaux du Rhône au Rhin, de Bourgogne, du Centre, etc., etc ..	0,020	0,010	0,005	25 dix millièmes
6° Canal des Etangs.....	0,020	0,010	0,005	25 dix millièmes

Taxe unique applicable à la rivière d'Oise, canalisée : 25 dix millièmes par tonne et par kilomètre, pour marchandises de toute espèce.

97. L'article 24 de la loi de 1836 autorisait le gouvernement à modifier provisoirement les tarifs établis, mais à la condition expresse que les ordonnances royales seraient dans un bref délai soumises aux Chambres et transformées en lois. « Le gouvernement pourra, dans l'intervalle de deux sessions législatives, opérer, par ordonnance royale, des réductions aux tarifs annexés à la présente loi. Les changements résultant desdites ordonnances seront présentés aux Chambres dans le premier mois de la plus prochaine session pour être convertis en loi. » Les inconvénients de ce système ne tardèrent pas à se faire sentir dans la pratique ; ainsi l'ordonnance du 27 octobre 1837, qui supprimait toute différence entre les tarifs à la descente et les tarifs à la remonte, bien que présentée à la Chambre des Députés, conformément à l'article 24, bien qu'ayant été de la part de M. Baude, l'objet d'un rapport détaillé, ne put recevoir la sanction législative. On s'habitua peu à peu

à considérer comme abrogée de fait la disposition de la loi de 1836. Des modérations de droits considérables furent accordées par des ordonnances royales, souvent même par des circulaires ministérielles adressées aux agents chargés d'assurer la perception des droits. L'article 6 du décret de 1860 a eu pour but de régulariser la situation. « Les marchandises pourront être transportées d'une classe supérieure dans une classe moins élevée du tarif par décision ministérielle ; les taxes ainsi réduites ne pourront pas être relevées avant un intervalle de six mois. » En conformité de ce décret, une décision ministérielle, en date du 15 novembre 1862 et exécutoire à partir du 15 décembre de la même année, a modifié de nouveau le tableau annexé au décret de 1860 ; sur les canaux désignés aux numéros 5 et 6 de ce tableau, la première classe de marchandises est supprimée ; les marchandises qui la composaient sont transportées dans la seconde classe et ne sont plus soumises qu'à une taxe de un centime. — Le gouvernement peut donc opérer les réductions de tarifs quand il le veut et dans les proportions qu'il juge convenables ; mais, d'un autre côté, les industries privées peuvent-elles se plaindre au cas où leurs intérêts seraient atteints par les suites de ces réductions ? Ainsi, par exemple, les tarifs d'un canal sont notablement abaissés : la compagnie de chemins de fer qui exploite la ligne parallèle à ce canal pourra-t-elle réclamer une indemnité pour le dommage qui va nécessairement lui être causé ? L'article 60 du cahier des charges, imposé actuellement aux compagnies de chemins de fer, nous paraît trancher la difficulté d'une manière formelle. « Toute exécution ou autorisation ultérieure de route, de canal, de chemins de fer, de travaux de navigation dans la contrée où est situé le chemin de fer, objet de la présente concession, ou dans toute autre contrée voisine ou éloignée, ne pourra donner ouverture à aucune demande

d'indemnité de la part de la compagnie. » Mais cette clause
ne se trouve pas reproduite dans certains cahiers de charges, remontant à une époque déjà éloignée : une jurisprudence que nous approuvons sans réserve décide que la compagnie de chemin de fer est sans qualité pour agir par la
voie contentieuse et pour demander la nullité de l'acte qui
a porté réduction des tarifs. « Considérant, dit l'arrêt du
Conseil du 17 février 1853, que le décret du 16 août 1851,
qui a réglé le tarif des droits de navigation à percevoir à
partir du 1er novembre 1851 sur le canal des Etangs, est
un acte d'administration rendu dans un intérêt public; qu'il
n'a été pris par l'Etat envers la compagnie du chemin de
fer de Montpellier à Cette aucun engagement relatif audit
tarif; que, dès-lors, la compagnie est sans qualité pour
attaquer devant nous par la voie contentieuse un acte de
cette nature, etc., etc. » (Lebon, 53, 249). Cet arrêt ne
statue pas, il est vrai, directement sur la question de savoir,
si le maintien du décret de 1851 n'autorisait pas la compagnie de Montpellier à Cette à réclamer des dommages-intérêts de ce chef; elle se bornait à la renvoyer devant le
Conseil de préfecture, seul compétent pour statuer sur une
contestation de cette nature; mais il suffit de jeter les yeux
sur les observations présentées par M. le Ministre des
Finances pour se convaincre que cette nouvelle action
n'aurait eu aucune chance de succès. Le cahier de charges
ne contenait aucune stipulation formelle vis à vis de la
compagnie ; donc l'Etat n'avait en aucune manière renoncé
à l'exercice d'un droit qui lui appartenait en principe, et
le décret de 1851 était à l'abri de toute critique sous quelque forme qu'elle se présentât.

98. La loi de 1836 et le décret de 1860 énumèrent les
bâtiments qui se trouvent dispensés du paiement des droits
de navigation. 1° Bateaux et bascules à poissons entièrement vides. Dans la pratique et en vertu de circulaires ad-

ministratives, on considère comme entièrement vides certains bateaux désignés sous le nom de coursiers, pilla-voines, qui sont destinés à reconduire à leur point de départ les bœufs ou chevaux destinés au service du halage ; on admet que ces bateaux peuvent transporter en franchise les fourrages nécessaires à la nourriture de ces animaux, ainsi que les cordes servant à la traction des bateaux. 2° Bâtiments et bateaux de la marine nationale, affectés au service militaire de ce département ou du département de la guerre, sans intervention de fournisseurs ou d'entrepreneurs. Nous croyons qu'il faudrait faire rentrer dans cette catégorie les bateaux appartenant à des particuliers qui auraient été soit nolisés pour le compte du gouvernement, soit réquisitionnés sauf paiement d'une indemnité et qui serviraient aux transports des départements de la guerre ou de la marine. 3° Bateaux employés exclusivement au service ou aux travaux de la navigation par les agents des ponts et chaussées ; d'après la jurisprudence, il n'est pas nécessaire que ces bateaux soient la propriété de l'administration des ponts et chaussées ; ainsi sont exempts de tout droit de navigation les bateaux appartenant à des particuliers, alors qu'ils servent exclusivement au transport soit des employés des ponts et chaussées, soit des matériaux destinés à ce service (Bordeaux, 16 juin 1847 ; Dalloz, v° Voirie par eau n° 476). D'un autre côté, nous rappellerons que les matériaux employés à l'entretien des voies navigables et à l'établissement des canaux, circulent en franchise de droits, pourvu que les travaux soient exécutés par voie de régie ; l'instruction du directeur général des ponts et chaussées en date du 25 février 1835, n'exige plus que le transport soit effectué par des bateaux exclusivement réservés au service des ponts et chaussées ; il suffit (ce sont là les termes mêmes de l'instruction) que les travaux soient faits pour le compte direct de l'administration et sous sa surveillance immédiate. 4° Bateaux pêcheurs portant uniquement des objets relatifs à la pêche. 5° Bacs, batelets et canots servant à traverser d'une rive à l'autre ; l'arrêt de Bordeaux du 16 juin 1847, décide que le bénéfice de cette disposition doit s'appliquer aux bateaux qui, dans l'étendue d'un port intérieur, passent d'une rive à l'autre le lest nécessaire aux bâtiments de long cours. 6° Bateaux appartenant aux propriétaires ou fermiers et chargés d'engrais, de denrées, de récoltes et de grains en herbe, pour le compte desdits propriétaires ou fermiers, lorsqu'ils auront obtenu l'autorisation de se servir de bateaux particuliers dans l'étendue de leur exploitation. L'article 15 de l'Ordonnance réglementaire du 15 octobre 1836, contient à ce propos la disposition suivante : « L'exemption de droits portée au nombre six de l'article 9 de la loi du 9 juillet 1836, sera appliquée à tous les bateaux dont les propriétaires auront été autorisés à se servir, selon la forme établie par l'article 8 de la loi du 6 frimaire an VII. » Nous aurons plus tard à étudier en détail cette loi de frimaire ; il nous semble donc inutile d'anticiper sur les explications que nous donnerons à ce moment.

99. L'arrêté consulaire du 8 prairial an XI, établissait sur les cours d'eau soumis à la taxe des bureaux de navigation, où aurait lieu le paiement des droits. Suivant l'article 5, ces bureaux devaient être placés aux points que désigneraient des arrêtés spéciaux pour chaque arrondissement. Les articles 6 à 8 traitaient de la comptabilité de ces bureaux de navigation. Dans chaque bureau, la perception aura lieu au moyen d'un receveur et d'un contrôleur. Les recettes générales de chaque bureau sont versées dans la caisse du receveur général des contributions du département, où est situé le chef-lieu de l'arrondissement de navigation ; le receveur général souscrit des bons à vue représentatifs de ces versements, et il en est tenu au Trésor

ié à Paris, un compte distinct par arrondissement de vigation. Les receveurs et contrôleurs des bureaux établis à la limite de plusieurs arrondissements, font simultanément le service de ces arrondissements, sauf le versement du produit des recettes pour chacun de ces arrondissements, qui sera effectué dans chacun des chefs-lieux. Les articles 9 à 12 sont relatifs aux traitements et aux obligations des préposés. En ce qui touche leurs traitements, l'arrêté décide tout d'abord qu'ils consisteront en remises réglées par des arrêtés spéciaux dans la proportion des recettes. Il porte ensuite que les receveurs particuliers fourniront un cautionnement égal au quart du montant de la recette annuelle présumée ; l'acte de cautionnement sera soumis à l'enregistrement ; mais le droit à percevoir ne sera que de un franc, conformément à la loi du 7 germinal an VIII. Le ministre délivre à chaque préposé, des commissions qui seront enregistrées au secrétariat de la préfecture du département où leurs bureaux sont établis. La comptabilité à tenir dans chaque bureau de navigation, est organisée dans les articles 13, 16 et 17. Le receveur de chaque bureau doit tenir chaque jour un registre à talon, qui sera coté et paraphé par le sous-préfet, dans l'arrondissement duquel se trouvera situé le bureau ; il doit, en outre, transmettre tous les mois au préfet du chef-lieu de l'arrondissement de navigation, une feuille contenant l'état des recettes. De son côté, le contrôleur arrête tous les jours le registre du receveur ; il tient un registre particulier de toutes les recettes qu'il vérifie, et adresse chaque mois au préfet une feuille constatant la situation du contrôle. Le receveur général chargé de recevoir les versements des préposés d'un arrondissement de navigation doit 1° adresser chaque mois au directeur général des ponts et chaussées, ainsi qu'au préfet de l'arrondissement, un état de situation des recettes et des bons à vue adressés au Trésor public pour leur montant ; 2° rendre son compte annuel au préfet ; dans les arrondissements où existe une chambre de commerce, le compte lui sera soumis à la diligence du préfet, pour être par elle discuté et arrêté ; dans les autres arrondissements, il sera présenté à la plus prochaine assemblée du Conseil général du département chef-lieu d'arrondissement de navigation, pour être également discuté et arrêté. Le double des comptes doit, dans tous les cas, être transmis au ministre des Travaux publics. Nous n'avons plus guères à signaler dans l'arrêté de l'an XI que les articles 24 et 25, réglant la police des bureaux de navigation. En cas d'insultes ou de violences, les conducteurs de bateaux étaient déclarés passibles d'une amende de cent francs, indépendamment des dommages-intérêts et de peines plus graves, le cas échéant ; on appliquait purement et simplement les dispositions de la loi du 3 nivôse an VI, sur la taxe d'entretien des routes. Aujourd'hui, l'outrage envers les receveurs des droits de navigation, tomberait sous le coup des articles du Code pénal, qui prévoient soit le cas d'outrage à un citoyen chargé d'un service public, soit le cas de rébellion. Les autorités civiles et militaires sont tenues de prêter main forte aux préposés pour l'exécution des lois et règlements relatifs à leurs fonctions ; le procureur de la République poursuit les auteurs de toute insulte ou violence, et ce, tant sur la clameur publique que sur les procès-verbaux dressés et affirmés par les préposés à l'octroi. L'Ordonnance du 15 octobre 1836 contient, dans son article 17, quelques prescriptions supplémentaires destinées à prévenir toute fraude dans la perception des droits. « Seront placardés dans chaque bureau de navigation 1° la loi du 9 juillet 1836 ; 2° la présente Ordonnance ; 3° l'instruction ministérielle sur le jaugeage ; 4° le tableau indiquant le nombre des distances d'un bureau à l'autre et entre les principaux points intermédiaires, ainsi que les lignes de navigation auxquelles s'appliquera la réduction à moitié du droit sur les trains. » En l'an XI, on avait prescrit en outre de placer sur le port, en face de chaque bureau de perception, un poteau et une plaque sur laquelle seraient inscrits les tarifs légaux ; cette disposition, qui ne se retrouve pas dans l'Ordonnance de 1836, n'est plus considérée comme obligatoire et a cessé d'être mise à exécution.

100. En principe, tout conducteur de bateaux chargés ou de bascules à poissons, passant devant un bureau de navigation, devra s'y arrêter pour payer les droits. L'art. 12 de la loi du 9 juillet 1836, dispose que : « La perception sera faite à chaque bureau de navigation 1° pour les distances déjà parcourues, si le droit n'a pas été acquitté à un bureau précédent ; 2° pour les distances à parcourir jusqu'au plus prochain bureau ou seulement jusqu'au lieu de destination, si le déchargement doit être effectué avant le plus prochain bureau ; 3° enfin pour les distances parcourues ou à parcourir entre deux bureaux. » D'un autre côté, on a voulu accorder au commerce toutes les facilités conciliables avec les nécessités de la perception ; les conducteurs ont le droit, aux termes de ce même article 12 in fine, d'acquitter en une seule fois la totalité des droits de navigation. « Néanmoins, quelque éloigné que soit le point de destination, le batelier aura la faculté de payer au départ ou à l'arrivée, pour toutes les distances à parcourir ou qui auront été parcourues sur la partie d'une rivière ou d'un canal imposée au même tarif, à la charge par lui de faire reconnaître, à chaque lieu de station, la conformité du tirant d'eau avec les laissez-passer dont il devra être muni. » Le projet primitif imposait au conducteur l'obligation de s'arrêter à chaque bureau intermédiaire, pour faire reconnaître la conformité du tirant d'eau avec ses laissez-passer ; la rédaction nouvelle de la loi est due à la commission de la Chambre

des députés ; ce n'est qu'aux endroits où s'arrêtent les ba*
teliers, que doit avoir lieu cette vérification. Il est bien en-*
tendu, d'ailleurs, que cette disposition ne pourrait être in-*
voquée au cas où il y aurait, de leur part, fraude reconnue*
par les agents de l'administration. L'article 13 prévoit le
cas où le conducteur paie, au départ, la totalité des droits
à acquitter. « Toutes les fois qu'un batelier aura payé au
départ jusqu'au lieu de destination, pour la totalité du chargement possible de son bateau, en marchandises de première classe, il ne sera tenu, aux bureaux intermédiaires
de navigation, que d'y représenter, sur réquisition, son
laissez-passer. » Ici encore, la Commission a adouci les ri-
gueurs du projet primitif, imposant aux bateliers l'obligation d'échanger à chaque bureau leur laissez-passer. Les
instructions administratives ont tranché une question qui
se présentait naturellement sur ces deux articles : y a-t-il
lieu à remboursement, lorsqu'au cours du voyage, une partie des marchandises sur lesquelles le droit a été perçu
vient à être déchargée? La circulaire du 27 juin 1838 se
prononce dans le sens de la négative ; elle va même jusqu'à
décider que, si les marchandises débarquées étaient l'objet
d'un nouveau transport, il ne pourrait être fait aucune compensation des droits à percevoir avec ceux perçus antérieurement. La solution serait radicalement différente, si tout ou
partie du chargement venait à disparaître en cours de route,
par suite de sinistre dûment constaté; il y aurait lieu à remboursement des droits correspondant au parcours non encore
effectué ; les marchandises qui auraient été sauvées pourront
être transbordées sans qu'il y ait lieu, pour les bateliers, d'acquitter un droit nouveau. « Lorsque le droit de navigation
a été payé au départ, pour toute l'étendue du trajet à parcourir, disent MM. Saillet et Olibo (Codes des contributions directes, t. II, p. 368), si, dans le cours du voyage,
il survient un accident, un naufrage, par suite duquel il y

erte d'un ou de plusieurs bateaux, la portion du droit applicable aux distances parcourues jusques et com- le lieu du naufrage, sera retenue comme bien et irré- blement acquise au Trésor ; mais le surplus afférent x distances restant à parcourir, pourra être restitué, et cet effet, on suivra les prescriptions des règlements quant ux restitutions en général, c'est-à-dire que l'intéressé de- faire sur papier timbré une demande qui sera trans- e à l'administration avec 1° un état explicatif de propo- tion en double expédition ; 2° les quittances en original du droit acquitté ; 3° enfin les procès-verbaux, certificats u autres pièces, constatant d'une manière précise l'exacti- tude des faits énoncés et la justice des réclamations. Ces ièces devront être préalablement communiquées au chef de service de la localité où l'accident aura eu lieu. » Ajou- s qu'il est prescrit aux employés de la régie, lorsqu'ils ont connaissance d'un accident sérieux, d'intervenir eux- mêmes, autant que possible, afin de reconnaître les faits ur lesquels l'administration peut avoir ensuite à statuer.

101. Nous supposerons maintenant que le batelier use e la faculté d'acquitter à l'arrivée les droits pour les dis- nces parcourues. Art. 14 de la loi de 1836. « Lorsque le onducteur voudra payer le droit à l'arrivée, il devra se unir au premier bureau de navigation d'un acquit à cau- on qui sera représenté aux employés du lieu de destination t déchargé par eux après justification de l'acquittement s droits. A défaut de cette justification, le conducteur et caution seront tenus de payer les droits pour tout le jet parcouru comme si le bateau avait été entièrement rgé de marchandises de première classe. » La perception droit sera faite au point précis désigné sur l'acquit à tion. L'administration, pour assurer le recouvrement de droit, peut retenir jusqu'à parfait paiement le bateau et marchandises qu'il a transportées. Ajoutons qu'aux

termes d'une jurisprudence que nous ne pouvons qu'approuver, l'administration serait déchue de la faculté de réclamer
la garantie résultant du cautionnement toutes les fois que
ses préposés, au lieu d'user de cette faculté de retention,
auraient au contraire facilité son départ en ouvrant les
écluses et en donnant un nouvel acquit à caution. Il y a là
non-seulement diminution des droits auxquels la caution
devait être subrogée, mais encore concours du créancier
aux faits qui ont amené cette suppression, ce qui motive
l'application de l'art. 2037 C. Civ., (Rej. Civ. 18 Déc.
1844. Dev. 45, 1, 108). L'art. 13 de l'Ordonnance réglementaire autorise le porteur de l'acquit à caution à changer
en route la destination primitive de son voyage : la formalité à remplir est des plus simples : « Tout conducteur qui
sera muni d'un acquit à caution, aura la faculté, en passant
devant un bureau de navigation, de changer la destination
primitivement déclarée à la charge par lui d'acquitter immédiatement le droit pour les distances déjà parcourues. »
Lorsque des bateaux naviguant sous acquit à caution,
viennent à se perdre en cours de route, la circulaire de
1838 et les décisions administratives qui l'ont complétée,
permettent aux employés du bureau de navigation sur le
périmètre duquel a eu lieu le sinistre de décharger l'acquit
à caution, sauf paiement de la totalité du droit pour les distances déjà parcourues ; on suivra en d'autres termes les
mêmes règles que celles prescrites en pareille occasion
pour les acquits à caution relatifs aux boissons. S'il ne
s'agit que d'un sinistre partiel et si les marchandises sauvées sont mises à terre pour être l'objet d'un transport ultérieur, l'administration liquidera les droits jusqu'au lieu
de l'accident et déchargera l'acquit à caution ; lorsque le
transbordement sera terminé, le batelier devra, avant de
reprendre sa route, satisfaire une seconde fois aux prescriptions de la loi et se munir de nouveaux acquits à cau-

. Si, au contraire, le voyage se poursuit sans interrup-
n, on se bornera à constater le fait du sinistre et le
ansport s'achèvera en vertu des expéditions primitives.
l'arrivée les acquits à caution seront déchargés d'après le
iement du droit calculé 1° sur le chargement complet
l qu'il existait jusqu'au lieu du sinistre ; 2° sur la partie
nservée du chargement depuis ce dernier point jusqu'au
eu de destination définitive.

102. Restent certains cas exceptionnels dans lesquels
la perception peut présenter quelque difficulté. D'abord, il
est possible que le bateau parte d'un point où ne se trouve
ucun bureau de navigation. L'art. 15 de la loi de 1836
joint au conducteur de se munir à la recette buraliste
es contributions indirectes du lieu de départ ou de charge-
ent, d'un laissez-passer qui indiquera d'après sa déclara-
ion le poids et la nature du chargement ainsi que le point
e départ. Ce laissez-passer ne pourra être délivré pour les
ateaux chargés qu'autant que le déclarant s'engagera par
crit et sous caution à acquitter les droits au bureau de na-
igation le plus voisin du lieu de destination ou à celui
evant lequel il aurait à passer pour s'y rendre. Tout char-
ement supplémentaire fait en cours de route devra être
claré de la même manière. Seconde hypothèse : la néces-
té de profiter du flot empêche les bateliers de s'arrêter
vant le bureau de navigation. Ordonnance du 15 oct.
36 art. 12. « Lorsque la navigation n'a lieu qu'à l'aide
u flot naturel ou artificiel qui ne permet pas la station de-
t le bureau de navigation, les acquits à caution devront
e délivrés au lieu même du départ des trains et des baux pour tout le trajet à parcourir, et lors même qu'il
endrait à deux rivières différentes. » Dans ce cas, dit
circulaire du 27 juin 1838, il ne doit être délivré qu'un
laissez-passer et une seule quittance pour les dis-
ces parcourues ou à parcourir. La perception aura lieu

pour l'ensemble des distances comme si le parcours avait été effectué sur une seule rivière et il ne doit être fait application des règles tracées pour les fractions de distances qu'à la somme des nombres composant la totalité du trajet. Lorsque cette fraction devra être comptée pour un entier, l'unité provenant du forcement sera attribué à la rivière sur laquelle est située le bureau.

103. L'administration peut dans certaines limites accorder des abonnements aux bateliers : c'est ce qui est établi par l'article 6 de la loi de 1836. « La régie des contributions indirectes pourra consentir des abonnements payables par mois, d'avance ou par voyage : 1° pour les bateaux qui servent habituellement au transport des voyageurs et des marchandises d'un port à un autre ; 2° pour ceux de petite capacité lorsqu'ils n'iront pas au-delà de trois distances du port auquel ils appartiennent. » De plus, aux termes de la circulaire du 27 juin 1838, lorsque la navigation a lieu au-dessous du dernier bureau inférieur ou lorsqu'elle se termine au-dessus du premier bureau, placé dans la partie supérieure de la rivière, les points de départ et d'arrivée des bateaux étant souvent éloignés du bureau de perception et les conducteurs éprouvent de ce chef quelques difficultés à acquitter les droits, les directeurs doivent également proposer aux propriétaires des bateaux un abonnement dans la forme prescrite par la loi. La circulaire du 24 décembre 1836 fixe les bases d'après lesquelles devra être calculé le montant des abonnements. En ce qui touche les bateaux servant habituellement au transport des voyageurs et des marchandises d'un point à un autre, elle décide que le montant de l'abonnement s'établira tant d'après le terme moyen du nombre des voyageurs que d'après celui des tonneaux de marchandises de première et de seconde classe : seulement pour l'évaluation du chargement moyen, on devra réduire les quantités chargées sur des points intermédiaires

proportionnellement au rapport qui existera entre le trajet entier parcouru par le bateau et celui que parcourront ces marchandises. Les bateliers devront souscrire des soumissions distinctes pour l'aller et pour le retour : il est donc nécessaire que les conditions de l'abonnement soient discutées par les chefs de service des deux arrondissements dans lesquels se trouveront les lieux de départ et ceux d'arrivée ; l'un recevra la soumission pour la navigation descendante, l'autre pour la navigation ascendante : ces deux employés devront se concerter et demander à leurs collègues des renseignements sur l'importance présumée des chargements intermédiaires. Autant que possible, les abonnements seront consentis pour une période pendant laquelle la navigation sera à peu près égale ; cette période d'abonnement sera déterminée suivant les variations résultant de la crue des eaux et du chômage. L'obligation du laissez-passer est maintenue pour les bateaux abonnés. Lorsque le bateau arrive à sa destination définitive, les employés inscrivent au dos du laissez-passer, le nombre de voyageurs ou de tonnes de marchandises qui auront été réellement transportées ; les indications ainsi recueillies par l'administration lui serviront de base pour le renouvellement du traité. L'abonnement des bateaux qui ne vont pas au-delà de trois distances du port auquel ils appartiennent, soulève moins de difficultés : on n'exige qu'une seule soumission ; le taux de l'abonnement sera basé sur le chargement moyen, ainsi que sur le nombre présumé des voyages et des distances que parcourra le bateau. Un laissez-passer unique sera délivré pour toute la durée de l'abonnement.

104. La recherche des contraventions appartient tout naturellement aux employés des bureaux de navigation ; un assez grand nombre de mesures ont été édictées dans le but de faciliter leur tâche. Ordonnance du 15 octobre 1836, art. 11 in fine. « Les bateliers fourniront aux

employés les moyens de se rendre à bord, toutes les fois que, pour reconnaître les marchandises transportées ou pour vérifier l'échelle, ils seront obligés de s'en approcher. » De même, Loi du 19 janvier 1836, art. 16 : « Les laissez-passer, acquits à caution, connaissements et lettres de voiture seront représentés à toute réquisition aux employés des contributions indirectes, des douanes, des octrois, de la navigation ainsi qu'aux éclusiers, maîtres de pont et de pertuis... Cette exhibition devra être faite au moment même de la réquisition des employés. » L'arrêté du 8 prairial an VI se montre encore plus sévère ; défense est faite à tout maître de ponts ou de pertuis, de monter ou descendre aucun bâtiment avant de s'être fait représenter la quittance des droits de navigation, et ce à peine d'être contraint personnellement au remboursement de ces droits, par les voies prescrites pour le paiement des contributions indirectes. Les papiers représentés par les bateliers doivent toujours être en rapport avec le chargement du bateau, ajoute la loi de 1836. Le sens de cette disposition a été très-nettement expliqué par la circulaire du 27 juin 1838. Ce document précise d'abord ce qu'il faut entendre par cette expression : « Défaut de concordance entre le chargement du bateau et les papiers dont il est muni. » Il admet que des erreurs involontaires peuvent être commises lors du chargement ; mais en même temps il détermine quelle est la limite des différences en plus qui ne doit pas donner lieu à la rédaction d'un procès-verbal. L'expérience ayant démontré que les excédants, lorsqu'ils ne résultent pas de manœuvres frauduleuses, ne varient que de 2 à 3 pour cent du tonnage effectif, il y a lieu de faire simplement le rappel des droits pour les excédants de chargement qui ne s'élèveraient pas à plus de 3 pour cent ; procès-verbal ne doit être dressé que pour ceux qui dépasseraient cette limite. La circulaire examine ensuite l'hypothèse d'une contravention reconnue et d'un procès-verbal dressé contre le conducteur. Le droit sur la différence établie par ce procès-verbal, est perçu soit au moment de la transaction, soit au moment du recouvrement de l'amende, si l'affaire a été suivie judiciairement. Provisoirement, le bateau continuera son voyage et sera accompagné de la copie du procès-verbal, qui sera remise au batelier; mais au premier bureau, le conducteur sera tenu de prendre une nouvelle expédition et d'acquitter les droits à partir du point où la contravention aura été constatée. Nous croyons avec M. Grangez (p. 53), que là se bornent les pouvoirs de l'administration, et que dans aucun cas ses agents ne sont autorisés à saisir les bateaux pour garantie des amendes qui seraient prononcées ultérieurement. On a invoqué en sens contraire le décret du 1er germinal an XIII, dont l'article 21 parle de procès-verbaux énonçant la date et la cause de la saisie, etc. Il nous suffira, pour répondre à cet argument de texte, de rappeler que le décret de germinal n'est relatif qu'aux infractions aux droits d'entrée et de circulation sur les boissons; une disposition aussi exorbitante ne saurait être étendue par voie d'analogie.

105. Dans le système adopté par la loi du 30 floréal an X, toutes les contraventions en matière de droits de navigation devaient être réprimées par la juridiction administrative. Il y avait là une dérogation formelle au principe de notre droit fiscal, suivant lequel toutes les difficultés relatives aux contributions indirectes sont du ressort exclusif de l'autorité judiciaire. Cette anomalie ne disparut qu'avec la loi de 1836. Art. 21 : « Les contestations sur le fond du droit de navigation, seront jugées, et les contraventions seront constatées et poursuivies dans les formes propres à l'administration des contributions indirectes. » Cette règle est absolue et il a été décidé qu'un batelier ne pouvait se soustraire à la compétence judiciaire, en atta-

quant devant le Conseil d'Etat, pour excès de pouvoir, les décisions ministérielles lui refusant la restitution de droits indûment perçus (C. d'Etat, 14 déc. 1836 ; Lebon, 36, 535 ; — ibid., 24 fév. 1842 ; Lebon, 42, 81). La pénalité à appliquer se trouve fixée par l'article 2 de la loi de 1836. « Toute contravention aux dispositions de la présente loi et à celle des Ordonnances qui en régleront l'application, sera punie d'une amende de 50 à 200 francs, sans préjudice des peines établies par les lois, en cas d'insultes, violences ou voies de fait. » D'assez nombreuses questions de détail ont été soulevées sur cet article. On s'est demandé notamment quel cas précis il avait entendu prévoir ; suffit-il par exemple que les droits n'aient pas été acquittés, quelle que soit la cause de leur non-paiement? Ainsi il y a eu erreur de la part des employés de la régie, et le batelier en a profité pour ne payer que des droits inférieurs à ceux qui étaient dus réellement. La jurisprudence décide qu'aucune poursuite ne peut avoir lieu dans ce cas : « Considérant que les dispositions pénales des lois doivent être entendues dans un sens restrictif, et qu'on ne peut pas, sous prétexte d'analogie, les étendre d'un cas à un autre ; et attendu que le fait imputé à X... d'avoir payé des droits inférieurs à ceux réellement dus, à raison du chargement de son bateau, n'est pas le résultat nécessaire d'une fausse déclaration ou du défaut de déclaration ; attendu d'ailleurs qu'il est reconnu par le jugement attaqué, que X... avait fait une déclaration et par suite acquitté les droits dont le montant avait été réclamé par les préposés de l'administration, etc., etc... » (Req. Rej. 2 déc. 1835 Dalloz, vº Voirie par eau, nº 498). En sens inverse, un particulier se refuse à acquitter les droits dont le montant lui est réclamé et se borne à offrir une somme inférieure à laquelle s'élève, suivant lui, la quotité du droit qui devrait être perçue légalement ; un arrêt a décidé que, dans ce cas, il y avait lieu à poursuite correctionnelle, « attendu que le refus de paiement de droits de péage constitue par lui-même et indépendamment de l'intention qui le détermine, une contravention. » Crim. Rej. 25 fév. 1853 ; (Dev. 55, 1, 511). Cette formule nous paraît résumer d'une manière assez heureuse l'intention du législateur de 1836. L'article 20 ne peut, en aucun cas, être combiné avec les dispositions de l'article 463 Code Pénal ; la loi ne fait aucune réserve à ce sujet. Mais, d'un autre côté, faudra-t-il dire que la loi de 1836, ayant un caractère fiscal, l'amende devra être prononcée autant de fois qu'il y aura eu de contraventions reconnues ? L'administration paraît incliner vers la négative ; elle estime que l'amende ne doit jamais être que de 50 à 200 francs, quel que soit le nombre des bateaux en contravention ; l'arrêt du 25 février 1853 se montre, à bon droit, plus sévère, et insiste sur le véritable caractère des droits de navigation qui, aujourd'hui, doivent être regardés comme un véritable impôt et non plus comme une taxe d'entretien. Le droit de l'administration de transiger sur les contraventions qui lui sont déférées, ne fait l'objet d'aucun doute ; elle peut donc facilement corriger ce que la doctrine de la Cour de cassation aurait d'excessif en pratique. Les propriétaires de bâtiments, bateaux et trains, dit en terminant l'article 20, seront responsables des amendes résultant des contraventions commises par les bateliers et les conducteurs. Enfin, conformément à l'art. 21, le produit net des amendes est réparti comme en matière de voitures publiques, c'est-à-dire un tiers à l'agent rédacteur du procès-verbal, et les autres tiers au Trésor public (Loi du 30 mai 1851).

B

105. D'anciens réglements avaient fixé les droits que devaient supporter les bâtiments allant des ports situés à

l'embouchure des fleuves à la mer ou venant de la mer à
destination des dits ports ; on peut consulter sur ce point
les arrêtés des 19 messidor an XI, 27 vendémiaire et 1er
floréal an XII, les décrets des 8 vendémiaire an XIV, 11
janvier et 4 mars 1808, 14 décembre 1810, et enfin l'ordonnance du 30 mars 1826. Ces taxes avaient été conser-
vées par l'article 23 de la loi du 9 juillet 1836. « La perception du droit de navigation sur les navires, bâtiments et
bateaux allant des ports situés à l'embouchure des fleuves à
la mer ou venant de la mer à destination des dits ports,
continuera d'être faite d'après les tarifs et le mode actuellement en vigueur. » La loi ajoutait : « Sont également
maintenues les dispositions des articles 15 à 28 du décret
du 4 mars 1808 concernant la perception d'une taxe proportionnelle et annuelle sur les bâtiments à quille pontés
ou non pontés servant au cabotage et transport sur la
Gironde, la Garonne et la Dordogne, jusqu'au point où
s'étend l'action de l'inscription maritime d'après l'ordonnance du 18 juillet 1835. » Une réforme radicale a été introduite en cette matière par le décret du 22 mars 1860.
Article premier. « Sont supprimés à partir du 15 avril
prochain les droits dits de navigation maritime, qui sont
actuellement perçus sur la Seine, la Charente, la Seudre,
la Sèvre-Niortaise, la Loire, le Rhône, l'Orne, la Touques,
la Vilaine et le canal de Brouage, ainsi que la taxe proportionnelle et annuelle dont sont frappés, aux termes du
décret du 4 mars 1808, les bâtiments à quille pontés ou
non pontés servant au cabotage sur la Gironde, la Garonne
et la Dordogne. » Article 2 : « Sont maintenus toutefois,
jusqu'à l'entier remboursement de la somme de 400,000
francs, avancée par la ville de Rochefort, les droits de péage
perçus en vertu du décret du 16 juillet 1857 sur les bâtiments allant de Rochefort à la mer et vice versa. » Nous
pouvons donc dire qu'aujourd'hui la franchise de droits est

complète pour les bâtiments naviguant à l'embouchure des fleuves. Mais il ne faut pas oublier que cette franchise ne peut exister qu'autant qu'ils servent à une navigation réellement maritime ; l'administration a, de tout temps, exigé la perception des droits fixés par la loi de 1836 sur les bateaux qui effectuent sur la partie des rivières comprise dans les limites de l'inscription maritime une navigation purement fluviale ; il n'y aurait point à argumenter ici du décret du 19 mars 1852, qui a eu pour but unique de régler la police de la marine dans l'intérêt de l'Etat, et n'a eu en conséquence aucune application à la matière actuelle. Dans l'esprit de la loi, il n'y a de navigation maritime à l'embouchure des fleuves que lorsqu'un bâtiment, destiné au cabotage ou à la navigation au long cours, part, avec des expéditions de la douane, d'un port de l'intérieur pour prendre la mer ou revient de la mer à destination de ce port ; les bâtiments qui transportent sur le même fleuve, d'un port à un autre, les passagers ou marchandises à destination de l'intérieur rentrent sous l'application du droit commun. Ces principes, exposés tout au long dans la circuculaire du 28 mars 1860, ont été maintenus in terminis par l'arrêt d'Aix du 5 décembre 1860 (D. P. 61, 2, 108).

C

107. Les lois des 11 frimaire an VII et 18 juillet 1837 (art. 81, 8°) ont rangé parmi les recettes ordinaires des communes le 'produit des droits de stationnement sur les ports et les rivières. Ces taxes ne peuvent être perçues que sur les cours d'eau qui sont naturellement navigables ; la jurisprudence de l'administration à cet égard a été fixée, par la lettre du Ministre des Travaux publics, datée du 11 novembre 1861, et relative au canal de Berry : il est absolument impossible de laisser aux communes toute liberté pour soumettre à des redevances les marchandises qui circulent

sur les canaux, alors que le gouvernement poursuit depuis plusieurs années le dégrèvement de ces voies de communication aux dépens des intérêts du Trésor public. Dans quelle mesure et jusqu'à quel point les communes peuvent-elles se prévaloir des dispositions des lois de l'an VII et de 1837? La question a été tranchée il y a quelques années à l'occasion des réclamations que formulait la commune de Joinville-le-Pont demandant à percevoir jusqu'en 1869, des droits de place sur les trains, bateaux et embarcations légères stationnant sur la Marne dans la traversée de son territoire. « Je ferai remarquer, porte la lettre mi-. nistérielle du 23 mai 1863, que la loi du 11 frimaire an VII fait figurer parmi les recettes communales le produit de la location des places sur les rivières et les ports, *mais seulement lorsque les administrations auront reconnu que cette location peut avoir lieu sans gêner la navigation, la circulation et la liberté du commerce.* Or les taxes, dont la commuue de Joinville-le-Pont demande que la perception soit prorogée, sont en réalité, pour la plus grande partie, des entraves apportées à la circulation et à la liberté du commerce; la prorogation de ces taxes serait en contradiction avec les mesures de toute nature qui sont prises aujourd'hui, afin de procurer les transports à bon marché en exonérant la navigation des charges et des dépenses dont elle est grevée. Il peut être juste cependant d'autoriser la perception de certains droits, au profit des communes, proportionnellement à l'espace occupé par les marchandises en chargement ou en déchargement sur des terrains communaux attenant aux rivières navigables. D'après ces considérations, je pense qu'il n'y a pas lieu d'accueillir la demande de la commune de Joinville-le-Pont, mais qu'il convient d'inviter M. le Préfet à revoir et à modifier de concert avec MM. les ingénieurs le tarif des droits dant il s'agit, en ayant égard aux observations qui précèdent. Il conviendra d'ailleurs de joindre au nouveau tarif, qui sera proposé, un plan sur lequel soient représentés les terrains communaux destinés à servir de ports pour y opérer les chargements et déchargements qui, seuls, peuvent donner lieu à la perception d'un droit. » D'après l'article 4 du décret du 25 mars 1852 et le décret du 13 avril 1861, les préfets peuvent statuer sans l'autorisation du Ministre des Travaux publics, mais sur l'avis ou la proposition des ingénieurs en chef et conformément aux réglements ou instructions ministérielles sur toutes les questions relatives à l'établissement des débarcadères sur les fleuves et rivières, ainsi qu'à la fixation des tarifs et aux conditions d'exploitation de ces débarcadères. On s'est tout naturellement demandé à qui il appartiendrait de statuer sur les difficultés que soulèveraient l'application des tarifs ; un arrêt du Conseil du 12 août 1854 (Lebon, 54, 766) se borne à reconnaître l'incompétence des Conseils de préfecture ; cette décision s'appuie sur ce motif unique que la loi de pluviose an VIII n'a pas rangé formellement parmi les attributions des Conseils de préfecture les contestations en matière de droits de stationnement. D'après l'opinion la plus généralement reçue, l'appréciation du litige ne peut être déférée qu'aux tribunaux civils ; nous lisons dans un jugement du tribunal de la Seine du 21 janvier 1853 que le droit de garage ou de stationnement « constitue dans notre espèce, un droit de location et n'a aucunement le caractère d'un impôt ; que l'on est fondé conséquemment à en poursuivre le recouvrement par voie de saisie-gageure » et la Chambre des requêtes s'est implicitement ralliée à ces principes par son arrêt du 14 mai 1855 (D. P. 55, 1, 241).

108. L'administration autorise quelquefois les particuliers à établir des débarcadères le long des fleuves et à percevoir des droits sur les marchandises qui y sont déposées ou sur les bateaux qui viennent s'y amarrer. Un avis du Conseil général des Ponts et Chaussées, du 16 juillet

1857, porte que l'établissement de ces gares et la fixation des péages doivent être autorisés par l'administration après enquête contradictoire. La concession peut avoir lieu soit directement, soit par voie d'adjudication, dans les formes ordinaires ; dans ce dernier cas, il est bien entendu que les conditions acceptées par l'adjudicataire ne pourraient ultérieurement être modifiées à son préjudice ; le préfet, par exemple, commettrait un excès de pouvoir en limitant l'étendue du périmètre assigné au stationnement des bateaux (C. d'Etat, 2 août 1854 ; Lebon, 54, 740) ; il en serait de même s'il réduisait l'espace qui doit rester libre aux approches de la gare, afin de permettre les manœuvres que nécessitent l'entrée et la sortie des bateaux. En cas de difficultés sur l'application des tarifs, la compétence judiciaire est généralement reconnue, ainsi que nous l'avons établi au paragraphe précédent ; nous pouvons argumenter a·fortiori de l'arrêt du 14 mai 1855, parce que dans l'espèce la perception a lieu au profit non plus d'une administration, mais bien d'un simple particulier et comme rémunération des travaux qu'il a dû exécuter. L'entretien des gares et débarcadères demeure à la charge exclusive du concessionnaire qui est tenu de se conformer à toutes les injonctions qui peuvent lui être faites par les agents du service de la navigation ; conformément à l'arrêt du 24 juin 1777, il devra veiller à ce que le cours de la rivière ne soit pas embarrassé et à ce que la circulation des bateaux puisse se faire sans embarras provenant de son chef. Dans ses rapports avec les bateliers, le concessionnaire est réputé s'obliger à défendre les bateaux qui viennent s'abriter dans la gare contre tous les dangers que l'on peut raisonnablement prévoir ; ainsi sa responsabilité serait engagée au premier chef, si un bateau venait à s'ensabler dans les passes ou à talonner sur un pieu que les préposés auraient négligé de faire disparaître. D'autre part, les bateliers n'auraient aucune action pour les dommages que leur aurait causé une crue subite ; nous citerons, pour toute discussion, les considérants de l'arrêt de Lyon du 19 janvier 1837. « Attendu en principe, que celui qui ouvre une gare au public s'oblige par cela même à en défendre les bateaux qui viennent s'y abriter, sinon contre tous les dangers possibles, au moins contre tous ceux qu'on peut raisonnablement prévoir et qu'il est dans la nature d'une gare de prévenir ou de repousser ; attendu que des documents de la cause il résulte, d'une part, que si les endiguements qui protégeaient la gare n'offraient pas toute la solidité désirable, néanmoins ils ne présentaient pas ce degré de faute et d'imprudence où commence la responsabilité légale et, d'autre part, qu'il est de notoriété publique que l'orage de la nuit du 26 au 27 août a été tel qu'il a dépassé toutes les prévisions humaines, etc., etc. » Dalloz, v° Voirie par eau, n° 521.

D

109. Les canaux qui aujourd'hui se trouvent exploités par des Compagnies particulières, ne sont à aucun point de vue régis par la loi de 1836. L'article 22 porte cependant que « les dispositions des articles 11, 12, 13, 15, 16 et 21 de la présente loi sont applicables au droit de navigation intérieure perçu par la régie des contributions indirectes, tant sur les canaux *concédés* qu'à l'embouchure des fleuves. » Il semblerait donc que la régie peut, jusqu'à un certain point, intervenir dans la perception des droits sur les canaux appartenant aux particuliers ; mais il est hors de doute qu'il faut voir dans l'emploi de cette expression, *canaux concédés*, une véritable erreur de rédaction ; le législateur songeait en réalité aux canaux soumissionnés, c'est-à-dire aux canaux exécutés en vertus des lois de 1821 et de 1822 ; on se rappelle quelle est la situation spéciale de ces voies navigables et quels sont les rapports de l'Etat

vis-à-vis de ses bailleurs de fonds. Ce que nous venons de dire résulte à l'évidence de l'article 16 de l'Ordonnance du 15 octobre 1836. « Sont soumis à l'application de la loi du 9 juillet 1836, conformément aux dispositions de l'art. 22 de ladite loi, les canaux de Bourgogne, du Rhône au Rhin, de la Somme, de Manicamp, d'Arles à Bouc, la rivière canalisée et le canal latéral de l'Oise et tous les canaux sur lesquels la perception sera faite par les agents du gouvernement. » La perception aura lieu sur les canaux concédés dans les termes des actes de concession ; le montant des droits acquittés par les bateliers appartient intégralement aux Compagnies sans que l'Etat puisse opérer un prélèvement quelconque. A l'égard du canal du Midi, la question soulevait quelque difficulté ; les tarifs établis par l'édit de 1666 et l'arrêt de 1684, avaient été notablement augmentés par la loi du 21 vendémiaire an V, rendue à une époque où le canal confisqué révolutionnairement, était considéré comme bien du domaine public. L'Etat a fait plaider à plusieurs reprises que cette augmentation de tarifs constituait un véritable impôt, et que le montant devait en être versé dans ses caisses. La jurisprudence n'a pas admis ce système ; pour elle, la loi de l'an V n'a en rien modifié l'esprit de l'édit de 1666 imposant aux concessionnaires l'obligation d'appliquer à perpétuité le produit des péages à l'entretien du canal ; bien au contraire, il résulte du préambule même de cette loi, que l'on se proposait de remédier aux dégradations extraordinaires du canal et d'en prévenir le retour ; cette charge incombant à la Compagnie, il est juste qu'elle trouve dans l'augmentation des tarifs, un moyen certain d'y subvenir (Req. Rej. 22 avril 1844 ; Dev. 44, 1, 406). Les tarifs existant sur les canaux concédés ne peuvent être modifiés que par les concessionnaires, sauf l'approbation de l'autorité supérieure ; alors même que l'intérêt du commerce l'exigerait de la manière la plus impérieuse, l'Etat ne pourrait d'office, et sans indemnité, diminuer la quotité des tarifs à percevoir ; il ne pourrait que procéder au rachat du canal dans les termes que nous connaissons. Nous trouvons une application de ce principe dans l'arrêt de rejet de la Chambre criminelle du 25 février 1853 (Dev. 55, 1, 511), suivant lequel le juge châtelain du canal du Midi n'a pu, par un simple arrêté, ni modifier les droits imposés aux bateliers, ni modérer les amendes encourues par ces derniers aux termes des édits et Ordonnances. Deux arrêts du Conseil du 16 juin 1853 (Lebon, 53, 613) décident également qu'au cas où une Ordonnance royale aurait modifié les tarifs fixés par l'acte de concession, le concessionnaire pourrait porter devant le Conseil de Préfecture toutes réclamations relatives au sens et à l'exécution de son traité.

109 *bis*. Les questions de compétence soulevées à l'occasion de la perception des droits sur les canaux, donnent lieu, dans la pratique, à d'assez nombreux embarras. Nous prendrons d'abord l'hypothèse la plus simple, celle d'une contestation purement civile engagée entre le concessionnaire et un batelier. Un arrêt du Conseil du 14 décembre 1836 (Lebon, 36, 535) décidait qu'il y avait lieu d'appliquer, dans tous les cas, l'article 21 de la loi du 9 juillet 1836, et de renvoyer la connaissance du litige à l'autorité administrative qui statuerait comme en matière de contributions indirectes. Cette solution nous paraît beaucoup trop absolue et nous nous rangeons volontiers à la distinction admise par la Cour de Caen dans son arrêt du 10 avril 1866 (Dev. 67, 2, 24). La loi de 1835, dit-elle, dérogeant à la législation antérieure, ne peut s'appliquer qu'aux canaux mentionnés nommément dans les tableaux annexés à cette loi ; quant aux autres, leur situation continue à être régie par la loi du 30 floréal an X ; les tribunaux administratifs peuvent seuls statuer en pareille hypothèse. Par ap-

plication de ce principe, la Cour admettant un déclinatoire proposé par le préfet de la Manche, se déclarait incompétente pour connaître de l'action intentée par la Compagnie des Polders de l'Ouest, propriétaire du canal de Vire et Taute : « Considérant que par des motifs faciles à saisir, on ne voit pas figurer au tableau annexé à la loi de 1836, le canal de Vire et Taute qui avait fait l'objet d'une concession particulière... » Supposons maintenant qu'une contravention soit constatée à la charge d'un batelier. La Cour de cassation admet la possibilité d'une double compétence : 1° Compétence administrative pour les canaux non concédés ; elle invoque à l'appui l'article 46 du décret du 1er germinal an XIII ; 2° Compétence judiciaire pour les canaux concédés. Le pouvoir de l'autorité judiciaire résulterait pour certains d'entre eux de textes formels : ainsi pour le canal du Midi, de l'article 25 de la loi du 21 vendémiaire an V, et pour les autres, du principe général posé par l'article 170, C. Instr. Crim., attribuant aux tribunaux correctionnels la connaissance de toute contravention pouvant entraîner une amende supérieure à quinze francs (Crim. Rej. 23 mai 1851 ; D. P. 53, 5, 316). Nous avouons que cette théorie nous semble non-seulement illogique, mais absolument contraire à la loi de 1836 ; nous aimons mieux appliquer la règle formulée par la Cour de Caen, qui a au moins l'avantage de s'appuyer sur les termes et l'esprit de la loi. Laissant de côté les canaux régis par les dispositions spéciales, nous dirons donc que les contraventions sur les canaux mentionnés aux annexes de la loi de 1836, seront poursuivies comme les contraventions en matière de contributions indirectes, et que sur les autres canaux la poursuite aura lieu par voie administrative, conformément à la loi de l'an X.

E

111. L'impôt du dixième sur les voitures d'eau servant au transport des voyageurs date de l'époque où l'Etat cessa de s'attribuer le monopole des messageries. La loi du 9 vendémiaire an VI (art. 68) décida la première qu'il serait perçu au profit du trésor un dixième du prix des places dans les voitures exploitées par des entrepreneurs particuliers ; ce droit fut maintenu à nouveau par l'art. 74 de la loi du 5 ventose an XII. Le texte actuellement en vigueur est l'art. 112 de la loi du 25 mars 1817. « Le droit du dixième du prix des places et du prix reçu pour le prix des marchandises auquel sont assujettis les entrepreneurs de voitures publiques de terre et d'eau à service régulier, continuera d'être perçu conformément aux lois en vigueur, sous la déduction pour les places vides d'un quart du prix total des places. » La loi du 17 juillet 1819 est venue postérieurement élever la remise pour places vides au tiers du prix total de ces places. « Le droit du dixième du prix des places auquel sont assujetties les voitures publiques de terre et d'eau à service régulier sera indistinctement perçu à l'avenir sous la déduction pour les places vides d'un tiers du prix total des places nonobstant les dispositions contraires des articles 112 et 114 de la loi sur les finances du 25 mars 1817. » Maintenant, que faut-il comprendre sous cette désignation de voitures publiques? Nous lisons dans la loi de 1817. « Seront considérées comme voitures publiques toutes les voitures qui feront le service d'une même route ou d'une ville à un autre lors même que les jours et heures des départs varieraient. » Ainsi deux conditions sont exigées 1° Le bateau doit être affecté au transport régulier des voyageurs : on ne pourrait, comme l'avait autrefois soutenu la régie, soumettre au paiement d'un impôt quelconque, le particulier qui accidentellement recevrait un voyageur dans son

bateau. C'est ce qui a été jugé par arrêt de rejet de la Chambre Civile du 11 floréal an IX. 2° Le bateau doit toujours desservir les mêmes routes quand bien même les heures de départ ou d'arrivée varieraient pour une cause ou pour une autre. En conséquence, tombent sous l'application de la loi fiscale les bâtiments dont les départs coïncident avec les heures de la marée ; les bâtiments qui ne desservent la rivière qu'à certains jours déterminés d'avance, pourvu toutefois que leurs voyages ne soient pas assez éloignés entre eux pour les faire considérer comme bâtiments en service accidentel et les faire bénéficier de la réduction établie par la loi du 20 juillet 1837. D'autre part, MM. Saillet et Olibo (T. II, p. 407), font observer avec raison que l'on ne saurait assimiler aux bateaux faisant un service régulier ceux qui accomplissent ordinairement le même trajet alors que les départs n'ont lieu qu'à la volonté des voyageurs, et alors surtout que l'entrepreneur n'a pas fait annoncer au public que les départs seraient effectués à jours et heures fixés. « A plus forte raison, ajoutent-ils, la question serait-elle jugée en faveur d'un entrepreneur qui, bien que parcourant plus souvent une route qu'une autre, serait cependant à même de prouver qu'il ne fait circuler ses voitures qu'à la volonté des voyageurs et que ces mêmes voitures desservent également d'autres routes, selon qu'il en est requis. C'est ainsi du reste que, dans les considérants d'un arrêt de la Cour de Grenoble, sanctionné par la Cour de Cassation (Crim. Rej., 18 décembre 1818 ; Pal. C. N. XIV, 1126), il était reconnu qu'il était dans l'ordre des choses que les voitures partant d'occasion et à volonté se dirigeassent plus fréquemment sur les points avec lesquels les relations de commerce et de population sont plus habituelles. Au surplus, l'opinion de l'administration se trouve depuis longtemps déjà exprimée dans la décision du 14 octobre 1818, applicable aux voitures dites de la foire de Beaucaire. En définitive, une voiture peut, il est vrai, être considérée comme faisant un service régulier, bien qu'il y ait variation dans les jours et heures de départ ; mais le caractère principal de ce genre de service, c'est la fixité, la certitude des départs pour un même point, sans égard au nombre des voyageurs qui se présentent, et lors même qu'il ne s'en présente pas du tout. Il est bien entendu que le plus ou le moins de fréquence des voyages d'une ville à une autre par une voiture déclarée en service d'occasion ne constitue pas isolément un service régulier ; mais il y a toujours avantage à faire constater cette répétition de voyages au même point de manière à pouvoir profiter de ce fait pour verbaliser, si l'on parvenait à obtenir la preuve que les voitures ne partent pas exclusivement à la volonté des voyageurs. »

112. Certains bâtiments se trouvent en vertu de dispositions spéciales exemptés de l'impôt du dixième. 1° Bâtiments destinés à naviguer dans l'intérieur d'une même ville ou dans un rayon de 15 kilomètres à partir des limites de cette ville. Loi du 28 juillet 1833, art. 8. « Sont exceptées des dispositions de l'art. 112 de la loi du 25 mars 1817 et considérées comme partant d'occasion ou à volonté, les voitures qui, dans leur service habituel d'un point fixe à un autre, ne sortent point d'une même ville ou d'un rayon de 15 kilomètres de ses limites, pourvu qu'il n'y ait pas continuité immédiate de service pour un point plus éloigné, même après changement de voiture. » Aux termes de la jurisprudence, il y aurait continuité de service au cas où un bateau à service régulier déverserait habituellement ses voyageurs dans un bateau sortant de ce rayon de 15 kilomètres, toutes les fois que l'entrepreneur du premier bateau aurait un intérêt quelconque dans le service du second et y apporterait de quelque manière que ce fût son concours ou sa participation (Douai, 9 déc. 1852). Toutefois, l'administration autorise à circuler en franchise les bateaux de correspondance

établis par les Compagnies de chemins de fer, et parcourant un espace de moins de 15 kilomètres, bien qu'à un certain point de vue, la relation qui s'établit nécessairement entre la voie de fer et ces bateaux puisse constituer une continuité de service pour un point plus éloigné. Quelques doutes se sont élevés relativement à la manière dont doit être calculé ce rayon de 15 kilomètres : la distance doit-elle être appréciée à vol d'oiseau ou en suivant toutes les sinuosités de la rivière ? On comprend tout l'intérêt que peut offrir cette question pour les bateaux à vapeur desservant les environs immédiats de Paris. La première de ces deux interprétations a été acceptée par un jugement du Tribunal de la Seine, du 24 mars 1841. « Attendu que le mot rayon employé dans la loi de 1832 n'étant accompagné d'aucune addition ni restriction, doit naturellement s'interpréter dans un sens usuel et géométrique, c'est-à-dire comme expression de la distance calculée en ligne droite d'un point à un autre, signification qui lui est formellement attribuée par la loi elle-même dans divers cas, notamment à l'égard du tarif de la poste aux lettres. » (Dalloz, v° Voiture publique n° 320). — 2° Bâtiments appartenant à l'administration des Postes et transportant régulièrement des voyageurs. Une circulaire ministérielle du 13 septembre 1827 ne laisse aucun doute sur ce point : la perception de l'impôt du dixième ne serait, en effet, qu'une recette fictive pour l'Etat qui perdrait d'un côté ce qu'il gagnerait de l'autre. Quant aux bateaux appartenant aux administrations privées et se chargeant moyennant subvention du transport des dépêches, ils rentreront sous l'empire du décret du 14 fructidor an XIII (art. 7). « Sont exceptés du droit du dixième et du droit fixe les courriers chargés du transport des dépêches dans les malles affectées à ce service par l'administration des postes et à elle appartenant. Les entrepreneurs particuliers de ce service seront tenus de payer le dixième du prix des places des voyageurs qu'ils conduiront et des paquets autres que ceux des dépêches qu'ils transporteront. » — 3° Bâtiments destinés à la navigation maritime. Ici se présente une difficulté analogue à celle que nous examinions au n° 106 in fine. Quand peut-on dire qu'un bâtiment est destiné à une navigation maritime ? Dans un jugement demeuré célèbre, le Tribunal de Rouen reconnaissait ce caractère aux bâtiments à vapeur destinés à opérer le transport des voyageurs entre Rouen et le Hâvre. « Dans le langage ordinaire, disait-il, on n'a jamais compris sous la désignation de voitures d'eau les navires destinés, dès leur origine, à tenir la mer par la force de leur construction, par la composition de leurs équipages, par l'accomplissement de toutes les formalités que les lois imposent à la navigation maritime et enfin par leur parcours qui se réalise à chaque voyage plus ou moins considérable. Les deux bateaux à vapeur la Seine et la Normandie offrent toutes ces conditions exclusives de la voiture d'eau ; la vigueur de leur construction, leurs dimensions, la force de leurs machines, le nombre et l'importance des agrès et du mobilier maritime, démontrent leur destination originaire et permanente de lutter contre les violences de la mer ; la composition de leurs équipages commandés par des capitaines reçus, formés de matelots appartenant à l'inscription maritime, supportant les charges et jouissant des avantages de la retenue faite sur les gages des marins de l'Etat, indique à quel genre de destination les navires qu'ils montent sont destinés. » Cinq arrêts de la Cour de Cassation ont rappelé les Tribunaux de première instance au respect des véritables principes. (Civ. Cass., 24 juillet 1840 ; Dev. 40, 1, 855 ; Req. Rej., 12 janvier 1841 ; Dev., 41, 1, 269 ; Civ. Cass., 22 février 1841 ; Dev., 41, 1, 472 ; Cass. Ch. réun., 14 novembre 1842, Dev., 42, 1, 918 ; Crim. Rej., 8 décembre 1854 ; Dev., 55, 1, 759). Dès que le trajet a lieu à l'intérieur du territoire, il y a lieu à la perception de l'impôt ; en sont seuls affranchis les bâtiments à destination de la haute mer, tels par exemple que les bâtiments faisant un service de Nantes à Bordeaux. (Rennes, 24 avril 1839. Dalloz, v° Voitures publiques n° 345). On pourrait s'étonner de voir ainsi qualifier de navigation fluviale celle qui a lieu exclusivement dans les limites de l'inscription maritime : à quoi l'arrêt de 1854 répond que les décrets fixant l'étendue des eaux soumises à l'inscription maritime se bornent à préciser l'étendue des obligations de police imposées aux bâtiments qui naviguent sur ces eaux sans formuler quoi que soit applicable à l'impôt du dixième et qui modifie l'état de choses antérieur. Ces mesures qui répondent à un autre ordre de besoins ne font pas obstacle à ce que les navires qui y sont assujettis restent en même temps soumis aux charges que leur impose la loi fiscale : les deux législations n'ont rien d'incompatible entre elles et doivent être exécutées concurremment.

113. La perception de l'impôt du dixième aura lieu au retour comme à l'aller ; cette solution est aujourd'hui à l'abri de toute contestation. La taxe à payer par l'entrepreneur comprend avant tout le dixième du prix de la place payé par le voyageur ; aux termes des instructions administratives, il n'y a point lieu dans l'espèce, de déduire de ce prix une somme correspondant à celle que les entrepreneurs de voitures par terre perçoivent pour le pourboire des conducteurs et postillons, et sur laquelle la régie n'opère aucun prélèvement. L'article 75 de la loi du 5 ventôse an XII, établit en second lieu la taxe du dixième sur les marchandises placées à bord des bâtiments qui servent également au transport des voyageurs ; suivant le décret du 14 fructidor an XII, sont réputées marchandises soumises à cette taxe, tous les objets donnant lieu à une recette au profit de l'entrepreneur. Un avis du Conseil d'Etat du 3 vendémiaire an XIII, s'est occupé, au point de vue du droit fiscal, des

bagages et effets à l'usage des voyageurs : « Le Conseil d'Etat.... Sur la troisième question ainsi conçue : Les effets des voyageurs autres que ceux auxquels il est d'usage d'accorder le transport gratis ; les comestibles que l'on envoie pendant l'hiver par les voitures publiques ; l'argent du Trésor public, de la Banque de France et du commerce ; les ballots de papier et impressions des différentes administrations ; les sacs de procédures qui sont transportés d'un greffe à l'autre, doivent-ils être considérés comme marchandises et comme tels assujettis au droit du dixieme du prix de leur transport ? Est d'avis qu'il y a lieu de persister dans la définition insérée au dernier paragraphe de l'article 4 du même décret et qui porte : « Seront considérées comme marchandises sujettes au droit du dixième, tous les objets qui donnent lieu à une perception au profit de l'entreprise. « Les motifs pour maintenir cette définition sont : 1° qu'en y faisant de nouvelles exceptions, on réduirait à peu près à rien la perception que le législateur a eu l'intention d'établir et à laquelle sont soustraites, par l'exception du deuxième article du décret, les marchandises chargées sur les voitures qui ne transportent pas de voyageurs ; 2° que les établissements ou particuliers qui réclament une exemption particulière pour les objets désignés en cette troisième question, sont libres de profiter, s'ils le veulent, de l'exception dont il vient d'être parlé ; le seul objet sur lequel on pourrait avoir des motifs plus spécieux de revenir, serait le transport de l'argent qui exige plus de célérité et une plus grande surveillance ; mais d'autre part, le service du Trésor public ne peut en devenir plus dispendieux, puisque les sommes qu'il aurait de plus à payer pour ses transports, lui rentreraient dans le produit même des caisses des droits réunis, et d'un autre côté, le bénéfice du transport des espèces est tellement considérable pour les entreprises que la confiance publique en charge, qu'il est permis de croire que la perception du dixième ne nécessiterait point de leur part une augmentation dans le prix de ce transport. »

114. La perception journalière de la taxe peut être remplacée par un abonnement ; cette faculté qui se trouvait déjà dans l'article 73 de la loi du 9 vendémiaire an VI, a été maintenue et généralisée par l'article 119 de la loi du 25 mars 1817 ; la circulaire du 17 mars 1817 complétant cette législation, porte que les abonnements constituent le mode de recouvrement qui doit être préféré pour les voitures d'eau. D'après la loi, l'abonnement doit avoir pour base unique les recettes présumées de l'entreprise pour le prix des places et le transport des marchandises : aussi une difficulté que n'avait pu prévoir la circulaire de 1817, ne tarda-t-elle pas à se présenter ; on reconnut qu'il était à peu près impossible de déterminer à l'avance les recettes des entreprises de bateaux à vapeur ; on ne pouvait fixer d'une manière précise le nombre de voyageurs et la quantité de marchandises que chaque bateau était susceptible de contenir, et les recettes variaient dans de telles proportions, qu'on dut renoncer à calculer leur moyenne et à régler ainsi le prix de l'abonnement. L'administration abandonna donc presque aussitôt le procédé qui lui avait été recommandé en 1817 ; elle admit les propriétaires de bateaux à vapeur naviguant sur la Seine, le Rhône, la Loire, à payer non plus le dixième du prix des places qui pourraient être occupées sur leurs bâtiments, mais seulement le dixième de leurs recettes effectives. « A cet effet, lisons-nous dans l'ouvrage de MM. Saillet et Olibo (t. II, p. 451), des mesures particulières ont été prises pour assurer la constatation du droit. A la différence de ce qui se pratique à l'égard des entreprises de voitures de terre, qui tiennent dans leurs divers bureaux des registres où, d'après l'art. 3 du décret du 14 fructidor an XII, elles doivent enregistrer

jour par jour toutes les personnes et marchandises dont elles entreprennent le transport, ainsi que le prix des places, etc...., les capitaines de bateaux à vapeur tiennent des registres à souche de couleurs différentes pour les premières et les secondes places ; chaque voyageur reçoit du capitaine le bulletin de la place et en acquitte le montant. Ces registres sont réputés constater, quant au prix du transport des voyageurs, tous les produits revenant aux Compagnies, et c'est sur le relevé de ces registres ou sur ces registres eux-mêmes que s'établit la perception du droit de dixième. » De son côté, la régie doit avoir toute facilité pour obtenir communication de ces registres à souche et pour pouvoir les comparer avec les registres portatifs que tiennent ses propres employés. Que si une différence existait entre les relevés de ces divers registres, il va de soi que les écritures tenues par les préposés de la régie feraient foi jusqu'à inscription de faux ; l'administration n'aurait à fournir aucune preuve à l'appui ; ce serait aux entrepreneurs à démontrer comme ils le pourraient et dans les formes prescrites par la loi, l'erreur provenant du fait des préposés (Civ. Cass. 14 janvier 1845 ; Dev. 45, 1, 308).

115. Les bateaux destinés au transport des voyageurs sont absolument assimilés, par la loi fiscale, aux voitures employées pour le même service. D'abord article 115 de la loi du 25 mars 1817 : « Toute entreprise de voitures publiques de terre ou d'eau à service régulier, pourra désormais être formée ou continuée moyennant que l'entrepreneur fasse une déclaration préalable et annuelle, et qu'il se munisse d'une licence dont le prix est fixé à 5 francs par voiture à quatre roues et par voiture d'eau. » En thèse générale, l'entrepreneur n'est tenu de faire qu'une seule déclaration au lieu principal de son établissement ; l'administration n'exige pas que cette déclaration soit faite nécessairement à l'un des points extrêmes parcourus par les bateaux de l'entre-

prise. La déclaration sera faite au commencement de chaque année ; et nous pouvons ajouter qu'il n'y aurait pas lieu à la renouveler, si, au courant d'une année, les bateaux venaient à changer de propriétaire ; le nouvel entrepreneur succèderait vis à vis de la régie à toutes les charges de celui qui l'aurait précédé. L'article 116 nous indique ce que doit contenir la déclaration : « La déclaration énoncera le nombre et l'espèce des voitures, le nombre des places dans chaque voiture, et de plus, si l'entreprise est à service régulier, le prix de chaque place, la route que chaque voiture doit parcourir, et les jours et heures des départs. En cas de variation dans les jours et heures des départs, les entrepreneurs seront admis à rectifier leur déclaration, toutes les fois qu'il sera nécessaire. » Dans la pratique, les entrepreneurs sont admis à faire deux déclarations différentes, l'une pour la saison d'hiver, l'autre pour la saison d'été, quand même les bateaux en service ne changeraient point ; ils peuvent en outre demander qu'il soit fait une nouvelle distinction entre le voyage d'aller et celui de retour ; en fait, le prix des places subit dans ces diverses occasions des variations considérables dont il serait injuste de ne tenir aucun compte. Art. 117 : « Avant que les voitures ainsi déclarées puissent être mises en circulation, il sera apposé sur chacune d'elles par les préposés de la régie et après vérification, une estampille dont le coût fixé à 2 francs sera remboursé par les entrepreneurs. Il sera également délivré pour chaque voiture un laissez-passer conforme à la déclaration dont les conducteurs devront toujours être porteurs, Les voitures déclarées ne pourront être changées, ni les estampilles placées sur de nouvelles voitures sans une déclaration préalable, auquel cas, il ne sera point dû de nouvelles licences. » Enfin, article 118 : « Le montant des droits dus par les entrepreneurs pour les voitures à service régulier, sera établi pour le dixième du prix des places

d'après la déclaration et pour le dixième du prix du transport, sur le vu des registres que doivent tenir les entrepreneurs et des feuilles remises au conducteur ; le paiement
pourra en être exigé tous les dix jours. » La première disposition de ce texte ne pourra presque jamais recevoir d'application en notre matière ; la régie percevant le droit,
d'après l'effectif des places occupées sur les bateaux à vapeur, a dû chercher d'autres modes de contrôle ; mais
d'autre part, elle n'a point renoncé au droit d'exiger tous
les dix jours l'acquittement des taxes échues ; aucune circulaire à notre connaissance n'est venue abroger de fait le
dernier paragraphe de l'article.

116. Comme toutes les contestations en matière de contributions indirectes, les difficultés relatives au paiement
des droits, seront portées devant les tribunaux civils et jugées dans les formes prescrites pour les affaires d'enregistrement. Les contraventions devront être constatées soit
par les employés des contributions indirectes, soit par les
préposés de l'octroi ; l'article 120 de la loi de 1817 leur interdisait de se livrer à toute recherche et à toute constatation, alors que les voitures seraient en marche ; les procès-verbaux ne pouvaient être dressés qu'avant le départ de
la voiture ou lors de sa première halte ; cette disposition
restrictive a été abrogée par la loi du 30 mai 1851, qui
nous paraît applicable aussi bien aux voitures d'eau qu'aux
voitures circulant sur terre. Le tribunal correctionnel est
ici compétent ; mais, d'autre part, comme les faits sur lesquels il est appelé à statuer sont qualifiés de contraventions; aucune excuse ne devra être admise par lui ; la matérialité de ces faits, voilà la seule chose qu'il aura à constater : M. Dalloz (v° Voiture publique n° 357) rapporte un
grand nombre d'arrêts rendus en ce sens. La pénalité à
appliquer se trouve indiquée par les articles 120 et 122.
Art. 120 : « Toute voiture publique qui circulerait sans

estampille ou sans laissez-passer ou avec un laissez-passer qui ne sera pas applicable, sera saisie ainsi que les chevaux et harnais. En cas de saisie de voitures en route, elles pourront continuer leur voyage au moyen d'une main-levée qui en sera donnée sous suffisante caution ou même sous la caution juratoire de l'entrepreneur ou du conducteur. » Article 122 : « Toute contravention aux dispositions du présent paragraphe ou à celles des lois et règlements confirmés par l'article précédent, sera punie de la confiscation des objets saisis et d'une amende de 100 à 1,000 francs ; en cas de récidive, l'amende sera toujours de 500 francs au moins. » La rigueur de la loi de 1817 a depuis longtemps été l'objet des plus vives critiques ; on ne conçoit guères pourquoi l'omission d'une simple formalité peut entraîner la confiscation d'une valeur aussi considérable qu'un navire ; du reste, nous devons faire observer que la régie ne ne se montre guères disposée à user de ce droit exorbitant ; elle transige volontiers sur les procès-verbaux qui ont été dressés, et c'est ce qui explique le petit nombre d'affaires de ce genre portées annuellement devant les tribunaux. L'administration reste, ainsi qu'on le comprend, seule juge des circonstances où elle doit renoncer aux poursuites judiciaires et des conditions qu'il convient d'imposer aux contrevenants ; tant qu'aucun texte n'y aura point dérogé, la loi de 1817 doit être considérée comme restant en vigueur. Quelques personnes avaient cru voir son abrogation tacite dans la loi du 9 janvier 1836 ; cette loi, disaient-elles, a eu pour but de réprimer toutes les contraventions en matière de droits sur les cours d'eau ; or, la confiscation ne figure plus parmi les peines que le juge est autorisé à prononcer ; le législateur est donc revenu sur sa décision de 1817, qui, aujourd'hui, ne saurait être appliquée. Cette argumentation n'avait aucune chance de succès ; la loi de 1836 n'est relative qu'aux droits de navigation proprements dits et non pas aux droits accessoires perçus dans certaines circonstances spéciales ; elle est absolument étrangère aux contraventions dont nous nous occupons actuellement, et il n'y a point lieu d'argumenter de ses dispositions pour les appliquer à une hypothèse qu'elle n'avait point en vue (Crim. Rej. 8 déc. 1854 ; Dev. 55, 1, 75).

§ II.

Police de la navigation fluviale.

A. *Règlement général du 21 juin 1855.*
B. *Règlements particuliers aux bateaux à vapeur.*
C. *Règlements particuliers aux bateaux toueurs.*
D. *Organisation du service du halage.*
E. *Prescriptions particulières au transport par eau des marchandises explosibles.*

A

117. Le soin de régler la police de la navigation sur les cours d'eau navigables, a de tout temps appartenu aux autorités locales. Dans notre ancienne jurisprudence, les intendants étaient chargés, dans l'étendue de leur généralité, de prescrire toutes les mesures qui pouvaient assurer la libre circulation sur les rivières et canaux ; nous aurons plus tard, en traitant des usines, à citer l'Ordonnance émanée en 1784 de l'intendant de Hainaut. A Paris, spécialement en ce qui touche l'approvisionnement de la cité, le bureau des Finances de l'Hôtel-de-Ville partageait ces attributions avec l'intendant de l'Ile-de-France ; ainsi, nous verrons que l'autorité municipale s'était arrogé le droit de réglementer la circulation des trains de bois sur la Seine et ses affluents. Le principe que nous avons énoncé avait subi deux exceptions : 1° l'autorité royale avait seule le droit d'édicter des règlements applicables à toute l'étendue d'une rivière parcourant plusieurs généralités ; nous citerons l'édit de décembre 1672 relatif à la navigation de

la Seine ; l'arrêt du Conseil du 24 juin 1777 relatif à la
navigation de la Marne ; enfin l'arrêt du Conseil du 23 juillet 1783 relatif à la navigation de la Loire ; — 2° la concession d'un canal par l'autorité royale emportant avec elle le
droit de haute et basse justice, il s'ensuivait que le concessionnaire ou ses représentants avaient seuls qualité pour
prendre les mesures relatives au service de la navigation ;
le canal de Briare était régi par les ordonnances de son
juge conservateur ; le canal du Midi par celles du juge
châtelain de Toulouse. En 1790, le droit de réglementer la
navigation passa aux administrations de département et en
l'an VIII aux préfets qui les remplacèrent ; de son côté, le
ministère des Travaux publics conserva le droit d'édicter
des règlements généraux embrassant toute la partie navigable d'une rivière ; quant au privilége des concessionnaires
de canaux, il disparut avec les lois abolitives de la féodalité. En fait, l'administration supérieure n'usa de son droit
que dans de très-rares circonstances ; la plupart du temps,
les arrêtés portant règlement général, émanèrent non du
ministre lui-même, mais du Directeur général des ponts et
chaussées. Toute latitude était laissée à l'initiative des préfets, qui peu à peu en vinrent à trancher jusqu'aux points
de détail les plus insignifiants : l'ordonnance du préfet de
police du 25 octobre 1840, applicable à la navigation de la
Seine et de la Marne, peut être considérée comme le type le
plus parfait des arrêtés promulgués dans la plupart des départements de 1800 à 1854. Le défaut de concordance
entre ces divers règlements ne tarda pas à susciter les
plaintes les plus nombreuses ; les divergences qui se produi-
sirent entre les différents tribunaux administratifs, mirent
le comble aux embarras du commerce et de la batellerie ;
de toute part on demandait une législation uniforme qui
prévînt le retour des anciens abus. Le ministère des Travaux publics prit le parti le plus sage ; une Commission for-

mée d'inspecteurs généraux des ponts et chaussées fut chargée de préparer les bases d'un règlement qui put servir de
type pour les règlements à venir ; les préfets étaient tenus
désormais de se conformer à ces dispositions ; leur droit se
bornait à le compléter en y ajoutant toutes les prescriptions qui pourraient être rendues utiles par les nécessités
locales. « Soumettre la navigation à un régime libéral, disait la circulaire du 21 juin 1855, qui sert en quelque sorte
de préambule à ce règlement, n'interdire à chacun que ce
qui peut nuire à la liberté de tous, et, au besoin, imposer à
la batellerie les conditions nécessaires pour obtenir la rapidité et la régularité des transports, en un mot, encourager
et rendre possible entre les voies navigables et les chemins
de fer une concurrence profitable pour le commerce et les
consommateurs ; tels sont les principes généraux qui ont
présidé à la rédaction de ce règlement. » Le règlement de
1855 se divise en sept titres dont nous étudierons le plus
rapidement possible les principales prescriptions.

118. Titre Ier. *Conditions à remplir pour naviguer.* —
L'article premier traite de la dimension des bateaux qui
pourront circuler sur les rivières navigables ; le réglement
se borne à fixer d'une manière invariable la hauteur minima
du bord au-dessus du plan de flottaison à 0,10. Quant à la
longueur et à la largeur des bateaux, quant à leur enfoncement au-dessous du plan de flottaison, quant à leur hauteur
au-dessus de ce même plan, on s'en remet à l'appréciation des
préfets. Quelques indications leur sont cependant données
sur les limites dans lesquelles ils doivent se renfermer. La
longueur des bateaux devra, en général, être fixée de telle
sorte que dans les écluses, lorsqu'ils touchent les murs de
chute, il reste au moins 0^m30 de jeu du côté des portes
d'aval dans toutes les positions qu'elles occupent pendant
leur mouvement. La largeur des bateaux devra être moindre
de 0^m20 que celle des écluses : toutefois, à titre transitoire,

les préfets peuvent, pour un temps plus ou moins long, autoriser la circulation sur les rivières des bateaux qui ne seraient point conformes à ces dimensions et qui auraient été construits avant la promulgation du nouvel arrêté. L'enfoncement du bateau sera inférieur de 0^m15 à la profondeur d'eau sur le fond normal du canal ; cet enfoncement pourra être réduit par arrêtés spéciaux rendus dans des cas exceptionnels et notamment en cas de sécheresse ; avis sera donné de cette réduction par voie de publication et d'affiches, et les bateaux circulant sur le canal devront dès lors être allégés de telle sorte que leur tirant d'eau n'excède pas la profondeur ainsi fixée. Ces dimensions devront être rigoureusement observées sans qu'il y ait lieu à aucune tolérance ; nous citerons comme exemple l'arrêt du Conseil du 28 décembre 1858 (Lebon, 58, 757) qui considère comme contravention de grande voirie le fait d'avoir fait circuler sur le canal de Mons à Condé un bateau ayant un tirant d'eau supérieur de deux centimètres à celui prescrit par l'arrêté du préfet du Nord du 26 décembre 1856. L'article 6 complète l'article 1er en réglementant la longueur et la largeur que pourront avoir les bateaux marchant en convois. L'édit de décembre 1672 avait laissé sur ce point toute liberté aux bateliers ; l'article 2, chapitre II, leur imposait seulement l'obligation de découpler leurs bateaux au passage des ponts et de les passer séparément ; encore aucune peine n'était-elle prononcée contre ceux qui auraient contrevenu à cette prescription ; l'édit se bornait à les déclarer civilement responsables de la perte des marchandises. L'Ordonnance de police du 25 octobre 1840 vint remédier aux inconvénients qui résultaient de cet état de choses en interdisant aux mariniers de descendre les trains par couplage (art. 9). Nous retrouvons cette prohibition dans le réglement de 1855. « Les bateaux pourront marcher en convois ; ils ne seront ni accouplés, ni remorqués.

pourra néanmoins en attacher deux l'un à la suite de l'autre, quand il sera possible de le faire sans augmenter le nombre de chevaux habituellement employés à la traction d'un seul bateau. Ne seront pas considérés comme bateaux accouplés ou doublés les bateaux reliés ensemble de manière à former un système invariable qui n'excède ni en longueur ni en largeur les dimensions fixées à l'article premier. » Généralement, on tolère que chaque bateau soit suivi d'un canot de secours ; mais en même temps on exige que ce canot ne dépasse pas une certaine longueur et ne serve en aucun cas au transport des marchandises. Nous verrons du reste que de nombreuses exceptions sont apportées en pratique à la prohibition de l'article 6, notamment en ce qui touche le touage et le remorquage par bateaux à vapeur.

119. L'article 3 de notre titre veut que chaque bateau, train ou radeau, ait au moins un marinier à bord, et soit, en outre, muni de ses agrès en bon état et notamment de plusieurs ancres ou piquets d'amarre ainsi que des cordages nécessaires. Aux termes de l'article 4, les conducteurs de bateaux devront les soumettre, à certaines époques déterminées par l'arrêté préfectoral et plus souvent, s'ils en sont requis, à une vérification ayant pour objet de constater qu'ils sont en état de naviguer ; que les échelles prescrites par la loi du 9 juillet 1836 et l'ordonnance réglementaire du 15 octobre suivant sont en cuivre ; qu'elles n'ont subi aucune altération et que leur point zéro correspond exactement au tirant d'eau à vide. Cette vérification sera faite par les agents et dans les ports désignés à cet effet. En cas d'urgence, la vérification des bateaux en marche pourra être faite sur un point quelconque du canal par l'ingénieur ou par un agent qu'il déléguera spécialement ; tout bateau reconnu en mauvais état sera retenu et ne pourra se remettre en marche qu'après avoir été convenablement réparé.

Vient ensuite une série de prescriptions destinées : 1° à faire connaître aux agents de la navigation le nom du propriétaire du bateau. Article 2. « Les bateaux porteront à la poupe leur dénomination, le nom et le domicile du propriétaire. Les inscriptions seront apparentes, en toutes lettres, et en caractères ayant au moins huit centimètres de hauteur. Elles seront peintes ou sur le bordage du bateau, ou sur une planche fixée à demeure, de manière à ne pouvoir être déplacée. » — 2° A assurer la perception des droits de navigation ; l'article 5 rappelle à tous conducteurs de bateau l'obligation où ils se trouvent de se munir d'un laissez-passer délivré par le receveur des droits de navigation ; il leur enjoint en outre, conformément aux articles 8 et 9, chapitre II de l'édit de 1672, d'être porteurs d'une lettre de voiture en bonne forme faisant mention tant du lieu où les marchandises auront été chargées que du lieu de la destination et du temps du départ ; enfin ils doivent conserver le certificat délivré par l'un des agents commis à la vérification dont parle l'article 5 et constatant que le bateau est en état de naviguer. Ces diverses pièces seront représentées à toute réquisition des préposés de l'administration. En dernier lieu, l'article 6 s'occupe des bateaux naviguant la nuit. Cette matière était une de celles où les réglements antérieurs à 1855 présentaient le plus de diversité. L'édit de 1672 (art. 2, ch. II) n'autorisait la circulation des bateaux qu'entre le lever et le coucher du soleil et interdisait à leurs conducteurs de se mettre en route en temps de vent ou tempête. L'article 8 de l'ordonnance de 1840 était à peu près conçu dans les mêmes termes : « La navigation sur les rivières et canaux aura lieu depuis le point du jour jusqu'à la nuit. Il est défendu aux mariniers, aux passeurs d'eau et à tous autres de naviguer sur la rivière ou sur les canaux pendant la nuit. » On n'admettait d'exception que pour les bateaux destinés à un service accéléré ou naviguant dans des circonstances extraordinaires ; les articles 128 et 129 exigeaient que ces bateaux fussent munis des lumières et fanaux réglementaires, et que de plus des précautions spéciales fussent prises au passage des écluses. Aujourd'hui le principe est absolument renversé ; la navigation peut avoir lieu pendant la nuit, pourvu que les mariniers se conforment aux prescriptions édictées dans l'intérêt de la sécurité publique. « Tout bateau naviguant de nuit aura deux mariniers au moins à bord. Il sera éclairé par un fanal fixé à l'avant, dont la lumière s'étende au-delà des chevaux de halage. Les mariniers allumeront, en outre, lorsqu'ils en seront requis, un fanal portatif et même deux au passage des écluses. Les bateaux arrêtés seront aussi éclairés pendant la nuit par un fanal, sur la réquisition des agents du canal, lorsque cette mesure sera jugée nécessaire pour prévenir des accidents. » La détermination des mesures de police à observer pour la navigation de nuit a, depuis 1855, attiré spécialement l'attention des préfets ; et les arrêtés intervenus en cette matière enchérissent encore sur les termes du réglement. Ainsi, la plupart du temps, les bateaux doivent être signalés par des feux colorés, dont les combinaisons indiquent le moteur de chacun d'eux, la direction qu'il suit et le service auquel il est affecté ; l'éclairage des bateaux stationnaires est presque toujours obligatoire ; pour plus de sûreté, ces feux devront être produits au moyen de lanternes analogues à celles qui sont en usage sur les chemins de fer ; enfin on fixe la distance minima à laquelle ils devront être visibles pendant les nuits les plus noires. Quelquefois les préfets imposent aux bâtiments l'obligation de ralentir leur vitesse pendant la marche de nuit ; souvent même, le pilotage est imposé à titre de nécessité ; l'autorité administrative est armée du pouvoir le plus absolu et aucun mode de recours n'est admissible contre ses décisions.

II.   19

120. Titre II. *Classement des bateaux. Priorité de passage aux écluses.* — Ce titre distingue dans son article 1er cinq classes différentes de bateaux : 1° bateaux mus par la vapeur ; 2° bateaux halés par des chevaux marchant au trot avec relais ; 3° bateaux halés par des chevaux marchant au pas avec relais ; 4° bateaux halés par des chevaux sans relais ; 5° bateaux halés par des hommes et radeaux halés soit par des chevaux, soit par des hommes. Dans les trois premières classes, la navigation est dite régulière ou ordinaire (art. 3). On entend par navigation régulière, celle des bateaux qui partent et arrivent à jour fixe et ne s'arrêtent entre les points extrêmes qu'à des ports déterminés : la navigation ordinaire comprend les autres bateaux et les trains ou radeaux. Aucun service régulier ne peut s'établir qu'en vertu d'une autorisation accordée par le préfet, quand les points de départ et d'arrivée sont compris dans un même département, et par le ministre, quand ces points extrêmes sont situés dans deux départements différents. La demande d'autorisation devra indiquer le nombre de bateaux qu'on se proposera d'employer, les lieux et jours de départ et d'arrivée, le mode de traction et les principaux points de stationnement (art. 4). L'administration a pour principe de soumettre les autorisations d'établir un service régulier à des conditions assez sévères, spécialement en ce qui touche les canaux ; elle ne veut pas que les bateliers puissent en abuser de manière à entraver le service général de la navigation. Ainsi, par exemple, le minimum de vitesse des bateaux est rigoureusement déterminé, et les conducteurs du bateau devront faire vérifier à chaque écluse le moment précis de leur passage. La marche des bateaux ne pourra pas être interrompue un seul instant, sauf aux approches des écluses et ponts mobiles ; le stationnement n'est autorisé que dans certains ports situés souvent à des distances considérables ; c'est ainsi que l'Ordonnance de

police du 15 janvier 1838 n'autorise les accélérés circulant entre Paris et Lille à s'arrêter qu'à Saint-Omer, Douai, Cambrai, Saint-Quentin, Chauny, Compiègne et Pontoise. Enfin, en règle générale, le service des accélérés doit être fait au moins par deux mariniers. Comme sanction, l'article 7 veut que tout entrepreneur de service régulier, qui aura été condamné deux fois dans le délai, pour infraction aux conditions de l'autorisation qui lui aura été accordée, soit nécessairement déchu du bénéfice de cette autorisation. Les articles 5, 6, 8 indiquent les signes distinctifs qui feront reconnaître le service auquel appartient chaque bâtiment. Les bateaux du service régulier de première et de deuxième classe porteront à l'avant, en caractères apparents, les mots : « Service accéléré ; » ils arboreront, en outre, une flamme rouge. L'Ordonnance de police de 1840, plus sévère encore, voulait que l'inscription placée sur le bateau indiquât les noms et domiciles de l'entrepreneur, ainsi que la date de l'autorisation spéciale qu'il aurait obtenue ; que le patron du bateau fût muni d'une lettre de voiture signée de l'entrepreneur et portant les mêmes énonciations que la plaque ; cette lettre devait être présentée aux éclusiers, pontonniers et autres agents de la navigation, toutes les fois que réquisition en sera faite. Les bateaux du service régulier de troisième classe, porteront à l'avant, en caractères non apparents, les mots : « Service non accéléré. » Ils arboreront une flamme bleue. Il va de soi qu'il est défendu de placer sur des bateaux qui n'appartiennent pas à un service régulier, tout ou partie des insignes distinctifs de ce service. L'article 9 le plus important de tout le titre, est relatif au droit de trématage, c'est-à-dire au droit de priorité de passage aux écluses et ponts mobiles. L'ordre dans lequel est exercé ce droit, est réglé par les numéros des classes de bateaux. A égalité de classes, ce droit est exercé dans l'ordre suivant : 1° ba-

teaux affectés à un service de voyageurs ; 2° bateaux chargés pour le service de l'Etat et les travaux de la navigation ; 3° bateaux d'un service régulier portant des marchandises. A raison de circonstances exceptionnelles , certains bateaux pourront encore exercer le trématage en
dehors du droit de leur classe ; mais les conducteurs de
ces bateaux devront être munis d'autorisations spéciales et
individuelles délivrées par l'ingénieur en chef, et qu'ils seront tenus de représenter à toute réquisition. L'article 127
de l'Ordonnance de 1840 assimilait aux bateaux chargés
pour le service de l'Etat, ceux dont le chargement consis-
terait en blés, farines, sucres bruts ou raffinés, glaces,
poissons frais, sel et chaux vive ; le règlement de 1855,
moins général dans ses termes, se borne à dire que, s'il
devait être dérogé aux règles par lui établies, de manière
à consacrer un droit de trématage en faveur des bateaux
chargés de certains objets ou marchandises, il y serait
pourvu par décision ministérielle. En cas de contestation,
dit en terminant l'article 9, les conducteurs de bateaux
seront tenus de se conformer aux ordres de l'éclusier ou
de tout autre agent du canal, pour la priorité du passage.

121. Titre III. *Dispositions relatives à la marche des bateaux.* — L'article 1er répète que la circulation sur les rivières peut avoir lieu soit de jour, soit de nuit ; à quelque
heure que ce soit, les éclusiers doivent livrer passage aux
bateaux qui se présentent. Antérieurement à ce texte,
l'Ordonnance de police du 4 septembre 1850 n'autorisait le
passage de nuit aux écluses et pertuis de la Seine, qu'en
faveur des bateaux à vapeur et des bateaux halés faisant
un service direct entre Paris et Rouen. Les ingénieurs peuvent toutefois interdire la navigation de nuit à l'époque des
gelées et des débâcles, et dans le cas où des avaries survenues soit aux digues soit aux ouvrages d'art feraient craindre quelque danger ; en sens contraire, ils peuvent égale-

ment rendre la navigation de nuit obligatoire pour tous les bateaux sans distinction, lorsque ces bateaux encombrent les biefs notamment aux approches et à la suite des chômages. D'après l'article 2, hors les cas de force majeure, la navigation ne pourra être suspendue que par un acte administratif qui fixera l'époque et la durée des chômages. L'Edit de décembre 1672 (ch. XVII, art. 6) décidait que lorsque l'exécution des travaux dans le lit des rivières ou aux ouvrages de navigation nécessiterait l'interruption du passage des bateaux dans une localité, le commerce en serait informé par avis publics qui seraient donnés au moins un mois avant le commencement des travaux. Actuellement ce délai n'est plus considéré comme obligatoire ; suivant l'instruction du sous-secrétaire d'Etat des Travaux publics du 15 août 1840, l'administration est seule juge du temps que doit durer la période de chômage. Les préfets sont, quant à la fixation de cette période, obligés de s'entendre avec les préfets des départements voisins, de manière que les bateaux engagés dans une partie de rivière, puissent en sortir avant l'interdiction de la navigation sur la partie de rivière qui lui fait immédiatement suite. En fait, la durée des chômages est aujourd'hui fixée par le ministère des Travaux publics ; le rôle des préfets se borne à donner force légale aux instructions qui leur sont adressées et à en assurer l'exécution par des règlements de détail. Pendant la durée du chômage, aucun bateau ne doit circuler sur la partie interdite à la navigation ; toutefois on tolère que les bateaux puissent circuler ou stationner aux endroits où, pour une cause quelconque, ils trouveront un tirant d'eau suffisant pendant la durée même des travaux ; les anciens règlements exigeaient que, dans cette hypothèse, les bateliers fussent munis d'une autorisation spéciale qui leur serait délivrée par le préfet ; cette formalité n'est plus exigée par la circulaire de 1855.

122. En dehors des chômages proprement dits, la navigation peut se trouver parfois interrompue sur un cours d'eau : de là peuvent naître certaines difficultés. Deux hypothèses se sont présentées dans la pratique. 1° La navigation se trouve momentanément suspendue par suite d'une faute imputable aux agents de l'administration : ce seront, par exemple, les gardes préposés à la surveillance d'un barrage qui n'en auront point ouvert les portes en temps de crue : d'où une surélévation des eaux qui aura interdit toute circulation dans les biefs des écluses situés en aval. Il est hors de doute que dans ce cas, les intéressés pourront agir en dommages-intérêts non-seulement contre les agents eux-mêmes, mais encore contre l'administration ou les concessionnaires subrogés à des droits. La connaissance de ce litige appartiendra nécessairement aux Tribunaux ordinaires, puisqu'il s'agit non point d'interpréter un acte administratif, mais d'appliquer à un fait isolé les conséquences de l'art. 1382. (Req. Rej., 5 juillet 1869. Dev., 70, 1, 78). 2° La navigation se trouve momentanément suspendue par le fait d'un tiers étranger à l'administration. La question de compétence se présente sous une double face. D'abord à quel tribunal doit être déférée la contravention commise par ce tiers ? On a prétendu quelquefois qu'il n'y avait là qu'une contravention de petite voirie; que le fait d'avoir occasionné le chômage d'un canal n'était point prévu textuellement par la loi de floréal an X ; que dès lors on tombait purement et simplement sous l'application de l'art. 471 § 15 C. Pén. Un arrêt de Cassation de la Chambre Criminelle du 8 mars 1872 (Dev., 72, 1, 256) répond que la loi de floréal, combinée avec l'art. 4 de la loi de pluviose an VIII, attribue à la juridiction des Conseils de Préfecture toutes les contraventions en matière de grande voirie ; que la disposition de l'art. 1 de cette loi n'est point limitée à la connaissance des faits qui s'y trouvent spécifiés ; qu'elle place dès lors

dans la compétence exclusive et absolue des Conseils de Préfecture en se référant à l'art. 4 de la loi du 28 pluviose an VIII, toutes les contraventions intéressant la libre et sûre navigation sur les canaux navigables ; d'où la conséquence que le fait incriminé ayant pour effet la suppression complète de la navigation, ne peut constituer légalement qu'une contravention de grande voirie rentrant exclusivement dans la compétence du Conseil de Préfecture. Quant à l'action civile, que l'administration ou les tiers, peuvent intenter contre l'auteur de la contravention, rentrera-t-elle également dans la compétence de l'autorité administrative ? Ici , une distinction nous paraît nécessaire : le Conseil de Préfecture est compétent pour allouer les dommages-intérêts destinés à réparer le préjudice qui résulte des dégradations causées par la contravention elle-même : il pourra, par exemple, fixer le quantum de l'indemnité qui sera due pour les réparations faites aux francs-bords et aux ouvrages d'art qui forment une dépendance du canal. Que si, au contraire, il s'agit de dommages-intérêts correspondant au préjudice causé par la suspension de la navigation, il devient absolument nécessaire de s'adresser aux Tribunaux civils. Le Conseil de préfecture excéderait ses pouvoirs en allouant à ce titre une somme quelconque, soit à l'administrateur, soit aux tiers intéressés. Ce point a été parfaitement mis en lumière par l'arrêté du Conseil du 11 mars 1862 (Lebon, 62, 193).

122 *bis*. Le cas de rencontre de deux bateaux était prévu par l'édit de 1672, art. 5, ch. II. « Voituriers de bateaux montants venant à rencontrer en pleine rivière des bateaux avalants, seront tenus de se retirer vers terre pour laisser passer lesdits avalants, à peine de demeurer responsables du dommage causé tant aux bateaux qu'aux marchandises. » Art. 6. « Pour prévenir les accidents qui peuvent arriver par la rencontre des bateaux descendants avec les coches et

traits des bateaux montants, pour faciliter le passage desdits
coches et bateaux descendants, faire voler par-dessus lesdits
bateaux montants la corde appelée cincenelle et empêcher
que les bascules accouplées enfin desdits traits ne s'écartent
et empêchent le passage des dits coches et autres bateaux,
et seront tenus les conducteurs desdits coches descendants,
pour faciliter le passage desdits coches et bateaux montants
de lâcher leur cincenelle en sorte qu'elle passe par-dessous
le bateau montant, à peine aussi de toutes pertes, dommages-intérêts. » Ce sont à peu près les mêmes prescriptions
qui ont été édictées en 1855. Tout bateau, train ou radeau
allant dans un sens doit la moitié de la voie d'eau à tout bateau, train ou radeau allant en sens contraire. Quand les
bateaux qui se rencontrent sont l'un chargé et l'autre vide,
le bateau vide doit se ranger du côté du halage. Si les bateaux qui se rencontrent sont tous deux chargés ou vides,
le bateau montant se tient du côté du halage. Dans le trématage, le bateau qui cède le passage doit se ranger du
côté opposé au halage et lâcher son trait (art. 3 et 4). Lorsqu'un bateau, train ou radeau se présentera dans une partie
du canal qui n'a pas une largeur suffisante pour le croisement de deux bateaux et dans laquelle un autre équipage
se trouvera engagé, il sera tenu de s'arrêter et de se ranger
pour laisser passer ce dernier. Des poteaux indicateurs
feront connaître les limites entre lesquelles le croisement
des bateaux ne peut avoir lieu. Ici encore, le règlement
s'inspire de l'édit de 1672, ch. II, art. 3. « Pour éviter les
naufrages qui pourraient arriver aux passages des ponts
et pertuis, les voituriers conduisant bateaux et trains aval
la rivière seront tenus avant que de passer les pertuis d'envoyer un de leurs compagnons pour reconnaître s'il n'y a
pas quelques bateaux ou trains montants embouchés dans
les arches desdits ponts ou dans lesdits pertuis et si les cordes ne sont point portées pour les monter au-dessus desdits

ponts, auquel cas l'avalant sera tenu de se garer jusqu'à ce que le montant soit passé et que les arches et pertuis soient entièrement libres à peine de répondre par le voiturier avalant, du dommage qui pourrait arriver aux bateaux et trains montants. » En dernier lieu, art. 6 du règlement : « Tout bateau qui s'arrête, doit laisser passer ceux qui le rejoignent jusqu'à ce qu'il se remette lui-même en marche. »

123. D'après l'article 7, les éclusiers et pontonniers n'accorderont sous aucun prétexte le passage aux écluses et ponts mobiles aux bateaux, trains et radeaux, pour lesquels il ne leur serait pas représenté de laissez-passer délivré ou visé par le receveur du bureau de navigation le plus voisin. Ils pourront d'ailleurs s'assurer d'une manière sommaire que ces laissez-passer sont en rapport avec les chargements. En cas de désaccord, ils le constateront par écrit sur le laissez-passer, afin que la fraude puisse être réprimée ou l'erreur corrigée au premier bureau de perception. Cette prescription, jugée trop sévère dans la pratique, a été depuis modifiée par la circulaire du Ministre du Commerce du 31 janvier 1865. « La rigoureuse application de cette disposition qui, à une autre époque, avait été demandée par le département des Finances, n'est plus en harmonie avec les facilités données aujourd'hui à la navigation. Non-seulement, en effet, la batellerie jouit de la faculté que lui laisse l'article 12 de la loi du 9 juillet 1836 de payer au départ ou à l'arrivée des droits pour les distances à parcourir ou parcourues sur la partie d'une rivière ou d'un canal imposée au même tarif, mais une tolérance plus récente accordée par l'administration des Contributions indirectes, dans l'intérêt du commerce, étend cette faculté à tout parcours effectué ou à effectuer sur des voies de communication soumises à des tarifs différents. Il convient dès lors afin d'éviter des difficultés, de modifier la rédaction de l'article 7 du réglement précité. La rédaction suivante

a été arrêtée de concert entre les administrations des Contributions indirectes et des Travaux publics. « Les éclusiers et pontonniers n'accorderont sous aucun prétexte le passage des écluses et ponts mobiles aux bateaux, trains et radeaux pour lesquels il ne leur serait pas représenté d'expédition délivrée par les agents des Contributions indirectes. » Les éclusiers se borneront à vérifier, par une reconnaissance sommaire des bateaux et chargements si l'expédition est applicable. » L'article 8 recommande aux éclusiers de vérifier si les bateaux qui se présentent de nuit pour franchir les écluses satisfont aux conditions générales et s'ils doivent continuer leur route. « Les bateaux qui naviguent de nuit, dit la circulaire du 21 juin 1855, doivent remplir certaines obligations nécessaires pour prévenir les accidents et on n'accorde passage de nuit aux écluses qu'aux mariniers qui continuent leur route, pour empêcher qu'à la fin du jour un bateau ne puisse exercer sur les bateaux arrêtés devant lui un droit de trématage que sa classe ne comporte pas et s'arrêter ensuite lui-même en avant à peu de distance jusqu'au lendemain matin. » Sauf les exceptions établies par le réglement lui-même, les bateaux, trains ou radeaux, marchant dans le même sens passeront les écluses et les ponts mobiles dans l'ordre de leur arrivée (art. 9). Les articles 10 et 11 disposent : 1° que tout bateau, train ou radeau qui, arrivé près d'une écluse, ne pourrait passer immédiatement, devra s'arrêter pour attendre son tour avant le poteau indicateur indiquant la limite du stationnement ; 2° que tout bateau, train ou radeau qui, arrivé près d'une écluse, aurait refusé de se faire écluser, ne pourra s'opposer à ce qu'un autre bateau, train ou radeau passe avant lui. La plupart des anciens réglements portaient que le passage des écluses serait exclusivement réservé à certaines heures aux bateaux montants, à certaines autres aux bateaux descendants ; c'est ainsi que l'arrêté du préfet du

Cher du 14 décembre 1839 disposait que sur le canal latéral à la Loire, le passage aux écluses de Digoin et du
Guétin serait réservé aux bateaux descendants dans la
partie de la journée comprise entre le lever du soleil et deux
heures de l'après-midi, aux bateaux montants pendant
le reste de la journée. Rien de semblable dans le réglement de 1855 ; l'article 12 veut que l'on profite autant que
possible de la même éclusée pour faire passer deux bateaux
marchant en sens contraire. Des mesures spéciales sont
prescrites par l'article 13 pour prévenir toute dégradation
des ouvrages d'art du canal. Aux approches des écluses,
ponts et ouvrages d'art, le mouvement des bateaux sera
réglé de manière à rendre tout choc impossible. Les bateaux seront solidement amarrés à chaque extrémité pendant qu'on les éclusera ; on les fera ensuite sortir avec précaution ; en aucun cas, on ne les attachera aux portes.
Chaque bateau sera muni de perches pour parer les chocs
contre les bajoyers et les portes, et pour aider à la sortie
des écluses. Les patrons et mariniers devront d'ailleurs se
conformer ponctuellement à tous les ordres qui leur seront
donnés par l'éclusier pour les précautions à prendre lors
des manœuvres relatives à l'éclusage. Les bateaux, trains
ou radeaux ne peuvent rester dans l'écluse que le temps
strictement nécessaire pour la manœuvre (art. 14). Enfin,
l'éclusier a seul le droit de manœuvrer les ventelles et
portes d'écluses : toutefois, il peut être aidé par les mariniers qui doivent, dans ce cas, se conformer à ses ordres
(art. 15). Ajoutons qu'au cas où des mariniers franchiraient
une écluse malgré les injonctions des agents du service de
la navigation, les tribunaux correctionnels pourraient, suivant les circonstances, voir dans ce fait soit le délit de re-
bellion, soit le délit d'outrage envers les agents, et appliquer les peines portées par le Code pénal (C. d'Etat, 20
avril 1835 ; Lebon, 35, 315).

124. Titre IV. *Passage des souterrains.* — « Ce titre, dit la circulaire du 21 juin 1855, n'est indiqué que par son objet, *Passage des souterrains* ; chaque canal exige des dispositions spéciales qu'il appartient à MM. les ingénieurs de proposer pour les services dont ils sont chargés. On doit néanmoins observer que, sur les longs souterrains, des heures fixées chaque jour doivent être réservées pour les bateaux qui marchent dans un sens, et d'autres pour les bateaux qui marchent dans l'autre sens. Cependant, il peut arriver qu'à l'une des extrémités, des bateaux attendent l'heure fixée par le réglement, tandis qu'il n'y a aucun bateau engagé ni dans le souterrain, ni même à une certaine distance de l'extrémité opposée. La télégraphie électrique, en faisant connaître instantanément d'un bout à l'autre du souterrain si la voie est occupée ou libre, permettrait d'affranchir la navigation de retards inutiles. C'est une amélioration que l'administration se borne à indiquer en appelant sur ce point l'attention de MM. les ingénieurs. »

125. Titre V. *Mesures d'ordre relatives : 1° au stationnement des bateaux ; 2° à la police des ports.* — Le premier point se trouve réglé dans les articles 1, 2, 3, 9, 10. En principe, les bateaux ne doivent stationner que dans les ports et les parties du canal désignées par les ingénieurs. Le stationnement est, dans tous les cas, interdit : 1° sur tous les points où ne peut avoir lieu le croisement des bateaux ; 2° à moins d'une certaine distance en amont et en aval des écluses, distance que la plupart des arrêtés préfectoraux fixent à soixante-dix mètres. Les bateaux qui stationnent dans les biefs se placeront sur un seul rang du côté opposé au halage. Tout bateau en stationnement sera amarré à ses deux extrémités ; il devra être gardé de jour et de nuit. Les bateaux à réparer seront placés sur des cales de radoub ; néanmoins les propriétaires pourront, quand les circonstances l'exigeront, obtenir des ingénieurs la faculté de réparer leurs bateaux sur d'autres points qui leur sont assignés. Les bateaux sans emploi ou qui attendront leurs chargements seront garés dans les lieux désignés par les ingénieurs. Les propriétaires de ces bateaux seront tenus de faire connaître à l'éclusier ou au garde-port le nom et la demeure des personnes à qui sera confiée la surveillance des bateaux. C'est une question fort délicate que de déterminer quelle est la portée précise de cette partie du réglement de 1855. L'article 471 4° Code pénal ne considère comme contravention le fait d'embarrasser la voie publique que s'il en résulte un empêchement quelconque soit à la liberté, soit à la sûreté du passage ; le principe de droit pénal, applicable aux voies de terre, l'est-il également à la navigation fluviale ? La jurisprudence a varié sur ce point. Un arrêt du Conseil du 28 décembre 1858 (Lebon, 58, 760) infirmait un arrêté du Conseil de préfecture du Nord, décidant que l'infraction à un arrêté préfectoral défendant d'amarrer deux bateaux de front du côté du halage ne constituait pas une contravention toutes les fois qu'il n'en serait résulté aucun obstacle au libre exercice de la navigation. Un second arrêt du 27 mars 1865 (Lebon, 65, 358) condamnait de même aux frais de la procédure suivie contre lui le propriétaire d'un bâtiment amarré sur la Saône, et ce, sans constater que la navigation avait été entravée de ce chef. Le Conseil d'Etat est revenu depuis sur cette doctrine par trop rigoureuse ; son arrêt du 24 janvier 1867 (Lebon, 67, 107) porte que le fait de laisser séjourner sur un cours d'eau une embarcation à poste fixe ne constitue pas nécessairement une contravention ; ce qui est assez singulier, c'est que cette décision ne s'appuie aucunement sur l'article 471 Code pénal ; le seul texte qui y soit visé est l'article 1er de l'arrêt du 24 juin 1777, n'interdisant aux riverains les entreprises sur les cours d'eau qu'autant qu'elles présentent un caractère de permanence et de fixité qu'on ne retrouve point dans le simple stationnement d'un bateau. Nous pouvons encore citer l'arrêt de rejet de la Chambre criminelle du 8 juillet 1842 (Dalloz, v° Voirie par eau, n° 30) et l'arrêté du Conseil de préfecture de la Seine du 10 juillet 1866 (Rec. 1866, n° 334) décidant implicitement dans ses motifs, que ce qui constitue la contravention c'est le stationnement excessif et prolongé. Mais ce qui nous paraît plus grave, c'est que l'administration elle-même se prononce en ce sens : d'après les formules de procès-verbaux, auxquels doivent se conformer ses employés, il faut qu'il y ait eu un véritable abus, pour que la poursuite puisse avoir lieu ; avant que la contravention soit constatée, le propriétaire du bateau doit avoir été averti et mis en demeure de se conformer aux arrêtés du préfet [1].

---

[1] Nous croyons être utile à nos lecteurs en donnant ici le libellé de ces formules telles que nous les trouvons dans l'ouvrage de M. Lalou (Manuel de la navig., p. 57).

Le   187 .

AVIS.

M.

Vous laissez stationner au port   depuis le un bateau, le   , vous appartenant; le séjour de ce bateau, gênant au service de la navigation et n'étant point autorisé, je vous prie de le faire déplacer immédiatement.

MODÈLE D'AVERTISSEMENT.

PRÉFECTURE   Le   187 .

d

—

AVERTISSEMENT.

SERVICE   M.

d

—

N°

Vous laissez stationner depuis   jours au port de   un bateau portant pour devise le   , vous appartenant.

Ce stationnement gênant à la navigation et étant prolongé sans autorisation, je vous invite à faire retirer ce bateau dans un délai de   jours, vous prévenant que si vous ne l'opérez dans ce délai, il sera rédigé contre vous un procès-verbal de contravention à l'article   de l'arrêté du

126. La police des ports fluviaux n'est l'objet que d'un très-petit nombre de dispositions dans le règlement de 1855. Suivant l'article 4, le chargement, le déchargement, ainsi que le dépôt des marchandises, ne peuvent avoir lieu que dans ces ports, à moins d'une permission de l'ingénieur, s'il s'agit d'un seul bateau, ou d'une autorisation de l'ingénieur en chef, s'il s'agit de chargements ou de déchargements qui peuvent avoir une certaine continuité. Lorsque les ports publics sont du côté du halage, les bateaux ne peuvent y rester que pendant le temps strictement nécessaire pour leur chargement ou leur déchargement. Aussitôt que ces opérations sont achevées, ou pendant les interruptions qu'elles peuvent subir, les bateaux doivent s'amarrer du côté opposé (art. 5). Les mariniers, dans les ports publics, se conformeront au règlement particulier de chaque port. Il est d'ailleurs prescrit d'une manière générale : 1° d'enlever les gouvernails et de les mettre dans les bateaux ou le long du bord ; cette disposition se trouvait déjà dans l'arrêt du 24 juin 1777 ; 2° de ranger les marchandises à terre, de manière qu'elles occupent le moins d'espace possible ; 3° de réserver sur le bord du cours d'eau un chemin de quatre mètres au moins du côté du halage et de deux mètres au moins du côté opposé ; 4° de laisser libres les chemins de service réservés sur chaque port, suivant les indications données par les ingénieurs ou par les inspecteurs et gardes-ports (art. 6). Les bateaux en chargement ou en déchargement seront placés à quai dans les ports publics, de préférence à tous autres (art. 7). Il ne peut être déposé dans les ports publics que des marchandises arrivées par eau ou destinées à être embarquées (art. 8). Quant aux ports appartenant aux particuliers, leur situation se trouve régie par le décret du 13 avril 1861 ; les préfets statuent sans l'autorisation du ministre des Travaux publics, mais sur l'avis et la proposition des ingé-

nieurs et conformément aux instructions ministérielles, sur l'établissement de débarcadères le long des fleuves et rivières pour le service de la navigation ; sur la fixation des tarifs et conditions d'exploitation de ces débarcadères. Nous avons déjà examiné au n° 107 les difficultés que pouvait soulever l'application de ce texte, et il nous semble inutile d'insister de nouveau sur ce point.

127. Les ports situés dans l'étendue du bassin de la Seine restent soumis à l'application du décret spécial du 21 août 1852. Ce texte distingue dans son article 1ᵉʳ deux espèces de ports sur lesquels peut s'exercer la surveillance des agents de la navigation : 1° Ports affectés au commerce des bois et considérés comme tels en dehors de toute décision administrative. « Sont désignés sous le nom de ports dans le bassin de la Seine, les emplacements situés à proximité des rivières et canaux qui servent habituellement ou accidentellement d'entrepôts pour les bois à brûler, les bois à ouvrer, et les charbons de bois, ainsi que les lieux où s'effectuent la construction et le tirage des trains, le chargement et le déchargement des bateaux employés au transport desdites marchandises. » 2° Ports affectés au service des marchandises de toute espèce et déclarés tels par l'autorité administrative. « Les emplacements où s'opèrent le dépôt, l'embarquement ou le débarquement des marchandises autres que celles désignées dans le précédent paragraphe, ne sont réputés ports et comme tels soumis à la surveillance des agents des ports qu'en vertu de décisions de l'administration supérieure rendues après enquête. » Les articles 4 et 5 s'occupent des mesures propres à assurer sur les ports, la liberté de circulation ; les zônes réservées pour le halage doivent toujours avoir la largeur nécessaire aux besoins de la circulation ; les voies destinées au service des ports seront toujours maintenues libres, ainsi que les ruelles réservées entre les dépôts de marchandises ; la largeur des-

dites ruelles ne sera pas moindre de 0ᵐ65. Les travaux sur les ports ne commencent qu'au lever et doivent finir au coucher du soleil ; il est défendu de s'y introduire pendant la nuit (art. 6). Aucune marchandise ne doit être déchargée sur les ports 1° sans qu'au préalable il en ait été fait la déclaration au garde-port qui désigne le lieu où elle peut être déposée ; 2° sans qu'elle ait reçu la marque de ceux pour le compte desquels elle a été amenée sur le port (art. 7-9). D'après l'article 10 in fine, les gardes-ports empêchent que l'on n'exécute, sans l'autorisation de l'inspecteur, aucune opération qui aurait pour résultat de transformer ou dénaturer la marchandise ; l'article 12 permet seulement de procéder aux travaux de main d'œuvre qui seraient absolument nécessaires ; les ouvriers, les mariniers, les flotteurs, les voituriers qui ne se conformeraient pas aux ordres donnés, dans l'intérêt du service, par les gardes-ports et inspecteurs, pourraient être immédiatement expulsés. Au fur et à mesure de leur arrivée sur les ports, les marchandises recevront un rangement provisoire ; l'emmétrage et le rangement régulier devront avoir lieu dans un délai de quinze jours, à partir de la date du dépôt, pour les marchandises encombrantes ou susceptibles d'avaries ; ce délai est porté à un mois pour toutes les autres marchandises, sauf comme toujours les circonstances exceptionnelles. L'emmétrage et l'empilement auront lieu d'une manière régulière et loyale selon le mode adopté pour chaque espèce de marchandises et sous la surveillance du garde-port (art. 13-14). Nous signalerons encore les art. 18-19 destinés à sauvegarder les intérêts de ceux à qui appartiennent les marchandises déposées sur les ports ; lorsqu'il y a vente ou cession de ces marchandises, le vendeur ou cédant est tenu d'en donner avis par écrit au garde-port, de lui indiquer le nom du nouveau propriétaire et de désigner les marchandises vendues ou cédées, ainsi que les numéros des piles ou lots. Il ne doit être enlevé des ports aucune marchandise, sans qu'au préalable, le voiturier, flotteur ou marinier chargé d'effectuer l'enlèvement, ait remis au garde-port un ordre écrit du propriétaire ou de son préposé.

128. Titre VI. *Interdictions et prescriptions. Autorisations. Dispositions diverses.* — A proprement parler, la plupart des articles de ce titre n'ont pas trait à la police de la navigation ; le réglement s'occupe successivement des contraventions de grande voirie commises sur les bords des rivières par les riverains ou par les tiers (art. 1, 6, 9) ; des bâtiments coulés à fond et autres épaves (art. 3, 10, 11) ; des alignements à observer le long des rivières et de la distance à laquelle peuvent avoir lieu les plantations (art. 4, 5, 6) ; des prises d'eau et travaux de cette nature (art. 7). Ces diverses matières seront plus tard l'objet d'une étude plus spéciale ; nous nous bornons quant à présent à rapporter les articles 2 et 8 qui se rattachent exclusivement à notre sujet. Article 2 : « Il est interdit aux mariniers et autres : 1° d'embarrasser les ports et gares qui leur sont affectés, de laisser vaguer les soupentes de leurs traits de bateaux, de garer leurs bateaux ou radeaux du côté du halage (art. 8 de l'arrêt du 24 juin 1777) ; 2° d'amarrer les bateaux, trains ou radeaux sur les banquettes plus près de l'arète du canal que trois mètres ; 3° d'attacher aucun cordage aux arbres plantés sur les banquettes ou les francs-bords et de tenir les cordages élevés au-dessus des banquettes, de manière à gêner ou à intercepter le passage ; 4° de se servir de harpons, gaffes ou bâtons ferrés et autres engins en usage sur les rivières qui pourraient endommager les maçonneries, portes d'écluses et autres ouvrages d'art. » Article 8 : « Les particuliers peuvent, sur le rapport des ingénieurs et l'administration des Contributions indirectes entendue, obtenir l'autorisation, sous des

conditions déterminées, d'avoir des barques pour leur usage et pour l'exploitation de leurs propriétés ; mais il leur est interdit, sous les peines de droit, d'appliquer ces barques au transport des passagers d'une rive à l'autre avec ou sans rétribution. Ces barques devront d'ailleurs être toujours garées de manière à ne gêner ni la navigation, ni le halage. »

129. Dans les arrêtés qu'ils sont appelés à prendre pour compléter le réglement de 1855, les préfets sont tenus de se conformer en tous points aux dispositions des lois antérieures. Il est bien certain qu'on ne peut leur reconnaître le droit de dispenser les bateliers de l'observation de telle ou telle mesure de précaution prescrite par la loi ; il y aurait dans ce fait un abus de pouvoir évident. Mais, d'un autre côté, reste à savoir s'ils ne pourraient pas, dans l'intérêt de la sécurité publique, se montrer plus sévères que ces lois antérieures et ajouter à la rigueur de leurs dispositions. La difficulté fut soulevée à la Chambre des députés lors de la discussion de la loi de 1836 ; l'article 10 de cette loi veut, on se le rappelle, que la dernière ligne de flottaison à charge complète soit fixée de manière que chaque bateau, dans son plus fort chargement, présente au moins un décimètre au-dessus de l'eau. M. le comte Jaubert, rapporteur de la commission, fit observer que sur les lignes de navigation où l'on est obligé de profiter des éclusées et des crues subites des eaux, il y a souvent deux ou trois cents bateaux chargés d'avance sur la grève et partant ensemble et qu'il y aurait des inconvénients à laisser à des bateliers peu prudents la faculté de charger partout à un décimètre de flottaison ; il demandait donc que le gouvernement avisât aux mesures nécessaires pour remédier à un semblable état de choses. M. le Ministre des Finances déclara se rallier à l'observation présentée par la commission. « Il y a, répondit-il, certaines rivières pour lesquelles la flottaison fixée par l'article pourrait présenter quelques

dangers. Il est facile d'y remédier en vertu de l'article 19, et même en vertu de réglements de police locale qui donnent à l'autorité municipale le droit d'empêcher tout ce qui pourrait amener quelque dommage. Dans les lieux où un décimètre de flottaison pourrait amener quelque danger, on prendra les mesures nécessaires. Nous ne pouvons insérer dans la loi autant de lignes de flottaison qu'il y a de rivières différentes ; nous devions prendre la ligne qui était admise sur presque toutes les rivières. S'il faut faire quelques exceptions, on les fera. » Dans ses notes sur la loi de 1836, M. Duvergier paraît craindre que les arrêtés préfectoraux conçus dans ces termes ne soient absolument illégaux. D'après le savant jurisconsulte, ces arrêtés n'ont aucune puissance lorsqu'ils ordonnent quelque chose de contraire aux dispositions de la loi. Or, la loi dit formellement que la dernière ligne de flottaison à charge complète doit être fixée de manière que le bateau présente toujours un décimètre hors de l'eau. C'est bien dire que toutes les fois qu'un bateau aura un décimètre de franc-bord, il sera dans les termes fixés par la loi ; exiger plus, ce serait se mettre en contradiction avec elle. Nous admettrons parfaitement la justesse de ce raisonnement au point de vue fiscal ; un employé des Contributions indirectes ne pourra verbaliser sous prétexte qu'un bateau ne présenterait au-dessus de l'eau qu'une hauteur de un centimètre et demi, alors que l'arrêté du préfet exige une hauteur de deux centimètres ; il n'y aurait point lieu à appliquer l'amende spécifiée en l'article 20 de la loi. Rien de plus logique ; mais de ce que le batelier ne tombe pas sous le coup de la loi de 1836, s'ensuit-il qu'il ne puisse pas tomber sous le coup de l'article 471, § 15, C. pénal ? De ce que la loi de 1836 a réglementé la navigation au point de vue de la perception fiscale, s'ensuit-il que le préfet ne puisse, de son côté, la réglementer dans l'intérêt de la sécurité publique ?

130. A quels tribunaux appartient-il de connaître des contraventions aux arrêtés préfectoraux sur la police de la navigation ? Aucun texte ne répond à cette question d'une manière précise, et la jurisprudence a dû combler les lacunes de la loi positive. Il est une première hypothèse où nous n'éprouverons guère d'embarras ; supposons que le fait imputé au batelier soit prévu par un des anciens réglements de grande voirie, dont la confirmation a été prononcée par l'article 29 de la loi des 19-22 juillet 1791 ou par une loi postérieure sur le régime de la grande voirie, il y aura bien évidemment contravention de grande voirie ! et le Conseil de préfecture sera compétent sur toute poursuite ainsi motivée. Il a été décidé en ce sens que le refus par un marinier d'opérer l'enlèvement d'un bateau coulé bas dans le lit d'une rivière, constituait une contravention de grande voirie, prévue par l'article 3 de l'arrêt du 24 juin 1777, et était justiciable des Conseils de préfecture, bien qu'un réglement de police locale eût sur ce point renouvelé les prescriptions de l'arrêt (C. d'Etat, 1er décembre 1852 ; Lebon, 52, 577) ; et plus spécialement encore que les arrêtés préfectoraux sur la police de la rivière de Loire n'étaient, en ce qui touche le sauvetage des marchandises naufragées, que la reproduction de l'arrêt du Conseil du 23 juillet 1783 (C. d'Etat, 7 février 1867 ; Lebon, 67, 159). Qu'arrivera-t-il maintenant toutes les fois que l'arrêté préfectoral ne présentera point ce caractère ? D'après la doctrine invariablement suivie par le Conseil d'Etat, une distinction est nécessaire : ou bien l'arrêté préfectoral a pour but d'assurer la conservation du lit, des rives et des ouvrages d'art, et de faire disparaître les obstacles de nature à entraver la navigation : ou bien la disposition a pour but unique d'assurer, dans un intérêt de police, la liberté et la sécurité de la navigation. Dans le premier cas, il y a contravention de grande voirie justiciable du Conseil de préfecture ; dans le second cas, contravention de simple police réprimée par l'article 471 15° C. pénal. Mais en fait, l'application de cette théorie présente les embarras les plus sérieux ; comment établir à priori que telle mesure a pour but la conservation du cours d'eau ; telle autre la sécurité de la navigation ? « Nous ne voyons pas, a dit fort justement un arrêtiste, qu'on puisse poser de règle pour les cas intermédiaires. Il semble donc qu'on doit s'en tenir à la marche indiquée par le bon sens dans tous les cas où on est obligé de se diriger sans règle précise ; on ne peut que fixer ses idées d'une part sur les cas certains où il y a contravention de grande voirie et, par conséquent, compétence du Conseil de préfecture, d'autre part, sur les cas certains où le caractère de contravention de grande voirie ne se rencontrant pas, il y a compétence des tribunaux ordinaires ; on peut ensuite, en examinant dans toutes ses circonstances le cas douteux dont on a à s'occuper, vérifier s'il présente plus d'analogie avec les cas certains de compétence administrative ou avec les cas certains de compétence judiciaire. » Quant à nous, suivant en cela l'exemple de la plupart des auteurs, nous nous bornerons à présenter un résumé, aussi complet que possible, des décisions les plus importantes qui sont intervenues jusqu'à ce jour.

131. D'après les arrêts, sont considérés comme ayant trait à la conservation des cours d'eau les arrêtés portant : 1° que la priorité de passage appartiendra aux convois formés d'un moindre nombre de bateaux, par préférence aux convois plus considérables ; 2° que les bateaux isolés pourront exercer aux écluses le droit de trématage sur les bateaux marchant en convois ; 3° que les bateaux, arrivant à une certaine distance des écluses, devront y stationner ; 4° que les bateaux ne pourront s'arrêter au passage des écluses avant d'avoir atteint la distance réglementaire ; 5° que les bateaux devront être amarrés solidement et à

une certaine distance des écluses ; 6° que les bateaux ne pourront ni rester dans les avenues des écluses ni s'amarrer dans les parties rétrécies d'une rivière navigable ; 7° que les éclusiers ont seuls le droit de manœuvrer les portes et ventelles des écluses, sauf à eux à se faire aider par les conducteurs des bateaux qui demandent le passage (C. d'Etat, 23 août 1845 ; Lebon, 45, 447 ; ibid., 17 janvier 1849 ; Lebon, 49, 57 ; ibid., 6 avril 1850 ; Lebon, 50, 338 ; ibid., 27 mars 1865 ; Lebon, 65, 358) ; 8° que les bateaux doivent être halés par tant de chevaux, soit au maximum, soit au minimum ; 9° que tel nombre de mariniers doit se trouver à leur bord pour les diriger (C. d'Etat, 1er juin 1850 ; Lebon, 50, 536 ; ibid., 14 avril 1859 ; Lebon, 59, 289) ; 10° que le propriétaire de tout bateau qui a coulé bas est tenu de le faire relever dans tel délai (C. d'Etat, 1er décembre 1852 ; Lebon, 52, 577) ; 11° que tout bateau traversant un souterrain doit être muni de tampons et d'un fanal allumé sur l'avant (C. d'Etat, 6 janvier 1858 ; Lebon, 58, 21) ; 12° que l'amarrage des bateaux ne peut avoir lieu du côté du chemin de halage ; 13° que deux bateaux ne peuvent en aucun cas être amarrés de front le long du chemin de halage (C. d'Etat, 6 janvier 1858 ; Lebon, 58, 19 ; ibid., 28 déc. 1858 ; Lebon, 58, 759 ; ibid., 29 juin 1869 ; Lebon, 69, 657) ; 14° que tout bâtiment amarré sur une rivière doit être gardé de jour et de nuit, l'absence de surveillance pouvant entraîner des accidents et notamment la submersion du bateau (C. d'Etat, 4 mai 1859 ; Lebon, 59, 332) ; 15° que des pontons ne pourront être établis qu'à certains points déterminés ; 16° que des marchandises ne pourront être débarquées que dans les ports proprement dits (C. d'Etat, 27 mars 1865 ; Lebon, 65, 358). Au contraire il y aura simple infraction à un arrêté pris dans l'intérêt exclusif du service de la navigation : 1° lorsqu'un bateau ne portera ni devise, ni indication du nom de son pro-

priétaire (C. d'Etat, 23 août 1845 ; Lebon, 45, 448) ;
2° lorsque dans l'intérieur d'une ville des bateaux chargés
de fourrage stationneront aux abords des ponts suspendus,
sans observer les distances réglementaires, pourvu qu'il
soit constant que le but unique de l'administration a été de
prévenir les incendies qui, en se développant, pourraient
amener la chute du tablier de pont dans le lit de la rivière
(C. d'Etat, 6 août 1861 ; Lebon, 61, 662) ; 3° lorsqu'un
bateau de charbon en déchargement ne sera pas recouvert
d'une toiture en planches jointives (C. d'Etat, 27 mars 1865 ;
Lebon, 65, 358).

132. En cas de contravention aux arrêtés préfectoraux
destinés à assurer la liberté de la navigation, la peine se
trouve déterminée par l'article 471, § 15 du Code pénal.
En cas de contravention aux arrêtés destinés à assurer la
conservation du lit de la rivière, de nouvelles difficultés
vont se présenter. Nous ne trouvons de pénalité inscrite
que dans un seul texte : l'article 3 de l'arrêt du 24 juin
1777 prononce une amende de 500 livres contre les mariniers, lorsqu'ils auront négligé de faire enlever les pierres,
terres, bois, pieux, débris de bateaux et autres empêchements provenant de leur fait dans le lit des rivières ou sur
leur bord ; aucune sanction n'est édictée contre les autres
infractions dont ils pourraient se rendre coupables ; nous
avons déjà fait remarquer qu'à l'exemple de l'édit de 1672,
l'arrêt se borne à les rendre responsables de tous dommages-
intérêts à l'égard des marchands et des autres bateliers.
Plus d'une fois les tribunaux administratifs ont essayé de
corriger cet oubli en appliquant, par analogie, des textes
qui prévoyaient une hypothèse toute différente. Un marinier est traduit devant le Conseil de préfecture pour avoir,
malgré un arrêté préfectoral, embarqué des marchandises
alors que la rivière avait commencé à charrier ; l'arrêt du
Conseil du 26 février 1836 (Lebon, 36, 102) déclare qu'il y

a lieu de lui appliquer l'article 3 de l'arrêt de 1777, bien que, dans l'espèce, on ne lui reproche pas d'avoir abandonné dans le lit de la rivière un objet quelconque qui puisse faire obstacle à la navigation. Il y a plus : alors que l'article 8 de l'arrêt prévoit spécialement le fait d'avoir amarré un bateau contrairement aux règlements, le Conseil d'Etat n'en décide pas moins le 5 février 1841 (Lebon, 41, 55), qu'ici encore le juge peut viser la disposition de l'article 3 et prononcer l'amende de 500 livres. L'arrêt du 1er juin 1850 (Lebon, 50, 536) assimile le fait d'avoir fait remorquer un bâtiment par un nombre de chevaux excessif à une dégradation du chemin de halage. Cette jurisprudence, en contradiction formelle avec les principes les plus élémentaires du droit pénal, est définitivement abandonnée depuis 1852 ; tous les arrêts postérieurs à cette date et que nous avons rapportés au paragraphe précédent, sont d'accord sur ce point. Aucune amende ne sera prononcée contre le contrevenant ; le Conseil de préfecture se bornera à le condamner à la réparation du dégât causé et aux frais du procès instruit contre lui. Mais en même temps, comme il y a eu non-seulement contravention de grande voirie, mais infraction à un arrêté préfectoral, l'administration est libre d'adopter cette dernière qualification et de traduire le contrevenant devant le tribunal de simple police pour lui faire appliquer les peines portées par l'article 471, § 15, Code pénal. C'est ce qui résulte notamment des arrêts des 25 décembre 1858 et 14 avril 1859.

B

133. Les premiers réglements relatifs à la police des bateaux à vapeur datent des 2 avril et 29 octobre 1823. D'après ces textes, aucune machine à vapeur ne peut être établie sans une autorisation obtenue conformément au décret du 15 octobre 1810. Les chaudières seront timbrées,

c'est-à-dire frappées d'une marque indiquant en chiffres le degré de pression auquel elles devront être employées. Divers appareils de sûreté devront y être adaptés, dans le but de prévenir tout accident. La surveillance des machines appartient aux ingénieurs des mines dans les départements où ils sont en résidence, et à leur défaut, aux ingénieurs des Ponts et Chaussées. Chaque machine doit être l'objet d'une épreuve annuelle. Enfin toute contravention peut entraîner le retrait de l'autorisation délivrée, sans préjudice des dommages-intérêts à allouer aux tiers. L'Ordonnance du 7 mai 1828 détermina à nouveau les épreuves que devaient subir les machines à haute pression : l'Ordonnance du 25 mai 1828 s'occupa plus spécialement, comme le dit son préambule, de pourvoir à la sécurité de la navigation par bateaux à vapeur et d'ajouter aux prescriptions générales déjà publiées, les dispositions que l'expérience avait rendues nécessaires. Les chaudières des machines fonctionnant soit à haute, soit à basse pression, étaient, ainsi que leurs tubes bouilleurs, assujetties aux mêmes épreuves ; l'usage des chaudières et tubes bouilleurs en fonte était formellement prohibé, quelle que fût la pression de la vapeur dans les machines employées. Comme on le voit, ces Ordonnances étaient fort incomplètes ; aucune mesure n'était prescrite, relativement à la conduite des bateaux, et au choix du personnel qui devait les diriger ; les pouvoirs des ingénieurs étaient mal définis, et les entrepreneurs de bateaux parvenaient trop facilement à éluder leur surveillance. Aussi, dès 1835, un projet de loi spécialement destiné à réprimer ou à prévenir les accidents des bateaux à vapeur, était-il présenté à la Chambre des députés. Aucune suite n'y fut donnée à cette époque, et pour prévenir le retour des anciens abus, le gouvernement se décida à le convertir en une Ordonnance qui porte la date du 23 mai 1843. Ce règlement général est actuellement encore en vigueur ; une seule de ses dispositions a été modifiée par une seconde Ordonnance du 15 juin 1844. Malheureusement la seule sanction possible de cette Ordonnance se trouvait dans les peines de simple police édictées par l'article 471 § 15 ; les agents de l'administration ne se trouvaient pas armés d'une autorité suffisante, et les accidents se produisaient aussi fréquemment que par le passé. Le 14 février 1848, était soumis à la Chambre des pairs un nouveau projet de loi qui confirmait toutes les dispositions de l'Ordonnance et prononçait des peines sévères contre toutes les contraventions qui seraient constatées. En 1849, ce projet fut étudié à nouveau par le Conseil d'Etat, et bientôt après transmis à l'Assemblée législative. Enfin, le 21 juillet 1856, fut promulguée une loi définitive concernant les contraventions aux règlements sur les appareils à vapeur ; le titre III est plus particulièrement relatif aux bateaux à vapeur. « Les articles dont se compose ce titre, dit l'exposé des motifs, sont les corrélatifs de ceux que renferme le titre précédent ; mais ils portent également des peines plus sévères, parce qu'ici le danger est plus grand et que les accidents peuvent avoir des conséquences plus fatales. »

134. L'obtention d'un permis de navigation est la première formalité à laquelle doivent satisfaire les propriétaires de bateaux à vapeur. D'après l'article 3 de l'Ordonnance, leur demande adressée au préfet du département où se trouvera le point de départ du bateau doit contenir : 1° le nom de ce bateau ; 2° ses principales dimensions, son tirant d'eau à vide et sa charge maximum exprimée en tonneaux de 1,000 kilogr. ; 3° la force de l'appareil moteur en chevaux vapeur ; 4° la pression évaluée en nombre d'atmosphères sous lesquels cet appareil fonctionnera ; 5° la forme de la chaudière ; 6° le service auquel le bateau sera destiné, les points de départ, de stationnement et d'arrêt ;

7º le nombre maximum des passagers qui pourront être reçus dans le bateau ; 8º un dessin géométrique de la chaudière. La Commission de surveillance, dont nous indiquerons plus tard la composition, doit s'assurer si le bateau est construit avec solidité et si l'on a pris toutes les précautions requises pour le cas où il serait destiné au transport des passagers ; si l'appareil moteur a été soumis aux épreuves réglementaires et est pourvu des appareils de sûreté exigés ; si la chaudière, à raison de sa forme, du mode de jonction de ses diverses parties, de la nature des matériaux avec lesquels elle est construite, ne présente aucune cause particulière de danger ; si aucune chance d'incendie n'est à redouter. La même Commission assiste ensuite à un essai du bateau à vapeur ; elle recherche si l'appareil moteur a une force suffisante pour le service auquel le bateau est destiné et constate : 1º la hauteur des eaux lors de l'essai ; 2º le tirant d'eau du bateau ; 3º la vitesse du bateau en montant et en descendant ; 4º les divers degrés de la tension de la vapeur dans l'appareil moteur pendant la marche du bateau. Elle dresse procès-verbal de la visite et de l'essai qu'elle a faits et adresse ce procès-verbal au préfet du département. Enfin, si elle est d'avis que le permis de navigation peut être accordé, elle propose les conditions auxquelles il sera délivré ; dans le cas contraire, elle expose les motifs pour lesquels il est convenable de surseoir à la délivrance du permis ou même de le refuser tout à fait (art. 5 à 8). Les permis accordés par les préfets ne sont valables que pour un an ; ils énoncent : 1º le nom du bateau et le nom du propriétaire ; 2º la hauteur de la ligne de flottaison, rapportée à des points de repère invariablement établis à l'avant, à l'arrière et au milieu du bateau ; 3º le service auquel le bateau est destiné ; les points de départ, de stationnement et d'arrivée ; 4º le nombre maximum des passagers qui pourront être reçus à bord ; 5º la tension

maximum de la vapeur exprimée en atmosphères et en fractions décimales d'atmosphères sous lesquelles l'appareil
moteur pourra fonctionner ; 6° les numéros des timbres
dont les chaudières, tubes, bouilleurs, cylindres et enveloppes du cylindre auront été frappés ; 7° le diamètre des
soupapes de sûreté et leur charge telle qu'elle aura été
fixée (art. 10). Toutes les fois qu'un bateau aura été muni
de son appareil moteur et mis en état de naviguer dans un
département autre que celui où il doit entrer en service, le
propriétaire devra obtenir du préfet du premier de ces départements une autorisation provisoire de navigation pour
faire arriver le bateau au lieu de sa destination ; la Commission de surveillance sera consultée sur sa demande.
Cette autorisation provisoire ne dispensera pas le propriétaire du bateau de l'obligation d'obtenir un permis définitif
de navigation, lorsque ce bateau sera arrivé au lieu de sa
destination (art. 14 et 15). Le renouvellement du permis de
navigation aura lieu suivant les mêmes formalités ; ici encore, la Commission de surveillance sera consultée (art. 13).
A ces prescriptions correspondent les articles 8 et 9 de la
loi du 21 juillet 1856. Article 8 : « Est puni d'une amende
de cent à deux mille francs, tout propriétaire ou chef d'entreprise qui a fait naviguer un bateau à vapeur sans un
permis de navigation délivré par l'autorité administrative,
conformément aux règlements d'administration publique. »
La jurisprudence entend cet article en ce sens que le permis
doit être renouvelé toutes les fois que viennent à changer
les conditions de navigabilité, notamment lorsqu'à raison
de réparations extraordinaires la force motrice se trouve
soit augmentée soit diminuée (Crim. Rej. 14 mai[1] 1864 ;
Dev. 64, 1, 298). Article 9 : « Le propriétaire ou chef
d'entreprise qui a continué de faire naviguer un bateau à

---

[1] Et non pas 14 mars, comme portent quelques recueils.

vapeur dont le permis a été suspendu ou retiré en vertu desdits règlements, encourt une amende de quatre cents à quatre mille francs, et peut être condamné en outre à un emprisonnement d'un mois à un an. »

135. L'Ordonnance traite ensuite d'une manière plus spéciale des machines à vapeur servant de moteurs aux bateaux. Elle distingue dans ses art. 17-19 les machines fabriquées en France et celles qui sont importées de l'étranger : pour les premières, les épreuves seront faites à la fabrique par ordre du préfet sur la déclaration du fabricant, pour les secondes au lieu désigné par le destinataire, dans la déclaration qu'il devra faire lors de l'importation. — Les chaudières à vapeur, les tubes bouilleurs et les réservoirs à vapeur, les cylindres en fonte des machines à vapeur et les enveloppes en fonte de ces cylindres, ne pourront, dit l'art. 20, être établis à bord des bateaux sans avoir été préalablement soumis par les ingénieurs des mines, ou à leur défaut par les ingénieurs des Ponts et Chaussées, à une épreuve opérée à l'aide d'une pompe de pression. L'art. 28 excepte de cette épreuve les chaudières qui auront des faces planes, mais à condition que la tension de la vapeur ne s'élève pas à plus d'une atmosphère et demie. En tous cas, l'usage des chaudières et tubes bouilleurs en fonte est prohibé dans les bateaux à vapeur. Nous n'insisterons pas sur les détails techniques que contiennent les articles 21 à 24 : il nous suffira de dire que lorsque les vérifications légales auront été terminées, on appliquera aux chaudières, à leurs tubes bouilleurs et aux réservoirs de vapeur, aux cylindres en fonte des machines à vapeur et aux enveloppes en fonte de ces cylindres, des timbres indiquant en nombre d'atmosphères le degré de tension intérieure que la vapeur ne devra pas dépasser : ces timbres seront placés de manière qu'ils soient toujours apparents. L'appareil et la main d'œuvre nécessaires pour les épreuves seront fournis par

les propriétaires des machines à vapeur (art. 27). L'épreuve sera renouvelée après l'installation de la machine dans le bateau 1° si le propriétaire le réclame ; 2° s'il y a eu pendant le transport ou lors de la mise en place quelques avaries ; 3° s'il a été fait à la chaudière des modifications ou réparations quelconques depuis la première épreuve ; d'autre part, la commission de surveillance a toujours le droit de vérifier, quand elle le juge nécessaire, les chaudières à vapeur, leurs tubes bouilleurs et les autres pièces contenant la vapeur. Quand il a été fait aux chaudières et autres pièces des réparations ou changements notables les propriétaires des bateaux à vapeur seront tenus d'en donner connaissance au préfet ; dans cette hypothèse, il sera nécessairement procédé à de nouvelles épreuvès. Joignons à ces art. 25 et 26 l'art. 10 de la loi de 1856. « Est puni d'une amende de quatre cents à quatre mille francs tout propriétaire de bateaux à vapeur ou chef d'entreprise qui fait usage d'une chaudière non revêtue des timbres constatant qu'elle a été soumise aux épreuves prescrites par les règlements d'administration publique, ou qui, après avoir fait à une chaudière ou partie de chaudière, des changements ou réparations notables, a fait usage, hors le cas de force majeure, de la chaudière réparée ou modifiée, sans qu'elle ait été soumise à la pression d'épreuve correspondante au numéro du timbre dont elle est frappée. » Le rapport présenté au nom de la commission par M. Schneider nous montre à quelles difficultés d'interprétation peut donner lieu l'emploi de ces mots « changements notables » : il résulte des explications données à la Chambre qu'en ce qui touche les bateaux à vapeur, les ingénieurs doivent se montrer particulièrement sévères ; les bateaux étant généralement réparés dans les villes où résident des agents chargés des épreuves, tout retard pourra être évité, et les propriétaires n'auront aucune objection à soulever contre de nouvelles épreuves.

La Cour de Cassation a décidé en conséquence qu'il y avait changement notable, lorsqu'à la suite d'une réparation la force réelle de la machine s'est trouvée diminuée : de nouveaux timbres doivent alors être apposés sur la chaudière (Crim. Rej., 14 mai 1864. Dev., 64, 1, 298). Au cours de la discussion, MM. Levavasseur et Quesné avaient proposé d'ajouter à l'art. 10 un paragraphe ainsi conçu : « Les épreuves dont il est question dans les deuxièmes paragraphes des art. 1 et 2 et dans les dispositions finales du présent article, n'auront lieu qu'autant que le fonctionnaire chargé d'y procéder les aura jugées nécessaires. » Cet amendement fut jugé inutile et dans la séance du Conseil d'Etat où il était discuté, il fut bien entendu que les ingénieurs conservaient toute la liberté d'appréciation qu'ils tenaient des réglements antérieurs auxquels il s'agissait seulement d'ajouter une sanction pénale.

136. Supposons que la chaudière d'un bateau ait été timbrée à tant d'atmosphères par la commission de surveillance : quel sera l'effet de cette décision administrative en ce qui touche soit les rapports du propriétaire de ce bateau et du constructeur de la machine, soit les réclamations que des tiers pourraient soulever à la suite d'un accident ? On a soutenu qu'elle constituait en quelque sorte chose jugée et que dès lors, ni le propriétaire ni les tiers ne pouvaient soutenir contre le constructeur que la chaudière était incapable de supporter la pression indiquée par le timbre : la preuve de ce fait devait lui être absolument interdite, puisqu'il venait se heurter contre une véritable présomption juris et de jure. Vis-à-vis du propriétaire, ajoutait-on, il y a une raison de plus : cette faiblesse de la chaudière doit être considérée comme un vice rédhibitoire, or, dit l'art. 1642, C. Civ. le vendeur n'est pas tenu des vices apparents dont il a pu se convaincre lui-même. L'arrêt des requêtes du 9 février 1857. (D. P. 57, 1, 259) répond d'une manière pé-

remptoire à ces deux arguments : « Il n'y a rien de définitif, dit-il, dans le premier timbrage du degré de pression d'une machine à vapeur destinée à la navigation ; la commission de surveillance a pu revenir après une vérification nouvelle sur le premier timbrage, et n'accorder un nouveau permis de navigation qu'en abaissant la pression d'un demi degré, soit de 7 à 6 1/2 à raison de la faiblesse des tôles employées à la confection de la machine ; et si de cet abaissement et du ralentissement de la marche du bateau qui en a été la conséquence, il est résulté un préjudice pour la compagnie propriétaire, le constructeur a pu être condamné à des dommages-intérêts proportionnels. Ce dernier n'est pas bien fondé à se prévaloir des dispositions de l'Ord. du 23 mai 1843 pour soutenir qu'après la livraison d'une machine à vapeur et le certificat de visite délivré, conformément à cette ordonnance, il y a présomption légale que les appareils sont propres à bien fonctionner et qu'il n'y a lieu à aucune autre vérification ; le certificat de visite d'un navire avant sa mise à l'eau et le permis de navigation n'établissent en faveur du bon état de ce navire qu'une présomption qui peut céder à la preuve contraire. L'arrêt qui a déclaré en pareil cas le constructeur responsable d'un vice de construction de la machine, à raison de l'emploi de tôles trop faibles, n'a pas violé l'art. 1642 C. Civ. en l'appliquant à un cas où le vice pouvait être facilement découvert par une vérification qui était dans le droit et dans le devoir de la Compagnie. On peut dire, en effet, que le vice des tôles était caché sous la vérification qui avait été faite par l'agent de l'administration ; la Cour d'appel a eu raison de dire que lors de la livraison, la Compagnie, en voyant les chaudières timbrées à sept atmosphères, avait dû penser que l'épaisseur des tôles répondait à ce timbrage et que les réceptionnaires, suivant les constatations, sont dans l'usage constant de s'en rapporter au timbre, qui est pour eux un certificat de vérification. »

137. Tout bateau à vapeur doit être muni d'un certain nombre d'appareils réglementaires : 1º Soupapes de sûreté ; les articles 29-32 indiquent toutes les conditions qu'elles doivent réunir. Le diamètre de leurs orifices est réglé d'après la surface de chauffe de la chaudière et la tension de la vapeur dans son intérieur, conformément à un tableau spécial annexé à l'ordonnance. Chaque soupape est chargée à un poids unique agissant soit directement, soit par l'intermédiaire d'un levier ; chaque poids recevra l'empreinte d'un poinçon apposée par la commission de surveillance ; les leviers seront également poinçonnés s'il en est fait usage ; la quotité du poids et la longueur du levier seront énoncés dans le permis de navigation. Quant à la charge maximum de chaque soupape de sûreté, elle se trouve aujourd'hui déterminée par l'ordonnance modificative du 23 juillet 1844. 2º Manomètres. Articles 33-35. Chaque chaudière sera munie d'un manomètre à mercure gradué en atmosphères et en fractions décimales d'atmosphères, de manière à faire connaître immédiatement la tension de la vapeur dans la chaudière ; le tuyau qui amènera la vapeur au manomètre sera adapté directement sur la chaudière et non sur le tuyau de prise de vapeur ou sur tout autre tuyau dans lequel la vapeur serait en mouvement. Le manomètre sera placé en vue du chauffeur. L'usage du manomètre à air libre est autorisé toutes les fois que la pression effective de la vapeur ne dépassera pas deux atmosphères. Dans tous les cas, le constructeur devra tracer sur l'échelle de chaque manomètre une ligne très-apparente répondant au numéro de cette échelle, que le mercure ne devra pas habituellement dépasser. 3º Indicateurs du niveau d'eau. Articles 37-38. Le niveau que l'eau doit avoir habituellement dans la chaudière sera indiqué à l'extérieur par une ligne tracée d'une manière très-

apparente sur le corps de la chaudière ou sur le parement du fourneau. Cette ligne sera d'un décimètre au moins au-dessus de la partie la plus élevée des carreaux, tubes ou conduits de la flamme et de la fumée dans le fourneau. En outre, il sera adapté à chaque chaudière : 1° deux tubes indicateurs en verre, qui seront placés un de chaque côté de la face antérieure de la chaudière ; 2° l'un des deux appareils suivants : un flotteur d'une mobilité suffisante ou des robinets indicateurs convenablement placés à des niveaux différents ; ces appareils seront, dans tous les cas, disposés de manière à être en vue du chauffeur, Le décret du 25 janvier 1865, relatif aux chaudières à vapeur autres que celles qui sont placées sur les bateaux, laisse beaucoup de latitude aux constructeurs pour la disposition de leurs appareils de sûreté ; on peut consulter les articles 2 et 9 de ce décret. « En premier lieu, lisons-nous dans la circulaire du 1er mars 1865, de toutes les mesures préventives auxquelles était soumis l'emploi d'une machine à vapeur, une seule est conservée, c'est l'épreuve des chaudières destinées à produire la vapeur. Les récipients, dans lesquels la vapeur fonctionne ou peut se répandre, ne sont plus soumis à l'épreuve, et pour les chaudières elles-mêmes, l'épreuve est réduite au double de la pression effective et au-delà de six atmosphères elle devient constante. En second lieu, quant à la construction des chaudières, toute liberté est laissée au fabricant sur le choix et la nature des matériaux qu'il emploie. Une très-grande liberté est donc laissée désormais au fabricant et à l'industriel pour l'emploi des appareils mus par la vapeur, et il suffit de l'énoncé qui précède pour faire ressortir les avantages qui en résulteront pour l'industrie ; mais je dois ajouter de suite que cette liberté ne veut pas dire que toute règle, toute mesure de précaution soient effacées ; elles veulent dire que le fabricant, l'industriel doivent s'imposer à eux-mêmes ces règles, ces

mesures de précaution ; que s'ils y manquent, et en cas
d'accidents surtout, la justice leur demandera un compte
plus sévère des négligences et des abus dont ils se seront
rendus coupables. » Bien que ces dispositions si favorables
ne soient point en droit applicables aux bateaux à vapeur,
il arrive souvent que, dans l'intérêt bien entendu de l'industrie, les ingénieurs se contentent d'y opérer les vérifications
qu'elles prescrivent ; mais il n'y a là qu'une simple tolérance de leur part, et un constructeur serait sans qualité
pour se plaindre qu'ils exécutassent à la lettre l'ordonnance
du 23 mai 1843 maintenue formellement par le décret
de 1865.

138. L'article 36 de l'ordonnance veut que chaque chaudière soit munie d'une pompe alimentaire bien construite et
en bon état d'entretien. Indépendamment de cette pompe
mise en mouvement par la machine motrice du bateau,
chaque chaudière sera pourvue d'une autre pompe pouvant
fonctionner soit à l'aide d'une machine particulière soit à
bras d'homme et destinée à alimenter la chaudière, s'il en
est besoin, lorsque la machine motrice du bateau ne fonctionnera pas. Lorsque plusieurs chaudières seront établies
dans un bateau, chacune d'elles, aux termes de l'article 39,
devra être alimentée séparément et sera en outre munie de
tous les appareils de sûreté réglementaires. Ces chaudières
ne pourront être mises en communication que par les parties toujours occupées par la vapeur et cette communication
sera disposée de manière que les chaudières puissent au
besoin être rendues indépendantes les unes des autres. En
dernier lieu, l'article 40 décide que l'emplacement des appareils moteurs devra être assez grand pour que l'on
puisse facilement faire le service des chaudières et visiter
toutes les parties des appareils. Cet emplacement sera séparé des salles des passagers par des cloisons en planches
très-solidement construites et entièrement revêtues d'une

doublure en feuilles de tôle à recouvrement d'un millimètre d'épaisseur au moins. Ces diverses prescriptions, ainsi que celles du paragraphe précédent, sont rappelées dans l'article 11 de la loi de 1856. « Est puni d'une amende de deux cents à quatre mille francs tout propriétaire de bateaux à vapeur ou chef d'entreprise qui, après avoir obtenu un permis de navigation, fait naviguer ce bateau sans se conformer aux prescriptions qui lui ont été imposées en vertu des réglements d'administration publique en ce qui concerne les appareils de sûreté dont les chaudières doivent être pourvues, l'emplacement des chaudières et machines et les séparations entre cet emplacement et les salles destinées aux passagers. » La même peine est applicable dans le cas où le bateau a continué à naviguer après que les appareils de sûreté ou les dispositions du local ont cessé de satisfaire à ces prescriptions.

139. Un titre entier de l'ordonnance traite de l'installation intérieure du bâtiment et de la composition de l'équipage. L'article 41 porte que le pont de chaque bateau devra être garni de garde-corps d'une hauteur suffisante pour la sûreté des voyageurs et que toutes les ouvertures pratiquées au-dessus des machines et des chaudières qui ne sont pas habituellement fermées par un panneau plein seront munies d'un grillage en fer ou en bois ; en outre, suivant l'article 43, de chaque côté du bateau, il y aura un escalier d'embarquement en bois ou en fer avec une rampe ou une corde à nœuds solidement fixée. Les tambours qui, de chaque côté du bateau, enveloppent les roues motrices seront munis d'une défense en fer descendant près de la surface de l'eau, pour empêcher les embarcations de s'engager dans les palettes des roues. Lorsque la cheminée sera mobile et qu'elle ne sera pas disposée de manière à être en équilibre sur son axe de rotation dans toutes les positions, il sera établi sur le pont du bateau un support suffisamment

élevé pour arrêter ladite cheminée en cas de chute et prévenir tout accident (art. 43-44). Viennent ensuite des dispositions qui, ainsi que nous l'avons vu, s'appliquent à tous les
bâtiments quel que soit leur moteur ; la ligne de flottaison,
indiquant le maximum du chargement, sera tracée d'une
manière apparente sur le pourtour entier de la carène,
d'après les points de repère déterminés par le permis de
navigation (art. 45) ; le nom du bateau sera inscrit en gros
caractères sur chacun de ses côtés (art. 46). Les articles
suivants fixent les agrès que tout bâtiment à vapeur est
tenu d'avoir à son bord. Il y aura dans chaque bateau, dit
l'article 47, 1° deux ancres au moins pouvant être jetées
immédiatement ; 2° un canot à la traîne ou suspendu à des
palans, de manière à être, au besoin, mis immédiatement à
l'eau ; les dimensions de ce canot seront déterminées par
le préfet d'après l'avis de la commission de surveillance ;
3° une bouée de sauvetage en liége suspendue sous l'arrière ; 4° une hache en bon état à portée du timonnier ;
5° une cloche pour donner les avertissements nécessaires ;
6° une boîte fumigatoire pour administrer des secours aux
noyés et asphyxiés ; 7° des manomètres de rechange ainsi
que des tubes indicateurs de rechange. De plus, si le bateau est exposé à être accidentellement poussé à la mer, il
sera muni des cartes et instruments nautiques nécessaires
à cette navigation (art. 48). En cas d'infraction, le capitaine du bateau à vapeur est puni par l'article 16 de la loi
du 21 juillet 1856 d'une amende de cinquante à cinq cents
francs; le propriétaire ou entrepreneur peut, dans certaines
hypothèses, être déclaré pénalement responsable de ce fait;
nous aurons plus tard à citer spécialement l'article 18 de
la loi, particulièrement relatif à cette hypothèse. Les articles 49 et 50 de l'ordonnance exigent : 1° qu'indépendamment du capitaine, du maître ou timonnier et des matelots
de l'équipage, il y ait à bord de chaque bateau un mécani-

cien et autant de chauffeurs que le service de l'appareil
moteur l'exigera ; 2° que nul ne soit employé en qualité de
capitaine ou de mécanicien, s'il ne produit des certificats de
capacité délivrés dans les formes qui seront déterminées
par le Ministre des Travaux publics. « Est puni d'une
amende de deux cents à deux mille francs, lisons-nous dans
l'article 12 de la loi de 1856, tout propriétaire de bateau
ou chef d'entreprise qui a confié la conduite du bateau ou
de l'appareil moteur à un capitaine ou à un mécanicien non
pourvu des certificats de capacité exigés par les réglements
d'administration publique. » En fait, l'examen des pièces
de capacité présentées par les postulants aux commissions
de capitaines ou de mécaniciens, est confié aux commissions
de surveillance des bateaux à vapeur, qui délèguent, à cet
effet, un ou plusieurs de leurs membres ; à Paris ce service
rentre dans {les attributions de l'inspecteur spécial des bateaux à vapeur. L'instruction ministérielle du 26 juillet
1843 insiste sur la nécessité des garanties que doivent présenter les capitaines et le mécanicien qui seront chargés de
la conduite des bateaux et de celle des appareils moteurs.
« Le capitaine doit posséder une connaissance exacte de la
rivière sur laquelle navigue le bateau. Le mécanicien doit
connaître toutes les pièces de la machine à vapeur, les appareils de sûreté dont la chaudière est pourvue, l'usage de
chacun de ces appareils ; il doit être capable de conduire la
machine avec habileté et d'exécuter avec promptitude les
manœuvres ordonnées par le capitaine ; il doit entretenir la
machine en bon état, savoir quelles sont les précautions à
prendre au départ, à l'arrivée du bateau, pendant les
escales et en cas d'accident durant la marche. » Il nous
reste à ajouter que, dans aucun cas, le propriétaire ne ces-
sera d'être soumis aux prescriptions de l'article 12 ; ainsi,
il a été formellement jugé, qu'en cas de contravention, il
ne saurait exciper de l'article 223 du Code de commerce,

qui autorise, en règle générale, le capitaine à choisir les gens de l'équipage ; la prudence à employer dans le choix du mécanicien, dit l'arrêt de rejet de la Chambre criminelle du 14 mai 1864, est une des obligations primordiales qui ne pèsent que sur le seul propriétaire de l'entreprise (Dev. 64, 1, 298).

140. Nous nous rappelons que le stationnement des bateaux est un des principaux points sur lesquels l'attention des préfets a été appelée par le règlement du 24 juin 1855. Des mesures plus sévères encore ont été prescrites en ce qui touche les bateaux à vapeur. On a voulu, autant que possible, les isoler des autres bâtiments, de manière à pouvoir rendre plus efficace la surveillance administrative. C'est dans cet ordre d'idées qu'ont été rédigés les articles 51 et 52, portant que, dans toutes les localités où cela sera possible, il sera assigné aux bateaux à vapeur un lieu de stationnement distinct de celui des autres bateaux ; que lorsque la disposition des lieux le permettra, il sera accordé à chaque entreprise de bateaux à vapeur, un emplacement particulier et dont elle aura la jouissance exclusive, à charge par elle d'y faire à ses frais les ouvrages nécessaires pour faciliter le mouvement des voyageurs et marchandises ; cette autorisation, toujours révocable, sera accordée par le préfet qui en déterminera les conditions. D'autre part, les préfets ne doivent point perdre de vue que leur rôle unique est d'agir dans l'intérêt de l'ordre public, et qu'ils n'ont aucune qualité pour imposer aux entrepreneurs de transport l'obligation de desservir telle ou telle localité, de préférence à telle autre ; c'est ainsi, par exemple, que les arrêtés du préfet de l'Ardèche ordonnant à la Compagnie des bateaux à vapeur du Rhône, d'établir des arrêts réguliers à Tournon et à Bourg-Saint-Andéol, ont été déclarés absolument illégaux ; l'arrêt de cassation de la Chambre criminelle du 30 juin 1842 (Dev. 42, 1, 870) pose en prin-

cipe qu'aucune loi ne donne à l'autorité administrative le droit de faire des règlements pour prescrire impérativement aux bateaux à vapeur la nécessité de s'arrêter contre leur gré sur tel ou tel point de la ligne qu'ils doivent parcourir ; qu'une telle disposition serait destructive de la liberté du commerce et de l'industrie proclamée par la loi des 2-17 mars 1791, puisque cette loi a pour premier effet la libre appréciation par les entrepreneurs de transport de la longueur de leur parcours et des stations qui conviennent à leurs intérêts ; que le droit qu'a l'autorité administrative de déterminer dans des vues de sûreté le point précis du rivage où les bateaux à vapeur doivent toucher terre, lorsqu'il leur convient de s'arrêter à tel ou tel endroit, n'implique pas le droit de les forcer à s'arrêter, lorsqu'il leur conviendrait au contraire de continuer leur voyage.

141. La police des débarcadères est complétée par les dispositions des articles 53 à 57. Ici l'Ordonnance se propose un triple but : 1° prévenir les abus auxquels pourrait donner lieu la concurrence de deux entreprises rivales ; les préfets peuvent assigner à chacune d'elles des heures de départ différentes, de manière que leurs bateaux ne cherchent point à se dépasser en route ; 2° prévenir les accidents si fréquents dans le cas où les bateaux à vapeur ne peuvent aborder eux-mêmes aux jetées ou aux pontons amarrés à la rive. Pour chaque localité, un arrêté du préfet déterminera les conditions de solidité et de stabilité des batelets destinés au service d'embarquement et de débarquement des passagers, le nombre de personnes que ces batelets pourront recevoir et le nombre de mariniers nécessaires pour les conduire : le maire de la commune délivrera les permis de service après s'être préalablement assuré que les batelets sont conformes aux dispositions de sûreté prescrites et que les mariniers remplissent les conditions exigées par l'article 47 de la loi du 6 frimaire an VII. Sur tous les

points où le service des batelets serait dangereux, les préfets peuvent en interdire l'usage. Pour plus de sûreté, l'article 62 qui complète ces dispositions, n'autorise les capitaines de bateaux à vapeur à prendre ou à déposer en route
des voyageurs et marchandises qui seront transportés dans
des batelets qu'à condition de faire arrêter l'appareil moteur du bateau, afin que les batelets puissent accoster sans
danger ; ces batelets, avant d'aborder, seront amarrés au
bateau à vapeur et celui-ci ne devra continuer sa navigation que lorsqu'ils auront été poussés au large ; 3° prévenir les dangers que peuvent entraîner les départs de nuit ;
aucun bateau à vapeur ne quittera le point de départ et les
lieux de stationnement pendant la nuit comme en temps de
brouillard, de glaces ou de débordements, à moins d'une
permission spéciale délivrée par l'autorité chargée de la police locale. En un mot, il appartient aux préfets de prescrire toutes les dispositions nécessaires pour éviter dans
chaque localité les accidents qui pourraient avoir lieu au
départ ou à l'arrivée des bateaux ; ce qui est reconnu par
l'article 17 3° de la loi de 1856 édictant contre tout contrevenant une amende de 50 à 500 francs.

142. Nous arrivons à l'énumération des mesures que le
législateur a édictées en vue d'éviter les abordages en rivière. L'article 58 prévoit d'abord le cas où deux bateaux à
vapeur viennent à se croiser. « Si deux bateaux à vapeur
marchant en sens inverse viennent à se rencontrer, le bateau descendant ralentira son mouvement et chaque bateau
serrera le chenal de navigation à sa droite. Si les dimensions
de ce chenal sont telles qu'il ne reste pas entre les parties
les plus saillantes des bateaux un intervalle libre de quatre
mètres au moins, le bateau qui remonte s'arrêtera et attendra pour reprendre sa route que celui qui descend ait doublé le passage. Dans les rivières à marée, le bateau qui vient
avec le flot est censé descendre. » Seconde hypothèse. « Si

la rencontre a lieu entre deux bateaux à vapeur marchant dans la même direction, celui qui sera en avant serrera le chenal de navigation à sa droite ; celui qui sera en arrière serrera ce chenal à sa gauche. Si les dimensions du chenal ne permettent pas le passage des deux bateaux, le bateau qui sera en arrière ralentira son mouvement et attendra que la passe soit franchie pour reprendre toute sa vitesse. Des arrêtés des préfets désigneront les passes dans lesquelles il est interdit aux bateaux à vapeur de se croiser ou de se dépasser et détermineront, relativement à des points facilement reconnaissables , les limites de chacune de ces passes. » D'après les articles 60-61, les capitaines de bateaux à vapeur ne feront aucune manœuvre dans le but d'entraver ou de retarder la marche des autres bateaux à vapeur ou de toute autre embarcation. Ils diminueront la vitesse de leurs bateaux ou même ils les feront arrêter toutes les fois que la continuation de la marche de ces bateaux pourrait donner lieu à des accidents. Tout bateau à vapeur devra, lorsqu'il naviguera pendant la nuit, tenir constamment deux fanaux allumés placés l'un à l'avant, l'autre à l'arrière. Ces deux fanaux seront à verres blancs, lorsque le bateau descendra, et à verres rouges lorsqu'il remontera. En cas de brouillard, le capitaine fera tinter continuellement la cloche du bateau. Enfin, les préfets sont investis du droit de prendre toutes les précautions nécessaires à l'approche des ponts, pertuis, et autres ouvrages d'art tant pour la sûreté des passagers que pour la conservation de ces ouvrages ; c'est ainsi que dans un grand nombre de cas, les bâtiments ne peuvent s'engager sous les ponts que s'ils sont pilotés par des agents spéciaux dits *chefs de pont*, sur les fonctions desquels nous reviendrons ultérieurement.

143. La loi de 1856 s'est montrée particulièrement sévère pour toutes les infractions aux règlements destinés à

prévenir les abordages. Le simple fait de la contravention entraîne une amende de cinquante à cinq cents francs, quand même aucun dommage n'en serait résulté (art. 16). Si un capitaine heurte, endommage ou met en péril un autre bateau, il sera puni d'une amende de cinquante à cinq cents francs et pourra en outre être condamné à un emprisonnement de six jours à trois mois (art. 17). Bien entendu le capitaine et l'armateur sont civilement responsables de toutes les suites de l'abordage ; mais dans quels termes cette action en dommages-intérêts peut-elle être intentée contre eux? La matière des abordages maritimes est soumise par le Code de commerce à des règles toutes spéciales ; y a-t-il lieu de les étendre par analogie aux abordages fluviaux ? L'affirmative paraît avoir été admise par l'arrêt des Requêtes du 19 novembre 1856 (Dev. 57, 1, 33), appliquant dans l'espèce les articles 435 et 436, C. de Com., suivant lesquels sont nulles toutes protestations ou réclamations, si elles ne sont faites et signifiées dans les vingt-quatre heures, et si dans le mois de leur date elles ne sont suivies d'une action en justice. Mais en réalité, on ne peut dire que cet arrêt juge en droit notre question ; il suffit de le lire avec attention pour s'apercevoir que ni devant le tribunal de Nantes, ni devant la Cour de Rennes, ni enfin devant la Cour de cassation, les parties intéressées ne s'étaient prévalues de ce fait que l'abordage avait eu lieu non pas en pleine mer, mais en rivière de Loire à la hauteur d'Ingrande ; elles avaient accepté l'application à la cause des dispositions du Code de Commerce et n'avaient soulevé aucune discussion sur ce point. Hâtons-nous de dire que cette décision est restée isolée dans la jurisprudence ; ainsi la Chambre civile, par arrêt du 25 novembre 1851 (Dev. 52, 1, 253) déclare très-nettement que, dans l'espèce, la responsabilité du propriétaire du bateau doit être réglée non point par l'article 216, C. de Com., mais par les dispo-

ons du droit commun résultant de l'article 1384, C. Civ.;
dès-lors le propriétaire ne peut se libérer de la respon-
ilité civile à laquelle il est soumis par l'abandon du ba-
au autorisé par ledit article 216. Enfin l'arrêt de la Cour
Amiens du 4 mai 1858 (Dev. 58, 2, 635) se met en con-
adiction plus formelle encore avec l'arrêt des Requêtes
e 1856, en déclarant inapplicables à un abordage fluvial
es articles 435 et 436 C. de Com. « Considérant, dit-il,
ue le Code de Commerce, après avoir dans la section II,
titre VI du livre 1er, réglé les commissions de transport
par terre et par eau, a réuni dans un livre spécial tout ce
qui a trait au commerce et à la navigation maritimes; que
ces matières étaient en effet distinctes par leur nature et
ne pouvaient être régies par les mêmes dispositions; considérant que si des raisons d'analogie peuvent en certains
cas autoriser à étendre d'une matière à une autre des dispositions légales, lorsqu'elles se fondent sur un principe de
droit commun ou d'équité, il ne saurait en être ainsi de fins
de non recevoir comme celles des articles 435-436, lesquelles étant à ce titre même de droit étroit et rigoureux,
reposent en outre sur des motifs propres et se justifient par
les exigences particulières de la navigation maritime, etc.,
etc. » Quelques auteurs proposent une distinction; les bâtiments exclusivement destinés à la navigation fluviale seront, en cas d'abordage, soumis aux règles du droit com-
un; les bâtiments de mer, en cas d'abordage fluvial, seront
umis aux règles du Code de Commerce. Cette doctrine,
seignée notamment par M. Sibille (Tr. de l'abordage, p.
et seq.), nous semble inadmissible; dans les deux cas,
bordage a eu lieu au cours d'une navigation fluviale, par
d'une contravention aux règlements sur la police flu-
e; donc, la réparation du préjudice causé doit avoir
suivant des règles identiques. Quant à la question de
pétence, elle présente également d'assez graves diffi-

cultés ; c'est en effet un point fort délicat que de savoir si, en thèse générale, la juridiction consulaire est compétente pour connaître des engagements résultant de quasi-délits commis par un commerçant au préjudice d'un autre commerçant. Nous ne pouvons entrer dans les détails de cette controverse, et pour rester dans les limites exactes de notre sujet, nous nous bornerons à dire que l'arrêt d'Amiens du 4 mai 1858 se prononce en faveur de la compétence commerciale ; ici encore, nous ne pouvons faire mieux pour abréger la discussion, que de nous référer aux motifs par lesquels il appuie sa décision. « Considérant qu'aux termes de l'article 631, C. de Com., les tribunaux consulaires sont appelés à connaître de toutes contestations relatives aux engagements et transactions entre négociants, marchands et banquiers ; que ces expressions sont générales et ne permettent pas d'exclure les engagements formés sans convention par l'effet d'un quasi-contrat ou d'un quasi-délit ; considérant d'ailleurs que le fait de dommage allégué par les demandeurs aurait eu lieu entre deux commissionnaires de transport, à l'occasion et dans l'exercice même de leur industrie, etc., etc. »

144. En ce qui touche la conduite du feu et des appareils moteurs, l'Ordonnance ne contient que trois articles. Elle commence dans l'article 64, par bien préciser le rôle du mécanicien : « Le mécanicien, sous l'autorité du capitaine, présidera à la mise en feu avant le départ ; il entretiendra toutes les parties de l'appareil moteur ; il s'assurera qu'elles fonctionnent bien et que les chauffeurs sont en état de bien faire leur service. Pendant le voyage, il dirigera les chauffeurs et s'occupera constamment de la conduite de la machine. » L'art. 66 interdit de forcer la pression de la machine et de diminuer l'efficacité des appareils de sûreté, dont tout bâtiment doit être pourvu. Il est défendu aux propriétaires de bateaux à vapeur et à leurs agents de faire fonc-

tionner les appareils moteurs sous une pression supérieure à la pression déterminée dans le permis de navigation et de rien faire qui puisse détruire ou diminuer l'efficacité des moyens de sûreté dont ces appareils doivent être pourvus. »
Pour que la surveillance des bateaux à vapeur puisse être efficace, il sera tenu, à bord de chacun d'eux, un registre sur lequel seront inscrites toutes les circonstances du voyage.

Art. 65. « Il sera tenu à bord de chaque bateau un registre dont toutes les pages devront être cotées et paraphées par le maire de la commune où est situé le siége de l'entreprise et sur lequel le mécanicien inscrira d'heure en heure : 1° la hauteur du manomètre ; 2° la hauteur de l'eau dans la chaudière relativement à la ligne d'eau; 3° le lieu où se trouvera le bateau, et à la fin de chaque voyage, le mécanicien signera ces indications dont il certifiera l'exactitude. »

Le complément de ces prescriptions se trouve dans l'instruction ministérielle du 26 juillet 1843. Elle traite : 1° de la visite et du nettoyage de la chaudière et de la machine dans l'intervalle des voyages ; 2° de la mise en feu et du départ; 3° des devoirs du mécanicien pendant la marche; l'instruction abroge virtuellement la disposition de l'ordonnance enjoignant au mécanicien de diriger lui-même la machine pendant tout le cours du voyage ; elle lui prescrit seulement de la manœuvrer jusqu'à ce que le bateau soit en pleine rivière et ait pris sa marche ordinaire ; pendant la marche ordinaire, il est autorisé à en confier la direction aux aides qui sont sous ses ordres, à condition toutefois de les surveiller constamment, et de ne quitter que pendant de courts intervalles le local de l'appareil moteur ; 4° des stations ou escales ; 5° de l'arrivée ; dans ces deux dernières circonstances, le mécanicien est tenu de prendre lui-même la conduite de sa machine ; aussitôt le bateau arrêté, il s'assurera que les feux sont bien éteints, qu'il n'existe aucun danger d'incendie et que tout est parfaitement en ordre dans le local de la **machine.**

145. L'art. 66 de l'Ordonnance a été assez longuement développé par la loi du 21 juillet 1856. Art. 13. « Est puni d'une amende de cinquante à cinq cents francs, le capitaine d'un bateau à vapeur si, par suite de sa négligence, 1° la pression de la vapeur dans les chaudières, a été portée au-dessus de la limite fixée par le permis de navigation ; 2° les appareils prescrits, soit pour limiter ou indiquer cette pression, soit pour indiquer le niveau de l'eau dans l'intérieur des chaudières, soit pour alimenter d'eau les chaudières, ont été faussés ou paralysés. » Art. 14. « Est puni d'une amende de cinquante à cinq cents francs, et en outre d'un emprisonnement de trois jours à trois mois, le mécanicien ou chauffeur qui, sans ordre, a surchargé les soupapes, faussé ou paralysé les appareils de sûreté. Lorsque la surcharge des soupapes a eu lieu, hors du cas de force majeure, par l'ordre du capitaine ou du chef de manœuvre qui le remplace, le capitaine ou le chef de manœuvre qui a donné l'ordre est puni d'une amende de deux cents à deux mille francs et peut être condamné à un emprisonnement de six jours à deux mois. » L'exposé des motifs nous indique ce que signifie cette restriction : « hors le cas de force majeure. » « Dans plusieurs circonstances, l'emploi de la vapeur au delà de la pression règlementaire, est indispensable pour tirer le navire d'une position dangereuse, pour l'arracher à une perte certaine. Sur mer, on peut avoir à lutter contre des courants très-rapides ou contre des vents d'une violence inusitée, qui pousseraient le navire contre des écueils ou l'empêcheraient de continuer sa route. Sur les fleuves ou rivières, un bateau peut être au moment d'échouer sur un banc de sable ou d'être arrêté lorsque les eaux sont hautes par un courant excessif à quelque tournant. Dans ces différents cas et dans quelques autres que l'on pourrait citer, l'usage de la vapeur à une pression su-

périeure à la pression réglementaire, et cependant notablement inférieure à la pression d'épreuve, constituerait un péril moindre que celui auquel on serait autrement exposé. Dès lors, il n'y a pas lieu d'y attacher une peine quelconque. » Art. 15. « Est puni d'une amende de vingt-cinq à deux cent cinquante francs et d'un emprisonnement de deux jours à un mois, le mécanicien d'un bateau à vapeur, qui aura laissé descendre l'eau dans la chaudière au niveau des conduits de la flamme et de la fumée. »

146. Les dispositions relatives aux passagers sont presque toutes empruntées aux anciens règlements sur les voitures publiques. L'article 67 interdit de laisser aucun passager s'introduire dans l'emplacement de l'appareil moteur. L'article 68 veut qu'il soit ouvert à bord de chaque bateau à vapeur un registre dont toutes les pages seront cotées et paraphées et sur lequel les passagers auront la faculté de consigner leurs observations en ce qui pourrait concerner le départ, la marche et la manœuvre du bateau, les avaries et accidents quelconques et la conduite de l'équipage. Ces observations devront être signées par les passagers qui les auront faites. Le capitaine pourra également consigner sur ce registre les observations qu'il jugerait convenable, ainsi que tous les faits qu'il lui paraîtrait important de faire attester par les passagers. L'article 69 prescrit de faire afficher dans chaque salle où se tiennent les passagers une copie du permis de navigation et un tableau indiquant : 1° la durée moyenne des voyages tant en montant qu'en descendant et en ayant égard à la hauteur des eaux ; 2° la durée des stationnements ; 3° le nombre maximum des passagers ; 4° la faculté qu'ils ont de consigner leurs observations sur le registre ouvert à cet effet ; 5° le tarif des places.

147. On s'est demandé si les entreprises de bateaux à vapeur qui, dans leurs affiches, annonçaient des services

réguliers de tel à tel endroit et moyennant tel ou tel prix, étaient tenues d'accepter indistinctement à bord des bateaux en partance, tous les voyageurs qui se présenteraient à leurs bureaux. Quelques personnes ont soutenu que ces annonces des entrepreneurs ne constituaient qu'un avis, qu'un appel de conventions futures ; qu'elles n'avaient d'autre portée que celle d'une offre de venir traiter avec celui qui les a faites, sans que pour cela il cessât, jusqu'à la perfection du contrat, de rester dans la plénitude de sa liberté d'accepter ou de refuser ; les entrepreneurs sont dans la position de l'ouvrier ou du fabricant dont l'industrie et le tarif sont indiqués soit par une enseigne, soit par les journaux, qui cependant n'est pas obligé de travailler pour tous ceux qui le lui demandent et dont le refus se trouve suffisamment justifié par sa volonté, sa simple convenance et les variations de son intérêt personnel. Les arrêts ont au contraire vu dans ces affiches une véritable pollicitation qui se transformait, à l'égard de l'entrepreneur, en un contrat parfait, du jour où le public se présentait pour profiter des services annoncés ; ils ont appliqué à la lettre la vieille maxime romaine : « Viatorem sibi eligere caupo nec stabularius non videtur nec repellere potest. » L. un. § 6, ff. furti adversus nautas (V. not. Aix 8 fév. 1853 ; Dev. 53, 2, 251). « Au point de vue du droit, disent MM. Delamarre et Lepoitevin dans une dissertation insérée au journal du Palais (53, 1, 261), et dont nous reproduisons les passages les plus saillants, la question décidée dans un sens uniforme par le tribunal de Commerce de Marseille et par la Cour d'Aix, ne semble pas susceptible d'une controverse sérieuse : « Nautæ tenentur merces et viatores recipere in suis navibus pro illis alio vehendis, maxime si tabellam palam exposuerint pro illis invitandis. » Casaregis, disc. 190, nᵒˢ 6 et 10. Voilà le principe en droit et ce principe est incontestable. En effet, qu'est-ce que l'annonce publique d'une entreprise de transports, de quelque genre qu'elle soit, avec des conditions de régularité dans l'itinéraire, dans le départ, l'arrivée, le prix des places, le tarif des marchandises? C'est une invitation continuelle au commerce, de s'adresser à l'entreprise ; c'est une offre permanente de service, une promesse toujours subsistante de traiter aux conditions annoncées avec quiconque y satisfera, sans pouvoir les modifier autrement que par une préalable et égale publicité. « Mercator præsumitur in eadem voluntate perseverare. » Casaregis, disc. 119, n° 32. Or, tant que la proposition n'est pas régulièrement révoquée ou modifiée, libre à tout commerçant de l'accepter, et dès qu'il a fait connaître à l'entreprise son acceptation, avec offre de satisfaire aux clauses du prospectus, il se forme entre elle et lui un engagement, un contrat parfait. « Tale programma publice expositum induit inviolabilem promissionem in magistro navis circa ea quæ sunt in illo expressa. » Casaregis, disc. 122, n° 22. C'est en matière de transports l'espèce du négociant qui envoie circulairement à ses correspondants les prix courants des marchandises de son commerce, litteræ oblatoriæ, autre expression de Casarégis ; c'est l'espèce du marchand qui met en vente certains articles avec leur prix coté. Du moment qu'il se forme entre l'entrepreneur et l'expéditeur un engagement parfait, inutile de rechercher la qualification de cet engagement. Qu'il ait une dénomination propre ou qu'il n'en ait pas, il n'en est pas moins une promesse inviolable dont le principal objet est le transport de la marchandise, sinon dommages-intérêts. »

148. Le titre cinquième de l'Ordonnance est consacré à l'organisation de la surveillance administrative des bateaux à vapeur. Dans tout département où existeront des bateaux à vapeur, porte l'article 70, les préfets organiseront une ou plusieurs commissions de surveillance. Les membres de ces Commissions seront nommés par eux ; mais dans tous les

cas, les ingénieurs des mines et ceux des ponts et chaussées en feront nécessairement partie. D'après le décret du
24 décembre 1851, la surveillance des appareils à vapeur
rentre en ce qui touche les ingénieurs des mines dans le service ordinaire des arrondissements minéralogiques ; nous
voyons en outre dans les énonciations de ce décret, que les
ingénieurs peuvent être appelés par le ministère des Travaux publics à exercer ces fonctions non-seulement au lieu
de leur résidence, mais encore dans les départements voisins. Pendant longtemps, la situation des ingénieurs a été
incertaine vis à vis des constructeurs d'appareils et des entrepreneurs de bateaux à vapeur ; soutenus énergiquement
par le ministère des Travaux publics, ils prétendaient avoir
droit pour l'épreuve des chaudières et des appareils de sûreté aux allocations spéciales établies par l'article 75 du décret du 7 fructidor an XII ; les vérifications qu'ils opéraient
dans ce cas étaient, disaient-ils, dans l'intérêt exclusif des
constructeurs et propriétaires, ce qui suffisait pour faire
mettre à leur charge tous les frais qu'elles nécessitaient ;
ils reconnaissaient d'ailleurs qu'une fois les appareils per-
missionnés et établis, la surveillance à exercer et les
épreuves à renouveler devenaient partie du service public
auquel il est pourvu sur les fonds de l'Etat, comme objet
d'intérêt général. Malgré l'avis favorable du ministre des
Travaux publics, un arrêt du Conseil du 4 mai 1854 (Lebon, 54, 367) repoussa cette distinction et décida que dans
tous les cas, le ministère des ingénieurs serait absolument
gratuit. Quelques jours après paraissait le décret réglementaire du 10 mai 1854 qui, abrogeant la législation de l'an
XII, interdit aux ingénieurs de recevoir aucun honoraire,
lorsque leurs opérations ont pour objet les constatations à
faire pour assurer l'exécution des lois et règlements généraux ; l'article 1, § 2, mentionne spécialement comme rentrant dans cette catégorie, la police des appareils à vapeur,

le poinçonnage du poids des leviers et des appareils de sûreté. Des allocations pour frais de voyage et de séjour à la charge des intéressés, ne leur sont accordées que lorsque leur déplacement a pour objet la première épreuve, au moyen de la pompe de pression des chaudières et autres pièces destinées à contenir la vapeur ; encore faut-il que ces ingénieurs ne reçoivent pas soit sur les fonds départementaux, soit sur les fonds communaux des allocations spéciales pour la surveillance des bateaux à vapeur (art. 2, § 4). La seule question qui soit encore douteuse aujourd'hui, est celle de savoir en quelle qualité procèdent dans notre espèce les ingénieurs des mines. Doit-on les considérer comme agents de la force publique et comme protégés dès-lors par les articles 222 et seq. C. pénal ? La négative est plus généralement enseignée ; et en effet, à bien considérer le fond des choses, les ingénieurs n'agissent dans l'exécution de la mission qui leur est confiée, que par voie d'avis et de conseils ; ils restent étrangers au droit de décider et d'ordonner au nom de la loi, lequel est exclusivement réservé aux préfets ; dès-lors, il est impossible de dire qu'ils participent du caractère de magistrats administratifs. D'autre part, ils remplissent encore moins le rôle d'agents ou de commandants de la force publique ; ainsi qu'on l'a fait remarquer, ils sont si loin de s'identifier avec elle à un titre quelconque, que le seul rapport qu'ils pourraient avoir avec elle, serait d'être au besoin protégés par elle, en vertu de requisitions à elle adressées par le préfet et ce, sous le commandement de ses chefs naturels (Douai, 10 mai 1853 ; D. P. 53, 2, 227).

149. La Commission de surveillance doit visiter les bateaux à vapeur au moins tous les trois mois, et en outre chaque fois que le préfet le jugera convenable ; ses membres ont de plus, le droit de faire individuellement des visites plus fréquentes. Dans chaque visite, elle doit s'assurer

que les mesures prescrites par l'Ordonnance et rappelées dans le permis de navigation, sont rigoureusement observées ; elle constate l'état de l'appareil moteur ainsi que celui du bateau, et elle se fait en outre représenter le registre tenu par le mécanicien et le registre destiné à recevoir les observations des passagers. Enfin, elle adresse au préfet le procès-verbal de sa visite ; elle consigne dans ce document ses propositions sur les mesures à prendre au cas où l'appareil moteur ne présenterait plus de garanties suffisantes de sûreté ; le préfet peut en conséquence, soit ordonner la réparation ou le remplacement de tout ou partie des pièces de l'appareil moteur, soit suspendre et même au besoin révoquer le permis de navigation (art. 70-75). Les détails de la surveillance journalière et quotidienne dont la Commission ne peut s'occuper, sont confiés tant aux points de départ et d'arrivée qu'aux lieux de stationnement intermédiaires, aux maires et adjoints, aux commissaires de police, aux officiers de port et aux inspecteurs de la navigation ; les Compagnies sont, en règle générale, tenues de recevoir à leur bord tous les agents qui, à un titre quelconque, seraient chargés de la police et de la surveillance de ces bateaux (art. 76-77). S'il était survenu des avaries de nature à compromettre la sûreté de la navigation, l'autorité chargée de la police locale pourrait suspendre la marche du bateau ; elle devrait sur-le-champ en informer le préfet. En cas d'accident, elle se transportera immédiatement sur les lieux, et le procès verbal qu'elle dressera de sa visite sera transmis au préfet et, s'il y a lieu, au procureur de la République. Pareille obligation est imposée à la Commission de surveillance qui visitera les appareils moteurs, en constatera l'état, recherchera les causes de l'accident et adressera sur le tout un rapport au préfet (art. 78).

150. La visite des Commissions de surveillance exonère-t-elle de toute responsabilité les constructeurs et entrepre-

neurs de bateaux à vapeur ? En 1853, la chaudière d'un bateau avait fait explosion sur le Rhône à la hauteur d'Audance, et un certain nombre de passagers avait péri dans le fleuve. Des poursuites furent commencées contre le constructeur et le propriétaire du bateau, inculpés d'homicide par imprudence. La question se posait de la manière la plus nette ; la Commission de surveillance avait non-seulement délivré au bateau un permis de navigation, mais dans ses visites postérieures, elle l'avait reconnu en parfait état ; sur un rapport spécial demandé par le préfet du Rhône, il avait été choisi, en septembre 1852, pour le chef de l'état lors de son trajet de Valence à Avignon ; tout se réunissait donc pour démontrer que le constructeur et l'entrepreneur avaient dû le considérer comme présentant toutes les garanties de sécurité possible. La Chambre du Conseil du tribunal de Tournon avait admis ce système et décidé en droit que les constructeurs et propriétaires étaient à l'abri de toute répression pénale, puisqu'ils s'étaient conformés aux prescriptions de l'Ordonnance de 1843 ; qu'ils n'avaient pu ni prévoir, ni empêcher un sinistre dont la responsabilité devait retomber toute entière sur ceux qui auraient dû constater le vice de la chaudière, si toutefois ce vice était appréciable. Sur l'appel du ministère public, ce jugement fut infirmé par la Cour de Nîmes, le 10 septembre 1853. Les motifs de cet arrêt ne peuvent, suivant nous, laisser place à aucune critique ; la Cour fait remarquer combien la doctrine du tribunal de Tournon serait périlleuse pour la sécurité publique ; « elle ne tendrait à rien moins qu'à supprimer toute responsabilité dans le cas où précisément cette responsabilité est le plus nécessaire. En effet, la Commission de surveillance n'offre d'autres garanties soit aux intérêts privés, soit à la société que la lumière de ses membres, leur intégrité et l'attention qu'ils apportent à leur examen ; il est bien évident que ces garanties n'ont été créées par l'Ordon-

nance de 1843 que pour accroître celles qui résultaient déjà
des lois générales et non pour les remplacer en les suppri-
mant ; s'il fallait admettre qu'elles ont fait cesser la responsabilité des propriétaires et entrepreneurs, on arriverait
à constater que l'Ordonnance aurait produit un résultat
directement contraire aux intentions qui l'ont dictée. En
résumé, les lois générales, c'est-à-dire l'art. 1382 C. Civ. et
l'art. 319 C. pénal, continuent, même après l'Ordonnance de
1843, à peser sur ceux qui spéculent sur l'emploi des moyens
de locomotion découverts par la science ; au point de vue
des intérêts privés, leur fortune est le gage de ceux qui auraient à souffrir de leur imprudence, et il est naturel qu'il
en soit de même de leur personne, au point de vue de la société, lorsque leur imprudence aura occasionné soit la mort
d'un voyageur, soit une blessure grave. »

151. Sous cette rubrique : « Dispositions générales, »
la loi du 21 juillet 1856 organise la procédure qui devra
être suivie en cas de contravention. L'article 21 nous indique les agents qui ont capacité pour constater les infractions aux réglements sur la police des bateaux à vapeur :
« Les contraventions prévues par la présente loi sont constatées par les ingénieurs des Ponts et Chaussées, les gardes-
mines, les conducteurs et les autres employés des Ponts et
Chaussées et des mines, commissionnés à cet effet, les
maires et adjoints, les commissaires de police, et, en outre,
pour les bateaux à vapeur, les officiers de port, les inspecteurs et gardes de navigation, les membres de commissions
de surveillance instituées en exécution des réglements, et
les hommes de l'art qui, dans les ports étrangers, auront,
en vertu de l'article 49 de l'ordonnance du 17 janvier 1846,
été chargés par les consuls ou agents consulaires français
de procéder aux visites des bateaux à vapeur. » L'article
22 traite de l'enregistrement des procès-verbaux et de la
force probante qu'il y a lieu de leur attribuer. « Les procès-

verbaux, dressés en exécution de l'article précédent, seront visés pour timbre et enregistrés en débet. Ceux qui ont été dressés par des agents de surveillance et gardes assermentés doivent, à peine de nullité, être affirmés dans les trois jours devant le juge de paix ou le maire, soit du lieu du délit, soit de la résidence de l'agent. Les dits procès-verbaux font foi jusqu'à preuve contraire. Les procès-verbaux qui ont été dressés dans les ports étrangers par les hommes de l'art désignés en l'article 21 ci-dessus, sont enregistrés à la chancellerie du consulat et envoyés en originaux au ministère de l'agriculture, du commerce et des travaux publics, afin que les poursuites soient exercées devant les tribunaux compétents. » La loi se préoccupe en outre : 1° du cas de récidive (art. 21). Il y a récidive lorsque le contrevenant a déjà subi, dans les douze mois qui précèdent, une condamnation pour infraction aux dispositions de la présente loi ; l'amende et l'emprisonnement peuvent être élevés au double du maximum fixé pour chaque contravention ; 2° des circonstances aggravantes. L'article 20, reproduisant les dispositions de la loi du 15 juillet 1845 sur la police des chemins de fer, décide que si les contraventions prévues dans les titres II et III de la présente loi, ont occasionné des blessures, la peine sera de huit jours à six mois d'emprisonnement et l'amende de cinquante à mille francs ; que si elles ont occasionné la mort d'une ou plusieurs personnes, l'emprisonnement sera de six mois à cinq ans et l'amende de trois cents à trois mille francs ; les dispositions des articles 319 et 320 C. pén., demeurent, bien entendu, applicables aux délits qui ne sont point prévus par l'un ou l'autre de ces deux titres et qui résultent du droit commun ; 3° des circonstances atténuantes ; possibilité d'appliquer l'article 463 du Code pénal (art. 23); 4° de la responsabilité des propriétaires de bateaux à vapeur. Article 18 : « Le propriétaire du bateau à vapeur, le chef d'entreprise ou le gérant, par les ordres de qui a lieu l'un des faits prévus par les articles 13, 14 et 16 de la présente loi, est passible de peines doubles de celles qui, conformément aux dits articles, seront appliquées à l'auteur de la contravention. »

152. Il arrive bien souvent que des arrêtés préfectoraux interviennent pour compléter les dispositions de l'ordonnance de 1843 et de la loi de 1856 ; d'où question de savoir quelle doit être la sanction de ces arrêtés. Nous ne pouvons que reproduire la distinction établie par nous d'une manière générale. Lorsque l'arrêté a pour objet d'assurer la conservation du cours d'eau et de ses rives, toute infraction constitue une contravention de grande voirie justiciable du Conseil de préfecture ; lorsque l'arrêté a pour objet une mesure de sécurité publique, toute infraction constitue une simple contravention justiciable du tribunal de simple police. Dans le premier cas, il n'y a de pénalité à prononcer qu'autant qu'elle est prononcée par un ancien réglement, à moins que l'administration ne préfère qualifier la contravention d'infraction à un arrêté préfectoral et traduire le contrevenant devant le juge de simple police pour lui faire appliquer l'article 471 15° C. pén. Dans le second cas, l'article 471 15° C. pén. s'appliquera sans difficulté. D'après la jurisprudence, il faut considérer comme contravention de grande voirie l'infraction à un arrêté préfectoral portant qu'à la rencontre des bateaux halés, les bateaux à vapeur ne devront pas passer par tel bras de rivière, arrêté qui, pris en vertu de prévenir les obstacles et les dangers pouvant résulter de la rencontre de bateaux engagés en sens contraire dans les passages étroits de ce bras, a eu aussi pour objet la conservation des talus du chemin de halage et des maçonneries de la culée d'un barrage (C. d'Etat, 6 mai 1857; Lebon, 57, 354). D'autre part, il a été jugé qu'il y avait contravention exclusivement justiciable du tribunal de simple police : 1° lorsque contrairement à un arrêté

éfectoral les agents d'une compagnie de bateaux à vapeur t négligé d'embarqüer à un ponton, spécialement établi à cet effet, tous les voyageurs qui s'étaient présentés (C. d'Etat, 18 avril 1845 ; Lebon, 45, 195). 2° Lorsqu'un ba- au à vapeur rencontrant en rivière un autre bateau ne lui a pas laissé libre le côté du halage (C. d'Etat, 19 juillet 1854 ; Lebon, 54, 664). 3° Lorsque, contrairement aux réglements, il ne se trouvait à l'avant du bateau à vapeur aucun marinier (C. d'Etat, 18 août 1857 ; Lebon, 57, 678). 4° Lorsqu'un bateau à vapeur a été introduit dans le sas d'une écluse avant la sortie d'une péniche qui l'occupait. (C. d'Etat, 6 janvier 1858 ; Lebon, 58, 19).

C

153. « Le toueur, dit M. Lalou (Manuel de la navigation, p. 212), est un bateau sans roue ni hélice, le plus souvent à fond plat et quelquefois à demi quille, muni à l'avant et à l'arrière d'un gouvernail de faible dimension, mobile par une roue d'engrenage, telle qu'en possèdent ordinairement les bateaux à vapeur. Ce bateau est muni d'une machine à vapeur fixe, d'une force proportionnée à la puissance qu'on veut donner au remorqueur (ordinairement vingt-cinq à trente chevaux). Cette machine sert à imprimer une rota- tion continue à deux treuils en fer égaux et successifs, égaux l'un à l'autre et placés sur le pont du toueur. Au- tour de ces treuils vient s'enrouler la chaîne qui passe de avant à l'arrière du bateau, en opérant sur sa route un triple cercle de révolution autour de ces treuils où elle est uite par une aiguille de marche ou coulisse à poulie ée à chaque extrémité du bateau, et qui la conduit par tres coulisses jusqu'sur ces treuils et ensuite sur l'ai- e d'arrière. La chaîne est jetée en fond d'eau et scellée deux extrémités de la ligne que le toueur parcourt. » les vingt dernières années, de nombreuses lignes de

touage ont été concédées par décrets impériaux insérés au Bulletin des Lois. 1° Ligne de la basse Seine et de l'Oise ; décret du 6 avril 1854, accordant à un sieur Godeaux l'autorisation d'établir à ses frais, risques et périls, un service de touage sur chaîne noyée entre l'écluse de la Monnaie sur la Seine et l'écluse de Pontoise sur l'Oise. 2° Ligne de la Saône ; décret du 21 juillet 1856, autorisant le sieur de Sannois et le sieur Callon à établir à leurs risques et périls un service de touage sur chaîne noyée entre l'embouchure du canal du Rhône au Rhin à Saint-Symphorien (département de la Côte-d'Or, arrondissement de Beaune, canton de Saint-Jean-de-Losne) et le pont de la Mulatière à Lyon. 3° Ligne de la haute Seine ; décret du 13 août 1856, autorisant le sieur de Gercé à établir à ses risques et périls un service de touage sur chaîne noyée entre l'écluse de la Monnaie et les ponts de Montereau. 4° Ligne de Paris à la mer ; décret du 16 août 1857, portant concession au sieur Godeaux d'une ligne à établir entre Conflans à l'embouchure de l'Oise et le port du Hâvre. 5° Ligne de la Loire-Inférieure ; décret du 11 mars 1865, autorisant le sieur Yvert à établir une ligne de touage sur chaîne noyée entre Angers et la mer. 6° Ligne de Paris à Mons ; décret du 31 juillet 1865, autorisant le sieur Bucquié à établir un service de halage à vapeur par chaîne noyée sur la ligne navigable de Mons à Paris, entre Condé et Conflans-Sainte-Honorine, le bief de partage du canal de Saint-Quentin excepté. 7° Ligne du canal de Bourgogne ; décret du 28 avril 1866, portant qu'un service de touage à vapeur sera établi dans le souterrain de Pouilly et les tranchées aux abords, et que l'exploitation de ce service sera faite provisoirement en régie aux frais de l'Etat. 8° Ligne de Caen à la mer ; décret du 4 octobre 1868, autorisant le sieur Enault, constructeur de navires à Ouistreham, à établir un service de touage sur chaîne noyée pour le remorguage des navires sur le canal entre Caen et l'avant-port de Ouistreham. 9° Ligne de jonction entre le canal latéral à la Loire et le canal du Nivernais ; décret du 6 mars 1869, autorisant le sieur Semé à établir un service de touage entre l'embouchure du canal du Nivernais en aval de Decize et l'embouchure du canal latéral à la Loire en amont de Decize, etc., etc. D'autres lignes se trouvent actuellement à l'étude et deviendront, dans un avenir prochain, l'objet de nouvelles concessions. M. Lalou, juge si compétent en ces matières, indique, en termes excellents, quel rôle est appelé à jouer le remorquage au moyen de bateaux toueurs. « Pour conclure en quelques mots sur le touage, nous ajouterons que ce mode de traction des bateaux de quelque genre qu'ils soient sera, si nos prévisions se réalisent, établi sur tous les fleuves avant quelques années. C'est un système neuf, mais admirable de simplicité et de résultats. Si les compagnies qui l'exploitent sont intelligemment et économiquement dirigées, le touage aura sur les transports par chemins de fer la même influence que ces derniers eurent en 1845 sur les transports par eau, c'est-à-dire que ceux-ci surpasseront les premiers par les quantités, par la célérité et surtout par l'économie qu'aucun autre mode de transport n'atteindra jamais. Nous n'hésitons pas à dire que le touage, s'il est bien appliqué, est appelé à révolutionner la navigation. Prenons patience quelques années, laissons disparaître les hésitations des spéculateurs, la timidité des patrons accoutumés aux vieilles pratiques dont ils ont peine à se défaire ; qu'on fasse cesser l'opposition systématique, souvent occulte, quoique puissante, qu'elle rencontre, non-seulement chez des adversaires intéressés, mais encore chez ceux-là mêmes qui devraient pousser le plus l'emploi des moyens propres à développer la navigation, et verra que cette industrie l'emportera toujours et de beaup sur tous autres modes de transport de marchandises et sera pour le commerce de la France un des principaux agents de sa grandeur et de sa prospérité. » Préface, p. 11-12.

154. Le cahier des charges, annexé au décret du 6 avril 1854 a servi de type pour toutes les concessions ultérieures. Les conditions qui sont invariablement imposées aux Compagnies ont trait 1° A la durée de la permission qui, sur la plupart des lignes, est fixée à trente ans : par exception, elle est portée à cinquante ans pour les lignes de Conflans au Hàvre, de Conflans à Condé, et d'Angers à la mer ; — 2° Au délai pendant lequel seront achevés les travaux ; — 3° A l'organisation du service même du touage. L'administration part de ce principe que le privilége accordé aux Compagnies ne doit en aucun cas nuire aux intérêts de la batellerie et du commerce. Aussi, est-il formellement stipulé que tout autre mode de traction ou de transport de marchandises sera admis sur la rivière, concurremment avec les toueurs des permissionnaires ; de plus, la Compagnie s'interdit tout transport de marchandises pour son propre compte. Notons toutefois que les concessionnaires du touage sur le canal de Conflans à Condé sont autorisés par un décret du 24 avril 1869, à faire des transports pour leur propre compte, soit de Mons vers Paris, soit de Paris vers Mons, jusqu'à concurrence de deux cent mille tonnes, sous la réserve que les mariniers demandant des appareils de traction, auront la préférence sur les bateaux des concessionnaires. Le cahier des charges s'étend ensuite sur les réglements de police que doivent observer les bateaux toueurs. Chaque bateau sera soumis aux vérifications prescrites par l'Ordonnance du 23 mai 1843 sur les bateaux à vapeur. L'administration se réserve d'autre part le droit de déterminer la composition, la vitesse maximum et le tonnage des convois au double point de vue de la sécurité et de la liberté de la navigation. « Un réglement de police, porte l'article 10, déterminera, les permissionnaires entendus, le

mbre et la position des bureaux dans lesquels seront reçues les déclarations des mariniers qui désireront faire
usage du touage, la forme dans laquelle ces déclarations
seront faites et reçues, les lieux de stationnement des
toueurs et des bateaux qui voudront se faire remorquer, les
heures de départ et d'arrivée et le nombre des convois réguliers ou supplémentaires, la composition des équipages,
les points où la chaîne devra être interrompue et les autres prescriptions nécessaires à la régularité et à la sécurité du service. » En tout cas, la chaîne devra toujours être
placée d'après les ordres de l'administration, et maintenue
de telle sorte que, du côté du halage, la moitié au moins du
chenal navigable reste libre, pour qu'aux croisements avec
les bateaux halés, ceux-ci conservent toujours le côté du
chemin de halage ; dans ces rencontres, le toueur devra
toujours ralentir le jeu de sa machine. Les dispositions à
suivre pour la traversée des dérivations et des barrages
seront soumises par les permissionnaires à l'approbation de
l'administration et ne pourront être mises à exécution qu'a-
près avoir été autorisées par le ministère des Travaux publics. Au surplus, en ce qui concerne l'éclairage de nuit,
les mesures à prendre en temps de brouillard, les passages
des écluses et des ponts, les toueurs sont assimilés aux
vapeurs ordinaires et les convois qu'ils traînent aux convois
remorqués par des remorqueurs libres. — 4° A l'exploitation
commerciale de la ligne. Les concessionnaires doivent faire
sans préférence et dans l'ordre des déclarations le remorquage de tous les bateaux chargés ou vides qui se trouvent
aux extrémités de la chaîne ou qui stationnent dans les ports
intermédiaires ; tout bateau, une fois fixé au système du
touage, ne peut s'arrêter avant le lieu de sa destination.
Les tarifs différent suivant les sections du fleuve que les
toueurs ont à parcourir, et suivant qu'il s'agit de bateaux
montants et de bateaux descendants ; les Compagnies peu-

vent même réduire à un simple droit d'attache la **taxe à**
percevoir sur les bateaux vides au retour que les **toueurs**
auraient remorqués à charge. La perception a lieu **par**
tonne de 1000 kilog. et par kilomètre : toute fraction de
tonne sera comptée comme tonne entière, toute fraction
de kilomètre comme un kilomètre entier. Les concessionnaires peuvent, quand ils le jugent convenable, abaisser la
taxe légale, mais à condition de ne pouvoir la relever qu'a-
près l'expiration du délai d'une année ; ce changement ne
peut avoir lieu qu'après avoir été annoncé un mois d'a-
vance par des affiches ; il devra être autorisé par décisions
de l'administration supérieure et rendu exécutoire par arrêté du préfet. La perception des taxes aura lieu indistinctement et sans aucune faveur ; aussi lorsqu'une réduction
aura été accordée à un particulier, l'administration aura-
t-elle le droit d'exiger qu'elle soit également étendue à tous
les autres expéditeurs. En d'autres termes, les Compagnies
de touage sont absolument assimilées aux Compagnies de
chemins de fer ; les monuments de jurisprudence, si nombreux relativement à la perception des tarifs, aux tarifs
différentiels, à la prohibition des traités sont applicables,
qu'il s'agisse des unes ou des autres : « ubi eadem ratio, ibi
idem jus. » Mais ce que nous trouvons ici de particulier,
c'est que, par une clause toute spéciale, l'administration se
réserve le droi de réviser les tarifs tous les cinq ans, après
avoir pris l'avis des Chambres de Commerce sans toutefois
qu'ils puissent être abaissés au-dessous des trois cinquièmes de la taxe réglementaire. — 5° A l'exercice du trématage en faveur des bateaux toueurs. Les permissionnaires
jouissent de ce droit soit en route, soit au passage des
ponts et écluses, sur les bateaux halés par des chevaux;
sur les convois remorqués qui se font aider par des chevaux ; sur tous les autres bateaux qui se laisseraient gagner de vitesse par eux : les premiers décrets de conces-

sion exigeaient que les toueurs eussent au moins gagné une heure dans un trajet donné, par exemple, entre l'embouchure de l'Oise et Paris ou bien encore entre Melun et Paris. — 6° Des cautionnements et des déchéances. Le cautionnement est destiné à garantir l'exécution des obligations contractées par la Compagnie et l'achèvement des travaux dans le délai fixé. Au cas où elle n'aurait pas satisfait aux stipulations de son cahier des charges, l'administration est libre soit de faire supprimer la partie de la chaîne déjà établie ou d'ordonner l'adjudication du service qui sera ouverte sur les clauses du cahier de charges et sur une mise à prix du matériel. En cas d'interruption du service, l'administration prendra les mesures pour assurer provisoirement l'exploitation ; au bout de trois mois, la déchéance pourra être prononcée contre le concessionnaire. — 7° Des rapports qui doivent exister entre ces Compagnies et les Compagnies de chemins de fer. Tout traité, toute cession d'entreprise, toute fusion sous quelque titre que ce soit, est absolument interdite. — 8° Des responsabilités que peut encourir la Compagnie : responsabilité pénale pour les contraventions relevées à sa charge ; responsabilité civile en vertu de l'article 1382 toutes les fois que les tiers pourront arguer d'une faute imputable à ses agents. Les Compagnies ont soutenu plusieurs fois que cette responsabilité ne devait s'étendre qu'aux dommages causés par leurs remorqueurs eux-mêmes, que dès-lors elles n'étaient point tenues d'indemniser les tiers lorsque les accidents avaient été causés par les bateaux attachés au convoi. Cette prétention peut paraître assez spécieuse si l'on songe qu'en fait la direction de ces bateaux demeure entre les mains de leur équipage chargé des manœuvres de détail : la Compagnie ne se serait point, en quelque sorte, chargée de leur conduite ; elle n'aurait fait que leur louer une force motrice. Nous ne croyons pas néanmoins que ce système soit absolument juridique et qu'il faille en principe, considérer les Compagnies de touage comme jouant le rôle purement passif qu'elles veulent se donner. Les cahiers de charges leur imposent l'obligation de veiller à la composition des convois en s'assurant que chaque bateau est monté par son équipage. Il en résulte donc que, dans la pensée de l'administration qui leur a imposé ces cahiers de charges, le convoi, soit qu'il s'ébranle, soit qu'il soit en pleine marche, ne forme qu'un seul et même convoi qui ne saurait se subdiviser en autant de responsabilités distinctes qu'il y a de bateaux amarrés à la suite des uns des autres, mais qui, au contraire, ne forme qu'un tout homogène sous la conduite du remorqueur qui tient la tête. C'est ce qui a été jugé par arrêt de rejet de la Chambre Civile du 22 août 1870 (Dev., 70, 1, 358).

155. D'après les énonciations mêmes du cahier des charges, les permissionnaires sont assimilés à des entrepreneurs de travaux publics, et les contestations qui s'élèveraient au sujet de son interprétation seront jugées par le Conseil de Préfecture, sauf recours au Conseil d'Etat. La rédaction de cette clause est assez obscure et pourrait facilement donner lieu à une méprise. Sans aucun doute, les tribunaux administratifs peuvent seuls connaître des difficultés qui surgissent entre l'administration et les concessionnaires, relativement à l'interprétation des clauses imposées à ces derniers ; mais la solution sera toute autre, lorsque le débat s'engagera entre le concessionnaire et un expéditeur, par exemple sur une question de tarifs. En vain dirait-on que les tribunaux vont se trouver appelés à examiner les actes de l'autorité administrative ; dans l'espèce, il s'agit uniquement d'interpréter un contrat de transport intervenu entre le concessionnaire et l'expéditeur, ce qui suffit pour établir la compétence de l'autorité judiciaire (Civ. Rej. 22 août 1870 ; Dev. 70, 1, 358). De nombreux arrêts rendus contre toutes les Com-

pagnies de chemins de fer et qui trouvent ici une application toute naturelle, autorisent même le juge à rechercher si les tarifs dont on demande l'application sont légaux, ce qui ne peut se faire qu'en recherchant si l'administration a ou non observé les formalités prescrites par les cahiers de charges pour l'établissement ou la modification des tarifs (Civ. Rej. 7 juillet 1852 ; Dev. 52, 1, 713 ; Req. Rej. 21 janv. 1857 ; Dev. 57, 1, 566 ; ibid., 31 janv. 1859 ; Dev. 59, 1, 740 ; Conseil d'Etat, 6 mars 1857 ; Lebon, 57, 176). Nous trouvons dans les deux arrêts de cassation de la Chambre civile du 31 décembre 1866 (Dev. 67, 1, 38) une curieuse application de cette jurisprudence ; des modifications apportées aux tarifs d'une Compagnie, peuvent être déclarées nulles pour n'avoir pas été affichées un mois à l'avance, bien que d'autres mesures de publicité aient été prescrites par l'administration, et que la Compagnie se soit conformée à ces décisions. L'annotateur de Devilleneuve insiste avec raison sur l'importance de ces arrêts : « Il s'agissait, dit-il, de savoir si l'affichage prescrit par l'Ordonnance du 15 novembre 1846, en cas de demande de modifications de tarif, avait ou non eu lieu régulièrement, ou plutôt si l'affichage lui-même avait pu être remplacé en partie par une formalité équivalente. Le mode de publicité adopté par la Compagnie avait été autorisé à deux reprises par des décisions rendues par le ministre des Travaux publics et, lors du second arrêt, le préfet avait même élevé le conflit, prétendant que l'autorité judiciaire était incompétente pour remettre en question la force obligatoire de tarifs ainsi rendus exécutoires. Mais la Cour de cassation ne s'est pas arrêtée devant ces décisions ministérielles. Retenant pour l'autorité judiciaire seule le droit d'apprécier si les prescriptions de l'Ordonnance avaient ou non été observées, quant à l'affichage ordonné pour la validité des modifications de tarifs, elle a, dans la seconde espèce, cassé l'arrêt qui renvoyait l'appréciation de cette question à l'autorité administrative, et dans la première espèce, elle examine si, en fait et en droit, le mode d'affichage adopté par la Compagnie satisfait à la lettre et à l'esprit de l'Ordonnance, et c'est parce que les prescriptions de l'Ordonnance lui ont paru avoir été exécutées, que, sans se préoccuper du point de savoir si la Compagnie avait été plus ou moins autorisée à agir ainsi par dès décisions ministérielles, elle a cassé l'arrêt qui, tout en maintenant lui-même sa compétence, avait refusé de considérer comme suffisant le mode d'affichage adopté par la Compagnie. »

D

156. En règle générale, les bateliers sont libres, sur les cours d'eau navigables, de choisir le mode de remorquage qui leur convient le mieux et leur paraît le plus économique. En dehors du remorquage à la vapeur, ils peuvent faire haler leurs bateaux soit au moyen de chevaux, soit à col d'hommes. Suivant la remarque de M. Lalou (p. 83), le halage à col d'hommes est aujourd'hui peu employé ; cependant, lorsque les chevaux manquent, que le chargement est peu important ou que le courant facilite la descente, il peut encore présenter quelque économie ; deux hommes suffisent ordinairement pour tirer un bateau vide descendant et quatre hommes peuvent tirer un bateau chargé de 150 à 200 tonneaux. Relativement à la police du halage, nous trouvons comme texte général trois articles du règlement de 1855. Les articles 10 et 11, titre deuxième, sont ainsi conçus : Article 10. « Tout bateau chargé de cent tonneaux et au-dessus doit être halé par deux chevaux au moins. Les bateaux d'un tonnage inférieur pourront ne prendre qu'un cheval. » Article 11. « Quand les bateaux marchant avec relais auront leurs relais à bord, le nombre des chevaux embarqués devra être égal au moins à celui des chevaux à terre. » L'article 7, titre Ier, décide de son côté que les chevaux de halage seront toujours conduits par

un charretier qui, s'il n'est pas à cheval, devra se tenir à la tête du premier cheval. Nous rappellerons qu'aux termes de l'arrêt du Conseil du 1er juin 1850 (Lebon, 50, 536), toute contravention à ces dispositions sera réputée contravention de grande voirie ; on peut voir, par cet exemple, combien la distinction établie par la jurisprudence entre les règlements destinés à assurer la conservation du cours d'eau, et ceux qui ont pour but unique la sécurité publique est subtile et pleine de difficultés. A côté du règlement de 1856 se placent une multitude d'arrêtés particuliers conçus dans un intérêt exclusivement local, et par conséquent spéciaux à telle ou telle rivière, à tel ou tel genre de navigation. Tantôt, par exemple, le halage, de facultatif qu'il était, devient obligatoire ; suivant les articles 19 et seq. de l'Ordonnance de police du 25 octobre 1840, les bateaux, barquettes, flûtes et toues dont la longueur excède seize mètres, doivent être billés au passage des ponts de Choisy le Roi et de la Bosse de Marne ; le service du billage est organisé jusque dans ses moindres détails. Tantôt au contraire, le halage est formellement interdit : l'article 3 du décret du 28 avril 1866 porte que du jour où le touage à vapeur aura été organisé dans le souterrain de Pouilly, les bateaux ne pourront plus traverser au moyen du halage ; les bateaux à vapeur seront seuls autorisés à en effectuer le parcours sans le secours du toueur. Tantôt le halage ne pourra avoir lieu qu'à col d'hommes : c'est ce qui est prescrit pour le canal du Loing, par l'article 19 du décret du 22 février 1813. D'après l'arrêté du préfet du Cher du 14 décembre 1839, le halage des bateaux sur les ponts aqueducs du canal latéral à la Loire, sera fait par les mariniers ; les chevaux seront dételés avant d'entrer sur ces ponts ; en cas de refus de dételer, les éclusiers refuseront le passage. Sur le canal Saint-Martin, le halage ne pourra se faire que par des hommes (Ord. 25 oct. 1840, art. 41). De même le règlement de police pour le canal de Saint-Quentin, approuvé en juin 1857 par le ministre des Travaux publics, n'autorise les bateaux à se faire remorquer au passage des souterrains, que par des hommes ou des machines à vapeur. Tantôt le halage par chevaux est obligatoire pour tous les bateaux chargés ou vides ; cette prescription se retrouve invariablement dans les règlements les plus récents. Tantôt enfin, certains bâtiments devront avoir leurs relais assurés. L'Ordonnance de police du 15 janvier 1838 sur la navigation accélérée de Paris à Lille, décide ce qui suit : Article 6. « Pour les bateaux accélérés qui ne voyageront point à l'aide de la vapeur, des relais de chevaux seront établis de trois lieues en trois lieues au plus. Les bateaux pourront néanmoins porter leurs relais avec eux, et, dans ce cas, l'écurie ménagée dans le bateau contiendra toujours les deux chevaux de deux relais, pendant que ceux du troisième relais seront attelés et en marche. » Les mariniers doivent prendre toutes les précautions nécessaires pour qu'aucun accident ne survienne lors du halage de leurs bateaux. Nous avons déjà vu, par le règlement de 1855, qu'au cas de trématage, ils ne doivent entraver en rien la marche des bateaux autorisés à les dépasser ; d'autres obligations leur ont également imposées par l'usage ; c'est ainsi que dans l'intérieur des villes, un marinier doit être à terre pour prévenir les passants du danger du volage des cordes et les parer au besoin. Une Ordonnance de police du 8 fév. 1808, établissait dans Paris un service de parage obligatoire ; le prix était fixé à 1 fr. 50 par courbe de chevaux pour le trajet du pont d'Iéna à destination. Cette Ordonnance n'a plus aujourd'hui d'intérêt pratique, le remorquage dans l'intérieur de Paris ayant lieu exclusivement au moyen de bateaux toueurs.

157. Dans l'intérêt de la navigation fluviale, l'administration s'est efforcée, autant que possible, d'établir sur les

canaux du Nord un service régulier de halage. Dès 1855, les préfets des départements de l'Aisne et du Nord s'étaient entendus avec les ingénieurs des ponts et chaussées pour organiser des relais sur les voies navigables, et pour fixer la taxe maxima à laquelle auraient droit les entrepreneurs du halage. D'après les règlements qu'ils ont adoptés de concert, chaque rivière se trouve divisée en un certain nombre de sections subdivisées elles-mêmes en tant de relais ; le parcours de ces relais varie entre 9 et 14 kilomètres ; seul, le relais de l'écluse de Creil à l'écluse de Royaumont atteint la distance de 15 kilomètres 900. Les tarifs pour le prix du halage dans chaque section sont préparés par les ingénieurs en chef et adressés aux préfets le 1er septembre de chaque année ; après avoir été soumis à une enquête de dix jours et arrêtés définitivement par les préfets, ils sont rendus publics dans la dernière quinzaine d'octobre ; pour faciliter leur révision, des registres d'enquête sont constamment ouverts dans les principales localités traversées par la ligne navigable. Tout individu qui veut se livrer à l'industrie du halage, doit, dans le courant du mois de novembre, faire connaître le relais dans lequel il désire entrer, et s'inscrire à cet effet sur les registres dont nous venons de parler. Sur le vu de ces demandes, les ingénieurs dressent la liste des haleurs pour chaque relais et la divisent en deux catégories : 1° haleurs du service ordinaire faisant le halage journalier à tour de rôle ; 2° haleurs du service auxiliaire ne concourant au service que lorsque le nombre des premiers devient insuffisant. La liste ne comprend que les chevaux propres au service de halage, et les ingénieurs auront égard aux services précédemment rendus pour l'inscription dans l'une ou l'autre catégorie. Les chevaux qui, après leur admission, deviennent impropres à faire un bon service, seront immédiatement remplacés, ou du moins il sera interdit à leurs propriétaires d'en faire usage. Chaque cheval sera muni des harnais nécessaires qui devront toujours être au complet et en bon état d'entretien ; les colliers porteront une plaque indiquant les noms, prénoms et domicile des haleurs. Les haleurs doivent choisir parmi eux un chef haleur, chargé 1° de faire connaître à chacun d'eux la catégorie dans laquelle il se trouve placé ; 2° de percevoir et de répartir le prix du halage ; 3° de surveiller le service et notamment de faire prévenir les haleurs de leur tour de rôle. Ce chef sera tenu en outre de communiquer à toute réquisition, ses registres de comptabilité aux ingénieurs et agents du service de la navigation chargés de l'inspection du halage. Les haleurs acceptés par l'administration sont soumis à deux obligations principales : 1° fournir des chevaux aux bateliers à toute réquisition, suivant leur tour de rôle, soit de jour, soit de nuit ; 2° opérer la traction des bateaux avec la vitesse réglementaire, quelle que soit leur provenance ou leur destination. A ces conditions, les haleurs inscrits font le halage des bateaux, à l'exclusion de tous autres, sauf pourtant les exceptions suivantes : 1° services de navigation ou de remorquage à vapeur ; 2° bateliers ou compagnies justifiant aux ingénieurs de marchés authentiques de la durée d'une année au moins pour l'établissement de relais sur toute l'étendue de la ligne qu'ils doivent parcourir ; 3° bateliers ou compagnies justifiant aux ingénieurs de la propriété des chevaux de halage, par certificats des maires de leur résidence, établissant la propriété des chevaux. Aucune réduction des prix du tarif, aucun traité de faveur ne pourront, sous quelque prétexte que ce soit, être consentis par les haleurs envers un batelier, sans l'approbation de l'administration et sans que le public soit immédiatement appelé à jouir des mêmes avantages ; si les prix du halage sont abaissés dans le courant de l'année, ils ne pourront être relevés avant le 1er janvier. Les haleurs ne peuvent attacher au service des chevaux que des individus âgés de plus de seize ans et agréés par les ingénieurs. Tous les jours, les charretiers se rendront aux relais avec leurs chevaux en nombre suffisant et à l'heure indiquée pour le service de la navigation. Ils devront faire le service de nuit toutes les fois qu'ils en seront requis. Ils ne pourront quitter leurs chevaux ni s'installer dans les biefs. Ils se conformeront aux ordres qui leur sont donnés par les ingénieurs pour tout ce qui intéresse le service, ainsi qu'aux instructions des mariniers et pilotes, pour tout ce qui concerne le service des bateaux. Ils seront porteurs d'un livret sur lequel les ingénieurs et les agents de la navigation inscriront les ordres et les observations auxquelles le service pourrait donner lieu. En cas de négligence ou d'insubordination de nature à compromettre le service, les ingénieurs pourront priver les haleurs de leur rang pendant l'espace de trois jours à trois mois. En cas de récidive ou de faute grave de nature à entraîner des poursuites judiciaires, les haleurs pourront être rayés de la liste pour toute l'année. Le chef haleur est tenu d'ailleurs de pourvoir immédiatement au remplacement de tout charretier dont les ingénieurs prononceraient le renvoi. Enfin, faute par les haleurs de se faire inscrire aux mairies en nombre suffisant, et dans l'hypothèse où les haleurs laisseraient le service en souffrance pour une cause quelconque et ne rempliraient pas leurs engagements, l'administration se réserve de pourvoir au halage par voie d'adjudication ou par concession directe.

158. Deux questions se sont présentées dans la pratique à l'égard des entrepreneurs de halage. 1° Quels sont leurs droits vis-à-vis de l'autorité administrative au cas où le régime de la navigation vient à être modifié? A deux reprises différentes, des haleurs ont réclamé de la compagnie du chemin de fer de Rouen des dommages-intérêts pour le préjudice qui leur avait été causé par la construction de la

ligne ; ils se plaignaient que deux des ponts établis pour la traversée de la Seine avaient augmenté les difficultés que présentait la traction des bateaux remontants ; ils préten-daient spécialement qu'en temps de crue le service serait forcément suspendu par suite de l'insuffisance de l'arche marinière du pont d'Oissel. Cette prétention a été repoussée par les deux arrêts des 11 avril 1848 (Lebon, 48, 178) et 2 août 1851 (Lebon, 51, 578). La première de ces deux décisions, parfaitement motivée en droit, se fonde avec raison sur ce qu'il appartient à l'administration de détermi-ner dans l'intérêt général la nature et la disposition des ou-vrages à établir dans le lit et sur les bords des rivières na-vigables et flottables, et que les modifications qui peuvent survenir dans l'état de ces rivières par suite de l'exécution d'ouvrages publics ne peuvent donner lieu contre l'Etat à une indemnité ; sur ce que la construction d'un chemin de fer est un travail d'utilité publique et que la compagnie concessionnaire se trouve, par le fait même de sa conces-sion, subrogée aux droits et priviléges de l'Etat. Du reste, pour prévenir toute difficulté, l'administration a pris le parti d'insérer dans le réglement particulier à chaque cours d'eau une clause ainsi conçue : « Les haleurs ne pourront prétendre à aucune indemnité à la charge des bateliers ou de l'Etat pour entraves, interruption, suppression de la na-vigation, quelles qu'en puissent être les causes et la durée. »

2° Quelle est la part de responsabilité qui incombe aux ha-leurs lorsqu'un accident survient aux bateaux qu'ils remor-quent ? On a prétendu les assimiler à des voituriers par eau, ce qui entraînerait vis-à-vis d'eux l'application de l'ar-ticle 1784 du Code civil ; ils seraient responsables de la perte et des avaries survenues aux bâtiments, sauf à eux à prouver qu'ils ont été perdus ou avariés par cas fortuit ou force majeure. Il y avait là un véritable abus de langage que la jurisprudence s'est refusée à sanctionner (Orléans,

2 déc. 1857 ; Dev. 58, 2, 591). La seule qualification qui puisse leur être donnée est celle de simple ouvrier louant son travail et son industrie pour un objet spécial, dans le sens de l'article 1789 du Code civil. Dès lors c'est au demandeur en dommages-intérêts à démontrer la faute commise par le haleur ou ses préposés. Ce que nous disons résulte surabondamment des termes dans lesquels le contrat intervient entre le haleur et le batelier ; on ne comprendrait guère comment le premier pourrait accepter la responsabilité des risques de la navigation, alors que le tarif ne lui alloue qu'une somme modique et apparemment insuffisante pour couvrir des frais d'assurance. En droit, on ne saurait dire que le haleur se charge d'effectuer un transport ; loin de pouvoir lui abandonner la direction exclusive du bâtiment, le batelier est, au contraire, obligé par les réglements de conserver à son bord un certain nombre d'hommes chargés des manœuvres ; le haleur qui s'est engagé uniquement à fournir des chevaux et des agrès se trouve entièrement sous sa dépendance et est obligé d'exécuter les ordres qui lui sont donnés. L'opinion que nous venons de combattre ne saurait d'ailleurs se concilier avec la définition que la loi romaine donnait des voituriers par eau. « Nautam accipere debemus eum qui navem exercet, quamvis nautæ appellantur omnes qui navis navigandæ causa in nave sunt ; sed de exercitore solummodo prætor sentit. Nec enim debet, inquit Pomponius, per remigem aut mesonautam obligari, sed per se vel per navis magistrum. Quanquam si ipse alicui e nautis committi jussit, sine dubio debeat obligari. » Ulpien, l. I, § 2 ff. Nautæ, caupones (IV, 9.)

E

159. La loi du 15 juillet 1845 et l'ordonnance du 15 novembre 1846 avaient eu soin de soumettre à une législation spéciale le transport par chemin de fer des marchandises dangereuses. Pour les transports par eau, le

commerce conservait en principe une liberté pleine et entière ; aucune restriction n'y aurait pu être apportée que par des arrêtés préfectoraux sanctionnés par la pénalité bien insuffisante de l'article 471 § 15 C. pén. Dès 1854, le gouvernement anglais avait cru devoir réglementer cette matière ; un bill voté à cette époque obligeait tout expéditeur de marchandises dangereuses à en indiquer la nature sur l'enveloppe extérieure du colis qui les renfermait et autorisait le capitaine du bâtiment à en refuser l'embarquement. A partir de 1861, le commerce des huiles de pétrole avait pris une extension considérable entre la France et les Etats-Unis d'Amérique ; pour se soustraire à la nécessité de payer une prime d'assurance plus considérable, la plupart des expéditeurs n'hésitaient pas à faire une fausse déclaration et à indiquer comme contenant des produits inoffensifs les tonneaux qui, en réalité, contenaient soit du pétrole, soit d'autres hydro-carbures. De là des réclamations incessantes, énergiquement appuyées par la compagnie des Messageries nationales et par celle des Paquebots transatlantiques. Les sinistres se multipliaient : au Hâvre le 28 juin 1868, à Dunkerque le 29 juillet 1868, à Bordeaux le 29 septembre 1869, des explosions et des incendies occasionnés par l'absence de précautions mettaient en péril les bâtiments stationnant dans le port. Aussi, se décida-t-on à prendre des mesures énergiques qui pussent prévenir le retour de pareils sinistres. Les Chambres de commerce, à l'exception toutefois de celle de Paris, le Comité consultatif des Arts et Manufactures, appuyèrent énergiquement le projet de loi soumis à leur examen. Ce projet, qui est devenu la loi du 18 juin 1870, reproduit la plupart des dispositions consacrées par le bill anglais de 1854. A l'origine, on voulait aller plus loin encore : on s'était demandé s'il ne convenait pas de se montrer plus radical et d'établir une séparation bien tranchée entre les bâtiments servant au transport des voyageurs et ceux sur lesquels pourrait être toléré l'embarquement des marchandises dangereuses. Le rapport de M. Pinart constate les divergences qui s'étaient produites sur ce point : « D'une part on était effrayé des dangers qu'une fausse déclaration peut faire courir au grand nombre de passagers qui se trouvent parfois à bord de ces bâtiments, ainsi qu'aux équipages, et l'on se demandait si ce n'était pas à l'embarquement de certaines marchandises dangereuses non déclarées que l'on devait attribuer la perte de quelques-uns des steamers qui ont disparu, sans qu'aucune nouvelle soit parvenue sur les causes de ces désastres. De l'autre part, on reconnaissait que le capitaine était le premier intéressé à surveiller avec le plus grand soin la nature des marchandises qu'il embarquait sur son navire, et l'on se disait que si la marchandise était bien déclarée, il pouvait ou la refuser ou la placer dans un lieu où il lui fût possible de la surveiller, et qu'au cas d'une déclaration mensongère, la prohibition que nous introduirions dans la loi deviendrait tout à fait inutile. On était d'ailleurs préoccupé du désir de n'entraver que le moins possible les opérations commerciales. » Donc, tout bâtiment quel qu'il soit peut recevoir à son bord les marchandises qualifiées dangereuses ; ainsi que nous allons le voir, on s'est borné à prévenir les abus sans établir une prohibition générale.

160. Nous trouvons dans la loi de 1864 deux séries de dispositions bien distinctes : 1º Dispositions destinées à faire connaître au capitaine, maître ou patron du navire, la nature exacte des marchandises qu'il embarque. Article 1er. « Quiconque aura embarqué ou fait embarquer sur un bâtiment de commerce employé à la navigation maritime ou à la navigation sur les rivières et canaux, expédié ou fait expédier par voie de terre des matières pouvant être une cause d'explosion ou d'incendie, sans en avoir déclaré la nature au capitaine, maître ou patron, au commission-

naire expéditeur ou au voiturier, et sans avoir apposé des marques apparentes sur les emballages, sera puni d'une amende de seize francs à trois mille francs. Cette disposition est applicable à l'embarquement sur navire étranger dans un port français ou sur un point quelconque des eaux françaises. » La question s'est agitée de savoir s'il fallait en outre autoriser le capitaine à exiger l'ouverture des caisses qui lui seraient présentées et qu'il soupçonnerait, à tort ou à raison, contenir des marchandises dangereuses ; une disposition de cette nature se trouve dans la loi anglaise et M. Combes en recommandait l'adoption au nom du Comité consultatif des Arts et Manufactures. L'exposé des motifs explique pourquoi le projet n'a point déféré à ce vœu. « La faculté de refuser l'embarquement et d'exiger l'ouverture des emballages est une faculté de droit commun qui n'a pas besoin d'être écrit pour être exercé, tant que la convention n'est pas arrêtée. Que si, au contraire, le refus de recevoir les paquets et d'en vérifier le contenu, n'intervient qu'après l'engagement pris d'en opérer le transport, ne serait-ce pas excéder la mesure que de placer l'expéditeur dans l'alternative ou de subir ces exigences à ses frais ou de renoncer au bénéfice de son contrat ? Ici encore, le droit commun a paru devoir suffire, et le capitaine, maître ou patron du navire, même après l'embarquement, conçoit des soupçons sur la sincérité de la déclaration qu'il a reçue, il lui sera toujours facile d'en référer au juge qui ordonnera la vérification aux risques de qui de droit. » Une seule difficulté peut se présenter sur cet article 1er : les pénalités qu'il prononce sont-elles applicables au cas où l'auteur de la fausse déclaration était de bonne foi ? Ce sera, par exemple, un commissionnaire en marchandises qui, soit par erreur, soit par suite de faux renseignements qui lui auront été donnés, n'aura point fait apposer de marques apparentes sur les ballots contenant un produit explosible.

Nous aurions parfaitement compris pour notre part que le fait prévu par l'article 1er eût été assimilé à une contravention, et que la personne qui aurait remis la marchandise dangereuse au capitaine du bateau fût passible d'une peine par cela seule qu'elle n'en aurait point vérifié le contenu; nous regrettons, dans l'intérêt de la sécurité publique, que le silence de la loi n'autorise pas l'application de cette doctrine rigoureuse. Mais, nous pouvons d'autant moins suppléer à cette lacune par voie d'interprétation, qu'il est aujourd'hui constant qu'une fausse déclaration faite à une compagnie de chemins et ce, au mépris des prescriptions de l'article 66 de l'ordonnance du 15 novembre 1846, constitue un délit et non pas une contravention. C'est ainsi qu'il a été jugé que la personne qui, recevant de l'étranger un colis pour l'expédier en transit, déclare de bonne foi qu'il ne renferme que des marchandises inoffensives, ne peut être traduit devant un tribunal correctionnel, s'il vient à être constaté ultérieurement que ce colis renfermait des allumettes phosphoriques ; peu importe qu'on ait à reprocher à ce commissionnaire de n'avoir procédé à aucune vérification (Gand, 17 septembre 1846 ; Pas., 47, 2, 326). Restait à classer les marchandises qui pourraient être considérées comme dangereuses ; les Chambres de commerce de Marseille et du Hâvre voulaient que cette désignation fût faite par la loi elle-même. Mais de là auraient pu résulter en pratique certains embarras : on fit remarquer que chaque jour des produits chimiques nouveaux viennent à être découverts, que même certains produits, qui actuellement ne se trouvent pas dans le commerce, peuvent, à un moment donné, devenir d'un usage fréquent et donner lieu à de nombreuses transactions ; serait-il possible que pour une invention nouvelle ou pour toute extension donnée à un produit déjà connu, il fût nécessaire de recourir au législateur ? Aussi s'arrêta-t-on à l'idée de renvoyer à un réglement d'administration publique la détermination des marchandises dangereuses. Article 2 : « Un réglement d'administration publique déterminera : 1° la nomenclature des matières qui doivent être considérées comme pouvant donner lieu soit à des explosions, soit à des incendies ; 2° la forme et la nature des marques à apposer sur les emballages. » — 2° Dispositions relatives à la manipulation des marchandises dangereuses dans les ports. Ici encore la loi ne statue pas d'une manière directe et nous renvoie à un réglement d'administration publique. Article 3 : « Un réglement d'administration publique déterminera également les conditions de l'embarquement des dites matières et les précautions à prendre pour l'amarrage dans les ports des bâtiments qui en sont porteurs. » Article 4 : « Toute contravention au réglement d'administration publique énoncé en l'article précédent et aux arrêtés pris par les préfets, sous l'approbation du ministère des Travaux publics pour l'exécution du dit réglement, sera puni de la peine portée à l'article 1er. » L'exposé des motifs trace de la manière la plus nette le cadre que devra remplir ce décret réglementaire. « Cette disposition, dit-il, contient le principe de la réglementation qui devra être faite pour l'embarquement et le débarquement des matières dangereuses et pour le stationnement dans les ports des bâtiments qui en sont porteurs. Les prescriptions, à cet égard, sont de la plus haute importance, et, ainsi que nous l'avons déjà vu, elles doivent, plus que celles relatives au transport proprement dit, prévenir les catastrophes dont nous avons eu occasion de parler. L'embarquement devra comprendre un certain nombre de mesures de prudence s'appliquant notamment au point précis du port où il doit s'opérer, au mode spécial de transport des marchandises à bord du navire, au temps pendant lequel il doit avoir lieu, à la prohibition pour les chargeurs d'employer pendant l'opération toute espèce de lumière ou d'objets enflammés, etc., etc. Le débarquement réunira une autre série de précautions convenables comme l'avertissement immédiat qui devra être donné par le capitaine ou patron, à son arrivée, aux officiers ou préposés du port, de la nature de la cargaison ; le soin qu'il devra prendre de se tenir éloigné des autres bâtiments qu'il trouvera dans le port ; le lieu exact et le moment de la journée où la marchandise pourra être mise à quai ; le temps très-court qu'elle y pourra séjourner ; l'aération qu'il conviendra de faire subir au navire ou bateau aussitôt après son déchargement. Enfin l'amarrage du bâtiment encore chargé, soit avant le départ, soit après l'arrivée, sera aussi l'objet de prescriptions particulières qui devront être appropriées aux dispositions spéciales à chaque port. Le réglement à intervenir devra aussi, pour son application dans les rivières et canaux, renfermer des mesures spéciales. »

161. L'article 5 de notre loi se borne à reproduire la disposition finale de l'article 21 de la loi du 15 juillet 1845. « En cas de récidive dans l'année, les peines prononcées par la présente loi seront portées au double et le Tribunal pourra, selon les circonstances, prononcer en outre un emprisonnement de trois jours à un mois. » Quant aux circonstances atténuantes, la loi de 1870 n'en parle point : nous nous en étonnons d'autant plus que l'article 26 de la loi de 1845 déclarait l'article 463 C. Pén. applicable en matière de contraventions aux réglements sur la police des chemins de fer. Il est à regretter que la loi de 1870 ne se soit point expliquée non plus sur un point qui, dans la pratique, peut amener certaines hésitations. Il arrivera bien souvent qu'un des faits prévus soit par l'art 1, soit par l'article 3, présente un double caractère : on pourra l'envisager soit comme contravention à ces articles, soit comme délit de droit commun. Le cas qui se présente le plus naturellement à l'es-

prit, est celui d'un homicide ou de blessures qui sont la conséquence d'une fausse déclaration au capitaine ou de l'inobservation des règlements pris en vertu de l'article 3. Au nom de la commission du Corps législatif, M. Pinart déclarait que les art. 319-320 C. Pén. restaient à la disposition du juge qui déciderait selon les cas, s'il y aurait lieu à appliquer ces articles ou à s'en tenir à la nouvelle loi ; il ajoutait que ces peines pourraient être cumulées en vertu de l'axiôme « non bis in idem. » M. Duvergier a relevé ce que ce langage avait d'inexact et d'anti-juridique ; il établit très-nettement que l'axiôme « non bis in idem » n'a rien à voir dans l'espèce, et qu'il faut s'en tenir à la règle de l'art. 365 Inst. Crim. telle qu'elle est entendue par la doctrine et la jurisprudence ; le savant jurisconsulte s'attache à prouver avec la Cour de Cassation que lorsqu'un fait matériel peut se présenter comme constituant deux délits distincts, la décision qui a été rendue sur des poursuites dirigées contre l'un des deux délits n'empêche pas de nouvelles poursuites contre l'autre : d'où cette conclusion que l'individu condamné pour·contravention à la loi de 1870, pourra, à raison du même fait, être poursuivi de nouveau pour contravention aux articles 319 et 320 C. Pén. De même, la première condamnation ne ferait pas obstacle à ce que l'auteur d'une fausse déclaration fût recherché à nouveau sous l'inculpation d'escroquerie, dans le cas où les circonstances de la cause permettraient l'application de l'article 405 C. Pén. Jusqu'ici, nous pouvons nous appuyer sur les principes généraux du droit pénal ; mais quelle solution donner lorsque, dans le fait relevé, on trouve à la fois une contravention à la loi de 1870 et une contravention de grande voirie ? La loi de 1870 nous semble devoir être entendue comme l'est journellement la loi de 1845. Or, il résulte de l'arrêt du Conseil du 7 août 1851 (Lebon, 51, 583) que l'individu qui a dégradé les talus d'une voie ferrée, peut être poursuivi à la fois et devant le Tribunal correctionnel pour bris de clôture (art. 456 C. Pén.) et devant le Conseil de Préfecture pour contravention de grande voirie (art. 2 de la loi du 15 juillet 1845). L'importance de cette solution est facile à saisir : tout stationnement de marchandises dangereuses sur les quais d'un port, s'il est d'une durée excessive, s'il a lieu contrairement aux règlements généraux du port, ou bien s'il en résulte quelques encombrements, donnera presqu'inévitablement lieu à deux poursuites intentées devant deux juridictions d'ordre différent.

§ III

Organisation administrative du service de la navigation.

A. *Service de la navigation sur les cours d'eau navigables et les canaux exploités par l'Etat.*

B. *Service de la navigation sur les canaux exploités par les compagnies.*

C. *Service spécial des ports du bassin de la Seine.*

A

162. L'organisation administrative du service de la navigation date de l'arrêté consulaire du 8 prairial an XI. Art. 1er « La navigation intérieure de la France sera divisée en bassins dont les limites seront déterminées par les montagnes ou coteaux qui versent les eaux dans le fleuve principal, et chaque bassin sera subdivisé en arrondissements de navigation. » Art. 2. « Les portions de fleuves et de rivières faisant partie de départements autres que celui dans lequel sera placé le chef-lieu d'arrondissement de navigation intérieure seront mises dans les attributions administratives du préfet de ce chef-lieu, etce, seulement, en ce qui concerne les travaux à exécuter dans le lit et sur les bords de la rivière ou du fleuve ; le surplus de l'administration continuera à être exercé par le préfet du territoire. » Art. 3. « L'ingénieur du département où sera fixé le chef-

lieu d'arrondissement exercera ses fonctions relativement aux travaux à faire sur toute l'étendue des fleuves et rivières compris dans les attributions du préfet de son département. » Ce texte forme la base de notre législation actuelle : en conséquence, chaque bassin est encore aujourd'hui subdivisé en un certain nombre de sections ou arrondissements : à la tête de chaque section se trouve un ingénieur en chef de la navigation, ayant sous ses ordres des ingénieurs ordinaires, des conducteurs des Ponts-et-Chaussées et des piqueurs spécialement attachés au service de la navigation. Le nombre et le rang de ces agents sont déterminés d'après les nécessités de chaque arrondissement; le lieu de leur résidence peut également varier suivant les besoins du service. La surveillance supérieure appartient au Conseil général des Ponts-et-Chaussées et plus spécialement aux inspecteurs généraux qui, dans certains cas, peuvent être chargés de la direction d'un bassin entier [1].

---

[1] Voici, d'après les Annales des Ponts et Chaussées (Mémoires et documents, année 1871, p. 65) quelle est l'organisation actuelle du service de la navigation

	INGÉNIEURS		CONDUCTEURS
	En Chef.	Ordinaires.	
Aisne canalisée. — Canal latéral à l'Aisne. — Canal des Ardennes...	1	3	9
Allier..................................	1	2	8
Canal de Berry......................	1	2	14
Canal de Bourgogne...............	1	2	15
Canal du Centre	1	1	14
Canal d'Ile et Rance. — Navigation de la Vilaine supérieure. (*Les ingénieurs et conducteurs de ce service sont en outre chargés de tous les travaux maritimes à exécuter sur le littoral du département d'Ille-et-Vilaine.*)	1	1	11 dont 1 conducteur faisant fonction d'ingén' ordin'.
Canal de la Marne au Rhin. — Rivières (flottables du département de la Meurthe...................	1	3 dont 1 sous-ingénieur.	19

A côté du personnel ordinaire des ponts et chaussées, nous trouvons une classe assez nombreuse d'employés dont la situation n'est réglée par aucune loi générale ; nous voulons

	INGÉNIEURS		CONDUCTEURS
	En Chef.	Ordinaires.	
Canal du Midi. — Canal de Lez et de Lunel (contrôle). — Canal des Etangs. — (*Les ingénieurs et conducteurs de ce service sont en outre chargés du service hydraulique maritime du département de l'Hérault, ainsi que des travaux des ponts de Cette et d'Agde, et de l'entretien des phares et balises du littoral.*) ..	1	3	8
Canal de Nantes à Brest. — Canal du Blavet.			
A. Partie comprise dans le département de la Loire-Inférieure.......	1	2	6
B. Partie comprise dans les départements du Morbihan, des Côtes-du-Nord et du Finistère, jusqu'à Châteaulin................	1	3 dont 2 sous-ingénieurs.	11
Canal du Nivernais. — Rivière d'Yonne, depuis Armes jusqu'à Auxerre................	1	2	12
Canaux d'Orléans, de Briare et du Loing................	1	3	11
Canal du Rhône au Rhin (partie restée française)	1	3	10
Canal de Saint-Quentin. — Navigation de l'Escaut jusqu'à la frontière ; — du canal de Mons à Condé, et de la Sambre canalisée. — Contrôle du canal de la Sambre à l'Oise. — Navigation de l'Oise.....	1	5	18
Dordogne jusqu'à Libourne.—Corrèze et Vezère....	1	3	11
Garonne depuis Toulouse jusqu'à Castets et travaux du canal latéral. — Contrôle de l'exploitation du canal................	1	4	17
Gironde. — Garonne depuis Castets. Dordogne depuis Libourne. — Port et Pont de Bordeaux. (*Les ingénieurs et conducteurs de ce service sont en outre chargés de tous les travaux maritimes sur le littoral du département de la Gironde.*) ..	1	4	26

parler des inspecteurs préposés de la navigation. Ces agents figurent spécialement dans la loi du 29 floréal an X qui les charge de la constatation des contraventions de grande

	INGÉNIEURS		CONDUCTEURS
	En Chef.	Ordinaires.	
Loire.			
A. Navigation de la Loire de la limite inférieure du département de la Loire à Roanne (Pont du Bourbonnais)	Cette section est réunie au service ordinaire du département de la Loire.		
B. Navigation de la Loire depuis Roanne jusqu'à l'embouchure du canal de Briare. — Canal latéral à la Loire. — Canal de Roanne à Digoin	1	2	23 dont 1 conduct' princip' faisant fonction d'ingo'.
C. Navigation de la Loire depuis l'embouchure du canal de Briare jusqu'aux ponts de Nantes. — Canal latéral à la Loire depuis Briare. — Amélioration de la Loire jusqu'aux ponts de Nantes. — Barrage (études).	1	9	27
D. Navigation de la Loire depuis la limite des départements de Maine-et-Loire et de la Loire-Inférieure jusqu'à Paimbœuf. — Ports de Nantes et de Paimbœuf.	1	2	4
Lot.	1	3	22
Marne.			
A. Cours naturel de la Marne de Saint Dizier à Dizy. — Canaux : latéral de Vitry à Dizy; — de l'Aisne à la Marne ; — de Vitry à Saint-Dizier ; — de Saint-Dizier à Donjeux	1	3	22
B. Cours naturel de la Marne de Dizy à Charenton. — Canaux de Chelles, de Meaux à Chalifert, de Saint-Maur, de Saint-Maurice.	1	3	19
Mayenne. — Navigation entre Angers et Laval. — Canalisation entre Laval et Mayenne.— Navigation de la Sarthe entre Angers et Le Mans. — Navigation de la Maine. .	1	5	17
Meuse, de Sedan à la frontière Belge.	»	2 dont 1 faisant fonction d'ingén' en chef.	1

voirie, et dans l'Ordonnance du 9 avril 1840, relative à la liquidation de leurs pensions de retraite. Leur nomination appartient au ministère des Travaux publics, et leur carac-

	INGÉNIEURS En Chef.	INGÉNIEURS Ordinaires.	CONDUCTEURS
Moselle (études et travaux d'amélioration). — Etudes d'une voie navigable de la Moselle supérieure à la Saône. — des canaux de la Moselle à la Meuse....................	1	3	9
Rhône. — Navigation de la Saône dans la traversée de Lyon..........	1	4	45
Saône jusqu'à Lyon et non compris la traversée de cette ville	1	4 dont 1 sous-ingénieur.	24
Seine.			
A. Depuis l'embouchure du canal de la Haute-Seine à Marcilly jusqu'à Paris..........................	1	3	16
B. Traversée de Paris. — Restauration des ponts......................	2 dont 1 faisant fonction d'ingén[r] ord[re]	1	10
C. Depuis Paris en aval jusqu'au pont de Brouilly, près Rouen. — Barrage sur la Seine en avant de Bonnières (études et travaux).....	3 dont 2 faisant fonctions d'ingénieurs ord.	2	24
D. Depuis le port de Brouilly jusqu'à la mer. — Port de Rouen.........	1	2	10
Sèvre, Mignon et deux Antises. — Port et canal maritime de Marans.	1	»	11 dont 2 faisant fonctions d'ingénieurs ord.
Tarn......................................	1	2	10
Vire. — Canalisation de la partie supérieure de cette rivière. — Rivières navigables et canaux concédés du département de la Manche. (*Les ingénieurs et conducteurs de ce service sont en outre chargés des travaux des ports de commerce, des phares et balises sur l'étendue du littoral du département de la Manche, et enfin des baies du Mont-Saint-Michel et des Veys.*)	1	4	14
Vilaine.			
A. Navigation en amont de Pont-Réan. — Canal d'Ille-et-Rance (*Les ingénieurs et conducteurs sont en outre chargés des travaux du littoral maritime du département d'Ille-et-Vilaine.*)......................	1	2	10

tère est celui de véritables fonctionnaires, depuis l'arrêt
de cassation de la Chambre criminelle du 1er juillet 1808
(Dev. C. N. 2, 1, 550), qui a jugé qu'on ne pouvait les
poursuivre sans autorisation préalable du Conseil d'Etat.
Leurs fonctions sont assez nettement définies par l'instruction du 24 Pluviôse an V, le seul document d'ensemble que
nous ayons sur la matière. Avant tout, ils doivent se mettre
en rapports constants avec les gardes-rivières, éclusiers et
chefs de pont, de manière à être informés, jour par jour, de
toutes les contraventions qui pourraient être commises ;
ils doivent spécialement constater toutes les plantations de
pieux, d'arbres et de haies, toutes les ouvertures de fossés,
enfin tous les empêchements nuisibles à la navigation, soit
en dedans du lit des rivières, soit sur leurs bords, dans la
largeur du chemin de halage. Dès qu'ils auront connaissance par eux-mêmes ou par les rapports qui leur sont faits,
d'une entreprise sur la navigation ou sur le halage, dans l'é-
tendue de leur arrondissement, ils feront sommation immédiate à ces entreprises, de remettre les lieux en état dans
tel ou tel délai, avec déclaration que, faute de ce faire, il
y sera pourvu d'office à leurs frais ; ces travaux, une fois
exécutés, l'état des dépenses est arrêté par le sous-préfet,
et les pièces constatant la contravention sont transmises
hiérarchiquement à l'autorité chargée d'en assurer la ré-

| | INGÉNIEURS | | CONDUCTEURS |
	En Chef.	Ordinaires.	
B. Navigation depuis Pont-Réan. — Port-de-Redon.	1	1	3
Yonne. — Section d'Auxerre à Montereau	1	2	12
Service spécial des voies navigables des départements du Nord et du Pas-de-Calais	1	7	15

pression par voie administrative. Dans le cas où la partie contrevenante exciperait d'un titre quelconque, elle sera sommée de fournir dans les trois jours au plus tard, entre les mains du préfet, les pièces justificatives de ses droits ; ces pièces sont transmises par le préfet, soit au ministère des Travaux publics, dans les attributions duquel sont placées toutes les questions de navigation, soit à toutes autres administrations compétentes, s'il y a lieu à intervention administrative ou judiciaire.

163. Le service de la navigation dans le ressort de la Préfecture de police, établi pour la première fois par l'instruction préfectorale du 27 ventôse an VIII, a été définitivement constitué par l'arrêté du 20 juin 1832, qui fixe le nombre des agents ainsi que leur hiérarchie, et précise les fonctions que chacun d'eux est appelé à remplir. L'art. 1er résume d'une manière assez nette la législation antérieure. « Les fonctions de l'inspecteur général, des inspecteurs particuliers et des préposés de la navigation, consistent principalement à veiller à l'exécution des lois et règlements de police qui concernent les rivières, canaux et tous autres cours d'eau navigables et flottables, les ports, quais, berges existant dans le ressort de la Préfecture de police, à constater par des procès-verbaux les contraventions qui y seraient commises, à requérir les commissaires de police à Paris et les maires ou leurs adjoints dans les autres communes, toutes les fois que leur intervention sera nécessaire pour assurer l'exécution des règlements. « L'article 2 détermine les endroits où pourra s'étendre l'exercice de leurs fonctions. « Leur surveillance s'étend sur les rivières, canaux et cours d'eau, sur les bateaux à port ou en navigation et sur les établissements en rivière ou sur les ports et berges ; elle s'étend aussi sur les ponts et les trottoirs et les quais, depuis le parapet jusqu'au ruisseau qui les sépare de la chaussée ou du pavé principal et sur les chemins de ha-

lage, marchepieds, îles et îlots ainsi que sur les travaux d'art entrepris dans le cours d'eau. » Conformément à l'arrêté du 10 novembre 1831, le service de la navigation est divisé en sept arrondissements d'inspections particulières ; de nombreuses modifications ont été apportées depuis au tableau annexé à l'Ordonnance ; on peut voir dans le traité si complet de M. Lalou (p. 25), quelles sont les délimitations actuelles de ces arrondissements, quelles sont leurs subdivisions intérieures, en quels endroits sont placés les bureaux d'inspection. En outre, trois bureaux d'arrivages sont établis à la Briche, à Charenton et à Choisy. A la tête de chaque arrondissement se trouve un inspecteur particulier assisté de un ou plusieurs sous-inspecteurs chargés des écritures et de la tenue des livres (art. 5). Chaque bureau d'arrivages comprend de son côté un certain nombre de préposés chargés de recevoir la déclaration de tous les bateaux ou trains qui arrivent pour l'approvisionnement de Paris ou qui sont destinés à passer debout ; de viser les lettres de voiture et de délivrer des permis aux conducteurs pour qu'ils puissent lâcher ou garer leurs bateaux ou trains dans les ports qui leur sont désignés suivant leur tour d'enregistrement au bureau d'arrivage (art. 6). D'après l'article 9, ces agents doivent se rendre tous les jours, à l'exception des fêtes et dimanches, dans leurs bureaux, avant l'heure de l'ouverture des ports ; chaque inspecteur et chaque préposé en chef fera sonner dans son arrondissement la cloche destinée à marquer les heures de travail sur le port. Les articles 10 à 13 leur imposent l'obligation 1º de faire journellement des tournées dans toute l'étendue de leur arrondissement et de se tenir plus particulièrement sur les ports où les travaux ont le plus d'activité ; 2º de se faire représenter par les conducteurs de bateaux les passavants qu'ils auront dû obtenir dans les bureaux d'arrivages ; de donner les permis de mettre en décharge et enfin de te-

nir deux registres, l'un de correspondance, l'autre sur lequel
ils enregistreront les divers permis qu'ils auront délivrés et
les déclarations faites par les mariniers ; 3° de dresser, le
premier de chaque mois, un état général des établissements
de toute nature formés sur la rivière, sur les canaux, sur
les ports et berges dans l'étendue de leurs arrondissements
respectifs. Cet état doit indiquer la nature de chaque établissement, le point où il est situé, le nom du propriétaire,
la date de la permission, les dérogations aux conditions
imposées ou l'attestation qu'il n'y a pas été dérogé, les observations générales qui, dans l'intérêt de la navigation, se
rattacheraient à ces établissements. Le service se trouve
centralisé entre les mains d'un fonctionnaire supérieur qui,
depuis 1858, porte le titre d'inspecteur général de la navigation et des ports. L'Ordonnance de 1832 passe en revue
ses principales attributions. Avant tout, il est tenu de transmettre à la Préfecture de police les rapports qu'il reçoit de
ses subordonnés, ainsi que les renseignements qui lui parviendraient par une autre voie. Il communique en outre les
observations qu'il juge nécessaires, relativement aux réparations des ports, aux entraves que peut éprouver la navigation, et aux facilités qu'il convient de lui donner. Il tient
la main à ce que les décisions et ordres qu'il reçoit soient
exécutés avec exactitude et célérité, et peut, à cet effet,
requérir la force armée de lui prêter main forte ; il a même
le droit, dans les cas d'urgence ou non prévus, mais seulement en ce qui concerne le service de la rivière, des canaux,
des cours d'eau navigables, des ports, quais et berges, de
prendre les mesures nécessaires, sauf à en rendre compte
sur-le-champ au préfet, pour obtenir son approbation. A
ce point de vue, il lui est enjoint 1° de tenir deux registres,
l'un sur lequel seront mentionnées les diverses permissions
délivrées par lui au nom du préfet, l'autre sur lequel il fera
transcrire sa correspondance et une analyse des rapports

qui lui seront adressés par ses subordonnés ; 2° de faire tous les six mois, au commencement de la saison d'été et de la saison d'hiver, une visite générale de tous les établissements existant en rivière, et d'adresser sur le résultat de cette visite un rapport détaillé indiquant les modifications qui seraient survenues dans ces divers établissements, le degré de solidité de leur construction, et la manière dont ils sont tenus et surveillés par les propriétaires. L'Ordonnance reconnaissait en outre un inspecteur général adjoint, chargé de suppléer l'inspecteur général et d'assister avec lui à toutes les visites réglementaires ; ces fonctions, supprimées en 1848, n'ont pas été rétablies depuis cette époque.

164. La situation des gardes-rivières et éclusiers a été réglée par le titre deuxième du décret du 17 août 1853. Suivant l'article 21, leur nomination appartient au préfet qui les choisira de préférence parmi les employés secondaires des ponts et chaussées, les anciens militaires des armées de terre et de mer et les ouvriers d'art ; le droit de présentation appartient à l'ingénieur en chef. Dans plusieurs circonstances, les autorités municipales ont soutenu que ces agents devaient être assimilés aux gardes-champêtres et ne pouvaient entrer en fonctions avant d'avoir été agréés par elle ; les arrêts ont constamment repoussé cette prétention qui ne repose sur aucun texte. « Les gardes dont s'agit, disent-ils, ne sont pas des agents de la police municipale, mais des agents de la police générale des rivières pour la conservation desquelles ils sont institués ; ils relèvent, dans l'exercice de leurs fonctions, de l'autorité directe du préfet et non de celle des maires des communes traversées par le cours d'eau ; d'où il suit que les dispositions de la loi du 20 messidor an III, confirmée par l'arrêté du 25 fructidor an IX, par l'Ordonnance royale du 29 novembre 1820 et par l'article 13 de la loi du 18 juil-

let 1837, sur la nomination des gardes-champêtres, sont inapplicables à l'espèce. » (Crim. Rej. 23 mars 1838 ; Dev. 39, 1, 406). Toutefois, nous ferons observer qu'un arrêt de rejet de la Chambre civile du 10 juillet 1838 (Dev. 38, 1, 718), paraît formellement consacrer la doctrine contraire ; il porte en effet, « que les gardes préposés à la surveillance et à la distribution des eaux, sont assimilés aux gardes-champêtres. » Mais cette décision n'a pas l'importance qu'on serait tenté de lui attribuer ; le rédacteur a eu le tort incontestable de se servir d'une formule beaucoup trop large et beaucoup trop générale ; la Cour a simplement voulu établir qu'en tant qu'officiers de police judiciaire, les gardes-rivières n'ont pas un pouvoir plus étendu que les gardes-champêtres ; que notamment ils ne pourraient s'introduire dans une propriété close, sans l'assistance des officiers municipaux, prescrite par l'article 16, C. Instr. Crim. À ce point de vue, l'assimilation entre les deux classes d'agents est parfaitement juridique, et il faut seulement se garder d'en exagérer les conséquences : la Cour de cassation n'a pas voulu, bien évidemment, dénaturer le caractère des gardes-rivières, jusqu'à en faire de simples agents des autorités locales. L'article 22 du décret détermine les conditions auxquelles doivent satisfaire les gardes et éclusiers ; il exige 1° que les candidats soient français, âgés de vingt-un ans au moins et de quarante ans au plus ; toutefois, cette limite d'âge n'est pas imposée aux agents secondaires des ponts et chaussées ; 2° qu'ils ne soient atteints d'aucune infirmité qui s'oppose à un service actif journalier ; 3° qu'ils soient porteurs d'un certificat de bonne vie et mœurs ; 4° qu'ils sont en état de rédiger et d'écrire convenablement un procès-verbal. Les postulants pour les emplois de garde justifieront en outre qu'ils possèdent les premiers éléments de l'arithmétique et sont en état de faire les métrés les plus élémentaires. L'administration est seule juge de la question de savoir dans quelle forme et à quelles époques seront subis les examens sommaires exigés des candidats ; le décret ne contient sur ce point aucune prescription, contrairement à ce qui a eu lieu pour la nomination des autres employés secondaires.

165. Le traitement des gardes-rivières et éclusiers varie d'après la catégorie de la rivière et la classe de chaque garde. Article 15 : « Les rivières et canaux sont divisés en ce qui concerne les gardes et éclusiers en trois catégories, eu égard à l'importance de la navigation et à la cherté de la vie dans chaque contrée. » Article 16 : « Dans chaque service d'ingénieur en chef, les gardes sont partagés en deux classes et les éclusiers en trois classes, pour lesquelles le traitement annuel est fixé ainsi qu'il suit :

		1re catégorie.	2e catégorie.	3e catégorie.
Gardes de	1re classe	600 fr.	550 fr.	500 fr.
	2e classe	550	500	450
Eclusiers de	1re classe	500	450	400
	2e classe	450	400	350
	3e classe	400	350	300

Le décret dispose en outre 1° que les gardes et éclusiers à qui l'Etat ne fournit pas un logement, ont droit à une indemnité annuelle de 100 à 150 francs (art. 17) ; 2° que lorsque plusieurs éclusiers sont attachés au service d'un même ouvrage, l'un d'eux porte le titre de chef et reçoit alors un supplément de traitement fixé régulièrement à cent francs et qui peut, dans des cas exceptionnels, être porté jusqu'à deux cents francs (art. 18) ; 3° que moyennant le traitement ci-dessus déterminé les éclusiers doivent faire indépendamment de la manœuvre de l'écluse, du pertuis ou du barrage auxquels ils sont spécialement attachés, celle des autres ouvrages situés à proximité dont le soin leur aura été confié ; mais que néanmoins, lorsqu'ils seront chargés

de la manœuvre d'une seconde écluse ou de tout autre ouvrage qui, en raison de son importance ou de sa position,
aurait pu motiver l'emploi d'un agent spécial, il pourra leur
être alloué un supplément de traitement dont le maximum
est de cent francs (art. 19). La catégorie dans laquelle
doivent rentrer les canaux et rivières, le nombre de gardes
qui y doivent être attachés, les suppléments qu'il y a lieu de
leur allouer, sont fixés par des décisions ministérielles rendues sur la proposition de l'ingénieur en chef, ainsi que sur
l'avis du préfet et l'inspecteur de la division. De son côté, le
préfet conserve un droit pour la promotion des gardes et
éclusiers à une classe supérieure et pour les punitions à
leur infliger pour négligence dans le service ou actes répré-
hensibles. Ces punitions sont : la retenue d'une partie du
traitement, l'abaissement de classe, la révocation (Art. 20,
23, 25). Depuis 1853, quelques modifications importantes
ont été apportées aux dispositions du décret. D'un côté, les
traitements des gardes et éclusiers doivent supporter certaines retenues : une circulaire du 31 mars 1854 les range
parmi les agents auxquels s'applique la loi du 9 juin 1853
sur les pensions civiles. D'autre part, ces traitements ont
été notablement augmentés : c'est ainsi qu'un arrêté ministériel du 30 décembre 1858 accorde à chacun des employés
inférieurs de la navigation, une allocation supplémentaire
de 50 francs. Le décret du 21 décembre 1859, aujourd'hui
en vigueur, va plus loin encore : les traitements sont fixés
ainsi qu'il suit :

		1re catégorie.	2e catégorie.	3e catégorie.
Gardes de	1re classe	700 fr.	650 fr.	600 fr.
	2e classe	650	600	550
Éclusiers de	1re classe	600	550	500
	2e classe	550	500	450
	3e classe	500	450	400

157. En dehors du traitement proprement dit, **les gardes** et éclusiers peuvent, dans certaines circonstances, avoir droit à des allocations extraordinaires. 1° *Allocations pour passage de nuit d'un bateau aux écluses et ponts mobiles.* « Le passage de nuit aux écluses et ponts mobiles, porte la circulaire du 18 mars 1857 doit désormais avoir lieu librement, d'après les dispositions contenues dans le règlement général, adopté par l'administration pour la police des canaux et rivières canalisées. Lorsque des autorisations de passage de nuit étaient autrefois accordées, des indemnités étaient allouées aux éclusiers et pontonniers : ces indemnités étaient à la charge de l'Etat. Les passages de nuit devenant un droit au profit de toute la batellerie, il m'a paru convenable de régler d'une manière uniforme la rémunération qu'il est juste d'accorder aux agents de l'administration en raison du surcroit de travail qui leur est imposé. Après avoir invité les ingénieurs des différents services de navigation à faire connaître le mode de rémunération suivi dans ces divers services et pris l'avis du Conseil général des Ponts-et-Chaussées, j'ai réglé ainsi qu'il suit le montant des indemnité qui seront accordées désormais aux éclusiers et pontonniers, savoir :

I. — Passage de nuit à une écluse. . . . . . 0 fr. 40

II. — Passage de nuit à une écluse double ou à deux écluses desservies par le même éclusier. . . . 0 fr. 60

III. — Passage de nuit à un pont mobile. . 0 fr. 40
Dans ce tarif ne sont pas compris les écluses qui ont plus de deux sas accolés, ni les barrages mobiles. La manœuvre de ces ouvrages et de tous les autres, placés dans des circonstances particulières, devra donner lieu à des proportions spéciales.

IV. — Le maximum des indemnités annuelles ne devra

pas dépasser pour chaque agent la somme de cent cinquante francs[1].

V. — On comptera comme passages de nuit ceux qui s'effectueront du 1er avril au 1er novembre, de neuf heures du soir à cinq heures du matin ; et du 1er novembre au 1er avril, de huit heures du soir à six heures du matin.

VI. — Les passages de nuit seront constatés par des états que tiendront les éclusiers et pontonniers et sur lesquels seront indiqués la date et l'heure des passages, ainsi que le nom des bateaux. Ces états seront certifiés par le conducteur, et transmis par lui à la fin de chaque mois à l'Ingénieur de l'arrondissement qui fera parvenir à l'Ingénieur en chef un état récapitulatif à la fin de chaque trimestre. Cet état récapitulatif sera annexé au certificat qui sera délivré par ce chef de service au profit des éclusiers et pontonniers en même temps que les certificats de paiement du salaire de ces agents. Ces deux certificats devront toujours être distincts. J'appelle l'attention de MM. les Ingénieurs sur la surveillance générale qu'ils auront à exercer. Il leur sera facile par la comparaison des heures de passage d'un même bateau aux écluses successives de s'assurer de l'exactitude des états tenus par les éclusiers et pontonniers. »

167. 2° *Allocation pour déplacements et travaux extraordinaires.* Cette matière se trouve régie par la circulaire ministérielle du 16 mai 1867. Elle décide d'abord que les déplacements doivent être autorisés par les ingénieurs auxquels il est recommandé de n'accorder cette autorisation qu'avec la plus grande réserve et dans le cas d'absolue nécessité. Elle distingue ensuite les déplacements proprement

---

[1] Nous verrons plus loin (Nos 167 et 168) que le taux de ce maximum a été modifié par la circulaire du 16 mai 1867.

dits d'avec les tournées et opérations effectuées dans la limite du cantonnement qui font essentiellement partie du service des agents et ne sauraient donner lieu à aucune allocation, Le taux des indemnités est fixé d'après le tableau suivant :

	DÉPLACEMENTS	
	Avec découcher.	Sans découcher.
Gardes et chefs cantonniers. . . .	2 f. 00	0 f. 60
Eclusiers, pontonniers, cantonniers et autres agents de même ordre.	1 f. 50	0 f. 50

Dans certains cas exceptionnels, les agents peuvent être obligés de recourir à des moyens de transport rapides : il y aura lieu alors de se référer à la circulaire du 1er juin 1865 d'après laquelle les agents doivent se munir d'un ordre formel de leurs supérieurs, et d'autre part ne peuvent réclamer que le remboursement de leurs dépenses réelles. Les sommes allouées à un même agent à titre de frais de déplacement et d'indemnités pour passage de nuit ne peuvent, à moins d'une décision spéciale de l'administration supérieure, excéder annuellement 250 francs pour les gardes et chefs cantonniers et 200 francs pour les éclusiers, cantonniers, pontonniers et agents de même ordre ; elles sont payées sur les fonds des rivières ou canaux en vertu d'états trimestriels, approuvés par les préfets jusqu'à concurrence du maximum réglementaire. Quant aux travaux extraordinaires, la circulaire porte que les agents qui, en dehors de leur service habituel et obligatoire, sont employés en ateliers ou isolément à des ouvrages de maçonnerie, serrurerie, charpente, calfatage, terrassements, etc.; ou à la surveillance des chantiers, recevront des indemnités calculées d'après le nombre d'heures consacrées à ce travail et représentant la différence entre le traitement de leur grade et le

prix de la journée de l'ouvrier qu'ils auront remplacé.
« Ainsi, dit-elle, un éclusier dont le traitement est de
1 fr. 50 par jour ou de 15 centimes par heure, a été employé comme ouvrier serrurier. Le salaire du serrurier
étant dans la localité, ou d'après la série de prix ordinaire
de 4 francs ou 40 centimes par heure, il sera accordé à
l'éclusier la différence, soit 25 centimes par chaque heure
de travail. » Ces indemnités imputables sur les fonds de la
navigation, sont réglées à la fin de chaque mois ou de
chaque trimestre, par l'ingénieur en chef, d'après les atta-
chements tenus par le conducteur chargé de la surveillance
des travaux, et sont payées d'après le mode usité pour les
journées d'ouvriers ordinaires, sans pouvoir être confondues
avec ces dernières ; elles ne sont limitées par aucun maximum annuel, mais ne sont acquises qu'autant que les agents
se sont acquittés de leur tâche avec zèle et activité.

168. 3° *Allocations pour constatations des contraventions en
matière de pêche fluviale.* — D'après l'article 35 de la loi du
15 mai 1829, les éclusiers et autres agents du service de la
navigation sont appelés concurremment avec les gardes pêche, à la constatation des délits en matière de pêche fluviale.
Ils ont donc droit, en cette qualité, aux gratifications que
le décret du 2 décembre 1865, attribue aux rédacteurs de
procès-verbaux, ainsi que nous le verrons plus tard ; ces
gratifications sont du tiers de l'amende prononcée contre
les délinquants, sans pouvoir jamais excéder 50 francs.
Les gardes rivières peuvent en outre être chargés de tournées extraordinaires pour la surveillance de la pêche fluviale. L'indemnité qui leur est due dans ce cas avait été, à
l'origine, fixée de la manière suivante par la circulaire du 5
septembre 1866 :

	Chefs cantonniers, gardes de navigation, brigadiers, baliseurs et agents du même grade.	Cantonniers ordinaires, éclusiers et simples agents de navigation.
Déplacement avec découcher ou tournée de nuit..............	3 fr. 50	2 fr 50
Déplacement de jour sans découcher, à la condition d'un parcours à pied d'au moins vingt kilomètres ou d'un service de neuf heures à plus de quatre kilomètres de la résidence des agents	2 fr. 50	1 fr. 50
Maximum annuel..............	200 fr. »	150 fr. »

Le taux de ces allocations était réellement exorbitant et, en fait, les frais de découcher alloués aux agents de la navigation préposés à la surveillance de la pêche, occasionnaient des dépenses considérables qui dépassaient singulièrement les prévisions de l'administration et à laquelle ne pouvaient suffire les ressources du budget. Aussi une nouvelle circulaire en date du 4 juin 1868 est-elle revenue sur les décisions arrêtées en 1866. Elle pose en principe que les prescriptions de la circulaire du 16 mai 1867 concernant les frais attribués aux agents inférieurs à raison des découchers et déplacements auxquels ils sont assujettis en dehors de leurs cantonnements pour la surveillance de la navigation seront étendues au réglement des frais de même nature occasionnés par la surveillance de la pêche. Ces allocations continueront à n'être acquises aux agents que pour les déplacements avec ou sans découcher effectués en dehors de leurs cantonnements et exigeant un parcours à pied d'au moins vingt kilomètres. D'autre part, lorsqu'un agent sera envoyé en tournée de nuit, il recevra une indemnité calculée sur le même taux que pour un découcher ; les tournées faites entre le lever et le coucher du soleil et ayant duré au moins trois heures donneront seules lieu à cette indemnité. Les frais alloués conformément à ce tarif seront, en règle générale, imputés sur les fonds du service de la pêche ; toutefois, lorsqu'un déplacement n'aura pas été occasionné exclusivement par ce service, il n'y aura lieu de mettre à la charge du crédit de la pêche que la part proportionnelle de frais qui paraîtra devoir lui incomber. Le maximum des allocations qui pourront être attribuées annuellement aux agents de la navigation est fixé à 250 francs pour les gardes des rivières et canaux, les chefs éclusiers, brigadiers baliseurs et autres agents de même ordre, et à 200 francs pour les simples éclusiers, baliseurs et pontonniers ; il comprend en définitive : 1° les indemnités pour passages de nuit ; 2° les frais de déplacement accordés à quelque titre que ce soit.

169. A côté des éclusiers et gardes proprement dits, nous trouvons certains agents remplissant des fonctions analogues, mais dont la situation est notablement différente au point de vue administratif. 1° Agents qui, à raison du peu d'importance de leur service, ne peuvent être rangés dans l'une des catégories ci-dessus indiquées. D'après le décret du 17 août 1853 (art. 24), les agents chargés de la manœuvre des ponts mobiles isolés ainsi que des barrages, écluses et pertuis de peu d'importance ou qui ne manœuvrent qu'accidentellement, doivent être considérés comme formant une classe à part ; des décisions ministérielles prises sur la proposition de l'ingénieur en chef et sur l'avis du préfet et de l'inspecteur de la division fixent leur nombre, leur dénomination et leur traitement. — 2° Employés chargés de la manœuvre de certains ouvrages moyennant un abonnement annuel. L'article 24 in fine du décret de 1853 porte que l'administration continuera à faire manœuvrer au moyen d'abonnements les écluses et autres ouvrages

auxquels elle jugera convenable d'appliquer cette mesure ;
les personnes en faveur desquelles ces abonnements seront
consentis, ne seront pas classées parmi les agents de la navigation. — 3° Gardes-rivières nommés dans l'intérêt des
particuliers. Il arrive souvent qu'une prise d'eau venant à
être autorisée sur une rivière navigable, soit pour les irri-
gations, soit pour l'alimentation des usines, l'administration
juge nécessaire d'en confier la surveillance à un garde-rivière spécial. Cet agent peut être chargé non-seulement de
constater toutes les contraventions qui pourraient être commises en rivière, mais encore d'assurer la distribution régulière des eaux entre tous les concessionnaires qui y ont
droit. Bien que le garde-rivière soit nommé par elle, l'administration a le droit de mettre à la charge des parties
intéressées tout ou partie de son salaire ; nous ne comprenons guère que l'on ait pu contester autrefois la légalité
conçue en ce sens. Au cas de difficultés relativement au
paiement des salaires et à la répartition des dépenses entre
les concessionnaires, les tribunaux administratifs seront
seuls compétents. Cette solution, depuis longtemps consacrée par la jurisprudence (Civ. Cass., 4 août 1841 ; Dev.,
41, 1, 878), ne saurait faire doute aujourd'hui en présence
de l'article 16 de la loi du 26 juin 1865. D'un autre côté,
les concessionnaires d'une prise d'eau peuvent, en dehors
de toute intervention administrative, nommer eux-mêmes
un garde particulier chargé de surveiller les ouvrages par
eux établis dans le lit de la rivière. Conformément au droit
commun, ce garde particulier assermenté est assimilé à un
garde-champêtre et jouit du même pouvoir, d'où cette conséquence importante qu'il a le droit de suivre dans toute
leur étendue le cours des eaux dont la surveillance lui est
confiée, et même sur les terrains non clos des propriétaires
qui l'ont nommé : « Attendu, porte en ce sens l'arrêt de
rejet de la Chambre civile du 10 juillet 1838, que d'après

l'article 4 de la loi du 20 messidor an IV, tout propriétaire a le droit d'avoir pour ses domaines un garde-champêtre particulier ; attendu qu'en exécution de l'arrêt de la Cour royale d'Aix du 14 juin 1832, Tournel a été nommé par les syndics du domaine des Infirmeries et par le sieur Pantin, garde ou aygadier particulier, pour, aux termes dudit arrêt, être, suivant l'usage, chargé de la surveillance et de la distribution des eaux de la Torse, dont ils étaient concessionnaires généraux ; que ce garde a été commissionné par arrêté du sous-préfet d'Aix du 23 mai 1833, toujours pour la conservation et la surveillance desdites eaux et qu'il a été assermenté en cette qualité devant le tribunal de la même ville ; attendu que Tournel ainsi nommé et commissionné a dû, pour remplir sa mission, suivre le cours de ces eaux dans toute leur étendue et particulièrement sur les terrains non clos des propriétaires autres que les concessionnaires généraux qui l'avaient nommé, puisque c'était là surtout que sa surveillance était nécessaire ; attendu dès lors que ce garde a pu dresser des procès-verbaux de détournement des eaux de la Torse dans tout le cours de ses eaux et sur quelques terrains que les détournements aient eu lieu sans excéder ses pouvoirs, etc., etc. » Dev., 38, 1, 717.

170. Le service du pilotage n'est l'objet de réglementation spéciale que dans des circonstances tout à fait exceptionnelles. A la différence des pilotes maritimes, les pilotes de la navigation fluviale ne sont point réunis en corporations privilégiées et officiellement reconnues par l'administration. Ils exercent librement leur industrie et ne peuvent exiger aucune rétribution des patrons et conducteurs de bateaux qui se refuseraient à employer leurs services. — Le passage des ponts et pertuis devait, à raison des difficultés qu'il présente, être soumis à des règles toutes spéciales ; ici, par dérogation formelle aux principes généraux, le pi-

lotage est absolument obligatoire, les pilotes ou chefs de pont ont seuls le droit de passer les bateaux, soit **avalants**, soit descendants. Antérieurement à 1789, les chefs de pont étaient titulaires de véritables offices et un édit du mois d'avril 1704 énumérait tous les endroits où se trouvait le siége de ces offices. D'après l'ordonnance de 1672, les patrons ou capitaines qui avaient eux-mêmes dirigé leurs bateaux sous les arches des ponts étaient pour ce fait seul passibles d'une amende de cent livres et, en outre, de tels dommages-intérêts que de droit. En revanche, les chefs de ponts étaient tenus : 1° de passer tous les bateaux et embarcations sans tour de faveur; ils demeuraient responsables de tous retards ou accidents provenant de leur fait ; 2° de n'entreprendre aucun commerce sur la rivière, de n'ouvrir auberge ou cabaret ; 3° d'informer de suite les prévôts des marchands et échevins de toutes les entreprises qui pourraient être faites sur la rivière ; 4° de résider sur les lieux, de travailler en personne à la conduite des bateaux et de se munir des agrès nécessaires. Actuellement les chefs de pont ne sont plus que de simples agents de l'administration ; depuis l'établissement des lignes de touage et les travaux entrepris sur les principaux fleuves, leurs fonctions ont perdu toute leur importance ; la plupart d'entre eux ont même été supprimés depuis 1852. Toutefois, il est probable que pendant quelques années les mariniers vont être à nouveau obligés de recourir à leur expérience ; les ponts de la basse Seine ont presque tous été détruits pendant la campagne de 1870-1871, et la navigation présente des dangers sérieux au passage de leurs arches ruinées ; aussi pouvons-nous dire que les détails dans lesquels nous allons entrer vont recevoir encore aujourd'hui leur application usuelle et ne présentent pas seulement pour nous un intérêt historique.

171. Aucun texte législatif n'a déterminé le mode de

nomination des chefs de pont : en fait, la nécessité d'un pilotage spécial est constatée par un arrêté du préfet chargé par les lois organiques de la police des cours d'eau et de la navigation ; les ingénieurs de la navigation sont appelés à déterminer les limites dans lesquelles il sera obligatoire et les conditions auxquelles devra se soumettre le chef de pont. Généralement, l'entreprise du passage des bateaux est donnée à bail avec le titre de chef de pont par adjudication sur soumission cachetée, dans les formes prescrites pour les adjudications de travaux publics ; le bail est fait au soumissionnaire qui offre la plus forte réduction sur le tarif de mise à prix fixé par les ingénieurs. Deux conditions sont exigées des concurrents : 1° production d'un certificat de capacité ; 2° versement d'un cautionnement destiné à répondre des accidents et retards dans le service. Ce cautionnement doit être fourni en espèces ou en rentes sur l'État, et être tenu sans cesse au complet dans la caisse des dépôts et consignations. Les cahiers de charges imposent à l'adjudicataire l'obligation d'opérer par lui-même ou par ses aides le lâchage des bateaux ; il ne peut céder sans autorisation administrative son droit de bail, à peine de nullité de ladite cession et des actes qui la contiendraient. Il doit de plus assurer la régularité du service en se munissant, à ses frais, de cordages, de barquettes, flettes et tous autres agrès nécessaires, tant pour le service d'été que pour le service d'hiver ; il s'adjoint à ses frais le nombre d'aides ou de mariniers qui sera reconnu nécessaire pour la sûreté des manœuvres. Le lâchage des bateaux devra avoir lieu d'après le tour d'arrivée de chacun d'eux et d'après la déclaration qui aura été faite au bureau du chef de pont ; les cahiers de charges fixent le délai maxima qui est accordé pour l'effectuer, sauf le cas de glaces et de hautes ou basses eaux ; faute de se conformer à cette prescription, le chef de pont est passible d'une retenue sur son salaire ; en cas d'urgence, les agents de la navigation peuvent faire procéder au lâchage à ses frais, risques et périls. Les tarifs des prix de lâchage et de remontage, tels qu'ils résultent de l'adjudication, doivent être inscrits sur des plaques métalliques aux frais du chef de pont et placés tant dans l'endroit le plus apparent de son bureau que dans les lieux qui lui seront indiqués aux approches du passage. Il lui est enjoint de se conformer à ce tarif, sous peine de résolution immédiate du bail, indépendamment des peines portées par la loi du 6 frimaire an VII, relativement à l'administration des bacs et bateaux ; la résolution est prononcée par le Conseil de Préfecture, les peines par les tribunaux ordinaires. D'autre part est autorisée toute convention entre le chef de pont et les bateliers, qui aurait pour objet une diminution de salaires. L'administration ne doit aucune indemnité au chef de pont, lors de la cessation de son bail ; elle ne lui garantit en aucune manière l'exercice paisible de son droit : la jurisprudence décide, en conséquence, qu'il n'a droit à aucun dédommagement, lorsque son emploi est supprimé à la suite de travaux qui auraient été exécutés dans le lit du cours d'eau (C. d'Etat, 25 avril 1842 ; Lebon, 42, 235).

172. Le chef de pont jouit d'un privilége absolu dans l'étendue de la circonscription qui lui est assignée. Au point de vue civil, il peut poursuivre en paiement des droits qui lui sont alloués tout conducteur de bateaux qui se refuserait à les acquitter ; les cahiers de charges l'autorisent à procéder dans la forme fixée par la loi du 6 frimaire an VII ; l'action sera nécessairement introduite devant les tribunaux ordinaires. Au point de vue pénal, il peut traduire directement devant les tribunaux de répression, les bateliers qui auraient eux-mêmes fait passer leurs bateaux sous les arches des ponts ; il n'y a d'exception que pour certaines embarcations de dimensions restreintes et que

leurs conducteurs sont autorisés à manœuvrer eux-mêmes ;
ainsi pour la traversée de Paris l'Ordonnance du 18 mai
1847 citait comme pouvant circuler librement : 1° les bachots, doubles bachots, galoupilles et autres embarcations
de même nature ; 2° les bateaux de bains ; 3° les bateaux à
vapeur, à draguer et autres analogues ; 4° les margotas de
moins de 16 mètres 50 centimètres, mesurés selon une
ligne droite allant de l'avant à l'arrière et ayant 2 mètres
75 centimètres de largeur, s'ils n'étaient garnis ni de matières, ni de jambes de force, de seuils ou de bouletants. —
C'est une question assez délicate que de savoir quelle peine
devra être appliquée aux contrevenants. Ici encore nous
sommes renvoyés par les cahiers de charges aux dispositions de la loi de frimaire ; il en résulterait 1° que le refus
de payer le droit dû au chef de pont exposerait le contrevenant à une amende qui ne pourrait être moindre de
la valeur d'une journée de travail, ni excéder trois journées,
et qu'en cas de récidive, il y aurait lieu, outre l'amende, à
un emprisonnement d'un jour au moins et de trois au
plus ; 2° que le tribunal de simple police serait compétent
pour statuer sur la contravention ; 3° que des peines spéciales pourraient être prononcées vis-à-vis de ceux qui se
livreraient à des voies de fait vis-à-vis du chef des ponts ou
qui encourageraient la fraude. Cette extension de la loi de
frimaire, bien que consacrée par un arrêt de la Cour de cassation (Crim. Rej. 22 mai 1830 ; Dalloz, v° Voirie par eau,
n° 663) nous semble inadmissible ; il est plus que téméraire
de soutenir que notre hypothèse est entrée dans les prévisions du législateur de l'an VII ; les cahiers de charges, en
déclarant que cette loi lui est applicable, auraient donc eu
pour résultat de créer une pénalité, ce qui est absolument
inadmissible. Un second système consacré par un arrêt du
Conseil du 4 mars 1830 (Lebon, 30, 115) veut qu'on se réfère aux pénalités de l'Ordonnance de 1672, et admet ici la

compétence des tribunaux administratifs. Il nous suffira de répondre que les dispositions auxquelles il est fait allusion sont bien certainement abrogées depuis la suppression des anciens offices des maîtres de pont ; nous ferons remarquer en outre que les arrêtés préfectoraux et les ordonnances de police établissant des chefs de pont ont bien soin de ne pas viser l'Ordonnance, mais de s'appuyer uniquement sur la loi de 1790, chargeant l'administration de prendre toutes les mesures nécessaires à la sécurité de la navigation. Le plus sage, suivant nous, est de considérer cette contravention comme une simple inobservation d'un arrêté administratif légalement pris, et d'appliquer l'article 471 15° C. Pénal ; bien entendu les injures et voies de fait commises à cette occasion, rentreront sous l'empire du droit commun : il est toutefois bon d'observer que les chefs de ponts ne pourraient être considérés comme agents de l'autorité publique, et qu'il n'y aurait pas lieu d'infliger au délinquant l'aggravation de peine résultant de ce chef.

173. Les Ordonnances de police et cahiers de charges déclarent les chefs de ponts responsables 1° des retards qu'ils apporteraient à la descente et au remontage des bateaux ; nous avons déjà eu occasion de dire que, dans cette hypothèse, ils supportent par chaque jour de retard une retenue équivalente au quart de leur salaire : les bateliers, au cas où ce retard leur aurait causé un préjudice extraordinaire, conservent leur droit à réclamer de plus amples dommages-intérêts ; ce sera une question de fait à débattre devant les tribunaux. Le chef de pont ne pourrait se soustraire au paiement de l'indemnité réglementaire qu'en excipant d'un cas de force majeure, tel par exemple que l'innavigabilité de la rivière; et encore est-il obligé d'en rendre compte immédiatement aux agents du service de la navigation. — 2° De leurs manœuvres et de celles de leurs aides ou mariniers. Toute avarie provenant de leur fait engage

leur responsabilité pécuniaire ; en prévision de ce cas, les cahiers des charges exigent qu'ils visent à l'avance les lettres de voiture dont doivent être porteurs les conducteurs de bateaux, et constatent ainsi la quantité et la nature des marchandises confiées à leur conduite ; à défaut des mariniers et conducteurs d'exhiber ces lettres de voiture, ils ne seront, en cas de naufrage ou autre accident, responsables que des marchandises qu'ils déclareront eux-mêmes avoir composé le chargement du bateau naufragé ou avarié. Le cautionnement fourni par le chef des ponts est affecté à la garantie des indemnités qui pourraient tomber à sa charge ou des condamnations qui seraient prononcées contre lui ou ses agents, dans le cas où il aurait, à dessein, mis en péril les bateaux et marchandises à lui confiés. Ajoutons en dernier lieu qu'il aurait recours, pour le montant de l'indemnité par lui payée, soit contre les aides qui auraient été cause de l'accident, soit contre les tiers qui ne se seraient point conformés à ses instructions et n'auraient point exécuté les manœuvres prescrites ; c'est ce qui résulte d'un jugement du tribunal de Versailles du 9 janvier 1846.

B

174. Ainsi que nous l'avons vu, les canaux de navigation concédés à des particuliers, restent soumis à la surveillance générale de l'administration. Les agents des Ponts-et-Chaussées sont chargés vis-à-vis d'eux d'un véritable service de contrôle : ils vérifient si les conditions des cahiers de charges sont strictement remplies et tout particulièrement si le canal est en bon état de navigabilité. A un autre point de vue, l'administration peut seule poursuivre la répression des contraventions de grande voirie qui viendraient à être constatées ; le concessionnaire serait sans droit, ni qualité pour agir lui-même devant le Conseil de Préfecture. (C. d'Etat, 6 mars 1856. Lebon, 56, 185 ; ibid, 25 juin 1857.

Lebon. 57. 533 ; ibid ; 24 janvier 1861, Lebon, 61, 60).
De leur côté, les concessionnaires conservent toute liberté,
quant à la désignation et à la hiérarchie des agents qu'ils préposent, soit à la perception des droits, soit aux travaux de
construction et d'entretien du canal. En fait, les règlements
de ces canaux se rapprochent autant que possible des règlements en vigueur sur les canaux de l'Etat. Les ingénieurs, conducteurs, piqueurs, éclusiers, gardes, cantonniers sont nommés directement par les concessionnaires,
sans que l'Etat puisse à aucun point de vue intervenir dans
leur nomination ; mais, quel que soit leur rang, ils sont tenus
d'obtempérer directement à tous les ordres et à toutes les
injonctions qui leur sont donnés par les ingénieurs des
Ponts-et-Chaussées, leurs supérieurs naturels ; ils se trouvent vis-à-vis de ces derniers dans la même situation que
les ingénieurs et employés particuliers des Compagnies de
chemins de fer. D'assez nombreuses obligations sont imposées aux éclusiers, soit par l'usage, soit par les règlements
des compagnies. « Ils doivent, dit M. Lalou (p. 37) se conformer en tous cas aux instructions qui leur sont données
par les ingénieurs, conducteurs, inspecteurs de la naviga-
tions et gardes-canaux, requérir l'assistance des maires et
commissaires de police en cas d'accidents graves sur les
canaux ou écluses, tenir compte exact des bateaux passant
dans les écluses sur un registre spécialement tenu à cet
effet, exiger des mariniers ou patrons des bateaux, avant
de les admettre dans les écluses, leurs passavants ou lettres de voitures, s'assurer qu'ils sont visés par l'inspecteur
de la navigation, l'éclusier ou le garde-port le plus voisin,
viser leurs dits passavants ou feuilles de navigation après
avoir reconnu que le tirant d'eau des bateaux n'est pas supérieur à la profondeur d'eau reconnue dans le canal. » Le
service des cantonniers consiste spécialement dans l'entretien
des berges et chemins de halage, ainsi que dans des tour-

nées de surveillance. Les concessionnaires doivent tenir la main à ce que ces agents soient assermentés devant les tribunaux et puissent dès-lors constater régulièrement tous les faits contraires aux règlements de la navigation ; leurs rapports et leurs procès-verbaux seront transmis, soit aux inspecteurs de la navigation, soit aux sous-préfets qui y feront donner suite devant les tribunaux compétents.

C

175. Les nécessités de l'approvisionnement de Paris en bois et charbons, ont depuis longtemps obligé l'administration à confier à des agents spéciaux la surveillance de ce que l'on a appelé le bassin d'approvisionnement. Un édit du mois d'avril 1704 créait des « offices de gardes des ports, étant le long des rivières de Seine, Oise, Yonne et Marne et autres affluentes à Paris, pour en jouir aux mêmes droits et fonctions, dont jouissaient les gardes-ports de Saint-Leu de Séran, Sainte-Maxence et Manicamp, créés par édit de 1641 et autres priviléges et exemptions portés par ledit édit. » Ils étaient tenus de veiller continuellement à la conservation des marchandises qui seraient apportées et exposées sur les ports qu'ils étaient chargés de surveiller; ils devaient en outre empêcher qu'aucun délit ne fût commis sur les ports, et, en cas contraire, il leur était enjoint de dresser procès-verbal ainsi que d'arrêter les délinquants, vagabonds et gens sans aveu qui se trouveraient sur lesdits lieux à une heure indue ou qui commettraient quelque désordre. Comme compensation, ils étaient autorisés à prélever sur les marchandises confiées à leur surveillance des droits proportionnels qui avaient été fixés par deux arrêts du Conseil des 17 juin 1704 et 17 septembre 1705. Au-dessus des gardes-ports, l'Ordonnance de 1672 reconnaissait des jurés compteurs des ports; un arrêt du Parlement de Paris du 12 novembre 1785, qui déterminait leurs attri-

butions, les qualifiait d'inspecteurs, contrôleurs aux mesures, cordage et empilage. Ces offices disparurent avec les lois de la Constituante : de là un préjudice des plus sérieux pour le commerce parisien. En présence des plaintes continuelles qui lui furent adressées, l'administration du département de la Seine se vit contrainte de revenir aux anciens usages ; elle dut créer une série de fonctionnaires publics destinés à remplacer les officiers dépossédés en 1791 : c'est ainsi qu'en Brumaire an V fut nommé un juré compteur pour la rivière de Seine. Le service fut définitivement réorganisé en suite de la délibération prise le 2 Messidor an IX, par le commerce fréquentant les canaux, rivières et ports d'approvisionnement de Paris et approuvée par décision ministérielle du 6 thermidor suivant. Onze jurés compteurs furent établis dans les principaux ports du bassin d'approvisionnement : ces agents devaient être rétribués dans les termes du tarif de 1704 ; en l'an X, les gardes-ports leur furent définitivement subordonnés. Toutes les questions relatives à leur service, à la tenue de leur comptabilité, à leur costume, à la rédaction de leurs procès-verbaux furent réglées par les instructions ministérielles des 9 mars 1807 et 10 février 1812. En dehors de ces textes s'introduisirent une série d'usages locaux considérés à l'origine comme faisant loi entre le commerce et les gardes-ports, mais dont le caractère légal ne tarda pas à être contesté. Des questions, la plupart du temps fort délicates, furent soulevées devant les tribunaux : on se demandait dans quels cas précis les marchands étaient astreints à payer les rémunérations fixées par l'édit de 1704 ; on en vint à contester absolument le droit des gardes-ports, à une rémunération quelconque et le commerce s'insurgea contre ce qu'il appelait leurs exactions. La jurisprudence se montra généralement favorable aux gardes-ports : elle déclara que leur ministère était absolument obligatoire et que l'Edit de 1704 devait être exécuté dans toutes ses dispositions compatibles avec l'ordre de choses actuellement établi. Pour donner satisfaction aux divers intérêts qui se trouvaient en jeu, le gouvernement provoqua la révision des anciens règlements : le décret du 21 août 1852, concernant le service des ports sur les voies navigables ou flottables du bassin de la Seine au bassin de la Seine est le travail le plus considérable qui ait été entrepris depuis l'Ordonnance de 1672 et peut, comme elle, être appelé la charte du commerce de l'approvisionnement de Paris ; il reconnaît trois ordres d'agents chargés de la surveillance des ports : 1° les gardes-ports ; 2° les inspecteurs des ports ; 3° l'inspecteur principal des ports : nous devons examiner avec lui quelles sont aujourd'hui leurs principales attributions et quels droits leur sont reconnus vis-à-vis des commerçants et bateliers.

176. D'après l'article 2 du décret, la police des ports sur les rivières navigables ou flottables du département de la Seine appartient aux gardes-ports ; l'autorité administrative peut tout naturellement établir ces agents partout où elle le jugera nécessaire et leur assigner telle résidence qu'il lui semblera convenable. En ce qui touche les canaux, le droit de l'administration se trouve notablement restreint ; il ne sera institué de gardes que pour les ports affectés principalement au commerce des bois et des charbons de bois : notons que cette institution pourrait avoir lieu même sur les canaux appartenant à des particuliers ; c'est ce que la jurisprudence a décidé relativement au canal de l'Ourcq (Civ. Cass., 5 février 1849 ; Dev., 49, 1, 268). La nomination des gardes-ports fait ensuite l'objet des prévisions du législateur ; la nature de leurs fonctions exigeait que les conditions d'admission qui leur étaient imposées fussent vérifiées par des hommes spéciaux ; aussi, un usage constant et invariablement suivi voulait-il que les compagnies de marchands de bois présentassent des candidats à l'adminis-

tration supérieure qui ferait un choix définitif et délivre-
rait les commissions. C'est le même système que nous retrouvons dans le décret. Article 35 : « Les gardes-ports
sont nommés et commissionnés par le Ministre des Travaux
publics. Ils sont choisis sur une liste double de candidats
présentés de concert par les syndicats réunis des commerces de bois à brûler, bois à ouvrer et charbon de bois
du département de la Seine et par les syndicats du commerce des départements intéressés aux nominations à faire.
A défaut de syndicats constitués, les intérêts du commerce
des départements sont représentés, pour les ports de l'Oise,
l'Aisne et l'Ourcq, par le tribunal de commerce de Compiègne ; pour les ports de la Marne, du canal latéral à la
Marne et du Grand-Morin, par le tribunal de commerce de
Château-Thierry ; pour les ports de la Seine, depuis Bray-
sur-Seine jusqu'à Choisy, par le tribunal de commerce séant
à Montereau ; pour les ports de la haute Seine, du canal de
la haute Seine et de l'Aube, par le tribunal de commerce
de Troyes ; pour les ports des canaux de Briare, d'Orléans
et du Loing, par le tribunal de Montargis ; pour les ports
de l'Yonne, depuis Montereau jusqu'à Cravant, et pour ceux
du canal de Bourgogne (versant de la Seine), par le tribunal de commerce de Joigny. » Le choix des syndicats et
tribunaux de commerce ne peut porter que sur des individus âgés de vingt-et-un ans accomplis, produisant un certificat de moralité, possédant une écriture régulière, connaissant les quatre opérations fondamentales de l'arithmétique, étant en état de faire des métrés, soit en superficie,
soit en volume, et justifiant des connaissances pratiques
qu'exigent le service et la comptabilité des ports ; telle est
la disposition de l'article 34. L'autorité administrative est
seule souveraine pour apprécier s'il a été satisfait à toutes
ces prescriptions ; les tribunaux ne pourraient, sans excès
de pouvoir, méconnaître les commissions qu'elle aurait

données : « Attendu, lisons-nous dans l'arrêt de Cassation du 5 février 1849, que nous citions plus haut, que le tribunal de commerce de Meaux, en méconnaissant la commission que le Ministre a délivrée au demandeur, sous le prétexte qu'elle aurait dû lui assigner un lieu fixe pour l'exercice de ses fonctions au lieu d'une certaine circonscription de territoire, s'est ingéré dans la connaissance d'un acte administratif et a par là commis un excès de pouvoir, etc., etc. » Les articles 36 et 38, relatifs à la discipline que doivent observer les gardes-ports, leur interdisent : 1° de s'absenter sans l'autorisation de l'inspecteur des ports ; en cas de congé ou de maladie, ils sont tenus d'avoir, pour faire leur service, des remplaçants agréés par l'inspecteur ; en cas de suspension d'emploi, de révocation ou de décès, l'intérimaire est désigné par l'inspecteur principal ; 2° d'exercer d'autres fonctions salariées, de tenir auberge et généralement de commercer ; l'inspecteur principal statue sur les exceptions d'après l'avis de l'inspecteur, et après avoir consulté les syndics des compagnies ; 3° de s'approprier ou d'employer à leur usage aucuns restes, débris ou rebuts de marchandises laissés sur les ports.

177. En ce qui touche la police des ports, les attributions des gardes sont des plus étendues. Nous pouvons dire d'une manière générale avec l'article 3, qu'ils sont chargés de faire exécuter toutes les mesures de police concernant le dépôt et le rangement des marchandises, l'amarrage, le garage, le tirant d'eau des bateaux et des trains, et le temps qu'ils doivent rester à quai. Aucune marchandise ne peut être débarquée sans qu'au préalable ils n'en aient reçu la déclaration ; la jurisprudence déclare passible des peines portées par l'article 471 15° du Code pénal, tout individu qui se sera affranchi de cette obligation ; elle exige en outre que la déclaration soit faite parlant à leur personne. (V. les jugements rapportés par M. Dalloz, v° Bois et Char-

bons, n° 33). Le garde-port exige que le débarquement des marchandises ait lieu dans le délai légal ; faute de ce fait, il peut y faire procéder d'office et aux frais des intéressés. Il tient la main à ce que toutes les marchandises soient emmétrées, empilées et rangées loyalement selon le mode adopté pour chaque espèce ; il doit ensuite procéder au mesurage ou comptage des bois et marquer chaque pile ou lot d'un numéro d'ordre, à la suite duquel il inscrit sa contenance. De même, lors de l'arrivée des charbons de bois, il vérifie avec soin le nombre des sacs et en mesure, s'il y a lieu, le contenu au moyen du double hectolitre ; si les charbons sont avariés ou mélangés dans une trop grande quantité de braise, fumerons ou poussier, il les fait verser à terre pour le compte de qui de droit et en donne avis aux intéressés (art. 7, 13, 14, 17, passim). Il est chargé de veiller sans discontinuation à la conservation des marchandises déposées sur les ports ; il détermine les endroits où des feux peuvent être allumés par les ouvriers et règle la consommation du combustible nécessaire à leur entretien ; il prévient les propriétaires au cas où leurs marchandises courraient risque d'être entraînées par un débordement ou par les glaces et peut prendre toutes les mesures nécessaires pour parer aux éventualités. Toujours dans le même ordre d'idées, il empêche qu'on n'exécute sur les ports sans l'autorisation de l'inspecteur aucune opération qui aurait pour résultat de transformer ou dénaturer la marchandise. Les travaux de main d'œuvre nécessités par les marchandises ont lieu sous son contrôle ; il peut, à charge d'en informer immédiatement les intéressés, expulser tout ouvrier ou flotteur qui refuserait de se conformer à ses instructions (art. 3, 7, 10, 12). Il fait conformément à l'arrêté du 26 nivôse an V la recherche du bois volé sur les ports et procède, au besoin, à des perquisitions conformément aux lois existantes. Les attributions du garde-port ne sont pas moins importantes relativement à la vente des marchandises déposées ; d'abord, le vendeur est tenu de lui en donner avis par écrit, de lui indiquer le nom du nouveau propriétaire, et de désigner les marchandises ainsi que les numéros des piles ou lots ; en second lieu, il ne doit être enlevé des ports aucune marchandise sans qu'au préalable le voiturier ou flotteur ne lui ait remis un ordre écrit d'enlèvement émanant du propriétaire ou de son préposé. Il indique l'ordre dans lequel doit avoir lieu cet enlèvement et les endroits où s'effectuera l'embarquement et la mise en trains ; il prescrit les dispositions nécessaires pour prévenir tout encombrement sur le port ; il surveille le chargement des bateaux et la confection des trains et fait prendre toutes précautions pour que la marchandise n'ait pas à souffrir dans le cours de ces opérations. Enfin, il fait placer sur le port, dans un endroit par lui désigné, les marchandises qui seraient restées sur la rive après le chargement ou le flottage ; de même sur les injonctions de l'inspecteur, il peut, lorsque la saison d'embarquement est écoulée, faire réunir ou rapprocher les piles qui n'ont été entamées qu'en partie (art. 18 à 22).

178. Tout le service de la comptabilité des ports se trouve centralisé entre les mains des gardes ; elle a pour but de constater, dit l'art. 23, 1° l'arrivée et le départ des marchandises ; 2° les ventes et achats dont elles sont l'objet pendant leur séjour sur les ports. Les gardes-ports tiennent à cet effet un registre à souche d'où sont détachés les billets de port ; un carnet de poche ; un livre-journal ; un grand livre ; enfin un registre spécial sur lequel ils mentionnent les travaux qu'ils font exécuter d'office : défense formelle leur est faite d'y inscrire sous quelque prétexte que ce soit leurs comptes personnels. En outre, pour faciliter le règlement des indemnités dues pour l'occupation des terrains, ils dressent des états indiquant 1° les quantités de mar-

chandises déposées sur les ports pour le compte de chaque marchand ; 2° la superficie des terrains qu'elles occupent ; 3° la durée de l'occupation ; ils remettent copie de ces états dûment certifiés, tant aux propriétaires ou fermiers des terrains qu'aux propriétaires des marchandises (art. 23 in fine, 24, 26). Les articles 27-31 expliquent à quoi serviront les divers registres tenus par les gardes-ports. Les billets de port détachés du livre à souche sont délivrés aux voituriers au fur et à mesure des arrivages. Ils indiquent la nature, la provenance et la quantité des marchandises, le nom du propriétaire qui l'a fait amener et celui du voiturier. Après le mesurage ou le comptage définitif, il est délivré aux voituriers un billet de port complémentaire pour la différence qui peut exister entre le résultat de cette opération et la quantité constatée lors de l'arrivée. Il est en outre envoyé au propriétaire un état récapitulatif des quantités amenées à port. Le carnet est tenu sur le terrain, les opérations y sont consignées au moment même où elles s'accomplissent et sont ensuite inscrites au livre-journal sans lacune ni surcharge. Les mutations qui surviennent dans la propriété des marchandises sont mentionnées au livre-journal et au carnet avec leur date et celle des avis donnés au garde-port. Enfin, il est ouvert au grand livre pour tous ceux qui possèdent des marchandises sur les ports un compte par entrée et sortie où sont consignés les résultats des écritures passées au livre-journal : chaque intéressé ou son représentant peut toujours prendre communication de son compte personnel. Tous ces livres, registres et carnets doivent être dressés conformément aux modèles arrêtés par l'administration supérieure, sur la proposition de l'inspecteur principal ; la dépense nécessaire pour leur achat ainsi que pour celui des imprimés relatifs au service est à la charge des gardes-ports, chacun en ce qui le concerne (Art. 33). Ils sont cotés et paraphés par l'inspecteur des ports.

Une circulaire du 28 mars 1839 les soumettait à l'impôt du timbre ; cette perception a été formellement abrogée par l'article 23 du décret de 1852. En outre de ces écritures, les gardes-ports sont obligés 1° de délivrer aux bateliers ou flotteurs avant le départ des marchandises des lettres de voitures sur la demande des intéressés ; 2° lorsqu'il s'agit de bois à ouvrer, d'envoyer au propriétaire un inventaire présentant le numéro et le métré des morceaux contenus dans chaque coupon, part ou bateau ; 3° de fournir à l'inspecteur des ports, au commencement de chaque mois, l'état sommaire des arrivages et des enlèvements qui auront eu lieu dans le cours du mois précédent et, à la fin de chaque année, l'inventaire des marchandises restant sur les ports (Art. 31-32).

179. Les inspecteurs des ports remplacent les anciens jurés compteurs et ont hérité de toutes les attributions que leur conféraient les règlements antérieurs à 1852. Ils se recrutent parmi les gardes-ports âgés de plus de 25 ans, et ayant exercé leurs fonctions pendant 3 ans au moins ; ils sont nommés et commissionnés par le ministre des Travaux publics, sur une liste de 3 candidats présentés par le commerce (art. 39 à 42). Leur service consiste exclusivement dans la surveillance journalière des gardes-ports et dans la centralisation de leur comptabilité. Les articles 42 et seq. portent en substance qu'ils visitent aussi souvent que possible, surtout aux époques des arrivages et des embarquements, les ports compris dans leurs circonscriptions ; qu'ils frappent d'un marteau dont l'empreinte est déterminée par l'administration les piles de bois à brûler qu'ils reconnaissent comme étant réglementaires : les intéressés peuvent, de leur côté, réclamer en cas de retard l'application dudit marteau ; qu'ils veillent à l'exécution de toutes les dispositions relatives à la police des ports ; qu'ils s'assurent que les règles prescrites pour le dépôt, le rangement et l'enlève-

ment des marchandises sont exactement observées, et qu'ils ordonnent toutes mesures ayant pour objet d'empêcher que les marchandises ne soient avariées pendant leur séjour sur les ports ; qu'aux cas où des débordements ou débâcles seraient à craindre, ils doivent avertir à l'avance les gardes-ports et recommander à ces agents de prendre, d'accord avec les agents des compagnies, s'il en existe sur les lieux, les précautions nécessaires ; qu'ils tiennent la main à ce que les gardes-ports délivrent les états destinés à faciliter le règlement des indemnités dues pour l'occupation des terrains, et interviennent au besoin pour la solution des difficultés qui peuvent s'élever à ce sujet ; qu'ils examinent avec soin la comptabilité des ports, et s'assurent que les billets de port sont délivrés aux voituriers, que le carnet et le livre-journal sont toujours tenus au courant et que tous les articles du livre-journal sont reproduits au grand livre ; que dans chacune de leurs tournées, ils apposent leur visa dûment daté sur le livre-journal et les autres registres : l'instruction du 22 pluviôse an X leur recommandait plus particulièrement ces précautions lors des crues extraordinaires, débâcles et inondations, pour pouvoir constater les pertes réelles de chaque marchand, et assurer l'intérêt de tous contre les fausses réclamations. D'après les articles 46-47, ils doivent adresser à la fin de chaque année, tant à l'ingénieur en chef qu'à l'inspecteur principal, l'état récapitulatif des mouvements de l'année entière, et l'état du personnel placé sous leurs ordres : ce dernier état indique le produit de chaque emploi pendant l'année qui vient de s'écouler ; ils adressent également au commencement de chaque trimestre à l'inspecteur principal l'état des mouvements qui ont eu lieu sur les ports dans le courant du trimestre précédent ; ils joignent à cet envoi un rapport détaillé dans lequel ils rendent compte de leurs tournées et fournissent des notes sur le service de chaque garde-port. En outre, ils doivent tenir 1° un registre où sont reproduits textuellement leurs lettres et rapports concernant le service ; 2° un autre registre où ils inscrivent les mouvements de marchandises que leur signalent mensuellement les gardes-ports. Les articles 49-50 passant à un autre ordre d'idées, leur interdisent de s'absenter sans l'autorisation de l'inspecteur principal ; en cas de congé ou de maladie, leur service est confié, s'il y a lieu à l'un des gardes-ports de l'arrondissement désigné par l'inspecteur ; il leur est interdit de faire le commerce et d'exercer toute autre fonction salariée [1].

180. Le décret de 1852 impose aux gardes-ports et inspecteurs des ports l'obligation de prêter serment devant le tribunal de première instance de leur résidence et de faire enregistrer leur commission ainsi que l'acte de prestation de leur serment au greffe du même tribunal ; nous ajouterons qu'aux termes de la jurisprudence, le garde-port qui

---

[1] Le service de l'inspection des ports comprend actuellement sept inspecteurs, répartis ainsi qu'il suit :

CHEF-LIEU DE L'INSPECTION.	ARRONDISSEMENT DE L'INSPECTION.
COMPIÈGNE.	Aisne. — Canal latéral à l'Aisne. — Oise. — Canal latéral à l'Oise. — Canal de la Sambre à l'Oise.
LA FERTÉ-MILON. .	Ourcq et canal de l'Ourcq.
CHATEAU-THIERRY.	Marne. — Canal de la Marne au Rhin dans l'étendue du département de la Marne. — Canal latéral à la Marne. — Grand-Morin.
JOIGNY.	Seine, entre Montereau et le Coudray. — Yonne, de Montereau à Auxerre inclusivement. — Canal de Bourgogne.
TROYES.	Seine au-dessus de Montereau. — Canal de la Haute-Seine. — Aube.
CLAMECY.	Yonne au-dessus d'Auxerre. — Cure. — Canal du Nivernais, depuis Auxerre exclusivement jusqu'au point de partage.
MONTARGIS. . . .	Canal d'Orléans. — Canal de Briare. — Canal du Loing.

changerait de résidence ne serait pas tenu à renouveler le serment par lui prêté (trib. de Meaux, 26 octobre 1842; Dalloz, v° Bois et Charbons, n° 42). Comme agents assermentés du service de la navigation, ils sont naturellement appelés à rechercher et à constater au moyen de procès-verbaux les délits et contraventions commis sur les ports; c'est ce qui résulte textuellement de l'article 11 du décret. Mais pourraient-ils, d'autre part, constater les délits et contraventions qui seraient commis en dehors des ports proprement dits? Nous le croyons sans difficulté; le décret de 1852 n'a statué que de eo quod plerumque fit et n'a entendu en aucune manière déroger aux termes généraux de la loi de floréal an X, qui autorise tous les agents attachés au service de la navigation, quels que soient d'ailleurs leurs titres et leurs fonctions spéciales à dresser procès-verbal de toutes les contraventions commises en rivière. En pratique, ce point ne pourrait faire doute en présence des arrêts du Conseil qui, ainsi que nous le verrons plus tard, ont validé des procès-verbaux dressés en semblable circonstance, par un simple agent de la compagnie du commerce des bois de l'Yonne. L'article 52 entre dans quelques détails relativement à la rédaction des procès-verbaux; les gardes ou inspecteurs doivent les écrire eux-mêmes; ils les signent et les affirment au plus tard le lendemain de leur clôture par-devant le juge de paix ou l'un de ses suppléants ou par-devant le maire ou l'adjoint, soit de la commune de leur résidence, soit de celle où le délit a été commis ou constaté. Les procès-verbaux sont enregistrés dans les quatre jours qui suivent celui de l'affirmation; ceux qui concernent la police des ports sont adressés par l'inspecteur à l'ingénieur en chef; les autres sont transmis au ministère public par le juge de paix ou par le maire qui a reçu l'affirmation; l'inspecteur des ports donne avis aux commerçants intéressés des faits qui sont déférés au ministère public.

181. On se rappelle qu'aux termes de l'arrêt du Conseil de 1704, les gardes-ports ainsi que les jurés-compteurs n'avaient point droit à un traitement fixe et qu'ils pouvaient, seulement à titre de salaire, percevoir certaines taxes sur les marchandises confiées à leur surveillance. Ce mode de rétribution avait été formellement maintenu par l'arrêté du 6 thermidor an IX, qui remettait en vigueur les tarifs de 1704. En pratique, cet état de choses était parfaitement accepté et ne donnait lieu à aucune réclamation, quand un avis du Conseil d'Etat du 23 juillet 1834 souleva la question de savoir si ces perceptions ne constituaient pas en réalité un impôt déguisé. Le Conseil repoussait un projet d'ordonnance royale contenant un tarif des droits à payer par le commerce aux gardes-ports et jurés-compteurs établis sur le canal de Bourgogne, par ce motif que nul impôt ne peut être perçu qu'en vertu d'une loi. Dans un mémoire publié quelques années après, cette théorie se trouve amplement développée. Le tarif de 1704, disait-on, n'a été édicté par le souverain qu'en faveur d'individus privilégiés auxquels les lois de l'époque reconnaissaient la propriété de l'office de gardes-ports ; ces offices ont été supprimés avec tous les autres par les lois de la Révolution ; l'administration nouvelle a sans doute pu en rétablir les fonctions, mais la loi seule aurait pu remettre en vigueur les taxes qui en assuraient le salaire ; nous n'avons plus en présence de nous que des agents du gouvernement nommés par lui et dont la rémunération ne peut être mise à la charge des particuliers. « Les gardes-ports sont réduits à soutenir que la commission dont ils sont investis par le gouvernement suffit pour les autoriser à réclamer l'application du tarif de 1704. Mais ce tarif n'a pu survivre aux offices des anciens gardes-ports ; créé pour eux, il a péri avec eux. Il fallait un nouvel acte de la puissance publique pour le rétablir au profit des gardes-ports actuels. Or, si c'est un im-

pôt, l'administration qui n'aurait pas eu le pouvoir de le remettre en vigueur par une décision directe et expresse n'a pu le rétablir indirectement par une simple investiture de fonctions ; et, si ce tarif était susceptible d'être rétabli par un réglement d'administration publique, l'investiture dont il s'agit ne peut encore en être considérée comme l'équivalent. Dira-t-on que l'équité veut que les gardes-ports soient rémunérés des services qu'ils rendent au commerce ? L'équité ne peut rien pour la perception d'un impôt ou d'une taxe. Si l'administration croit utiles les services de ces agents, elle peut provoquer dans les formes légales la fixation de leur traitement. Quant aux tribunaux, ils ne sont pas appelés à apprécier leur salaire d'après l'utilité de leurs fonctions, car les gardes-ports réclament l'application d'un tarif et non l'exécution d'un contrat. Organes de la loi, les tribunaux doivent se borner à l'appliquer, et il n'est pas en leur pouvoir de faire revivre, au profit des gardes-ports actuels, des taxes que l'ancienne législation avait attribuées à titre de revenus aux anciens propriétaires des offices de gardes-ports. » Cette argumentation était en contradiction trop flagrante avec la réalité des choses pour avoir la moindre chance de succès ; les tribunaux continuèrent à appliquer l'édit de 1704 ; on peut se referer aux jugements du tribunal de paix de Jargeau du 11 octobre 1837, du tribunal de commerce d'Avallon du 26 juillet 1839, et du tribunal de commerce d'Auxerre du 26 décembre 1839 (v. Moreau, Code des Bois carrés, p. 551, 606 et 614). Quelques mois plus tard, une instruction du sous-secrétaire des Travaux publics, en date du 9 mars 1840, reconnaissait que toute marchandise déposée sur un port et confiée, par le fait seul de ce dépôt, aux soins et à la surveillance des agents, était passible du droit fixé par l'arrêt de 1704. La Cour de Cassation ne se borna pas à insister sur le caractère de ces perceptions ; elle ajouta que quand même elles

constitueraient un impôt, elles n'en seraient pas moins légalement exigibles en vertu de l'article 9 de la loi du
16 juillet 1840, maintenant toutes les taxes imposées avec
l'autorisation du gouvernement pour subvenir aux dépenses
intéressant les communautés de marchands de bois (Civ.
Rej., 6 avril 1847; Dev., 47, 1, 270). Ce motif était parfaitement applicable à l'espèce soumise à la Cour; mais d'autre
part, il ne fallait pas perdre de vue que les remises attribuées
aux gardes-ports ne constituent pas nécessairement une dépense intéressant la communauté des marchands de bois de
Paris; elles frappent indistinctement sur toutes sortes de
marchandises; elles ne sont pas payées par le commerce des
bois exclusivement, ni à l'aide de cotisations personnelles
des membres de ce commerce; elles sont payées par toutes
sortes de commerçants. Quoiqu'il en soit, ces principes pa-
rurent si certains à l'administration qu'elle ne jugea pas
nécessaire de faire trancher la difficulté législativement; le
décret de 1852 considère comme étant actuellement en vigueur l'édit de 1704; les rétributions perçues par les gardes-ports constituent non pas un impôt, mais une rémunération des services qu'ils rendent. Article 61 : « Les agents
des ports ont droit, à raison du service de surveillance et
de comptabilité dont ils sont chargés, dans l'intérêt du
commerce, aux rétributions fixées par le tarif ci-après, etc.,
etc. » De nombreuses modifications ont été apportées au
tarif ancien de manière à faire disparaître les dispositions
surannées qu'il présentait et à le mettre en harmonie avec
le système légal des poids et mesures.

182. Nous avons à nous demander en premier lieu, à
quelles marchandises s'appliquent les tarifs définitivement
fixés en 1852. A l'origine, les gardes-ports avaient été
spécialement institués pour la surveillance des bois et charbons destinés à l'approvisionnement de Paris; deux questions se présentaient naturellement : 1° Que décider à l'égard

des marchandises autres que les bois et charbons ? Le tarif
de 1704 autorisait la perception de droits sur la chaux, le
plâtre, les tuiles, briques et ardoises, et carreaux, sur les
fruits, sur la poterie, sur les pavés et sur les boissons, sur
les foins, etc., etc... De plus, toutes les marchandises, de
quelque nature qu'elles fussent, donnaient lieu à une perception uniforme de un sol neuf deniers par voie ou char-
retée. Les arrêts avaient maintenu ces dispositions en décidant que le tarif de 1704 continuait à être applicable aux
moellons (Civ. Rej. 4 janvier 1848 ; Dev. 48, 1, 491), aux
pierres meulières (Civ. Cass. 8 mai 1849 ; Dev. 49, 2,
663) ; aux céréales (Civ. Cass. 16 juin 1850 ; Dev. 51, 1,
53). Le décret de 1852 établit cinq catégories de marchandises subdivisées en un certain nombre d'articles à chacun
desquels s'applique un tarif spécial. 1re catégorie. *Bois à
brûler*, comprenant bois en bûches et souches, cotrets de
0m65 de longueur et fagots ; falourdes et cotrets de 1 mètre
et au-delà ; bourrées, margotins et autres menus bois.
2e catégorie. *Charbons de bois*. 3e catégorie. *Bois à ouvrer*,
comprenant les bois en grume, la charpente, les sciages de
chêne, de hêtre, de bois blanc, de sapin. 4e catégorie. *Bois
divers*, comprenant le merrain, les cerceaux, les grands
cerceaux à cuve, les futailles, les lattes et échalas, l'osier,
l'écorce à tan de toutes dimensions. 5e catégorie. *Marchandises diverses*, comprenant la houille et le coke, les pavés,
la chaux, le plâtre, la pierre à chaux, la pierre à plâtre, la
pierre à bâtir, les briques, tuiles et carreaux. Quant aux
marchandises qui ne sont pas nommément portées au tarif,
les dispositions de l'arrêt de 1704 sont formellement abrogées ; nous voyons en effet dans l'article 65 que ces marchandises ne devront de rétribution qu'autant que l'intervention du garde-port aura été réclamée par les commerçants intéressés, et que dans ce cas, la rémunération de
l'agent sera fixée de gré à gré. — 2º Que décider à l'égard

des marchandises qui ne sont pas destinées à l'approvisionnement de Paris ? Ni l'arrêt de 1704, ni le décret de 1852 n'ont prévu la difficulté. Un jugement du tribunal de Sancerre du 28 août 1844 (Dalloz, vº bois et charbons nº 62) a décidé qu'aucun droit n'était dû à un garde-port pour la surveillance de merrains destinés aux besoins des vignobles de la Basse-Loire ; mais il est bon de faire remarquer que cette décision s'appuyait sur ce motif absolument erroné en fait, que ces marchandises, une fois arrivées à destination, seraient soumises à des droits spéciaux. La doctrine contraire avait été adoptée depuis longtemps par un arrêté du préfet de Seine-et-Marne, en date du 28 octobre 1811 et dont nous rapporterons les propres termes : « Vu la pétition par laquelle le juré compteur et le garde-port de Valvins représentent que des entrepreneurs de bâtiments à Fontainebleau refusent de payer le droit qui leur est dû, d'après une décision de Son Excellence le ministre de l'Intérieur du 6 thermidor an IX, pour l'arrivage, le dépôt et la sortie des bois et autres marchandises qu'ils placent momentanément sur le dit port ; considérant qu'encore bien que l'approvisionnement de la capitale soit le principe de l'institution des jurés compteurs et gardes-ports, il ne s'ensuit pas que les marchandises qui ne sont point destinées pour cet approvisionnement soient exemptes des rétributions dues à ces agents ; que leurs fonctions, consistant principalement à établir et à maintenir l'ordre sur les ports, ce but ne serait pas rempli, s'ils n'étaient pas en droit d'exercer leur ministère sur les marchandises transportées pour le compte des particuliers, comme sur celles destinées à l'approvisionnement de Paris ; qu'en conséquence, tous ceux qui déposent des marchandises sur les ports, jouissent des avantages de leur bonne tenue et de la surveillance qui s'exerce pour la conservation de ces marchandises ; déclarons que les droits réglés par la décision de Son Excellence du 6 thermidor an IX et par l'édit de 1704, sont dus aux jurés compteurs et gardes-ports pour toutes les marchandises sans exception qui se déposent sur ces ports, qu'elles soient destinées ou non à l'approvisionnement de Paris. » « Il est impossible, dit M. Rousseau (Dict. de l'approv. de Paris, p. 291), d'entrer avec plus de lucidité et de précision dans l'esprit de la loi ; aussi recommandons-nous aux méditations de tous les marchands et autres particuliers cette juste et rationnelle interprétation des réglements. » On peut encore consulter la circulaire du sous-secrétaire d'Etat des Travaux publics du 9 mars 1840. « L'arrêt de 1704 ne fait aucune exception. Ainsi, toute marchandise déposée sur les ports est confiée, par le fait seul de ce dépôt, aux soins et à la surveillance des agents, et passible des droits fixés par l'arrêt précité. En effet, dès qu'il y a dépôt, il y a obligation pour ces agents, de veiller à la conservation de la marchandise et au maintien des mesures d'ordre que la manutention exige. »

183. Supposons maintenant que les marchandises aient été non point déposées sur le port, mais simplement transbordées, soit d'une voiture sur un bateau, soit d'un bateau sur un autre ; le garde-port a-t-il droit, dans ce cas, à une rémunération ? Trois opinions se trouvaient en présence sur ce point : les uns soutenaient que, dans l'espèce, les gardes-ports n'étaient appelés à rendre aucun service, que dès-lors toute perception de leur part serait nécessairement abusive ; les autres, se plaçant au point de vue opposé, n'admettaient la possibilité d'aucune distinction ; ils s'appuyaient surtout sur les termes de l'arrêt de 1704 qui, suivant eux, étaient également applicables, soit à l'hypothèse d'un véritable dépôt, soit à celle d'un simple transbordement. « Voulons que les gardes-ports créés par notre édit du mois d'avril dernier, jouissent des droits ci-après que nous leur avons accordés par ces présentes, sur toutes les

marchandises qui seront *amenées* sur les dits ports. » Juridiquement, cette solution ne pouvait donner prise à aucune critique ; les gardes-ports étaient obligés de surveiller l'embarquement des marchandises et tenir les écritures réglementaires comme si elles eussent séjourné sur le port ; rien de plus logique dès-lors que la perception du droit fixé par l'édit. Mais la pratique journalière avait apporté un tempérament à la rigueur de cette doctrine ; elle n'accordait au garde qu'une demi-rétribution. Une lettre adressée le 12 septembre 1810 par M. le comte Molé, directeur général des ponts et chaussées, à M. Marpon, inspecteur de la navigation de l'Allier, constatait ce très-ancien usage. « Il demeure donc constant que les marchandises qui ne font que passer sur un port sont assujetties à la demi rétribution, et il doit en être de même de celles qui ne feraient qu'emprunter le port, où elles seraient dirigées des voitures sur les bateaux, sans dépôt préalable, parce que dans ce dernier cas elles n'en exigent pas moins le concours des gardes-ports par l'effet de l'application indispensable des dispositions des articles 3, 5 et 6 de la décision de Son Excellence du 9 mars 1807. Vous voudrez bien, Monsieur, transmettre ces explications aux gardes-ports et au juré compteur. » Plus tard, l'administration revint sur cette décision ; elle posa en principe qu'aucun droit n'était dû aux gardes-ports, et une instruction du sous-secrétaire d'Etat des Travaux publics du 9 mars 1840, condamna leurs prétentions. Sur les réclamations énergiques du commerce des bois, les principes consacrés en 1810 furent de nouveau remis en vigueur ; une seconde instruction du 12 août 1840 porte que « toutes les fois que les gardes-ports ont, ainsi que le prescrivent les réglements et qu'il est rappelé dans le mémoire du comité central, assisté au chargement, constaté le chargement sur les registres, délivré ou visé les lettres de voitures et veillé enfin à la conservation des ba-

teaux et marchandises jusqu'au moment du départ, ils ont
droit à la rétribution réglée par l'édit de 1704, toutefois
avec cette différence qu'elle est entière, lorsque la marchandise a séjourné sur le port, tandis qu'elle est réduite à moitié, lorsqu'à son arrivée, elle est versée immédiatement
dans le bateau destiné à la recevoir. » Deux arrêts avaient
depuis sanctionné la perception du demi droit (Civ. Rej.
6 avril 1847; Dev. 47, 1, 270. Civ. Cass. 16 juin 1850 ;
Dev. 54, 1, 53). Enfin, le décret de 1852 a définitivement
maintenu les usages antérieurs. Article 63 : « Ne paieront
que la moitié des rétributions portées au tarif : 1° les charbons de bois déchargés directement de la voiture dans le
bateau ; 2° les bois à brûler déposés provisoirement sur les
ports pour être enlevés sans avoir été mis en état ; 3° les
bois neufs amenés au bateau sur les ports de la Haute-
Yonne depuis Armes jusqu'à Lucy inclusivement. » Article 64 : « Les marchandises comprises au tarif sous le
titre de marchandises diverses ne paieront également que
la moitié de la rétribution quand elles seront déchargées
directement de la voiture dans le bateau, etc., etc. »

184. Sur quels cours d'eau l'assistance des gardes-ports
doit-elle être réputée obligatoire ? Ici encore de nouveaux
embarras s'étaient présentés dans la pratique. Le tarif de
1704 devait-il être étendu aux rivières qui n'avaient été
rendues navigables que depuis cette époque, et aux canaux
qui n'avaient été creusés que plus récemment ? Des nombreuses décisions d'espèce intervenues sur ce point, on
peut conclure que les gardes-ports et jurés-compteurs établis et commissionnés dans l'étendue du bassin de la Seine,
sur des ports et canaux qui n'existaient pas lors de la promulgation des anciens tarifs, n'avaient aucun droit aux rémunérations fixées par ces tarifs ; seulement, la surveillance
exercée par eux était considérée comme un service rendu
aux propriétaires des marchandises déposées, service pour

lequel il était dû un salaire que les tribunaux arbitraient en cas de contestation. C'est ce qui avait été jugé pour le canal de Bourgogne, par ce motif que « les lois et réglements qui ont autorisé ce genre de perception, ont nécessairement un caractère limitatif ; qu'ainsi les tarifs ne peuvent être étendus d'une rivière à un canal que par l'autorité compétente pour établir ces tarifs, mais non par l'autorité judiciaire qui n'a mission que pour faire exécuter les lois et réglements existants, et non pour créer des tarifs sous prétexte d'analogie et d'assimilation. » (Req. Rej. 14 décembre 1831 ; Dev., 32, 1, 137 ; Crim. Rej., 4 novembre 1846 ; Dev., 46, 1, 846.) En même temps, la jurisprudence rangeait dans une classe à part les canaux que l'on pouvait considérer comme se confondant avec des rivières déjà navigables en 1704 ; elle autorisait la perception de droits sur le canal de Nivernais [qui, disait-elle, forme un tout avec l'Yonne et n'est pas autre chose que cette rivière améliorée (Civ. Rej., 2 avril 1847 ; Dev., 47, 1, 270) ; sur le canal de l'Ourcq, qui n'est qu'un canal de dérivation, que la rivière d'Ourcq amenée à Paris (Civ. Cass., 5 février 1849 ; Dev., 49, 1, 268). Enfin, une troisième série comprenait les ports et rivières situés hors du bassin naturel de la Seine, mais cependant dans le rayon d'approvisionnement de la ville de Paris ; ici, on ne reconnaissait aucun tarif légal ; le salaire des gardes-ports était librement débattu entre eux et les marchands ; le tarif de 1704 avait été notamment déclaré inapplicable au port de Landrecies situé sur la Sambre (Req. Rej., 17 mai 1852 ; Pal., 52, 2, 241), et au port de Vierzon situé sur le canal de Berry (Bourges, 5 janvier 1850 ; Pal., 52, 2, 725). Le décret de 1852 divise en deux catégories les cours d'eau servant à l'approvisionnement de Paris : 1° Cours d'eau naturels ou artificiels dépendant du bassin de la Seine. Désormais aucun doute possible : les rétributions seront obligatoires sur tous les ports établis ou à établir sur quelque cours d'eau que ce soit. 2° Cours d'eau naturels ou artificiels situés en dehors du bassin de la Seine. Leur situation est réglée par les articles 67-68. En principe, les dispositions du décret leur sont applicables ; mais, d'autre part, l'intervention des agents demeure facultative pour le commerce. Ces agents sont placés sous la surveillance de l'inspecteur principal ; les listes de candidats pour ces emplois sont présentées de concert par les syndicats réunis du commerce de bois et charbons de bois de Paris et par les syndicats du commerce des départements intéressés aux nominations à faire : à défaut de syndicats constitués, le commerce des départements sera représenté par les tribunaux de commerce des localités intéressées.

185. La rétribution est due aux gardes pour toute marchandise ayant séjourné sur un des ports du bassin de la Seine. Nous avons déjà dit que le décret de 1852 reconnaissait deux sortes de ports ; d'une part, les ports affectés au service du commerce des bois existant en dehors de toute décision administrative et considérés comme tels par ce fait seul qu'ils servent habituellement ou accidentellement d'entrepôt pour les bois à brûler, les bois à ouvrer et les charbons de bois ; de l'autre, les ports destinés au service des marchandises que le tarif qualifie de diverses et déclarés tels par décisions de l'administration supérieure, rendues après enquête. La surveillance des gardes-ports, la perception des taxes s'exercera sans difficulté lorsque les terrains, servant au dépôt des bois ou charbons, font partie du domaine public ; mais qu'arriverait-il dans l'hypothèse contraire ? Sous l'empire de l'édit de 1704, on décidait généralement que les gardes-ports ne pouvaient faire aucun des actes pour lesquels ils étaient commissionnés sur des terrains faisant partie d'une propriété privée (Civ. Rej., 6 novembre 1848 ; Dev., 49, 1, 48). On accordait toute-

fois à l'administration le droit d'assimiler ces propriétés
privées aux ports publics et de les soumettre exceptionnellement à la surveillance de ces agents ; il était inadmissible
que le commerce abusât du droit de déposer ses marchandises sur ces terrains pour arriver à se soustraire entièrement à l'observation des réglements existants (Civ. Cass.,
18 février 1846 ; Dev., 46, 1, 347). La jurisprudence actuelle entend le droit des gardes-ports d'une manière beaucoup plus large ; s'appuyant sur l'article 2 du décret, elle
les autorise à exercer leurs fonctions dans tout endroit où
se trouvent déposés des bois et charbons, quel que soit le propriétaire du terrain, quelle que soit la cause du dépôt. « Attendu, dit l'arrêt de cassation du 13 juin 1864, que les circonstances relevées par le jugement attaqué, savoir : que l'emplacement contigu au bief du moulin dit Milhau occupé par les
empilements des bois ou planches des défendeurs, ne serait
point classé comme port et ne serait point un lieu ouvert
au public, mais un terrain privé loué pour servir au dépôt
des planches provenant d'une usine de sciage, ne sont point
de nature à enlever à cet emplacement le caractère de port
que lui imprime, à raison de son emploi, l'article Ier du décret, ni à le soustraire à la surveillance des agents des
ports à laquelle il est soumis par ledit décret ; attendu que
cette surveillance, établie dans un intérêt général, est obligatoire et non facultative pour les marchands de bois ou de
planches qui ne peuvent, en conséquence, se refuser au
paiement des rétributions allouées au garde-port par les
articles 61-62 du décret du 21 août 1852, etc., etc. » (Dev.,
64, 1, 308 ; C. Pr. Civ. Cass., 25 août 1857 ; Dev., 58, 1,
205 ; Crim. Rej., 11 juillet 1868 ; Dev., 69, 1, 235). Cette
doctrine serait-elle applicable au cas où un terrain clos aurait été converti en port d'approvisionnement par la volonté
de son propriétaire ? La négative a été consacrée par deux
jugements émanés l'un du tribunal de Sancerre à la date du

31 juillet 1844, l'autre du tribunal de commerce de Clamecy à la date du 23 août 1844 (Dalloz, v° Bois et Charbons, n° 79). En présence du décret de 1852, il nous semble
difficile que les tribunaux puissent encore aujourd'hui se
prononcer dans le même sens ; dès qu'un terrain sert habituellement ou accidentellement d'entrepôt, le droit à une
rétribution est ouvert en faveur du garde-port ; aucune circonstance n'est indiquée comme pouvant faire fléchir une
règle générale édictée dans un intérêt de sûreté publique ;
force est d'appliquer l'adage : « ubi lex non distinguit, nos
neque distinguere debemus. »

186. D'après l'article 56 de notre décret, le montant des
rétributions encaissées est partagé entre les agents des
ports ainsi qu'il suit : quatre cinquièmes appartiennent au
garde-port ; un cinquième à l'inspecteur des ports. L'article 57 ajoute que les comptes entre les inspecteurs des
ports et les gardes-ports sont réglés, autant que possible, à
la fin de chaque trimestre, et, au plus tard, à la fin de
l'année. Les anciens réglements décidaient que les gardes-
ports avaient qualité pour réclamer en justice non-seulement la quote-part des rétributions qui leur était allouée
définitivement, mais encore celle qui devait revenir aux
jurés-compteurs ; d'autre part, il était généralement admis
que les jurés-compteurs ne pouvaient agir qu'en leur propre
nom, sans avoir jamais le droit de représenter les gardes-
ports, à moins d'avoir reçu mandat de ces derniers. L'article 54 du décret qui règle cette question offre une lacune
regrettable ; il nous dit bien que les gardes-ports opèrent
dans leurs cantonnements respectifs l'encaissement des rétributions exigibles ; mais il est muet en ce qui touche le
rôle des inspecteurs des ports. Ce serait aller trop loin que
de leur refuser la faculté de poursuivre le paiement d'une
somme qui leur est due, et de les exposer à subir une perte
par suite du mauvais vouloir de leurs subordonnés ; ils au-

ront donc action directe contre leur débiteur, mais seulement jusqu'à concurrence de la somme qui leur reviendra définitivement ; conformément aux anciens principes, ils ne seront jamais considérés comme les représentants légaux et nécessaires des gardes-ports. La rétribution due aux agents se divise en un droit d'arrivage et un droit d'enlèvement. « Les rétributions dues à l'arrivage sont payées par celui qui a fait amener la marchandise sur le port ; sous la réserve de ce qui est établi par les usages locaux, ces rétributions sont exigibles dès que la marchandise a reçu un emmétrage ou empilement régulier. Les rétributions dues à l'enlèvement sont à la charge de celui pour le compte de qui l'enlèvement s'effectue ; elles sont exigibles au moment du départ de la marchandise. » Ici encore, la doctrine a dû suppléer au laconisme du décret ; ainsi, elle a décidé que les gardes-ports pouvaient poursuivre le recouvrement des droits d'arrivage, non-seulement contre celui qui a donné l'ordre d'amener les marchandises sur le port, mais encore contre celui qui en est devenu ultérieurement propriétaire, et, ce qui est plus grave, elle reconnaît en leur faveur un véritable droit de rétention qui leur permet de s'opposer à l'enlèvement des marchandises tant qu'ils n'ont pas été intégralement payés ; en cas de faillite du propriétaire, ils seraient considérés comme créanciers privilégiés par application de l'article 2102 § 3 C. Civ. L'acquittement des droits est constaté par la remise d'une quittance détachée d'un registre à souche et dont la forme a été déterminée par des instructions spéciales conformément à l'article 55 in fine. Reste le cas où les marchands se refuseraient à satisfaire aux prescriptions du décret ; il est enjoint au garde-port d'en dresser un procès-verbal, auquel il est donné suite, s'il y a lieu, et après qu'il en a été referé à l'inspecteur principal (art. 55). Nous remarquerons que ni l'édit de 1704, ni le décret ne font mention d'aucune peine

spéciale devant être appliquée au contrevenant ; le seul
texte auquel il y ait possibilité de se reférer est l'article 471
§ 15 C. pén.

187. Quelle est l'autorité compétente pour statuer sur
les contestations pendantes entre les gardes-ports et les
commerçants ? On a voulu plusieurs fois les faire rentrer
dans le ressort de la juridiction administrative qui, disait-
on, est seule apte à connaître des difficultés relatives à la
perception d'une contribution directe, exigée par des agents
revêtus d'un caractère officiel et dont la présence dans les
ports doit être considérée comme simple mesure d'ordre et
de police. Nous le répétons encore une fois, les taxes
perçues sur les ports constituent non pas un impôt, mais la
rémunération d'un service rendu, ce qui suffirait pour
mettre à néant cette argumentation. En tous les cas, on
pourrait dire avec l'arrêt de la cour de Bourges du 5 janvier 1850 (Pal., 52, 2, 726), qu'il ne s'agit point dans de
semblables circonstances, « d'interpréter des actes administratifs, mais seulement d'en ordonner l'application ou de leur
refuser la puissance de créer de nouveaux impôts, de nouvelles taxes en dehors de toute disposition législative à
laquelle ils se rattacheraient, ce qui rentre essentiellement
dans les attributions de l'autorité judiciaire. » Nous admettrons donc en principe la compétence des tribunaux
ordinaires ; mais ici , nouveaux embarras : est-ce aux
tribunaux civils, est-ce aux tribunaux de commerce que
les parties devront s'adresser? Les auteurs se prononcent
généralement dans ce dernier sens : M. Dalloz (v° Bois et
charbons, n° 65) établit notamment que bien que fonctionnaires publics, les gardes-ports et inspecteurs sont à un
certain point de vue les délégués des commerçants, puisqu'ils ne peuvent être choisis que sur une liste dressée, soit
par les compagnies de commerce, soit par les tribunaux
de commerce ; que par suite , il existe entre ces fonc-

tionnaires et les commerçants dont ils représentent les intérêts des engagements réciproques qui doivent soumettre les uns et les autres à la même juridiction, à la juridiction consulaire; que de plus l'article 634 C. Com. doit par une exacte réciprocité recevoir ici son application. « Les tribunaux de commerce connaîtront également des actions contre les facteurs, commis des marchands..., pour le fait seulement du trafic auquel ils sont attachés. » Le savant auteur fait en outre valoir cette considération que, s'il en était autrement, les agents se trouveraient dans une position des plus difficiles, lorsqu'il s'agirait de saisir les tribunaux de leur demande en paiement. En matière civile, le défendeur doit être assigné au tribunal de son domicile. Or, les commerçants qui déposent les marchandises sur les ports et surtout ceux qui les y achètent, n'habitant pas le plus souvent la localité même, il s'ensuivrait que le garde-port serait obligé d'aller plaider devant des tribunaux éloignés de sa résidence ; or, comment concilier toutes les nécessités du service avec des déplacements aussi fréquents et aussi répétés? Au contraire, en matière commerciale, l'article 420 C. Pr. relève les agents de cette rigoureuse obligation en leur laissant le choix d'assigner, soit devant le tribunal du domicile du défendeur, soit devant celui dans l'arrondissement duquel la promesse a été faite et la marchandise livrée. Ajoutons qu'en décidant ainsi nous resterons strictement fidèles aux traditions historiques. « Attendu, lisons-nous dans une décision du juge de paix de Moulins en date du 28 avril 1841, que l'Ordonnance du mois de décembre 1672 et l'Edit de règlement du mois de juin 1704 avaient placé sous la juridiction du bureau de l'hôtel de ville de Paris, les contestations qui s'élevaient à l'occasion des marchandises arrivant par eau pour l'approvisionnement de cette ville ; que cette juridiction connaissait aussi, en vertu du même édit, des différends qui surgissaient entre les marchands et les jurés compteurs et gardes-ports sur le fait des rétributions allouées à ces derniers par les tarifs; attendu que cette juridiction a été supprimée, mais que les Edits et Ordonnances des rois de France qui ont créé les jurés compteurs et gardes-ports n'ont pas été abrogées et ont toujours force de loi ; que l'intention du législateur qui a créé l'institution, était de confier, dans l'intérêt des marchands eux-mêmes, le jugement des contestations qui pouvaient s'élever entre eux et les jurés compteurs, à l'occasion de la perception des rétributions allouées par les tarifs, à une juridiction extraordinaire connaissant plus particulièrement d'affaires ayant trait au commerce, à une juridiction présidée par le prévôt des marchands, et dont une partie des juges qui la composaient étaient pris parmi les six corps des marchands ; attendu que s'il n'est pas précisément exact de dire que la juridiction du bureau de l'hôtel de ville ait été remplacée par les tribunaux consulaires tels qu'ils existent aujourd'hui, on peut dire cependant avec certitude qu'entre ces deux juridictions exceptionnelles, il y a des analogies telles dans la forme de l'élection des juges, dans la durée des pouvoirs de ceux-ci et dans l'espèce de causes dont ils connaissent. que, dans le silence des lois qui nous régissent depuis 1789 sur la juridiction compétente, pour juger les contestations qui naissent entre les marchands et les jurés compteurs, c'est rester fidèle à l'esprit et à l'intention de la législation de 1672, 1700 et 1704 que de renvoyer devant le tribunal de commerce l'action intentée à un marchand par des jurés et gardes-ports, etc... »

188. Pour compléter cet exposé, il nous reste à dire 1° Que dans certains cas, les gardes et inspecteurs peuvent avoir droit à des rétributions extraordinaires. L'article 66 du décret suppose qu'ils ont été employés à un service de surveillance et de comptabilité extra-règlementaire et qui

leur aura été demandé dans un intérêt purement privé : le montant de la rétribution sera ici réglé de gré à gré entre les parties. De même, nous voyons dans l'article 53 qu'ils peuvent être choisis pour arbitres lorsque quelques difficultés s'élèvent entre négociants. Dans toutes ces hypothèses, les agents ne sont en réalité que les commis des marchands et dépouillent tout caractère officiel : la compétence des tribunaux de commerce est incontestable. La procédure ordinaire peut seule être suivie, et il va de soi que l'article 55 du décret devient inapplicable ; aucun procès-verbal ne saurait être dressé contre le commerçant qui se refuserait à acquitter la rétribution convenue. 2° Que les gardes et inspecteurs sont civilement responsables envers les négociants de toute faute qui pourrait leur être imputée. Art. 11 in fine. « Ils peuvent être déclarés responsables des délits commis sur les ports, et passibles des amendes et indemnités encourues par les délinquants lorsqu'ils n'ont pas dûment constaté les délits. Ils peuvent également être déclarés responsables des erreurs, pertes et avaries qui seraient le résultat de leur négligence. » Bien entendu, aucune demande en dommages-intérêts ne peut être intentée dans le cas où le sinistre provient d'un fait qu'il leur a été impossible de prévoir, comme par exemple, lorsque les bois ont été entraînés par un débordement subit de la rivière ; mais il doivent justifier qu'ils avaient pris en vue d'une semblable éventualité toutes les précautions nécessaires ; que le bois était empilé conformément aux réglements et à distance raisonnable du cours d'eau.

189. A la tête du service se trouve un fonctionnaire désigné sous le nom d'inspecteur principal des ports, et dont les attributions sont réglées par l'article 59 du décret. « Il fait, dit ce texte, des tournées sur les ports, surveille l'ensemble du service et s'assure notamment que la comptabilité des gardes-ports et des inspecteurs est bien tenue. Il

adresse aux agents des ports toutes les instructions et soumet à l'administration supérieure toutes les propositions
nécessaires. Il est en rapport avec les représentants du
commerce pour tout ce qui intéresse le service. Il reçoit
toutes les réclamations relatives à la gestion des agents des
ports et intervient dans toutes les difficultés qui peuvent
s'élever, soit pour la perception des rétributions allouées à
ces agents, soit pour le réglement des indemnités dues à raison de l'occupation des terrains. » La nomination de l'inspecteur principal appartient exclusivement au ministère des Travaux publics qui le choisit parmi les inspecteurs des ports ;
aucun droit de présentation n'est reconnu aux compagnies
et communautés de marchands. De même, son traitement
n'est plus proportionnel aux recettes encaissées par les
gardes-ports ; il est fixe et imputé sur les fonds du Trésor
public (art. 59). La résidence de cet agent supérieur est
fixée par le ministre ; en fait, son service est centralisé à
Paris. L'article 60 détermine les rapports de l'inspecteur
principal : 1° Avec l'administration supérieure ; il lui adresse
tous les trois mois un état récapitulatif des mouvements qui
ont eu lieu sur les ports pendant le courant du trimestre et
à la fin de chaque année le tableau récapitulatif des mouvements de l'année entière, plus les états du personnel fournis
par les inspecteurs et auxquels il ajoute des notes sur la
manière dont chaque agent fait son service. 2° Avec les re:
présentants des compagnies de commerce ; il leur transmet,
chacun en ce qui les concerne, une copie des états du personnel ; il joint à ces pièces telles observations et annota-
tions qu'il juge convenable.

190. Nous pouvons, maintenant que nous connaissons
les dispositions principales du décret de 1852, rechercher
si les agents de l'approvisionnement de Paris doivent être
regardés comme de véritables fonctionnaires jouissant des
prérogatives et des priviléges reconnus en faveur des agents

de l'autorité. Presque au lendemain de leur réorganisation, on s'était demandé : 1° si les gardes-ports et jurés-compteurs étaient protégés par l'article 75 de la Constitution de l'an VIII ; 2° si l'article 224 du Code pénal était applicable au cas où des outrages leur seraient adressés à l'occasion de leurs fonctions. Quelques personnes proposaient de les considérer comme de simples commis des marchands, investis d'un privilége commercial et habilités exceptionnellement à constater certaines contraventions ; tout au plus les assimilaient-elles à des gardes particuliers assermentés. Cette doctrine fut absolument repoussée par l'arrêt de Cassation du 1er juillet 1808 (Dev. C. N. 2, 1, 550). Merlin portait la parole devant la Chambre criminelle et ses conclusions peuvent être considérées comme le meilleur commentaire de la décision intervenue. « Le commerce, disait-il, présente les gardes-ports, et le Ministre de l'Intérieur les commissionne, parce que, s'il faut que ces gardes conviennent aux marchands qui les emploient, il faut aussi qu'ils conviennent au gouvernement qui a sur eux la main administrative. Le gouvernement peut se faire représenter les registres des gardes-ports toutes les fois qu'il en est besoin pour connaître l'état de l'approvisionnement. Il leur communique ses ordres sur la police des bois et leur chargement dans certains cas, il suspend les chargements, les presse, les ordonne, les fait exécuter, se les fait délivrer à lui-même pour les amener à Paris lorsqu'il s'aperçoit que par de mauvaises manœuvres on veut entraver les arrivages. Il faut donc, pour ces actes journaliers, que les gardes-ports soient sous sa dépendance. Les gardes-ports sont revêtus d'un caractère public ; ils constatent des délits relatifs à leur garde. L'arrêté du gouvernement du 26 nivôse an V, qui déclare commun à la recherche du bois volé sur les ruisseaux flottables, et le long d'iceux celui du 4 du même mois sur la perquisition des bois coupés en délit, autorise formellement les gardes-rivières (ce sont les gardes-ports) commissionnés par le ministère de l'Intérieur, reçus et assermentés devant les tribunaux, à faire la recherche et la perquisition des bois volés sur les rivières et ruisseaux flottables et navigables, etc,, etc. La prétention qu'aurait chaque marchand de nommer un garde-port sans le concours de l'autorité administrative serait la conception la plus déraisonnable pour l'intérêt même du commerce, car les opérations individuelles des commerçants doivent toujours être coordonnées à tous les mouvements généraux prescrits par l'administration, et dirigés et surveillés par les inspecteurs généraux et particuliers de l'approvisionnement et de la navigation, et, si l'action était divisée sur autant de points qu'il se trouverait de marchands ayant un dépôt particulier, il s'ensuivrait inévitablement une confusion dans les travaux de charroi, empilage, chargement et flottage, qui jetterait partout la division. L'on voit, d'après l'explication ci-dessus, combien il importe à la sûreté publique que les gardes-ports ne puissent être distraits et suspendus de leurs fonctions, sans le concours immédiat et préalable de l'autorité administrative, dont les dispositions toujours exactement combinées et très-fréquemment commandées par des circonstances de force majeure, ne pourraient être contrariées sans danger pour l'approvisionnement. D'après ces développements, plus de doute sur la nature des fonctions des gardes-ports ; ces fonctions sont essentiellement administratives, et les gardes-ports sont agents du gouvernement dans toute l'énergie et toute l'étendue du sens attaché à ces mots par l'article 75 de l'acte constitutionnel du 22 frimaire an VIII. « Même système dans l'arrêt de Bourges du 24 mars 1840 (Pal., 41, 2, 718). Enfin, nous extrairons d'une lettre du Directeur général des Ponts et Chaussées, en date du 13 avril 1833, le passage suivant : « Il est un principe que l'on ne peut se refuser à admettre et

que les compagnies semblent cependant méconnaître, c'est
que les gardes-ports et jurés-compteurs qui reçoivent leur
investiture de l'administration, puisqu'ils sont commissionnés par elle et qu'ils empruntent ainsi de son autorité un
caractère public, sont, non les agents des compagnies,
mais bien ceux de l'administration. » Dans les derniers
temps, la question s'est présentée sous un jour tout nouveau ; il s'agissait de savoir si un garde-port avait pu légalement vendre à un tiers sa démission. Un jugement du
tribunal de Sens avait admis l'affirmative ; la Cour de
Paris réforma cette décision par arrêt du 30 janvier 1857
(Dev., 57, 2, 108), en se fondant précisément sur ce que
dans l'espèce il y avait eu trafic d'une fonction publique,
contrairement aux prescriptions de la loi civile ; nous ne
pouvons, pour notre part, qu'approuver cette jurisprudence
et les motifs qui l'ont dictée.

CHAPITRE IV

DU RÉGIME DES COURS D'EAU FLOTTABLES EN TRAINS ET A BUCHES PERDUES.

---

§ Ier.

Propriété des cours d'eau flottables.

A. *Cours d'eau flottables en trains.*
B. *Cours d'eau flottables à bûches perdues.*

A

191. Origine du flottage en trains. — Situation actuelle de cette industrie.
192. Les rivières flottables en trains font partie du domaine public.

B

193. Du flottage à bûches perdues. — Diminution de son importance pour l'approvisionnement de Paris.
194. Propriété des rivières flottables à bûches perdues.
195. Situation des rivières flottables à bûches perdues situées dans le périmètre du bassin d'approvisionnement de Paris.
196. La faculté de flotter à bûches perdues existe-t-elle en dehors de toute autorisation administrative ?

§ II.

Des servitudes grevant les propriétés voisines des cours d'eau qui servent au flottage des bois.

A. *Servitudes destinées à faciliter le transport des bois jusqu'au port d'embarquement.*
B. *Servitudes grevant les canaux et étangs de flottage.*

C. *Du chemin de halage et du marchepied.*
D. *Empilage des bois le long des propriétés riveraines des cours d'eau flottables à bûches perdues.*

A

197. Les marchands ont un droit de passage sur les propriétés situées entre les forêts et le port d'embarquement.
198. Les voituriers employés au charroi des bois peuvent faire pâturer leurs chevaux sur les prés, landes et terres vagues situés le long de leur parcours.

B

199. Etablissement des étangs de flottage. — Des servitudes qui s'y rattachent.

C

200. Le chemin de halage peut être exigé des riverains le long des cours d'eau flottables en trains. — Du marchepied le long des cours d'eau flottables à bûches perdues.

D

201. Les bois peuvent être empilés sur les terrains voisins des ports où a lieu leur mise à flot. — Dispositions de l'Ordonnance de 1672. — En quoi consiste précisément cette servitude?
202. A quels cours d'eau peut-elle s'appliquer? — Situation des canaux à ce point de vue.
203. Situation des cours, parcs et jardins d'agrément. — Des propriétés closes.
204. Taux de l'indemnité due par les marchands pour l'empilage des bois. — Loi du 28 juillet 1824.
205. Difficultés soulevées par le laconisme de la loi de 1824. — Sens de cette expression « corde de bois. »
206. A partir de quel moment les droits d'occupation sont-ils dus?
207. Calcul des droits d'occupation.
208. Y a-t-il quelque différence à faire entre les bois de charpente et les bois de chauffage?
209. Nature du droit de rétention accordé aux propriétaires dont les terrains ont été occupés.

§ III.

Des compagnies de commerce organisées pour le flottage des bois servant à l'approvisionnement de Paris.

210. Organisation actuelle des compagnies de commerce.
211. Des taxes imposées par les compagnies de commerce. — De leur légalité.
212. Personnel dépendant des compagnies de commerce.
213. Situation légale des agents du commerce des bois.

§ IV.

Police du flottage.

A. *Flottage en trains de bois.*
B. *Flottage à bûches perdues.*

214. Assimilation du flottage par trains de bois à la navigation proprement dite.
215. Suite.

B.

216. Bien que la faculté de flotter à bûches perdues soit de droit commun, l'administration peut en restreindre l'exercice dans l'intérêt général. — Ordonnance de 1672.
217. Dans quels cas les riverains peuvent-ils réclamer des indemnités? — Quid si les dommages ont été causés indépendamment de toute faute des flotteurs?
218. Quid si les dommages ont été causés par un flot de communauté? Examen de la difficulté de procédure.

§ V.

Des droits de navigation perçus par l'Etat à l'occasion du flottage par trains de bois.

219. Dispositions de la loi du 9 juillet 1836 s'appliquant spécialement aux trains de bois.
220. Hypothèses dans lesquelles les tarifs généraux sont inapplicables : 1° Trains circulant sur une portion de rivière où la navigation ne peut avoir lieu par bateaux; — 2° Trains chargés de marchandises.

§ Ier.

Propriété des cours d'eau flottables.

A. *Cours d'eau flottables en trains.*
B. *Cours d'eau flottables à bûches perdues.*

A

191. D'après une opinion généralement accréditée et à laquelle les recherches récentes de M. Dupin ont donné une nouvelle faveur, le flottage par trains de bois daterait d'une époque relativement toute moderne. Ce ne serait

qu'en 1549 que les premiers trains auraient été lâchés sur
la Cure, et l'honneur de cet essai reviendrait à trois bourgeois de Paris, Jean Rouvet, Jean Tournouer et Nicolas
Gobelin. Nous ne pouvons entrer dans les controverses historiques qui ont été soulevées sur ce point et nous nous bornerons à citer le préambule d'une sentence du bureau de la
ville du 8 février 1774, qui nous donne les renseignements
les plus complets sur l'origine du flottage. « Vu la requête
présentée par les marchands de bois flotté pour la provision
de Paris, contenant que c'est en surmontant les difficultés
les plus considérables qu'ils sont parvenus à assurer l'approvisionnement en bois de cette ville ; qu'avant 1550, il
ne s'amenait de bois qu'en bateaux ; que de cette manière,
il ne pouvait guère en venir de plus loin que de 25 à 30
lieues au-dessus et au-dessous de Paris ; que Jean Rouvet
est le premier qui ait trouvé le moyen d'amener des bois
sans le secours des bateaux, par l'invention de radeaux
auxquels on a donné le nom de trains, invention dont l'é-
poque ne remonte qu'en l'année 1549 ; que deux autres
marchands nommés Tournouer et Gobelin furent les premiers qui imaginèrent de tirer des bois des sources des rivières et des ruisseaux par le moyen du flottage à bûches
perdues ; qu'une sentence rendue au bureau le 28 juillet 1656, sur laquelle il y a eu depuis des lettres patentes datées au mois de mars 1662, registrées en Parlement, apprend que ces deux marchands furent beaucoup
traversés par les seigneurs et habitants des lieux où ils
exerçaient leur commerce, et que par cette raison, il a fallu
l'interposition de l'autorité publique pour vaincre ces premiers obstacles [1]. » En 1561, René Arnoult obtenait des
lettres patentes l'autorisant à faire flotter les bois sur les
rivières du Morvan et les affluents de la Seine ; en 1582,

---

[1] Voir, pour plus de détails, M. Thomas, *Culture et exploitation des
bois*, t. II, p. 280-293.

nous trouvons le flottage en pleine prospérité sur l'Yonne, la Cure, le Chalan, la Loire. Depuis, cette industrie ne fit que croître et absorba bientôt les anciens modes de transport. L'Ordonnance de 1672 régla les rapports réciproques des usiniers et des flotteurs ; les sentences du bureau de la ville, les arrêts de réglements, les lettres patentes, les édits royaux prévinrent toutes les contestations que pouvaient susciter l'exercice du droit de flottage. Le service de l'approvisionnement de Paris se trouva définitivement assuré. Malgré toutes ces précautions, les anciens documents font preuve des difficultés que rencontraient parfois les marchands de bois. Ainsi, le préambule d'une sentence du bureau de la Ville du 13 avril 1737 constate qu'antérieurement à 1720, il y avait sur les rivières de Seine et d'Aube, si peu d'ouvriers capables de conduire les trains de bois, que l'on était contraint d'attendre que tous les flottages fussent finis sur l'Yonne afin de se servir des hommes qui y avaient travaillé ; ces plaintes se renouvelaient encore à la fin du XVIIIe siècle. Ce qui était plus grave, c'était le défaut d'entretien des rivières flottables en trains de bois ; un réquisitoire de M. Ethis de Corny, procureur du roi près l'Hôtel-de-Ville, en date du 28 mars 1788, signale l'état où se trouve un certain nombre d'entre elles qui sont exposées à des dégradations continuelles ; il ajoute que les riverains se dispensent trop souvent d'exécuter les réglements relatifs aux chemins de halage. Dans un mémoire qui porte la date du 6 mai 1793, le commerce des bois affirme de nouveau qu'il y a des réparations urgentes à faire sur quelques rivières, notamment sur celle de l'Yonne et qu'il en a vainement donné connaissance à l'administration ; il insiste sur l'existence de bancs de sable et sur le mauvais état des digues rompues pour la plupart ; il termine en réclamant des mesures promptes et énergiques sans lesquelles l'arrivée des bois pourrait devenir très-difficile. Depuis la période révolutionnaire, les abus ont entièrement cessé ; grâce au concours du commerce, grâce surtout à la loi du 16 juillet 1840, l'entretien des rivières flottables en trains est désormais à l'abri de toute éventualité. En même temps, de nombreuses Ordonnances ont révisé les anciens textes qui réglementaient la police du flottage, et la loi du 28 juin 1824 a donné satisfaction à la fois aux intérêts des flotteurs et à ceux des propriétaires riverains du cours d'eau [1].

192. Nous n'avons que peu de choses à dire sur la propriété des cours d'eau flottables en train ; ils font incontestablement partie du domaine public, et ce point a été reconnu de tout temps. L'Ordonnance de 1669 (tit. I, art. 3) attribue juridiction aux maîtres des eaux et forêts sur les

---

[1] Le flottage par trains de bois sur la rivière d'Yonne se trouve aujourd'hui menacé d'une concurrence sérieuse par suite de l'extension qu'a prise la batellerie sur le canal de Nivernais. « Antérieurement à 1862, porte le rapport adressé en 1869 par M. le Préfet de la Nièvre au Conseil général (page 61), le transport des bois destinés à l'approvisionnement de Paris, s'effectuait presque exclusivement par trains. Depuis cette époque, la batellerie a pris une certaine extension pour les transports dont il s'agit, ainsi qu'on peut le voir par le tableau qui suit :

Nombre de bateaux de bois à brûler, chargés sur le canal du Nivernais
et destinés à l'approvisionnement de Paris.

ANNÉES :	1861	1862	1863	1864	1865	1866	1867	1868
	9	133	229	224	231	241	243	301

M. l'Ingénieur en chef pense que si l'industrie des transports en bateau n'a pas encore absorbé celle du flottage en trains, il faut en chercher la raison : 1° dans la difficulté, pour les exploitations privées d'autres voies de communication et situées à de grandes distances du canal du Nivernais, d'éviter le flottage à bûches perdues ; 2° dans l'imperfection même du canal ; 3° dans la résistance des vieilles coutumes ; 4° dans la prime accordée aux bois transportés en trains sur la rivière d'Yonne, sur ceux transportés en bateau par le canal du Nivernais, prime consistant en la réduction considérable des droits de navigation, qui sont vingt fois moins élevés. » Ajoutons que l'état de choses actuel va encore se trouver modifié par l'ouverture récente du chemin de fer d'Auxerre à Clamecy qui, suivant les bords de la rivière d'Yonne, relie au réseau de la Méditerranée quelques-uns des ports de flottage les plus importants, notamment ceux de Châtel-Censoir et de Cravant.

rivières flottables comme sur les rivières navigables. De même, les articles 42 et 44, tit. XXVII défendent, à l'égard des unes et des autres, d'en détourner ou altérer le cours et d'y faire aucune entreprise sans autorisation. L'assimilation se retrouve encore dans l'article 538, C. civ. Peu importe, suivant nous, que la rivière soit flottable naturellement ou qu'elle ne le soit devenue qu'à la suite de travaux d'art. La doctrine contraire semble pourtant avoir été adoptée par deux arrêts du Conseil du 13 juin 1860 (Lebon, 60, 456) ; mais il ne faut pas perdre de vue que ces décisions ont été rendues relativement à la rivière d'Iton, soumise à un régime exceptionnel. Le Conseil d'Etat n'a point entendu poser un principe général ; loin de là, il semble même reconnaître que dans l'espèce qui lui est soumise, il fait exception à la règle ordinaire. Ainsi il a soin de relever ce fait que les travaux ont été exécutés aux frais exclusifs du duc de Bouillon ; que l'autorisation n'avait été demandée par ce dernier et ne lui avait été accordée que dans son intérêt privé, pour faire flotter les bois provenant du comté d'Evreux qui lui appartenait ; qu'au moment même du procès, le droit de flottage sur la rivière n'était exercé que par les ayants-cause du duc de Bouillon qui l'avaient cédé à un entrepreneur : il ajoute que jamais la pêche n'y avait été domaniale et que les riverains supportaient les frais de curage et de faucardement par application de la loi du 14 floréal an XI, relative aux cours d'eau non navigables ni flottables. Ainsi entendus, les arrêts du Conseil nous paraissent avoir donné une solution parfaitement juridique. Tout ce que nous avons dit sur les rivières navigables, quant à la détermination de leur lit et à celle des bras et affluents qui doivent être réputés en faire partie, s'applique nécessairement aux rivières flottables en trains ; de même, c'est encore à l'Ordonnance du 10 juillet 1835 qu'il faut se référer pour savoir quelles sont les rivières flottables en trains sur lesquelles la pêche sera exercée au profit de l'Etat. En fait, le tableau qui y est annexé comprend la presque totalité des rivières sur lesquelles le flottage peut être pratiqué ; nous rappellerons au surplus que ce texte n'a rien de limitatif et qu'on ne saurait s'opposer à la descente des trains sur un cours d'eau, sous prétexte qu'il n'aurait pas été reconnu flottable par l'Ordonnance de 1835 et les textes postérieurs.

B

193. Le flottage à bûches perdues, suivant la définition qu'en donne M. Rousseau (p. 264), consiste à confier au cours de l'eau sur les rivières et ruisseaux qui ne sont ni navigables ni flottables en trains, des pièces de bois isolées qu'on nomme pour cela bûches perdues, et à les suivre jusqu'au port où on doit les recueillir, soit pour les employer aux usages auxquels elles sont destinées, soit pour les confectionner en trains et en radeaux qui seront eux-mêmes livrés de nouveau au flottage et conduits à des ports plus éloignés. De 1560 à ces dernières années, le flottage à bûches perdues a été exclusivement employé pour le charroi des bois du Nivernais, du Morvan, depuis les forêts d'où ils proviennent jusqu'aux ports d'où ils doivent être dirigés sur Paris ; les petits ruisseaux qui affluent dans la Haute-Yonne et dans les rivières de Sozay et de Beuvron, fournissaient naturellement au commerce un moyen de transport aussi rapide qu'économique. De tout temps l'administration l'a énergiquement encouragé ; presque tous les ans, des sentences du bureau de la ville intervenaient pour protéger les marchands contre les exigences des seigneurs et des propriétaires riverains, et quelquefois même pour leur accorder des priviléges exorbitants que pouvaient seules justifier les nécessités de l'approvisionnement de Paris ; ces anciens réglements avaient été

maintenus par l'Ordonnance de 1672 que nous avons déjà si souvent citée. Dans la première moitié de ce siècle, des travaux considérables ont été entrepris par les ingénieurs pour rendre le flottage possible en toute saison ; le lit de la plupart des affluents de l'Yonne a été endigué de manière à donner aux eaux une hauteur suffisante ; de nombreux barrages et étangs de retenue ont été construits ; enfin le marécage des Settons, près de Montsauche, a été converti en un immense réservoir destiné exclusivement à grossir les eaux de l'Yonne et de la Cure [1]. Malgré les facilités que ces travaux ont donné au commerce, il est constant, d'après la statistique, que l'industrie du flottage à bûches perdues est aujourd'hui en pleine décroissance. Le rapport de M. le préfet de la Nièvre, présenté en 1869 au Conseil général de la Nièvre, contient sur ce point d'intéressants détails : « M. l'Ingénieur en chef, lisons-nous dans ce document (p. 59), fait remarquer que le flottage à bûches diminue chaque jour d'importance, et il attribue cette diminution à l'ouverture des nombreuses voies de communication qui, sur tous les points du bassin de l'Yonne, permettent de conduire actuellement les bois sur les ports où se confectionnent les trains, et aussi à l'extension qu'a prise l'industrie des

---

[1] D'après M. Ad. Joanne (Dict. géogr. de la France, p. 1516), le lac des Settons recouvre une surface de 40 hectares ; sa contenance est de 22 millions de mètres cubes d'eau, la hauteur maxima de la retenue est de 18 mètres. Le barrage en granit maçonné a 20 mètres de haut au-dessus du massif des fondations, 271 mètres de longueur au couronnement, 11 mètres 40 d'épaisseur à la base, et 4 mètres 90 au sommet : son cube total est de 32,000 mètres. « Le réservoir des Settons, disait en 1867 M. le Préfet de la Nièvre, établi sur la Cure à 14 kilomètres des sources de cette rivière, continue à rendre de grands services au flottage. La hauteur moyenne de ses eaux est actuellement de 1 mètre 80. D'après les expériences faites, le débit annuel de la Cure à l'emplacement du réservoir est évalué à 58 millions de mètres cubes. La capacité du réservoir étant de 24 millions de mètres environ, on voit que son alimentation est assurée. Le crédit alloué pour l'entretien du réservoir des Settons en 1867 est de 5,100 francs. »

charbons de bois. Les deux flots annuels de la Haute-Yonne qui amenaient autrefois dans les ports entre Armes et Lucy-sur-Yonne de 20 à 25,000 décastères de bois, n'en fournissent plus actuellement que 12,000 décastères environ. En 1868-69, le cube constaté a été de 16,254 décastères. Les flots du Beuvron, dits des petites rivières, qui s'élevaient jadis à 11,000 décastères, ne produisent plus en moyenne que 2,000 décastères. En 1868-69, le cube a été de 1149. Enfin les flots de la Cure qui étaient de 15,000 décastères ne dépassent guère 5,000 décastères. En 1868-69, la Cure en a fourni 4,753. Total des arrivages de bois flottés en 1868-69 : 18,556. Les inconvénients constatés pour le flottage en trains (détérioration des bois, déchets, perte de qualité et par suite moins-value,) s'appliquent également au mode de flottage à bûches perdues auquel le transport par terre tend de plus en plus à être substitué. » Nous terminerons en ajoutant que le flottage à bûches perdues coûte en moyenne par décastère, y compris le tirage, le tricage et l'empilage sur les ports, pour l'Yonne, 12 francs, pour les petites rivières, 7 francs ; il est bon de remarquer d'ailleurs que les frais de flottage varient avec l'importance du flot, la distance à franchir et les difficultés de l'écoulage.

194. L'Etat est-il propriétaire des rivières flottables à bûches perdues comme il l'est des rivières flottables en trains de bois ? Dans notre ancienne jurisprudence, la négative paraissait constante, et les auteurs s'accordaient pour ne pas les considérer comme domaniales ; c'est ainsi que l'arrêt du Conseil du 9 novembre 1694 restreignait les droits du souverain aux rivières navigables par bateaux ou radeaux. Survint l'article 538 du Code civil, dont la rédaction assez ambiguë pouvait donner lieu à équivoque; ce texte se borne à ranger dans le domaine public les rivières navigables et flottables, sans reproduire l'ancienne distinc-

tion entre le flottage en trains de bois et le flottage à
bûches perdues. Cette disposition devait-elle être entendue
dans un sens aussi large? L'administration le crut un moment ; une circulaire ministérielle du 20 septembre 1820
ne faisait aucune distinction entre les deux modes de flottage et, en conséquence, interdisait la pêche sur les cours
d'eau flottables à bûches perdues, qu'elle déclarait ipso facto
partie intégrante du domaine public. Presque aussitôt on
avait procédé à l'adjudication du droit de pêche sur la partie supérieure de la rivière d'Aube. Le Conseil d'Etat consulté refusa de s'associer à une doctrine aussi exorbitante ;
dans son avis du 21 février 1822, il détermina de la manière la plus claire la portée de l'article 538. « Considérant
que dans l'acception commune, on confond sous la dénomination de rivières flottables deux cours d'eau très-distincts,
savoir: 1° les rivières navigables sur trains ou radeaux,
au bord desquelles les propriétaires riverains sont tenus
de délivrer le marchepied déterminé par l'article 650 du
Code civil, et dont le curage et l'entretien sont à la charge
de l'Etat ; 2° les rivières et ruisseaux flottables à bûches
perdues sur le bord desquels les propriétaires riverains ne
sont assujettis qu'à donner passage dans le temps du flot
aux ouvriers du commerce des bois chargés de diriger les
bûches flottantes et de repêcher les bûches submergées ;
considérant que les rivières flottables sur trains ou radeaux
sont de leur nature navigables pour toute embarcation du
même tirant d'eau que le train ou radeau flottant; que les
rivières flottables de cette espèce ont été considérées comme
rivières navigables, soit par l'ordonnance de 1669, soit par
les premières instructions données pour l'exécution de la
loi du 14 floréal an X ; que, dès lors, les rivières flottables
sur trains ou radeaux dont l'entretien est à la charge de
l'Etat, se trouvent comprises parmi les rivières navigables,
dont la pêche peut, aux termes de la dite loi, être affermée

au profit de l'Etat ; qu'il est impossible, au contraire, d'appliquer les dispositions de la dite loi aux cours d'eau qui ne sont flottables qu'à bûches perdues et qui ne peuvent, sous aucun rapport, être considérés comme rivières navigables, le Conseil est d'avis : 1° que l'Etat a droit d'affermer, en vertu de la loi du 14 floréal an X, la pêche des rivières qui sont navigables par bateaux, trains ou radeaux, et dont l'entretien n'est pas à la charge des propriétaires riverains ; 2° que ce droit ne peut s'étendre en aucun cas aux rivières ou ruisseaux qui ne sont flottables qu'à bûches perdues. » L'administration ne se tint pas pour battue et traduisit devant les tribunaux les riverains qui prétendaient user de leur droit de pêche dans les rivières flottables à bûches perdues ; là encore, ses prétentions reçurent un nouveau et plus énergique démenti (Crim. Rej., 22 août 1823 ; Sir., 24, 1, 1). La loi du 15 avril 1829 est venue supprimer la difficulté en décidant que la pêche ne serait pas exercée au profit de l'Etat dans les rivières flottables à bûches perdues, ce qui était, au point de vue du droit de propriété, les assimiler aux rivières non navigables ; de plus, le rapport présenté à la Chambre des Pairs par M. de Malleville visait l'avis du Conseil de 1822, dont il déclarait adopter le système ; nous pouvons donc tenir pour incontestable que ces cours d'eau ne doivent pas être rangés parmi les choses qui font partie du domaine public.

195. Reste à examiner une question de détail. Que faut-il décider à l'égard des rivières flottables à bûches perdues qui servent exclusivement à l'approvisionnement de Paris ? L'article 4 de l'arrêté directorial du 13 nivôse an V est ainsi conçu : « Toutes les rivières navigables et flottables et les ruisseaux destinés au flottage des bois servant à l'approvisionnement de Paris étant *propriété nationale*, nul ne peut en détourner l'eau ni en altérer le cours par fossés, tranchées, canaux ou autrement. » On pourrait, à la rigueur,

expliquer cette qualification de propriétés nationales donnée
aux rivières du bassin de la Seine, en disant que les nécessités de l'approvisionnement de Paris exigeaient une dérogation au droit commun ; on aurait compris que dans cet
intérêt supérieur, l'administration supérieure eût voulu
s'assurer les moyens de triompher de tous les obstacles que
lui opposerait la mauvaise volonté des propriétaires et
usiniers riverains. Quoiqu'il en soit, la jurisprudence n'a
jamais considéré l'arrêté de nivôse comme ayant force
de loi ; c'est ainsi qu'un arrêt du Conseil du 23 mai 1861
(Lebon, 61, 412) a déclaré que l'Yonne ne faisait pas partie
du domaine public aux endroits où elle était simplement
flottable par bûches perdues. « L'article 4 de l'arrêté du
Directoire du 13 nivôse an V, dit très-bien M. Daviel (t. I,
p. 270), porte que les ruisseaux servant au flottage des
bois destinés à l'approvisionnement de Paris sont propriétés
nationales. Mais cette énonciation, dans un acte simplement
réglementaire qui n'a pas été inséré au Bulletin des Lois et
qui ne tire sa force légale que des lois dont il prescrit
l'exécution, n'a pu attribuer à ces ruisseaux le caractère
domanial que nos anciennes lois ne leur avaient pas donné. »
Avant la Révolution, le roi n'avait jamais prétendu à un
droit quelconque sur les ruisseaux flottables qui débouchent
dans la Seine ou dans ses affluents ; l'arrêté de nivôse aurait donc consacré dans notre législation un principe tout
nouveau ; or, si les rédacteurs avaient eu pareille intention, ils s'en seraient expliqués clairement et non pas d'une
manière incidente ; ils auraient posé le principe en termes
formels. Bien loin de là, les considérants de l'arrêté, d'ailleurs assez étendus, sont absolument muets sur l'innovation
prétendue ; ils nous montrent, tout au contraire, que l'on
entendait maintenir les dispositions antérieurement en vigueur ; nous y voyons clairement que le Directoire ne se
proposait qu'une seule chose, rappeler aux propriétaires ri-

verains les obligations qui leur étaient prescrites par les anciens réglements. Force est donc de reconnaître dans le texte de l'article 4 une de ces erreurs de rédaction que nous rencontrons si fréquemment dans les actes législatifs de la période révolutionnaire.

196. La faculté de flotter à bûches perdues existe-t-elle de plein droit partout où il y a possibilité de l'exercer, ou bien faut-il exiger que l'administration ait formellement déclaré que la rivière était flottable? M. Proudhon (Dom. Pub. t. IV n° 1198-1204) se prononce dans le premier sens : il part du principe consacré par la jurisprudence, relativement à la propriété des petites rivières, à savoir que les eaux courantes n'appartiennent à personne. « Or, dit-il, l'établissement du flottage à bûches perdues n'opère aucun changement dans l'état de la rivière, et ne prive pas les propriétaires riverains des droits de pêche, de prise d'eau, d'irrigation, d'alluvion sur la formation des îles ou autres avantages qui sont entièrement maintenus. Il n'y a donc ici ni nécessité ni motif d'obtenir de l'administration publique, une déclaration de flottabilité à bûches perdues et nous restons à cet égard sous l'empire de la règle de droit naturel, suivant laquelle l'eau courante n'étant à personne, son usage doit appartenir à tous dès que la loi positive n'en a pas disposé autrement. » M. Daviel (T. I, n° 347) objecte que le flottage à bûches perdues aggrave singulièrement la position des riverains par l'établissement des marchepieds nécessaires pour le service des flotteurs; qu'il en résulte pour les propriétés une sorte d'interdiction du droit de se clore indépendamment des autres préjudices que leur occasionnent ces passages réitérés, toujours précédés, accompagnés ou suivis de circonstances plus ou moins dommageables, telles que la dégradation ou la destruction des bords de leurs propriétés, la perte ou l'enlèvement des arbres qui y sont plantés, le gisement ou le séjour sur les

rives, des bois repêchés ou déposés par les eaux, sans parler des avaries que peuvent éprouver les établissements existant sur ces cours d'eau. Nous ferons à M. Daviel une réponse des plus simples : lorsqu'en fait un cours d'eau est navigable, les propriétés riveraines sont, indépendamment de toute déclaration administrative, grevées de servitudes aussi onéreuses, notamment en ce qui touche l'établissement du chemin de halage ; qu'y a-t-il dès lors d'extraordinaire à ce qu'indépendamment de toute déclaration administrative, les cours d'eau qui. en fait, sont flottables à bûches perdues se trouvent grevés de la servitude de marchepied? L'objection n'en est donc pas une et nous n'hésitons pas à nous ranger à l'opinion de M. Proudhon, tout en reconnaissant que la jurisprudence paraît s'être fixée en sens contraire (Colmar, 6. fév. 1839. Pal., 39, 2, 83). En résumé, les cours d'eau sont des voies ouvertes à la circulation des denrées et des marchandises, et l'on ne peut considérer comme une voie de transport exceptionnelle, celle qui fournit aux trois quarts de la France et surtout à la capitale, le bois, c'est-à-dire un objet de première nécessité. En faveur de ce système si logique, M. Proudhon invoque comme argument de texte l'art. 32, Tit. XV de l'Ordonnance de 1669. « Le transport, passage, voiture ou flottage des bois, tant par terre que par eau, ne pourra être empêché ou arrêté sous quelque prétexte de droits de travers, péages, pontonnages ou autres, par quelque particulier que ce soit, à peine de répondre à tous les dépens et dommages-intérêts des marchands ; sauf à ceux qui prétendent avoir titre pour lever aucuns droits de se pourvoir par-devant le grand-maître qui y pourvoira ainsi qu'il appartiendra. » Donc, partout où il y a possibilité, le flottage est si bien permis de plein droit, qu'il est généralement défendu à tout particulier d'y faire obstacle. Et que l'on ne dise pas que cet article 52 se trouve au titre où sont réglées les ventes des bois de la

couronne, qu'il ne serait dès-lors applicable qu'au flottage
des bois du roi ou de l'Etat ; d'abord, ce serait accuser de
monopole l'auteur de l'Ordonnance comme ayant voulu par
ce moyen augmenter le prix de la vente des bois de l'Etat ;
d'autre part, on se heurterait au texte même de l'Ordonnance qui rattache cette défense d'entraver le flottage à
une cause d'utilité publique puisqu'elle est littéralement
portée en faveur des marchands et par conséquent du commerce des bois, quelle que soit la forêt dont ils proviennent ;
en ce sens, on peut citer deux arrêts du Conseil des 27
août 1668 et 17 octobre 1741. M. Daviel, tout en accordant ce point à M. Proudhon, soulève une nouvelle difficulté ;
il craint que l'on n'abuse des termes de l'article 52. D'après
le savant auteur, partout où le flottage est légalement
établi, la prohibition que consacre l'Ordonnance devra être
respectée : voilà ce qui ressort de sa rédaction , mais ce
n'est pas dire que le flottage est autorisé partout au profit
des propriétaires de bois. Ce raisonnement est complètement
détruit par les dispositions législatives qui sont venues compléter l'Ordonnance de 1669. Ainsi l'Ordonnance de 1672
(art. 6, ch. XIII) ne permet plus aucun doute ; ce texte va
précisément nous dire à quelles conditions est soumis l'exercice du droit de flottage. Il exige que les marchands de
bois avant de jeter le flot préviennent les propriétaires par
des publications faites aux prônes des paroisses dix jours
avant que les bois ne soient mis à l'eau ; mais, pas un mot
de la prétendue nécessité d'une autorisation administrative
obtenue antérieurement. M. Daviel, pour écarter cet argument a contrario, prétend que l'Ordonnance de 1672 ne
concerne que les cours d'eau destinés à l'approvisionnement
de Paris et qu'au pis aller, la doctrine qu'il combat ne pourrait être appliquée à d'autres cours d'eau qu'aux affluents de
la Seine ; il constate qu'il a fallu une déclaration spéciale,
datée du 24 octobre 1724 pour qu'elle pût être mise à exé-

cution sur les affluents de la Basse-Seine et dans le ressort du Parlement de Rouen. Nous rappellerons que nos anciens auteurs étaient unanimes pour considérer l'Ordonnance de 1672 comme étant le développement de l'Ordonnance de 1669 ; on doit donc la regarder comme le droit commun de la France, et non comme un texte d'une application purement locale, et M. Daviel (T. I, n° 104) reconnaît lui-même que ses prescriptions, relativement à l'établissement et à l'entretien du chemin de halage régissent tous les cours d'eau, qu'ils servent ou non à l'approvisionnement de Paris. Nous terminerons en nous appuyant sur le grand principe proclamé par la loi du 25 août 1792, à savoir, que tout citoyen est libre de tenir sur les rivières et canaux des bacs, coches et voitures d'eau. Tout le monde a le droit de se servir du courant de l'eau, comme moyen de transport ; or, le flottage à bûches perdues est un voiturage par eau et certainement le plus simple que l'on puisse imaginer.

§ II.

Des servitudes grevant les propriétés voisines des cours d'eau qui servent au flottage des bois.

A. *Servitudes destinées à faciliter le transport des bois jusqu'au port d'embarquement.*
B. *Servitudes grevant les canaux et étangs de flottage.*
C. *Du chemin de halage et du marchepied.*
D. *Empilage des bois le long des propriétés riveraines des cours d'eau flottables à bûches perdues.*

A

197. 1° Les marchands ont droit de charroyer les bois destinés à l'approvisionnement de Paris, à travers les héritages situés entre les forêts où se font les exploitations et les ports flottables en trains ou à bûches perdues. D'anciennes sentences du bureau de la ville datées des 15 août

1596, 20 janvier et 20 juillet 1604, 27 octobre 1605 leur avaient formellement accordé cette faculté et avaient interdit aux propriétaires dont les héritages étaient traversés, de saisir les bois, chevaux, harnais et voitures. C'est ce que nous trouvons reproduit dans l'Ordonnance de 1672, art. 4, ch. XVII : « Pour faciliter à la ville de Paris la provision des bois, pourront les marchands trafiquant des dites marchandises, faire tirer et sortir des forêts, passer les charrettes et harnais sur les terres et chemins étant depuis les dites forêts jusqu'aux ports flottables et navigables, en dédommageant les propriétaires des dites terres au dire d'experts et gens à ce connaissant, dont les parties conviendront, sans que pour raison des dits dommages, les propriétaires des dits héritages puissent faire saisir les dits bois, chevaux et charrettes et empêcher la voiture sur les dits ports, en faisant par les marchands leur soumission de payer les dits dommages tels que de raison. » Une Ordonnance de police du 8 juillet 1785 prescrivait la stricte exécution des réglements antérieurs ; elle rappelait aux propriétaires qu'ils ne devaient apporter ni trouble ni empêchement au passage des voitures, même pour raison de prétendus délits occasionnés à leur héritage ; qu'il leur était absolument interdit de faire procéder à aucune saisie, mise en fourrière ou vente des chevaux, bœufs, charrettes et harnais ; qu'ils pouvaient seulement faire constater les délits et actionner ultérieurement les marchands ou voituriers ; toute saisie faite contrairement à ces prescriptions était déclarée absolument nulle et les gardiens des objets saisis étaient tenus de les restituer à première réclamation, faute de quoi, ils pouvaient y être contraints par corps. On s'est demandé si ces dispositions n'avaient pas été actuellement abrogées par la loi du 6 octobre 1791, dont l'art. 12, tit. II accorde à tout propriétaire qui éprouve un dommage, le droit de saisir les bestiaux, sous l'obligation de les faire

conduire dans les vingt-quatre heures au lieu de dépôt désigné par la municipalité. M. Rousseau (Dict. de l'appr.
p. 130), enseigne avec raison la négative ; il s'appuie sur
les motifs d'intérêt public qui ont nécessité cette dérogation
au droit commun et qui sont aussi puissants aujourd'hui
qu'en 1785 ; il faut que l'approvisionnement de Paris ne
puisse être retardé sous aucun prétexte ; le législateur de
1791 n'a point prévu l'hypothèse qui nous occupe en ce
moment et a laissé subsister les décisions des anciennes
Ordonnances : « Specialia generalibus derogant. » Les actions relatives au paiement des dommages-intérêts, devaient autrefois être portées devant le bureau de l'Hôtel-
de-Ville de Paris ; actuellement, la compétence des tribunaux de première instance ne peut faire l'objet d'aucun
doute.

198. 2° Depuis un temps immémorial, les voituriers et
charretiers chargés du transport des bois depuis le lieu des
coupes jusqu'aux ports, ont droit de faire pâturer leurs chevaux sur les landes, bruyères, friches et prés fauchés qui
se rencontrent sur leur passage. Un arrêt du Parlement de
Paris du 23 août 1753 les a formellement maintenus dans
la jouissance de cet ancien usage et a fait défense aux propriétaires de les troubler, sous quelque prétexte que ce soit.
Une Ordonnance du bureau de la Ville du 17 octobre 1771
déclare que les chevaux ne pourront être saisis comme garantie des indemnités et dommages-intérêts dus aux propriétaires. « Disons que les Ordonnances, sentences et
réglements concernant le charroi des bois et charbons destinés pour la provision de Paris seront exécutés. En conséquence, maintenons provisoirement les voituriers occupés
au transport des bois des ventes sur les ports, dans l'usage
ancien de faire pacager leurs chevaux et bœufs sur les pâ-
tures, prés fauchés, bruyères, friches, chaumes et les bords
des bois, forêts et grands chemins ; faisons défenses à toutes

personnes de quelque état et condition qu'elles soient, de
les y troubler et empêcher sous quelque prétexte et occasion que ce soit ; enjoignons aux dits voituriers de faire
exactement la garde de leurs dits chevaux et bœufs, et de
faire en sorte de ne causer aucun dommage dans les terres
emblavées ou héritages en valeur, à peine d'être tenus des
indemnités, même de plus grande peine, dans le cas que par
affectation ils aient causé des délits ; sans néanmoins que,
sous prétexte des dites indemnités, les propriétaires puissent faire saisir et emmener les chevaux et bœufs, harnais
et voitures ; sauf auxdits propriétaires à faire constater
par des procès-verbaux les délits et à se pourvoir, par devant nous ou nos subdélégués sur les lieux, contre les voituriers et les marchands, pour le compte desquels les dits
voituriers seront employés ; et au cas de contravention, disons qu'à la première réclamation, les chevaux, bœufs, harnais et voitures seront rendus; à quoi faire, en vertu des
présentes, les saisissants et tous dépositaires seront contraints sur-le-champ par toutes voies, même par corps,
sauf les dommages-intérêts des marchands et voituriers
ainsi qu'il appartiendra. » Des lettres patentes de 1787
accordèrent aux propriétaires des garanties efficaces, et
les autorisèrent notamment à faire constater par procès-
verbaux tous les délits qui seraient commis par les voituriers. En 1827, ce droit de pâturage fut un instant
menacé ; l'administration forestière déclarait qu'à partir du
1er janvier 1828, elle le considérerait comme absolument
supprimé dans la forêt d'Orléans et elle menaçait tout contrevenant de poursuites judiciaires. Grâce à l'attitude énergique du comité des quatre commerces réunis, aucune suite
ne fut donnée à ce projet, et les anciens réglements continuèrent à rester en vigueur. « Le comité, dit M. Rousseau
(op. cit. p. 370), fit valoir que la privation de ce pacage
apporterait des entraves et causerait un préjudice réel à

l'approvisionnement de Paris dont les ressources consistent pour les ports de la Loire et du canal d'Orléans, principalement dans les ventes de la forêt d'Orléans. Or, la voiture, depuis les ventes jusqu'aux ports, se fait aujourd'hui et ne peut se faire que par les riverains de la forêt ; ces fermiers, très-pauvres, habitent des communes dont les récoltes en général ne suffisent pas à leurs besoins et qui sont dépourvues de fourrage. Enlever le pacage à ces fermiers, c'est les mettre dans l'impossibilité d'opérer la vidange des ventes. Il en résulterait d'autant plus de dommages pour la provision de la capitale, que les parties de la forêt comprises dans la sommation faite par l'administration, consistent en 17,000 hectares et sont situés dans les endroits où la vidange est le plus difficile. Cette mesure aurait encore pour effet immédiat de faire baisser le prix des adjudications et de constituer l'Etat en une perte réelle, le marchand ayant toujours égard dans les enchères auxquelles il prend part, au plus ou moins de facilité pour opérer la vidange. Le comité ajoutait que la constante sollicitude du bureau de la Ville pour maintenir les adjudicataires dans le droit de pacage, démontrait suffisamment combien il importe aux intérêts de l'approvisionnement de lui conserver cette faculté du droit de pacage ; qu'on peut d'ailleurs concilier tous les intérêts en réglant l'usage du droit de pacage et en réprimant sévèrement les abus ; mais qu'on compromettrait l'approvisionnement de Paris en voulant anéantir un droit tellement utile et ancien, que le bureau de la Ville ne craint pas de dire qu'il est de droit commun. »

B

199. On désigne sous le nom d'étangs de flottage des amas d'eau retenus au moyen d'écluses ou de chaussées et qui sont lâchés à certaines époques, de manière à produire une crue factice ou éclusée qui facilite le flottage des bois.

Nous emprunterons encore un passage au rapport présenté en 1869 par M. le préfet de la Nièvre au Conseil général. « La rivière d'Yonne, en amont d'Armes, près Clamecy, et ses principaux affluents, sont exclusivement affectés au flottage à bûches perdues des bois destinés à l'approvisionnement de Paris où ils sont transportés, soit en trains par la rivière, soit en bateau en empruntant la voie du canal. Ce dernier mode de transport est surtout employé pour les bois neufs. Aussitôt que les eaux de la rivière descendent au-dessous de 0^m50 en contre-haut de l'étiage, la circulation devient intermittente, c'est-à-dire qu'on a recours à des moyens artificiels (à des éclusées) pour produire cette intermittence. Les trains, seul mode de transport en usage sur la haute Yonne, ne circulent guère que de cette manière. Le nombre des éclusées varie suivant l'état de la rivière ; il est en moyenne de quatre-vingt-dix par années. Il a été, en 1868, de quatre-vingt-douze. En temps ordinaire, les éclusées ont lieu deux fois par semaine à jour et heures fixes, d'Armes sur l'Yonne et des grottes d'Arcy sur la Cure ; souvent même on est obligé d'autoriser une troisième éclusée. Les eaux du réservoir des Settons, qui descendent par la Cure, ont considérablement amélioré, depuis 1858, la navigation par écluses en aval de Cravant ; ces eaux ont été d'un grand secours pendant la campagne de 1868. » En fait, les travaux des étangs de flottage sont entrepris aux frais des compagnies et sous leur direction exclusive ; ce n'est que dans des circonstances exceptionnelles, par exemple lorsqu'il s'agit de créer un véritable lac, dont l'établissement modifiera le régime hydraulique des contrées voisines, que l'administration se chargera de leur construction ; les compagnies sont, bien entendu, même dans ce cas, appelées à supporter partie de la dépense. Il arrive souvent que pour donner à ces étangs toute la largeur nécessaire, les flotteurs sont obligés d'empiéter sur les héritages riverains ; dans l'intérêt de l'approvisionnement de Paris, le législateur n'a pas hésité à grever ces héritages d'une servitude spéciale. Nous la trouvons établie par l'ordonnance de 1672, chapitre XVII, article 5 : « Et d'autant que les marchands de bois flotté ne pourraient souvent exploiter les dits bois sans faire de nouveaux canaux et se servir des eaux des étangs, sera permis aux dits marchands de faire les dits canaux et de se servir des eaux des dits étangs en dédommageant les dits propriétaires des dites terres et des dits étangs au dire d'experts et gens à ce connaissant dont les parties conviendront. » Un arrêt du Parlement de Paris en date du 30 décembre 1785 constate son existence dans des termes encore plus explicites. « Ordonne que les étangs par où les bois qui sont mis à flot passent, seront incessamment mis en état pour le flottage par le propriétaire des dits étangs, ainsi que les écluses qui pourraient ne pas être en état pour le flottage, sinon et faute de ce faire, autorise les entrepreneurs de flottage à faire dresser procès-verbal de l'état des dits étangs et écluses et à les faire mettre en état aux frais et dépens des propriétaires dont ils seront par eux remboursés sur la quittance qu'ils rapporteront des ouvriers passés par-devant notaire ; fait défense à tous particuliers, sous peine d'être poursuivis extraordinairement, de détourner ou lâcher l'eau des étangs sous quelque prétexte que ce puisse être. »

C

200. Il a été reconnu de tout temps que les dispositions de l'Ordonnance de 1669, d'après lesquelles les riverains des cours d'eau navigables doivent fournir un chemin de halage de vingt-quatre pieds de large pour le trait des chevaux s'appliquent également aux cours d'eau flottables en trains ou radeaux ; suivant les expressions de M. Rous-

seau (Op. cit., p. 159), le flottage est une sorte de navigation qui ne laisse pas d'avoir une très-grande importance,
en raison du service de l'approvisionnement de Paris en
bois de chauffage et de construction. Du reste, nous ferons
observer que le halage par chevaux n'est presque jamais
appliqué aux trains de bois qui, d'ordinaire, sont abandonnés à la simple impulsion du courant ; aussi, l'administration, usant du droit qui lui est conféré par l'article 4 du
décret du 22 janvier 1808, est-elle dans l'habitude de restreindre à dix pieds la largeur du chemin de halage sur les
rivières qui ne sont que flottables en trains. Les riverains
des cours d'eau flottables à bûches perdues sont, de leur
côté, astreints à livrer le long de leurs héritages un marchepied dont la largeur est fixée à quatre pieds par l'article 7, titre XVII de l'ordonnance de 1672. « Afin que le
flottage des dits bois puisse être commodément fait, seront
tenus les propriétaires des héritages étant des dits côtés
des dits ruisseaux, de laisser un chemin de quatre pieds
pour le passage des ouvriers préposés par les marchands
pour pousser aval l'eau les dits bois. » Nous citerons encore l'article 3 de l'arrêté du Directoire du 13 nivôse an V.
« Seront également tenus tous propriétaires d'héritages
aboutissant aux rivières et ruisseaux flottables à bûches
perdues, de laisser le long des bords quatre pieds pour le
passage des employés à la conduite des flots, sous les peines
portées par l'article 2, » c'est-à-dire qu'en cas de contravention, les fossés seraient comblés, les arbres arrachés et les
murs détruits aux frais des contrevenants, sans préjudice
des réparations et dommages qui pourraient incomber à
leur charge par suite de semblables entreprises. »

D

201. Les riverains des cours d'eau flottables en trains
ou à bûches perdues sont tenus de supporter sur leurs hé-

ritages le dépôt des bois destinés soit à être mis à flot, soit à être réunis en trains de bois à l'endroit où la rive comporte ce genre de flottage ; en d'autres termes, tous les terrains avoisinant ces rivières doivent être considérés comme de véritables ports affectés d'une manière exclusive au service de l'approvisionnement de Paris. Cette servitude d'occupation est à peu près aussi ancienne que le flottage lui-même ; c'est ainsi que M. Moreau (Code des bois carrés, p. 49) rapporte une sentence du bureau de la Ville du 16 décembre 1622, autorisant Claude Gaillard, marchand à Châtel-Censoir, à empiler ses bois sur les héritages « proche la rivière de Beuvron en payant l'occupation raisonnable des dits héritages. » D'autre part, il résulte des documents de l'époque, qu'originairement cette faculté n'était point de droit commun ; chaque marchand devait se faire autoriser par sentence du bureau de la Ville, à occuper tels ou tels terrains nommément désignés. L'ordonnance de 1672 supprima la nécessité d'une semblable demande et mit les propriétés privées à la disposition entière des flotteurs. « Pourront les marchands de bois se servir des terres proches les rivières navigables et flottables pour y faire les amas de leurs bois, soit pour les charger en bateaux, soit pour les mettre en trains..... » Suit le tarif des sommes qui devront être payées pour l'occupation de ces héritages, tarif modifié ainsi que nous le verrons bientôt par la loi du 28 juillet 1824. Rien de plus onéreux en apparence que l'exercice de cette servitude dont les propriétés riveraines ne peuvent s'affranchir sous aucun prétexte. L'administration, prenant à la lettre les termes de l'ordonnance, interdit toute clôture, tout travail sur ces héritages ; en quelque saison que ce soit, ils doivent rester à la disposition exclusive du commerce des bois ; c'est ainsi qu'une lettre du Directeur des Ponts et Chaussées en date du 28 février 1835, adressée au préfet de la Marne, déclarait

qu'aucune construction ne pouvait être autorisée sur ces terrains ; que plus tard, une lettre de l'inspecteur en chef de la
navigation de la Marne, en date du 21 janvier 1843, rappelait qu'ils ne pouvaient recevoir aucune autre destination
sans l'aveu de l'autorité administrative : par conséquent,
défense d'y construire ou d'y planter quoi que ce soit. Il
paraît cependant que cet état de choses est aujourd'hui accepté sans difficulté ; le montant des rétributions encaissées
atteint souvent des proportions considérables, et l'on a vu
les terrains bordant les cours d'eau servant au flottage
doubler et quadrupler de valeur comparativement à ceux
qui sont livrés à la culture. Aussi conçoit-on facilement
qu'en 1824 aucune difficulté ne se soit élevée quant au
maintien de la servitude , et que la discussion ait porté
exclusivement sur le taux des indemnités à allouer.

202. A quels cours d'eau peuvent s'appliquer les dispositions de l'Ordonnance de 1672 ? Cette question est une
de celles qui, dans les derniers temps, ont le plus vivement
préoccupé le commerce des bois. On s'est demandé successivement : 1° si la servitude grevait les propriétés rive-
veraines des cours d'eau situés en dehors du bassin de la
Seine ; 2° si elle pouvait s'appliquer aux canaux concédés
et construits postérieurement à l'Ordonnance. En 1824, le
directeur général des ponts et chaussées avait autorisé les
marchands de bois du département de l'Yonne à choisir sur
tout le parcours du canal de Bourgogne, les ports et chantiers dont ils auraient besoin pour déposer leurs bois et les
mettre en trains. La jurisprudence n'a pas cru devoir se
montrer aussi large et a donné gain de cause complet aux
réclamations des propriétaires. Un arrêt de la Cour d'Orléans du 6 août 1864 (Dev. 64, 2, 250) pose en principe
que des trains situés le long du canal d'Orléans et sur le
territoire de la commune de Mardié sont absolument libres
de toute servitude, par ce double motif qu'à l'endroit pré-

cité, les eaux du canal se dirigent vers la Loire, dans laquelle elles se déversent, et qu'en tout cas, le canal d'Orléans n'a été concédé qu'en 1679, c'est-à-dire sept années
après la promulgation de l'Ordonnance de 1672. La première partie de cette décision n'est susceptible d'aucune critique ; il suffit de se rappeler les articles 67 et 68 du décret
du 21 août 1852 où se trouve nettement établie la distinction rappelée dans l'arrêt ; les charges que l'Ordonnance a
imposées aux particuliers dans tout le périmètre du bassin
de la Seine, ne peuvent être étendues par voie d'analogie
aux propriétés situées en dehors de ce bassin dans le ressort
de l'approvisionnement de Paris. En ce qui touche le second point, la Cour d'Orléans fait observer tout d'abord que
d'après son texte même, l'Ordonnance n'a pas entendu statuer d'une manière générale et édicter une règle applicable
à tous les cours d'eau quels qu'ils fussent ; à deux reprises
différentes, elle a soin d'indiquer les rivières qu'elle a plus
particulièrement en vue ; c'est-à-dire la Seine, la Marne,
l'Oise, l'Yonne, le Loing et autres y affluentes ; elle semble
en quelque sorte limiter le privilége des marchands à ces
rivières qu'elle considère comme les seules qui puissent être
utilisées pour le transport des bois ; d'où cette conséquence
que l'on ne saurait assimiler aux rivières flottables les canaux creusés de main d'homme, concédés à des particuliers
et établis postérieurement à 1672 ; il n'y aura d'exception
à la rigueur de cette doctrine que dans les cas où les lettres
patentes, Ordonnances ou décrets de concession, soumet-
traient par une clause formelle les canaux dont s'agit, au
régime de l'Ordonnance de 1672. Nous craignons, pour
notre part, que l'arrêt de 1864 ne se soit singulièrement
mépris sur la portée de l'Ordonnance ; il est bien vrai que
plusieurs de ses articles, pris à la lettre, ne devraient s'appliquer qu'à telles ou telles rivières spécialement déterminées ; mais ce qu'il ne faut pas perdre de vue, c'est que les

articles auxquels il est fait allusion, ne sont nullement relatifs à notre hypothèse ; ainsi, les articles 1 et 4, ch. I,
visés dans l'arrêt, s'occupent exclusivement des mesures à
prendre sur certaines rivières, pour assurer la liberté de
la navigation ; de même l'article 14 a pour but unique d'indiquer les rivières soumises à la juridiction des prévôts et
échevins ; nous ne trouvons rien qui soit relatif à notre servitude d'occupation. Ajoutons que l'Ordonnance , après
avoir énuméré un certain nombre de rivières, a toujours
soin de mentionner d'une manière générale « les affluents
de la Seine, » comme soumis aux règles qu'elle a tracées,
ce qui rend tout à fait problématique l'interprétation restrictive admise par la Cour d'Orléans. Le législateur de
1672 ne s'est préoccupé que d'une chose ; favoriser les intérêts du commerce des bois, et il serait bien étrange qu'il
eût détourné les marchands de l'établissement de canaux
de flottage, en décidant que les propriétés riveraines de
ces canaux seraient affranchies de toute servitude légale ;
on ne comprendrait pas qu'il eût condamné le commerce
à rester indéfiniment stationnaire, en lui interdisant la
création de débouchés et il y aurait là une inconséquence
dont nous ne pourrions nous rendre compte. Enfin, toute
hésitation doit disparaître devant l'article 1er du décret de
1852 : sont déclarés ports dans l'étendue du bassin de la
Seine, tous les terrains servant au dépôt des bois le long
des ports et *canaux* ; la controverse se trouve donc formellement tranchée en notre faveur. La Cour d'Orléans répond
toutefois que le décret de 1852 n'a par lui-même aucune valeur législative et voit un excès de pouvoir dans la décision
de l'article 1er. Rien de plus juste, si le décret avait eu
pour but la création d'une servitude légale : telle n'est pas,
suivant nous, la situation : ce décret a trouvé la servitude
établie par l'Ordonnance et s'est borné à en réglementer
l'exercice ; il n'y a donc pas lieu de soutenir que le pouvoir

exécutif est sorti des limites que lui trace la loi constitu-
tionnelle.

203. L'administration autorise fréquemment le commerce
à empiler les marchandises sur la rive proprement dite à
l'endroit où les bois sont débardés ; on ne peut voir là
qu'une simple tolérance de sa part d'où aucun droit ne résultera au profit des intéressés (C. de Préf. Seine 17 mars
et 9 mai 1866 ; Rec. 1866, n° 333). La servitude légale
d'occupation ne grève donc que les propriétés privées ; encore a-t-on proposé quelques distinctions à ce sujet. Il est
bien certain qu'elle s'applique aux prairies, aux terres la-
bourées ; le texte de l'Ordonnance et les travaux préparatoires de la loi de 1824, ne laissent aucun doute à ce sujet.
Mais que décider à l'égard des cours, parcs et jardins d'agrément ? Quelques personnes se refusent à accorder aux marchands ce qu'elles appellent l'exercice d'un privilége exorbitant ; elles font remarquer que dans ce cas, l'indemnité fixée
par la loi de 1824, serait dans l'espèce absolument dérisoire, eu égard à la privation de jouissance et aux travaux
nécessaires pour remettre les lieux dans leur état primitif.
Enfin, ce qui est plus sérieux, elles invoquent l'article 2 in
fine de la loi du 29 avril 1845, relative à la servitude
d'aqueduc. « Sont exceptés de cette servitude, les bâtiments, cours, jardins, parcs attenant aux habitations, » et
l'article 1er de la loi du 11 juillet 1847, qui statue de même
quant à la servitude d'appui. Rien de plus équitable que
l'exception consacrée en 1845 et 1847, nous l'accordons
volontiers ; mais avons-nous le droit de modifier le texte
si précis de l'Ordonnance de 1672 ? Les marchands peuvent
empiler leurs bois sur tous les héritages proches des cours
d'eau, donc sur les terrains dépendant d'une cour, d'un
parc, d'un jardin, comme sur les terrains en état de culture. La même difficulté a été soulevée à l'égard des héritages qui se trouvent séparés du cours d'eau par une clô-

ture quelconque telle qu'un mur ou une haie. Ici encore l'arrêt d'Orléans du 6 août 1864 que nous citions au paragraphe précédent, a repoussé les prétentions du commerce des bois. « Considérant qu'en supposant que les marchands aient le droit de faire des amas de bois sur les terres appartenant aux particuliers, proche du canal d'Orléans, dans la partie située commune de Mardié, ce droit ne saurait s'appliquer à des terrains clos ; qu'en effet, l'Ordonnance de 1672 ne contient aucune disposition formelle à ce sujet, et que des termes mêmes de l'article 14, on est amené à conclure que telle n'a pas été la pensée du législateur ; que le dit article, pour la fixation de l'indemnité à payer par les marchands de bois aux propriétaires, prévoit seulement deux cas, l'un où les terres seraient en état de labour, et l'autre où les terres seraient en nature de pré ; que le silence qu'il garde sur le taux des indemnités à payer au cas où les bois seraient déposés sur des terrains clos, indemnités qui alors devraient être plus élevées, démontre que le privilége accordé aux marchands de bois ne s'applique qu'aux terrains ouverts, et qu'ils n'ont pas le droit de faire des dépôts sur les terres closes ; que s'il en eût été autrement, le législateur se serait exprimé de manière à ne pas laisser le moindre doute sur la création d'un droit aussi exorbitant, ainsi qu'il l'a fait par l'article 8, en concédant aux marchands, pour le flottage de leurs bois, la faculté de passer dans les cours, basses-cours et parcs ; que les clôtures des propriétés sont en général l'objet d'une protection spéciale de la part du législateur, et qu'il faudrait un texte de loi précis et positif pour autoriser une violation qui, dans toute autre circonstance, constituerait un délit, etc., etc... » Cette argumentation, si habile qu'elle soit, est loin de déterminer notre conviction. Réfléchissons un instant à la situation que l'Ordonnance de 1672 a faite à la propriété privée ; par cela seul qu'un terrain est contigu à un cours d'eau flottable en trains ou à bûches perdues, la servitude d'occupation vient le grever immédiatement ; or, en quoi l'existence d'une clôture peut-elle modifier légalement cet état de choses ? En faisant établir cette clôture, le propriétaire a pour ainsi dire cherché à se soustraire à l'obligation qui lui était imposée par la loi ; donc cette circonstance n'a pu créer aucun droit à son profit ; donc, il n'a pas qualité pour réclamer une indemnité exceptionnelle, à raison du dommage qui lui est causé : « Ex delicto nullum jus nascitur. » La situation n'est pas autre que celle d'un propriétaire riverain d'un cours d'eau navigable qui exciperait de l'état de clôture de son héritage, pour se dispenser de fournir le chemin de halage dans les termes de l'Ordonnance de 1669.

204. L'Ordonnance de 1672 fixait le taux de l'indemnité à « un sol par chacune corde de bois empilée sur une terre en labour, et à dix-huit deniers sur une terre en nature de pré. » Cette rétribution calculée sur une base assez large, n'avait pas tardé à devenir insuffisante par la force même des choses ; aussi, les propriétaires faisaient-ils entendre de nombreuses réclamations et les conseils généraux des départements intéressés ne cessaient-ils de demander une disposition législative à cet égard. La loi du 28 juillet 1824 vint satisfaire à ce vœu. Art. 1er. « Les droits fixés par l'art. 14, ch. XVII de l'Ordonnance de 1672, seront portés à dix centimes au lieu d'un sou par corde de bois empilée sur une terre en labour, et à quinze centimes au lieu de dix-huit deniers par corde de bois, empilée sur une terre en nature de pré. » Comme le faisait remarquer la commission de la Chambre des députés, cette loi prenait pour base du nouveau tarif le rapport de la valeur nominale du marc d'argent avec sa valeur réelle ; comme depuis 1672, cette valeur avait varié dans le rapport de un à deux, il en résultait nécessairement que l'indemnité devait être le

double de celle qui avait été fixée en 1672. « Un simple calcul, ajoutait-elle, peut faire juger de la valeur de cette indemnité. Un arpent superficiel de terrain peut recevoir (déduction faite des distances entre les piles prescrites par l'Ordonnance) plus de dix-huit cents cordes de bois : l'indemnité fixée par le projet, sera donc de 180 livres pour un arpent de terre en labour et de 270 livres pour un arpent de pré. Supposons comme il est nécessaire de le faire, que les marchands n'observent pas exactement les distances prescrites et que cette négligence laisse un tiers du terrain vacant, il restera encore cent vingt livres par arpent de terre en labour, et cent quatre-vingt livres par arpent en pré. » Le projet de loi du gouvernement se bornait à cette seule disposition ; la Chambre des députés, crut nécessaire de le compléter en assurant aux propriétaires des garanties sérieuses contre des abus qu'ils avaient dû tolérer jusque-là. D'après le texte de l'Ordonnance, les bois devaient être empilés à une hauteur règlementaire. « Seront tenus lesdits marchands de faire marquer leurs bois de leurs marques particulières, de les faire triquer et empiler séparément sur lesdits ports flottables, et de faire faire les piles de huit pieds de haut sur la longueur de quinze toises, ne laissant entre les piles que deux pieds de distance, » porte l'art. 15. Or, il arrivait fréquemment que sur quelques ports, et spécialement sur ceux où sont déposés les bois neufs, les marchands, au lieu de faire empiler leur bois à la hauteur prescrite, préféraient leur donner une hauteur moindre, c'est à dire les faire empiler à piles basses. Il était évident dès lors que l'indemnité, étant fixée d'après le nombre des cordes déposées, et une corde occupant dans ce cas le double de terrain, le propriétaire se trouvait frustré d'une moitié de l'indemnité que lui accordait la loi. L'article 2 de la loi de 1824 a eu soin de rappeler aux marchands les dispositions de l'Ordonnance, relativement à la hauteur qu'ils doivent donner à leurs pile : il décide que lorsque les bois déposés ne seront pas empilés à cette hauteur réglementaire, l'indemnité sera payée pour les couches incomplètes, à raison de la quantité de cordes qu'elles contiendraient si elles étaient portées à cette hauteur. « Lorsque les bois déposés ne seront pas empilés à la hauteur prescrite par l'art. 15 du ch. XVII de l'Ordonnance, l'indemnité sera payée pour les couches incomplètes, à raison de la quantité de cordes qu'elles contiendraient si elles étaient portées à la hauteur prescrite. »

205. D'assez graves difficultés ont été soulevées, relativement au sens précis de cette expression « corde de bois. » Un des auteurs les plus compétents en ces matières, M. Thomas, enseigne que l'unité de mesure à laquelle s'est attachée la loi de 1824 est l'ancienne corde de 112 pieds cubes, adoptée d'une manière générale par l'Ordonnance des eaux et forêts. « La loi du 28 juillet 1824, en établissant un nouveau prix d'occupation est, dit-il (Statistique, culture, exploitation des bois T. II, p. 257 et 258), incomplète, en ce qu'elle a omis de fixer la dimension de la corde et son rapport avec le décastère, nous pensons même qu'en cas de contestation, la mesure des ports de l'Yonne et celle de la Cure ne peuvent servir de base, attendu qu'elles variaient à chaque port. Par exemple :

A Clamecy (Nièvre) elle était de. . . 4 stères 6 décist.
A Vermanton (Yonne) . . . . 4 — 9 —
Sur certains ruisseaux et dans les
ventes elle excédait. . . . . 6 — » —

Dans ce conflit de mesure, c'est l'ancienne corde des eaux et forêts dite de l'ordonnance, de 112 pieds cubes, qui doit prévaloir ; voilà la mesure légale ; en conséquence, les prix indiqués ci-dessus de 40 centimes par corde, ou par 3 stères 840 millistères sur pré, et de 26 centimes sur terre, doivent être maintenus encore, bien que depuis 1825 l'usage est de ne percevoir, en beaucoup de lieux, que 30 ou 20 centimes. Une augmentation, au surplus, était un droit bien acquis ; car, en 1672, le setier de blé qui ne passait pas 13 francs n'a que doublé de prix (26 à 30 fr.), tandis que le bois, qui ne se vendait alors que 40 à 50 francs l'arpent, coûte maintenant plus de 400 à 500 francs (dix fois plus). » Cette opinion nous semble tout à fait inadmissible en présence des délibérations qui ont précédé à la Chambre des Pairs l'adoption de la loi de 1824 ; il en résulte de la manière la plus évidente qu'aujourd'hui la corde doit être considérée comme équivalant à un demi-décastère ; en d'autres termes, on aurait pris comme unité de mesures l'ancienne corde dite de port cubant 4 stères 499 millièmes. La commission de la Chambre des Pairs avait demandé formellement que dans le texte de la loi l'expression de demi-décastère fut substituée à celle de corde. Le rapporteur, M. le comte de la Villegontier, ne comprenait point le maintien de ce mot corde, en présence des ·lois formelles qui interdisaient à jamais la mention des anciennes mesures dans les actes publics. Chaque année, disait-il, le gouvernement renouvelle ses instructions sur cet objet, et il serait peu convenable que le pouvoir législatif donnât lui-même l'exemple d'une contravention que réprime, par des dispositions pénales, la loi sur l'établissement du nouveau système métrique. Cet exemple ne pourrait-il pas être regardé comme un retour vers les anciennes mesures et ne détruirait-il pas en peu d'instants le bien que n'avaient pas encore achevé vingt années de persévérance ? On répondait avec quelque raison, que l'expression « au lieu d'un sou par corde de bois empilée » n'était qu'une citation empruntée à l'ordonnance de 1672 et que, du moment où on la citait, on ne pouvait, sans intervertir les temps, substituer le terme de demi-décastère à celui de corde ? A quoi bon, au surplus, puisque les deux expressions étaient réputées synonymes ? L'amendement fut rejeté dans ces termes ; mais ce qui ne laisse aucun doute, c'est ce passage du rapport de la commission, auquel la Chambre s'associa formellement. « La substitution du demi-décastère à la corde est déjà opérée et continuera de s'opérer en vertu de l'arrêté du 3 nivôse an VII qui subsiste dans sa teneur [1]. En vertu de la loi nouvelle, les particuliers recevront dix centimes au lieu d'un sol, quinze centimes au lieu de dix-huit deniers, c'est-à-dire que cette loi réglant à leur juste valeur les indemnités dues par le commerce en ramènera l'expression dans les termes du nouveau système des poids et mesures, de même que l'arrêté du 3 nivôse a déjà soumis au même système le mode de mesurer les bois. Ces deux actes, loin de se contrarier, ne doivent donc être regardés que comme compléments l'un de l'autre. Ainsi, le système métrique ne sera point altéré, rien ne troublera les habitudes établies. La loi n'entraînera dans son application aucune espèce d'embarras. »

206. A partir de quel moment les droits d'occupation sont-ils dus par les marchands de bois ? En fait, les marchands sont dans l'usage, pour s'assurer d'avance un lieu de chargement ou de déchargement sur le port qu'ils ont choisi, de faire placer par leurs voituriers, de distance en distance, quelques bûches pour désigner la partie de terrain qu'ils veulent occuper. « Quand un marchand intelligent craint la concurrence, lisons-nous dans l'ouvrage de M. Thomas (t. II, p. 241), il se hâte alors de faire scier quelques bûches des premières lances abattues dans la forêt et aussitôt les fait frapper de son marteau (qui, selon l'usage, est dûment enregistré au greffe du tribunal civil)

[1] Arrêté du 3 Nivôse an VII. — Article 1er : « A compter du 1er Pluviôse prochain le bois de chauffage ne sera plus mesuré sur les ports flottables et navigables à la corde, mais au décastère ou mesure de dix stères. »

et les envoie au port en les répandant çà et là à trois et quatre pieds l'une de l'autre, sur la rive ou le terrain du port qu'il a l'intention de faire occuper pour les produits de son exploitation ; une corde suffit pour en assurer l'emplacement de mille. Celui qui déposerait son bois sur un port marqué serait obligé de rendre l'emplacement usurpé, ensuite de le transporter ailleurs, et serait, en outre, condamné, d'après les usages et coutumes des ports flottables, à tous les dommages-intérêts qui se règlent par le tribunal de commerce ou par le juge de paix du lieu, à raison du tort plus ou moins grand qu'il aurait causé au premier occupant. » La plupart des auteurs estiment que le simple dépôt de ces bûches isolées ne suffit pas pour faire courir en faveur des propriétaires le droit à une indemnité ; ils veulent que la totalité des bois ait été déposée sur le terrain et que l'empilage soit entièrement terminé. Il est bien vrai que les textes qui ont établi le taux de la rétribution à payer au propriétaire ne se réfèrent qu'à l'hypothèse de bois empilés et non pas simplement déposés sur un héritage ; mais il est bon d'observer que la loi n'a entendu prévoir que le cas le plus ordinaire, et n'a point voulu statuer sur une circonstance tout à fait exceptionnelle. M. Dalloz (v° Bois et Charbons, n° 145) établit, avec sa netteté habituelle, que la propriété privée se trouve occupée dès le jour de cette possession anticipée, parce qu'il faut admettre que si l'usage existe, il doit être respecté par les autres marchands. Le savant jurisconsulte fait observer que peut-être l'espace circonscrit par le marchand ne sera pas entièrement occupé ; que peut-être l'occupation sera retardée par diverses circonstances : ou même qu'elle n'aura pas lieu du tout. Or, est-il admissible que les propriétaires des terrains se trouvent lésés dans leurs intérêts, parce qu'il aura plu à un marchand de jeter une sorte d'interdit sur leurs héritages par le placement des bûches dont s'agit ? Une objection est possible ; on dira que, l'occupation commençant aussitôt le placement des bûches isolées, le réglement de l'indemnité sera difficile à établir puisque, d'après la loi, il doit être effectué à tant par demi-décastère, et que tant que l'empilage ne sera pas fait, on ne connaîtra point le nombre de décastères qui seront empilés. M. Dalloz y répond de la manière la plus simple ; les réglements ayant pris soin de fixer eux-mêmes la hauteur des piles de bois et la distance à observer entre elles, on arrivera de suite à déterminer, en mesurant l'espace circonscrit par les bûches isolées quel sera le nombre exact de décastères qui aurait pu être contenu dans cet espace.

207. Reste à savoir comment se calculeront les droits d'occupation. Si nous nous reportons au texte de l'Ordonnance nous voyons qu'ils sont payés « par chacune année que les bois demeureront empilés sur les dits entrepôts. » Le laconisme de cette disposition a plus d'une fois donné lieu à des contestations regrettables entre les propriétaires et le commerce des bois. Au premier abord, il semblerait évident que les droits d'occupation ne doivent être acquittés au taux fixé par la loi, qu'autant que les marchandises sont restées en dépôt pendant une année entière et que, dans le cas contraire, l'indemnité doit être réduite proportionnellement à la durée du dépôt. Cette proposition a cependant trouvé de nombreux contradicteurs et l'on a soutenu : 1º que l'indemnité était due pour une année entière, par cela seul qu'il y avait eu occupation, et quelque court qu'ait été le temps de cette occupation ; 2º que si les bois déposés dans le courant d'une année n'étaient pas enlevés au 31 décembre, un nouveau droit correspondant à une seconde année d'occupation devenait immédiatement exigible. Les auteurs sont unanimes pour repousser une prétention aussi exorbitante ; peut-on admettre, en bonne logique, que lorsque des marchandises sont déposées dans les derniers

jours d'une année et enlevées dans les premiers jours de l'année suivante, le propriétaire réclame un double droit pour cette occupation qui, peut-être, n'aura duré que quelques semaines ? Notons, du reste, que les marchandises enlevées sur les ports devant être immédiatement remplacées par d'autres, le propriétaire arriverait infailliblement à toucher quatre ou cinq fois dans une seule année le montant de l'indemnité qui lui est accordée ; il y aurait là un bénéfice que nous n'hésiterions pas à qualifier de scandaleux. En résumé, nous estimons que l'indemnité doit être proportionnelle au temps pendant lequel a duré le dépôt. Ce principe avait été déjà consacré par une sentence du bureau de la Ville du 18 mars 1733. « Ordonnons que l'ordonnance de 1672 sera exécutée ; ce faisant, qu'il ne sera payé aux propriétaires d'héritages voisins des rivières et ruisseaux qu'un sol pour l'occupation pendant une année de chaque corde de bois qui sera empilée ou déposée sur les terres, et un sol six deniers sur les prés ; et, lorsque les dits bois ne séjourneront sur les dits héritages que trois, quatre, cinq ou six mois plus ou moins, que l'occupation n'en sera payée que pour le dit temps, à proportion de ce qui est ci-dessus accordé pour une année entière. » Nous ne voyons aucune raison pour nous séparer ici des traditions de l'ancienne jurisprudence.

208. Il est aujourd'hui à peu près universellement reconnu que la servitude d'occupation n'existe qu'en faveur du commerce des bois, et qu'aucune autre marchandise ne peut, sous quelque prétexte que ce soit, être déposée sur un terrain privé. A prendre à la lettre l'Ordonnance de 1672 et la loi de 1824, on pourrait même croire que cette faculté a été restreinte aux bois de chauffage, à l'exclusion des bois de construction, de sciage et de charronnage connus sous la dénomination de bois carrés. En fait, un usage constant veut que les bois de chauffage et les bois carrés

soient absolument assimilés ; la perception des droits présentera, il est vrai, quelques difficultés, puisque la corde
adoptée comme unité en 1672 et en 1824 ne s'applique
qu'aux bois de chauffage ; mais on arrive facilement à les
résoudre, en évaluant le nombre de cordes de bois de
chauffage qui auraient pu être déposées sur les lieux occupés par les bois de charpente ; l'indemnité sera fixée
d'après cette base et conformément aux énonciations du tarif de 1824. C'est ce qui avait été consacré autrefois par
une sentence du bureau de la Ville du 6 mai 1763 capitale
en cette matière ; le mode de calcul que nous indiquons y
est présenté comme le seul qui puisse concilier les intérêts
du commerce et de la propriété privée. Nous lisons de même
dans un jugement du tribunal de Clamecy du 23 mai 1845,
que « si les lois et Ordonnances n'ont pas réglé le droit
d'occupation pour les bois de charpente, cependant à défaut
d'usage ancien et reconnu, il y a lieu de s'y référer, en prenant en considération la différence du mode d'occupation
des bois de charpente et de celui du bois de moule ; que ce
droit ayant été fixé par le législateur à 10 ou 15 centimes
par chaque corde ou demi-décastère de bois de moule, il
convient dès-lors de convertir par un calcul proportionnel
les bois de charpente en décastère, et spécialement de rechercher dans la cause combien la quantité de charpente
déposée sur le terrain du sieur C... peut représenter de décastères de bois de moule. » Le pourvoi contre cette décision fut rejeté par arrêt des requêtes du 9 mai 1848 (Dev.
48, 1, 555), et à cette occasion, M. le conseiller rapporteur Mesnard présentait le tableau le plus fidèle de la jurisprudence actuelle. « Le pourvoi se plaint que le jugement
attaqué ait appliqué aux bois de charpente les dispositions
de la loi de 1824, exclusivement applicable aux bois de
chauffage et par suite arbitrairement fixé le taux de l'indemnité due pour l'occupation du terrain. A cet égard,

nous devons remettre sous vos yeux les termes du jugement attaqué... Assurément, il n'y a rien là qui sente l'arbitraire. Le tribunal ne trouvant ni dans la loi de 1824, ni
dans l'Ordonnance de 1672, la fixation de l'indemnité due
pour l'occupation du terrain par les bois de charpente, se
conforme, autant que possible, à la pensée qui a dicté ces
dispositions législatives. Il comprend qu'il y a une différence entre les deux natures de bois, et, loin d'appliquer à
l'une la règle qui a été faite pour l'autre, il se borne à
prendre cette règle pour point de départ, mais en ayant
soin de la modifier dans ses rapports avec la nature de bois
qui était restée étrangère à ses dispositions. Par un pareil
procédé, il vous paraîtra sans doute que le tribunal de Clamecy a tenu exactement compte de ce qu'il pouvait y avoir
de différence entre le bois de charpente et le bois de chauffage, et, que loin de violer l'Ordonnance de 1672, il a fait
tout ce qui était en lui pour en respecter et en appliquer les
dispositions. »

209. L'article 15, chap. XVII de l'Ordonnance de 1672,
dans le but d'assurer le recouvrement des indemnités, consacre un droit de rétention en faveur des propriétaires
dont les héritages auront été momentanément envahis ; les
marchands ne peuvent faire travailler à la construction de
leurs trains avant le parfait et entier paiement de cette indemnité. L'interprétation de ce texte a, dans ces derniers
temps, suscité d'assez fréquentes controverses ; plusieurs
personnes se sont imaginé que l'Ordonnance avait entendu
consacrer au profit du propriétaire non-seulement un droit
de rétention, mais encore un véritable privilége ; elles ont
considéré que la loi ne lui aurait accordé aucune protection
efficace, si elle n'avait reconnu un droit de suite sur les
bois déposés dans sa propriété. Ce système se heurtait à ce
principe que les priviléges sont de droit étroit et ne peuvent
résulter que d'une disposition expresse ; aussi ses partisans

ont-ils dû chercher dans la loi un article qui pût, tant bien que mal, se prêter à leur opinion. Ils ont enseigné que le dépôt des bois sur les terrains des particuliers constituait une véritable location ; qu'en conséquence, il y avait lieu à l'application de l'article 2102 C. Civ. La Chambre des requêtes a répondu dans l'arrêt cité plus haut, que le contrat de louage ne pouvait résulter que du consentement volontaire des parties et non d'une obligation imposée par la loi. Ici encore, nous ne pouvons faire mieux que de reproduire le remarquable rapport de M. Mesnard. « Le louage est un contrat, et dans l'espèce, on cherche vainement les éléments d'un contrat. Le contrat de louage a pour effet d'assurer au locataire la jouissance d'une chose ; dans l'espèce, ce n'est pas la jouissance du terrain qui est accordée aux marchands de bois ; ils ne peuvent rien faire sur ce terrain, sinon y déposer momentanément leurs bois, sauf à payer l'indemnité proportionnelle déterminée par la loi. Ce dépôt momentané, accidentel, constitue une charge, une servitude légale au préjudice des riverains que la loi assujettit à l'obligation de souffrir l'obligation, imposée aux riverains des rivières navigables, de laisser lo marchepied et le chemin de halage le long de ces rivières. Il ne faut pas dire que la loi, en cas pareil, passe un contrat forcé de location entre le propriétaire du terrain et ceux qui occupent ce terrain, en y pratiquant le passage nécessaire ; il faut dire que la loi impose une servitude à ce terrain dans un intérêt d'utilité publique. Si l'article 1709 qui définit le contrat de louage résiste à la prétention du demandeur, l'article 2102 qui institue le privilége du locateur, n'oppose pas à cette prétention une résistance moins vive. Il suffit d'en lire le texte pour comprendre qu'il ne peut s'appliquer aux bois momentanément déposés sur le terrain des riverains, qui ne souffrent une pareille occupation qu'à titre de charge ou de servitude imposée par la loi. Du reste, il suffit qu'il n'y ait pas location pour que l'article 2102 reste tout à fait étranger à l'espèce de la cause. »

§ III.

Des compagnies de commerce organisées pour le flottage des bois destinés à l'approvisionnement de Paris.

210. En présence des dépenses considérables qui rendraient impossible toute opération individuelle, les marchands de bois ont dû, depuis longtemps, se constituer en associations ou compagnies de commerce. La surveillance des cours d'eau, la direction des trains, le repêchage des bois canards exigent un personnel nombreux et expérimenté, qui puisse défendre les intérêts des marchands ; de là, des frais généraux qu'une compagnie peut supporter facilement, mais qui épuiseraient fatalement toutes les ressources d'une administration particulière, si riche qu'on la supposât. D'autre part, il est souvent indispensable d'exécuter de nombreux travaux pour assurer le flottage sur les cours d'eau. En 1841, M. Vuitry répétait devant la Chambre des députés que, sur la rivière d'Yonne, la navigation n'était possible que grâce aux retenues faites dans la partie supérieure de la rivière, par le moyen de réservoirs ouverts à certaines époques ; les trains et les bateaux ne peuvent descendre qu'au moyen de ces crues factices qu'on appelle éclusées. L'administration des Ponts et Chaussées ne saurait, le plus souvent, prendre à sa charge l'entretien d'ouvrages aussi dispendieux ; les Compagnies se sont substituées à elle et ont pourvu de temps immémorial à leur entretien ; aujourd'hui encore, elles y subviennent au moyen de cotisations perçues sur chacun de leurs membres. Ces compagnies se divisent en deux classes bien distinctes.
A. Compagnies venderesses ou compagnies du haut s'occu-

pant exclusivement du flottage à bûches perdues, sur les petites rivières ou ruisseaux qui aboutissent aux cours d'eau flottables en trains ; nous verrons plus tard, en nous occupant de la police du flottage, quels sont les usages et les règles observés relativement aux flots de communauté. B. Compagnies acheteresses, c'est-à-dire compagnies organisées à Paris et achetant des compagnies du haut, les bois déposés sur les ports d'approvisionnement. Ces Compagnies sont au nombre de trois, depuis la suppression des chantiers de l'île Louviers. 1° Compagnie du commerce des bois à brûler. Elle paraît remonter à l'époque même où le flottage par trains de bois a été pratiqué pour la première fois ; elle n'a pour objet, dit M. Rousseau (p. 193), que le flottage en trains, le transport par eau et la conservation des bois ; elle ne commence que sur les ports où s'opère ce genre de flottage et finit aux ports de tirage dans Paris; elle se compose de tous les marchands de bois résidant à Paris qui font arriver des trains de bois de chauffage. 2° Compagnie de commerce des bois à ouvrer. Dès 1498, une Ordonnance autorisait entre les marchands de bois merrain une bourse commune pour la « défense et tuition » de leurs marchandises. Un édit de Louis XIV enregistré en Parlement le 7 septembre 1690, autorisait la réunion en compagnie de soixante bourgeois jurés, marchands de bois à bâtir, sciage et charronnage et autres bois à œuvrer dans la ville, faubourg et banlieue de Paris. Ils devaient contribuer à rendre les magasins mieux fournis et à diminuer le prix de la marchandise ; il leur était enjoint de faire corps et communauté entre eux, de choisir annuellement des syndics, de dresser des statuts tels qu'ils aviseraient pour établir un bon ordre dans leur négoce et profession, lesquels statuts approuvés par les prévôts des marchands et échevins de Paris seraient présentés pour être homologués par le roi en son Conseil d'Etat. Un réglement du 5 octobre

1772 approuvé par le prévôt des marchands, maintint à nouveau l'ancienne association ; des syndics furent définitivement établis pour gérer les affaires de la communauté, ordonner toutes les dépenses communes, faire acquisition de cordes, bachots et autres agrès, nommer les employés, les agents nécessaires pour établir un ordre sur les ports du haut dans les rivières, à l'effet d'y maintenir la sûreté des marchandises, faciliter les flottages, éviter la confusion, repêcher et sauver les bois entraînés, etc., etc... La réorganisation de la Compagnie date de l'assemblée générale du 29 avril 1817 ; ses réglements furent définitivement homologués par le préfet de police le 23 août suivant ; ajoutons qu'en 1841, ils durent subir des remaniements assez importants, par suite de l'admission des marchands de la banlieue aux assemblées générales. 3° Compagnie du commerce de charbons de bois arrivant à Paris. On peut consulter, quant à son existence, la délibération du 17 août 1767, la sentence du bureau de la Ville du 5 janvier 1769, et l'Ordonnance royale du 4 février 1824. — Chacune de ces trois Compagnies a son organisation séparée ; elles nomment elles-mêmes leurs syndics et les membres de leur bureau d'administration ; elles règlent les conditions d'admissibilité aux assemblées périodiques et prennent toutes les mesures nécessaires pour en écarter les commerçants en état de faillite. Mais en même temps elles se réunissent ensemble à certaines époques pour discuter les questions qui ont trait à leurs intérêts communs ; leurs délégués forment la société des trois commerces réunis ; un réglement du 15 mai 1843 détermine la compétence de cette assemblée générale ; c'est à elle qu'est dévolu le soin de veiller au bon état des rivières et de leurs ouvrages d'art ; d'assurer l'entretien des bachots, cordages et autres agrès nécessaires au service, de payer les agents particuliers destinés à la surveillance des bois flottés et des trains ; enfin de présenter à l'autorité supérieure, les candidats aux emplois de gardes-ports et inspecteurs des ports.

211. Le réglement de 1772 portait dans son article 5 que, pour pourvoir aux dépenses nécessaires aux affaires et aux achats qui seraient estimés à propos pour la communauté, il serait fait annuellement un fonds entre les mains du syndic ; que, pour constituer ce fonds, il serait payé par chaque marchand 6 sols par cent francs du montant des droits qui se payent sur les bois au bureau des officiers des bois carrés, la dite perception devant avoir lieu à dater du 1er janvier 1772. Un certain nombre de marchands se refusèrent à exécuter en cette partie la décision de l'assemblée générale ; mais un arrêt contradictoire du Parlement de Paris, rendu le 7 août 1775, condamna ceux d'entre eux qui n'avaient point encore versé leur cotisation, à en acquitter le montant dans le délai de huitaine, et à continuer désormais le paiement ; même injonction était faite à tous prrticuliers non marchands qui feraient arriver pour leur compte des bois carrés ; c'est ce que décidèrent encore trois autres arrêts des 12 mars 1781, 23 juillet et 7 septembre 1782. Le premier soin des Compagnies, lorsqu'elles se réorganisèrent, fut de maintenir les cotisations communes destinées à l'entretien et à la garde des rivières. Le moyen de contrôle et de perception adopté par elles était des plus simples ; elles fixèrent le taux de la cotisation exigée de chaque négociant proportionnellement au montant des droits d'octroi versés par lui dans les caisses de la ville. Ainsi, l'article 23 des statuts de la Compagnie des bois carrés, porte ce qui suit : « Pour subvenir aux dépenses de frais de bureau, appointements de l'agent et autres employés qui seront nécessaires, il sera établi une cotisation qui ne pourra excéder trois centimes par franc de la quotité des droits perçus par l'administration de l'octroi, sur les bois à

œuvrer entrant dans Paris. » En outre, suivant les anciennes traditions, tout marchand de bois qui s'établissait,
devait verser, à titre de mise de fonds, une certaine somme
dans les caisses de la Compagnie dont il faisait partie. Les
difficultés que l'arrêt de 1775 avait cru trancher définitivement, ne tardèrent pas à se reproduire ; la cotisation exigée des marchands de bois, destinée à subvenir aux nécessités d'un service public, n'était, disait-on, qu'un impôt
déguisé ; on admettait parfaitement que les négociants présents aux assemblées où elle était votée, se trouvassent liés
vis-à-vis des Compagnies ; rien de plus juste que de poursuivre contre eux le recouvrement d'une somme qu'ils s'étaient engagés à payer. Mais en pouvait-il être de même à
l'égard des négociants absents ou dissidents ? Aucun titre
n'était produit contre eux ; aucun texte de loi ne les avait
assujettis au paiement d'une somme quelconque pour l'entretien des rivières et le salaire des agents ; libre à eux de
se passer de la surveillance des Compagnies et de se livrer
au commerce sans être soumis à leur juridiction. A quoi les
Compagnies répondaient que la cotisation, loin de constituer un impôt, n'était que la représentation d'un service
rendu aux marchands de bois ; en veillant au bon état des
ouvrages établis sur les cours d'eau, en prenant toutes les
mesures pour que les trains pussent arriver sans encombre,
elles avaient en quelque sorte géré leur affaire et pouvaient agir contre eux dans les termes de l'article 1375 C.
Civ. Cette argumentation avait eu un plein succès devant
les tribunaux (Paris 13 nov. 1819 ; Moreau, Code des bois
carrés, p. 417 ; Civ. Cass. 14 nov. 1844; Dev. 45, 1, 56).
La loi du 6 juillet 1841 (art. 9) a prévu le retour de semblables contestations. « Continuera d'être faite la perception des taxes imposées avec l'autorisation du gouvernement pour subvenir aux dépenses intéressant les communautés de bois. » Et chaque année, jusqu'à ce jour, une

Ordonnance ou un décret inséré au Bulletin des lois, ont déterminé le montant de la somme qui serait perçue sur chaque nature de bois. En présence de ce texte, il va de soi que le paiement de la cotisation est absolument obligatoire pour toute personne qui se livre à des actes de commerce habituels sur les bois soit à brûler, soit à œuvrer; depuis longtemps déjà, la Cour de Bourges avait décidé, dans son arrêt du 5 juillet 1822, « que par le seul fait du flottage de leurs bois, les marchands adhèrent aux statuts des Compagnies, parce qu'ils se sont servis des agrès fournis, réparés par elles, parce qu'elles ont profité de toutes les dépenses qu'elles font journellement pour entretenir la rivière en état de flottage, pour réparer les dégâts qu'occasionnent les bois lancés à flot (Dev. C. N. 7, 2, 95). » Un jugement du tribunal de commerce de la Seine du 5 février 1845, est allé encore plus loin, en décidant qu'un fournisseur de la marine était assujetti au paiement de la taxe pour les bois qu'il avait fait flotter, bien qu'en fait, ce fournisseur ne pût être réputé marchand de bois (Dalloz v° Bois et Charbons n° 98). Le motif en est toujours le même ; toute personne faisant flotter du bois, à quelque titre que ce soit, profite des travaux faits par les Compagnies, et doit également ment participer à leurs charges.

212. Ainsi que nous l'avons déjà dit, les compagnies ont sous leur dépendance un nombreux personnel d'employés qu'elles préposent soit à la direction des trains et au repêchage des bûches flottantes, soit à la surveillance des ports et des gares. On comprend qu'il nous est à peu près impossible de donner la liste exacte de ces agents et le rang hiérarchique assigné à chacun d'eux ; rien de plus variable que cette organisation qui se modifie à chaque instant suivant les besoins du commerce ; aussi nous bornerons-nous à donner sur ce point quelques renseignements sommaires. A la tête du service se trouvent d'abord les agents géné-

raux des compagnies nommés par l'assemblée générale, sauf l'homologation de l'autorité supérieure. Ils sont chargés de centraliser toute la comptabilité et toute la correspondance, de veiller à la conservation des registres et archives, de diriger le personnel qui leur est subordonné, de tenir compte exact des bois qui entrent dans Paris, de défendre les intérêts du commerce dans ses rapports avec l'administration de l'octroi, enfin de suivre tous les procès ou contestations dans lesquels sont engagés les intérêts des communautés ; les statuts des compagnies leur interdisent de se livrer à aucun acte de commerce et les soumettent à la nécessité de fournir un cautionnement. En outre, les agents généraux des compagnies du Haut ont dans leurs attributions spéciales tout ce qui a trait à la conduite et au coulage des flots, à leur tirage et mise en état, au repêchage des canards, à l'entretien des rivières et aux indemnités de chômage à payer aux propriétaires d'usines ou moulins. Dans l'exercice de leurs fonctions, les agents généraux ont immédiatement au-dessous d'eux les commis généraux, plus spécialement préposés à la surveillance du personnel inférieur ; d'après un réglement de la compagnie du commerce du bois de chauffage, le commis général résidant à la gare d'Ivry règle, au point de vue des intérêts du commerce, le lâchage des trains dans Paris et prend toutes les mesures nécessaires pour le maintien de l'ordre sur les ports de garage. Viennent ensuite : 1° les commis gardes-rivières au passage des trains ; dans les limites de leur arrondissement ils tiennent la main à ce que les trains continuent leur route sans interruption et ne se garent qu'au cas de force majeure ; ils s'opposent à ce que les bois provenant des trains soient enlevés et détournés sous quelque prétexte que ce soit ; ils n'en permettent le déplacement que sur l'autorisation des agents supérieurs du commerce ; ils dirigent les manœuvres des éclusées et déboucheurs de pertuis ; ils donnent avis au commerce des accidents qui parviendraient à leur connaissance, etc., etc.; 2° les commis de berge établis, dans l'intérêt de la sûreté des trains, sur les ports où doit avoir lieu leur déchirage ; 3° les commis gardes-rivières pour le passage des ponts ; 4° les gardes-rivières généraux préposés à la conservation des bois de repêchage; 5° des gardes-rivières ambulants ; en règle générale, ils sont employés à la conduite des trains et à leur surveillance pendant la route. Dans les tournées qu'ils peuvent faire, ils s'assurent du bon état de la rivière ; ils vérifient si tous les réglements relatifs au repêchage des bois sont strictement exécutés; ils constatent que les éclusiers sont à leur poste et que les pertuis peuvent être ouverts à la première réquisition des conducteurs de bateaux; 6° les gardes-rivières sédentaires. Les commissions qui leur sont délivrées leur imposent l'obligation de pourvoir à la sûreté et à la conservation des bois déposés sur les ports ; de surveiller le choix des bois que les ouvriers peuvent, suivant l'usage, emporter à titre de faix ils s'opposent à ce que les bûches composant le faix n'excèdent pas les dimensions fixées par les réglements et, pour s'en assurer, ils les passent dans l'anneau qui leur est remis à cet effet : ils interdisent à l'ouvrier l'emport de son faix lorsqu'il n'a pas travaillé la journée entière ; de prendre toutes les précautions nécessaires pour empêcher les incendies; de veiller aux moments du flottage en trains à ce qu'aucune pile ne soit enlevée pour une autre ; enfin de dénoncer toutes les contraventions qui parviendraient à sa connaissance et d'en dresser procès-verbal. 7° Les gardes-rivières préposés au repêchage des bois ; nous verrons plus tard, en traitant de la propriété de ces épaves, que nul n'a le droit de les recueillir sans y être formellement autorisé par les compagnies du commerce des bois, et que le fait de se les approprier constitue, aux termes de la jurisprudence, le délit de vol (Limoges, 29 mai 1856 ; Dev., 57, 2, 629).

213. On a fréquemment agité dans la pratique la question de savoir quelle pouvait être en droit la situation des agents du commerce des bois. Quelques personnes ont soutenu qu'ils n'avaient aucun caractère officiel ; que tout au plus, on ne pouvait les assimiler qu'à des gardes particuliers assermentés ; et qu'il fallait bien se garder d'établir une sorte d'assimilation entre eux et les gardes-ports. L'administration ne s'est point rangée à cet avis ; elle a compris qu'il était de l'intérêt public de multiplier autant que possible le nombre des agents ayant le droit de constater les contraventions aux réglements de la navigation ; tout en laissant aux compagnies la nomination de leurs gardes rivières, elle a singulièrement étendu leurs pouvoirs et en a fait de véritables dépositaires de l'autorité publique. Tout d'abord elle s'est réservé le droit de les commissionner comme si elle les avait sous sa dépendance directe, et elle exige qu'ils prêtent serment devant le tribunal de première instance du lieu où ils sont appelés à résider. Elle leur enjoint de donner aux inspecteurs de la navigation et de l'approvisionnement tous les renseignements qui leur sont demandés et en fait ainsi leurs supérieurs hiérarchiques ; d'autre part, elle les autorise à requérir dans leurs fonctions l'aide et l'assistance de la force publique. Les arrêts ont eu depuis longtemps l'occasion de développer ces principes ; ainsi, l'on a toujours tenu pour constant qu'à l'exemple des gardes-ports les gardes rivières du commerce des bois devaient être considérés comme fonctionnaires publics dans les termes de l'article 75 de la Constitution de l'an VIII (Crim. Cass., 1er juillet 1808. Dev. C, N. 2, 1, 550). Actuellement, il est hors de doute qu'ils peuvent constater toute infraction aux lois et réglements sur la grande voirie ; un arrêt du Conseil du 26 décembre 1837 (Lebon, 37, 571) s'est prononcé en ce sens d'une manière formelle : « Considérant que

les gardes particuliers du commerce de bois sur les affluents de l'Yonne, sont commissionnés par l'autorité administrative et assermentés en justice pour la recherche des entreprises illicites commises sur les rivières navigables ou flottables, confiés à leur surveillance ; qu'ils sont dès lors agents de la navigation, et ont, en cette qualité, aux termes des lois de la matière, le droit de dresser des procès-verbaux pour la constatation des dites entreprises.... » Ces procès-verbaux doivent, bien entendu, être enregistrés dans les termes du droit commun ; le plus ordinairement, ils sont transmis au service de la navigation qui y donne telle suite que de droit. Enfin, les gardes rivières ont toute latitude pour faire perquisition chez les détenteurs de bois détournés au préjudice des compagnies, à la charge, bien entendu, de se conformer à l'article 16 Instr. Crim. C'est ce qui résulte de l'arrêté du Directoire du 26 nivôse an V. « Les dispositions de l'arrêté du 4 nivôse an V, relatif à la recherche ou à la perquisition des bois coupés en délit ou volés, sont applicables à la recherche des bois volés sur les rivières et ruisseaux navigables ou flottables ; en conséquence, tous inspecteurs de la navigation ou gardes-rivières commissionnés par le ministère de l'intérieur, reçus et assermentés devant les Tribunaux, sont autorisés à faire la recherche et perquisition des bois volés sur les rivières et ruisseaux flottables ou navigables et le long d'iceux, de la manière énoncée aux articles 1, 2, 3 et 4 dudit arrêté.... »

§ IV.

Police du flottage.

A. *Flottage en trains de bois.*
B. *Flottage à bûches perdues.*

A

214. Le flottage par trains de bois est soumis aux mêmes
prescriptions que la navigation proprement dite ; cette assimilation apparaît à chaque instant dans le règlement annexé à la circulaire du 21 juin 1855. En outre de ce texte
général sur les dispositions duquel nous n'avons pas à revenir, nous trouvons un assez grand nombre de prescriptions spéciales à telle ou telle rivière ; les préfets ont dû
prendre toutes les mesures nécessaires pour que, dans les
temps de crue ou de débâcle, la circulation des trains ne
devienne point dangereuse pour la sécurité publique. C'est
ainsi qu'à Paris les agents du service de la navigation ont
le droit incontestable d'exiger que les trains surpris par les
glaces soient immédiatement déchirés. En sens inverse, une
Ordonnance du bureau de la ville, du 27 avril 1784, et un
arrêt du Parlement, du 13 décembre 1785, autorisent, au
cas où les eaux deviendraient par trop basses, les agents de
la navigation, à fixer l'épaisseur que les trains peuvent
avoir au maximum ; d'après le réglement de la rivière
d'Yonne, en date du 23 mars 1834, toute contravention
devra être déférée au Conseil de Préfecture ; l'amende de
100 livres, édictée par l'Ordonnance, serait encore aujour-
d'hui applicable, quoiqu'en ait pu dire M. Rousseau (p. 450).
De même, le garage des trains a fait l'objet de nombreux
réglements de police qui déterminent la manière dont il
doit s'opérer, et l'espace de temps maximum que chaque
train peut stationner dans la gare. A Paris, depuis une

époque immémoriale, le garage des trains a lieu par les soins de la compagnie du commerce des bois de chauffage, chargée de ce service par délibération des autres compagnies ; on peut consulter la décision, en date du 30 pluviôse an VIII, relative à la police des gares, au pouvoir des commis généraux, chargés de leur surveillance et aux formalités à remplir par les conducteurs des trains. L'Ordonnance du 25 octobre 1840 a singulièrement simplifié cette matière en indiquant tous les lieux où pourraient se garer les trains de bois du commerce, et en soumettant les agents des compagnies au contrôle plus direct du service de la navigation. Hors Paris, il arrive souvent que des gares se trouvent établies aux frais de particuliers qui en sont concessionnaires : les redevances qui, d'après l'acte de concession doivent leur être payées, ne constituent pas un impôt proprement dit, mais la rémunération d'un service rendu et auquel nul n'est forcément assujetti : cette concession peut donc avoir lieu sans qu'une loi intervienne pour la valider d'une manière expresse. Enfin, l'administration locale prend généralement toutes les mesures pour que le déchirage des trains ait lieu de manière à éviter l'encombrement : des endroits sont désignés au commerce et des délais de rigueur sont imposés aux conducteurs des trains que l'on déclare responsables de tout retard et de toute négligence.

215. Les infractions aux réglements sur le flottage par trains de bois doivent naturellement être soumises à la même juridiction que les infractions aux réglements de la navigation. Nous rappellerons la distinction que la pratique a introduite en ces matières ; les infractions aux réglements destinés à assurer la sécurité de la navigation tombent sous le coup de l'article 471 du Code pénal et sont justiciables des tribunaux de simple police ; les infractions aux réglements destinés à assurer la conservation du lit de la rivière

et des ouvrages d'art sont justiciables des tribunaux administratifs, et ne peuvent entraîner de peine proprement
dite qu'autant que le fait incriminé rentre dans les prévisions d'un texte de loi formel. Rien de plus logique que de
s'attacher à ce système invariablement suivi par les arrêts.
Toutefois, nous devons faire observer que, dans une hypothèse spéciale, le commerce des bois s'est efforcé, autant
que possible, d'en éviter les conséquences. Un arrêté du
préfet de Seine-et-Marne, en date du 9 mars 1839, ordonnait, dans l'intérêt de la navigation, que les trains de bois
dirigés vers Paris et autres lieux fussent désormais maintenus intacts jusqu'à ce qu'ils fussent rendus à destination ;
en conséquence, il était expressément défendu d'enlever de
ces trains en cours de navigation les étoffes, telles que
chantiers, perches, fers, qui serviraient à les consolider.
Cet arrêté avait bien soin d'indiquer que toute contravention serait constatée par procès-verbal et déférée aux tribunaux de simple police ; de là, réclamations incessantes
des syndics et agents des communautés qui considéraient
comme illusoires les peines de l'article 471 du Code pénal.
C'est sous leur impulsion qu'une dépêche ministérielle,
adressée le 15 novembre 1841 à M. le préfet de Seine-et-
Marne, vint prescrire anx agents de l'administration de
saisir non plus les tribunaux de simple police, mais les
Conseils de préfecture. « Monsieur, le 18 août dernier vous
m'avez donné connaissance des suites d'une affaire qui avait
été renvoyée au jugement des tribunaux. Il s'agissait d'une
infraction à la décision ministérielle du 2 mars 1839, portant défense d'enlever des trains de bois en cours de navigation, les étoffes qui servent à retenir les parties dont se
composent ces trains. Il résulte de ce jugement que les contrevenants ont été condamnés chacun à 5 francs d'amende.
Une semblable condamnation vous paraît équivaloir à un
acquittement. Dans cette position, vous pensez qu'il con-

viendrait d'étendre la défense aux individus qui achètent ou
recèlent les étoffes. Cette disposition n'atteindrait pas,
Monsieur le Préfet, le but que l'administration s'est proposée en rendant la décision précitée. C'est le Conseil de
préfecture qu'il faut saisir du jugement des faits, qui, à raison des conséquences qu'ils entraînent, ont évidemment
tous les caractères de contravention de grande voirie. J'ob-
serve à ce sujet que la majeure partie des trains qui descendent à Paris par la Marne se composent de bois de
construction, c'est-à-dire de forte dimension. Il est arrivé,
et il peut arriver encore que ces bois n'étant plus retenus
par les étoffes qui les lient entre eux, se séparent des trains
et viennent se placer en travers de la voie fluviale, embarrasser ainsi, interrompre même entièrement le service de
la navigation. Il peut arriver aussi que les ponts et autres
ouvrages d'art établis en lit de rivière soient ébranlés et
endommagés par le choc de ces bois... » Ainsi, confusion
complète entre les deux hypothèses que la jurisprudence a
pris tant de soin de distinguer ; nous n'hésitons pas à
croire, pour notre part, que le Conseil d'Etat annulerait
tout arrêté de Conseil de préfecture motivé uniquement sur
ce fait que la soustraction des étoffes aurait pu causer quelque embarras dans le service de la navigation ; la dépêche
de 1841 ne saurait avoir à nos yeux aucune valeur juridique.

B

216. Les particuliers ont, suivant nous, le droit de faire
flotter leurs bois sur tous les cours d'eau qui peuvent se
prêter à ce mode de transport ; mais, d'autre part, l'administration n'en conserve pas moins le pouvoir de restreindre
le flottage dans les limites qu'elle juge convenable : en règle
générale, elle s'attache à concilier également les intérêts
de l'industrie et ceux des propriétaires ou marchands de

bois. C'est à ce point de vue que s'étaient déjà placés les rédacteurs de l'Ordonnance de 1669 : l'art. 45, titre XXVII interdit à toute personne de s'opposer au flottage des bois ou de retarder le flot sous quelque prétexte que ce soit ; en même temps, il veut qu'une indemnité soit allouée aux usiniers dont les établissements auront été mis forcément en chômage. L'Ordonnance de 1672 développe ce principe dans une série de dispositions qui sont encore appliquées aujourd'hui. Suivant l'art. 6, « les marchands de bois flottés pourront faire jeter leur bois à bois perdu sur les rivières et ruisseaux en avertissant les seigneurs intéressés (aujourd'hui les propriétaires riverains) par publications qui seront faites, dix jours avant que de jeter les bois, aux prônes des messes des paroisses étant depuis le lieu où les bois seront jetés jusqu'à celui de l'arrêt et à la charge de dédommager les propriétaires des dégradations, si aucunes étaient faites aux ouvrages ou édifices construits sur les dites rivières et les dits ruisseaux. » Les articles 7 et 8 ont trait : 1° à la servitude de marchepied imposée aux riverains; 2° au droit des marchands de bois de pénétrer sur les propriétés privées pour faciliter l'écoulement des flots et le repêchage des canards. « Pourront aussi les marchands de bois les faire passer par les étangs ou fossés appartenant aux gentilshommes et autres, lesquels à cet effet seront tenus de faire faire ouverture de leurs basses-cours et parcs aux ouvriers préposés par les dits marchands à la charge de dédommager les dits propriétaires s'il y échet. » Nous aurons plus tard à examiner dans le plus grand détail les art. 11 et 13 qui tranchent la question si délicate de savoir jusqu'à quel point et moyennant quelle compensation le commerce des bois peut exiger le chômage des usines situées sur le passage du flot. Nous nous bornons à dire, quant à présent, que pour prévenir toute contestation entre les négociants et les usiniers, l'Ordonnance impose aux premiers l'obligation de faire visiter, par les agents de la navigation, les écluses, vannes et pertuis des usines, et leur permet d'exiger la mise en état immédiate de tous les ouvrages nécessitant quelque réparation. Quant à l'indemnité due par suite de chômage, elle était fixée à quarante sols par vingt-quatre heures ; la loi du 28 juillet 1824 en a depuis porté le taux à quatre francs pour le même espace de temps. Nous ne pouvons rapporter ici la série innombrable de décisions locales et de circulaires qui ont eu pour but soit de commenter les prescriptions de l'Ordonnance, soit de les mettre d'accord avec les besoins actuels du commerce ; elles n'ont guère trait qu'à des questions de détail et diffèrent les unes des autres suivant l'état d'entretien du cours d'eau auquel elles s'appliquent. Nous souhaitons vivement de voir intervenir un réglement général qui soit pour le flottage à bûches perdues ce que le réglement de 1855 est pour la navigation fluviale. Dans l'état actuel des choses, les Ordonnances auxquelles nous faisons allusion déterminent pour la plupart les droits de l'administration vis-à-vis des flotteurs. Elles fixent par exemple les époques précises auxquelles aura lieu l'ouverture des étangs de flottage ; d'autres réglementent l'empilage des bois sur les ports et indiquent le temps maximum pendant lequel ils peuvent y rester déposés ; en cas de négligence ou de mauvaise volonté des propriétaires, la jetée des bois peut être exécutée d'office aux frais des agents de la navigation, etc., etc... Enfin, il y aura lieu de ranger dans une catégorie à part, les réglements particuliers arrêtés par les Compagnies de commerce ; nous signalerons tout spécialement l'interdiction de lancer un flot particulier avant l'écoulement complet d'un flot de communauté : bien qu'aucune pénalité ne vienne sanctionner ces réglements, les marchands s'exposeraient à de graves inconvénients en y contrevenant ; ils pourraient encourir des condamnations pécuniaires par application de l'article 1382 C. Civ., toutes les fois que cette inobservation des réglements aurait eu pour résultat soit d'interrompre le flottage, soit d'occasionner des frais extraordinaires. En ce qui touche la répression des contraventions proprement dites, nous ne voyons aucune raison pour nous écarter de la jurisprudence que nous proposions d'appliquer aux infractions commises, lorsque le flottage a lieu par trains de bois ; suivant la distinction que nous avons si souvent indiquée, ce seront tantôt les tribunaux administratifs, tantôt les tribunaux de simple police qui seront appelés à en connaître, suivant que le fait incriminé sera de nature soit à porter atteinte aux ouvrages construits en rivière, soit à entraver le libre exercice du flottage.

217. L'Ordonnance de 1672 laisse de côté un point assez délicat et qui, dans la pratique, est loin d'être tranché d'une manière uniforme ; elle ne spécifie pas dans quelles hypothèses les propriétaires riverains pourront réclamer des indemnités extraordinaires en dehors de l'indemnité de chômage. Faut-il admettre que par cela seul qu'un préjudice leur aura été causé, les flotteurs seront tenus à leur égard de dommages-intérêts dans les termes de l'art. 1382 ? Nous laissons de côté l'hypothèse où en fait les prescriptions de l'Ordonnance n'auront pas été rigoureusement observées ; il résulte en effet d'une circulaire du directeur général des Ponts et Chaussées, en date du 29 octobre 1807 « qu'en négligeant ces formalités, les marchands se sont mis à la discrétion des propriétaires d'usines ; qu'ils se sont rendus passibles des dommages-intérêts que le propriétaire a le droit d'exiger d'eux ; qu'ils se sont exposés enfin à ce que ces mêmes propriétaires leur refusent le passage dans leurs vannes et gauthiers. » On admettra également, sans controverse possible, que les flotteurs sont responsables des inondations causées aux propriétés voisines par l'encombrement des bois contre un barrage, de la rupture des vannes

et des écluses, toutes les fois qu'ils se sont rendus coupables de fautes positives et assez graves pour appeler sur eux la garantie de ces événements. Mais qu'arrivera-t-il lorsque les dommages dont se plaignent les riverains auront pour cause unique le choc des bois contre les rives du cours d'eau? Presque fatalement, à chaque débâcle, les levées qui protégent leurs héritages sont détruites en partie ou tout au moins gravement endommagées ; de là procès inévitables. M. Proudhon (Dom. Publ. tit. IV, n° 1221) donne gain de cause complet aux entrepreneurs de flottage. On ne conçoit pas , dit-il, qu'ils puissent être tenus de dommages-intérêts, puisque le fait de lancer une flotte en rivière ne constitue ni faute ni injustice envers qui que ce soit ; on ne peut voir ni délit ni quasi-délit dans l'exercice d'un droit public conforme à la nature des choses. « Is qui jure publico utitur, non videtur injuriæ faciendæ causa hoc facere ; juris enim exsecutio non habet injuriam. » L. 3, § 1, ff. de injuriis (XLVII, 10). Le savant jurisconsulte ajoute que le bois mis en rivière dans le flottage à bûches perdues n'ayant plus d'autre guide immédiat que le courant, ne fait dès-lors qu'un même tout avec le corps de la rivière dont l'action ne peut être soumise à la garantie de personne ; c'est le cas d'appliquer l'adage d'Ulpien : « Aquarum magnitudines a nullo præstantur. » L. 28, ff. de regulis juris. Ce système est de tous le plus rationnel ; nous ajouterons qu'on peut invoquer en sa faveur la jurisprudence suivant laquelle le propriétaire d'un bâtiment qui vient à s'écrouler n'est tenu d'aucune indemnité envers les tiers, lorsque ce fait provient d'un cas de force majeure tel par exemple que le vice du terrain (Req. Rej. 29 nov. 1832 ; Dev. 33, 1, 19 ; Poitiers 6 mars 1856 ; Dev. 56, 2, 470). Les deux hypothèses sont absolument identiques et les motifs exprimés dans les arrêts que nous venons de citer s'appliquent de tous points à notre cas particulier.

218. L'action en dommages-intérêts sera intentée naturellement contre le propriétaire des bois ou le négociant
responsable, soit de son fait personnel, soit du fait de ses
ouvriers. On s'est demandé si la partie lésée ne pouvait pas
également mettre en cause les syndics des compagnies de
commerce et poursuivre contre eux la réparation du préjudice qui lui a été causé ; l'intérêt de cette question apparaît
surtout dans le cas où les dégâts ont été causés par un flot
de communauté et non par un flot particulier ; y aura-t-il
lieu d'assigner tous les marchands ayant concouru à ce flot
ou bien le débat s'engagera-t-il avec une seule personne
ayant qualité de les représenter ? Un arrêt de rejet de la
Chambre civile en date du 18 novembre 1823 (Dev., C.
N., 7, 1, 340), décide que les compagnies de commerce ne
sont plus, depuis les lois révolutionnaires, de véritables
corporations dans le sens strict de ce mot ; qu'elles ne constituent point des personnes légales ayant un caractère propre et capables d'ester en justice. Ce système, absolument
inconciliable avec les nécessités de la pratique, a été abandonné par la Cour de Cassation elle-même ; il est constant
en jurisprudence que les compagnies de commerce des bois
ayant été, en 1840, reconstituées légalement avec le concours de l'autorité publique, peuvent agir en leur propre
nom et défendre à toutes les poursuites intentées contre
elles. « Attendu, porte l'arrêt de Cassation de la Chambre
civile du 30 août 1859 (Dev., 60, 1, 359), que les grandes
sociétés instituées avec le concours et l'approbation de l'autorité publique, dans un intérêt collectif et territorial qui
touche à l'intérêt public, et qui, d'ailleurs, embrassent dans
leur objet les intérêts réunis de localités plus ou moins
étendues, ne sauraient être assimilées à des sociétés purement civiles ; qu'elles tiennent de l'adhésion de l'autorité
publique à leur institution une individualité véritable et
que ce concours de l'autorité consacre leur existence dans

les termes et suivant les règles des statuts qui les régissent et qui en ont reçu la sanction ; qu'elles peuvent dès lors agir judiciairement et que l'on peut agir contre elles en la personne des administrateurs, agents ou syndics qui ont le pouvoir de les représenter suivant ces statuts. »... Cpr., Req. Rej., 20 février 1844 (Dev., 44, 1, 302); Civ. Cass., 21 mai 1851 (Dev., 51, 1, 695). Quant à la question de compétence, elle ne fait plus doute aujourd'hui ; seule l'autorité judiciaire est appelée à connaître des contestations entre propriétaires et flotteurs. C'est ce qui avait déjà été proclamé en thèse générale par l'arrêt de 1823 et c'est ce que nous trouvons appliqué par un avis du Conseil général des Ponts et Chaussées en date du 12 mars 1864. Il s'agissait dans cette dernière espèce de dommages-intérêts réclamés par des riverains dont les perrés avaient été dégradés, les murs de soutènement renversés par le passage du flot, et dont les propriétés avaient été envahies par les bois flottés ; l'avis du Conseil fait remarquer avec juste raison que si le réglement de l'indemnité appartient aux tribunaux ordinaires dans le cas où elle est la conséquence d'un fait prévu et autorisé par la loi, tel que le dépôt de bois établi sur une propriété privée en vertu de l'article 14, chapitre XVII de l'Ordonnance de 1672, à plus forte raison doit-il en être de même lorsque cette indemnité est la conséquence d'un fait non prévu et non autorisé, tel que le renversement d'un mur ou l'accumulation des bois sur un point où ils forment barrage et donnent lieu à des dépôts. M. de Passy (Etudes sur le service hydraulique, p. 223) ajoute que cet avis, rendu sur la requête présentée par la compagnie du commerce des bois des petites rivières contre l'arrêté du Conseil de préfecture qui l'avait condamnée à exécuter les travaux de réparation nécessaires, a été approuvé le 12 août 1864 par le Ministre des Travaux publics, et que si le Conseil d'Etat n'a pas eu à se prononcer, c'est que la compagnie du commerce des bois s'est désistée purement et simplement de son pourvoi.

§ V.

Droits de navigation perçus par l'Etat à l'occasion du flottage par trains de bois.

219. La loi du 9 juillet 1836 assimile au point de vue fiscal le flottage par trains de bois à la navigation fluviale ; nous pouvons dire qu'en principe les bateliers et les flotteurs sont, en ce qui touche l'acquittement des droits, les formalités à remplir et les pièces à produire aux employés de la régie soumis à des obligations absolument identiques. Aussi ne reviendrons-nous pas sur ces divers points et nous bornerons-nous à renvoyer le lecteur aux développements déjà donnés. Une seule chose doit nous préoccuper ; suivant quels principes spéciaux aura lieu la perception ? D'après l'article 1er de la loi, les droits sont établis en raison du volume des trains en décastères et du nombre de kilomètres parcourus ; pour le quantum des tarifs, il y a lieu actuellement de se référer aux énonciations du décret du 1er avril 1867. Comment maintenant calculera-t-on le volume de chaque train ? L'article 15 de l'instruction ministérielle du 24 octobre 1836 est ainsi conçu : « Le cube du train s'obtiendra en multipliant sa longueur par sa largeur et par sa profondeur. La largeur sera formée du cinquième des cinq largeurs mesurées aux deux bouts, au centre et à égale distance des bouts et du centre. La profondeur sera prise aux mêmes endroits et, au besoin, dans des points intermédiaires ; on divisera le total par le nombre des dimensions qui auront servi à le former. » C'est d'après ces éléments qu'aura lieu le jaugeage du train ; nous rappellerons qu'aux termes de l'article 9 de l'Ordonnance du 15 octobre 1836,

les employés sont autorisés à négliger pour l'évaluation définitive les fractions de stère ; le résultat de l'opération sera toujours exprimé en chiffres ronds. Ces principes, une fois posés, le législateur a compris qu'il n'était guère possible de parvenir ici à une exactitude complète ; le jaugeage ne peut plus se faire avec une précision mathématique comme au cas où il s'agit d'un bateau proprement dit ; il a fallu tenir compte des espaces vides qui se rencontrent dans tout train flotté, quelque parfait que soit l'assemblage des pièces qui le composent. Aussi l'article 2 dispose-t-il que « les espaces laissés vides entre les coupons des trains et ceux dans lesquels seraient placés des tonneaux pour maintenir les trains à flot ne seront point compris dans le cubage. » Ce que reproduisent les ordonnances et instruction ministérielle de 1836. Le commerce demandait en outre que l'on déduisît du produit des trois dimensions sur lesquelles s'opère le cubage des espaces vides que forment dans les trains les bois de forme irrégulière ; mais l'administration a craint d'aggraver les difficultés du jaugeage, et jusqu'à présent aucune mesure générale n'est intervenue de ce chef ; aucune réduction ne peut être exigée sous quelque prétexte que ce soit et quelque exorbitante que puisse être la différence entre le résultat de l'opération et le cube réel du train.

220. Les tarifs généraux sont inapplicables à deux hypothèses spécialement prévues par l'article 7 de la loi de 1836. 1° Le droit sur les trains de bois sera réduit de moitié pour toute la partie des rivières où la navigation ne peut avoir lieu avec des bateaux. Cette réduction, dit fort bien M. Grangez (Droit de navigation, p. 40), était un acte de justice à cause du peu de sacrifices que l'Etat s'impose pour cette partie des rivières et des difficultés qu'elle offre généralement au commerce des bois. 2° Les trains chargés de marchandises quelconques sont, au contraire, imposés à

un droit double de celui qui est perçu pour les trains non chargés. L'Ordonnance du 15 octobre 1836 (art. 7) ajoute que ne seront point considérés comme trains chargés ceux qui ne porteront que les perches et rouettes de rechange. Ces deux textes ont donné naissance à certaines questions de détail définitivement tranchées par la pratique administrative. Ainsi, que doit-il arriver lorsque le chargement consiste en bois de construction, tels que planches ou solives qui ne sont point de la même nature que le radeau et n'en font point partie intégrante? L'administration exige dans ce cas le double droit, et voit là un véritable transport de marchandises qui ne saurait jouir d'aucune immunité. M. Grangez (p. 39) résout une autre difficulté. « Pour effectuer le transport des vins sur certaines rivières, et particulièrement sur l'Yonne et la haute Seine, on forme quelquefois des trains composés de futailles pleines mises à flot, liées entre elles par des perches et bois d'assemblage, et soutenues à la surface de l'eau par des barriques vides placées de distance en distance dans la longueur et la largeur du train. La question de savoir comment doivent être taxés ces sortes de transports, ayant été soumise à l'administration, il a été décidé qu'ils seraient considérés comme des trains chargés et que le droit devait être assis sur le volume entier de l'assemblage, sous les seules déductions mentionnées par l'article 15 de l'instruction ministérielle sur le jaugeage. »

ADDITIONS

Page 43, a la suite du paragraphe 16.

La question que nous venons de traiter a été tranchée tout récemment par le Tribunal des Conflits, le 11 janvier 1873. Contrairement à l'espoir que nous avions manifesté, le système de la Cour de Cassation a obtenu gain de cause complet devant cette haute juridiction : suivant la jurisprudence qu'elle a adoptée, le riverain peut, soit demander l'annulation de l'arrêté qui a illégalement incorporé sa propriété au domaine maritime ou fluvial, soit accepter sa dépossession comme un fait accompli et réclamer des dommages-intérêts devant les Tribunaux ordinaires. Nous empruntons à la Gazette des Tribunaux le résumé de l'affaire sur laquelle il a été statué, et nous croyons devoir, à raison de son importance et de l'autorité qui s'attache au nom de son rapporteur, reproduire in extenso le texte de la décision intervenue :

« L'Etat a fait construire dans le lit de la rivière de l'Yonne des barrages destinés à en faciliter la navigation ; ces travaux ont eu pour résultat : 1° de surélever le niveau naturel des eaux, d'élargir le lit de la rivière et d'y incorporer des terrains appartenant à M. de Pàris Labrosse ;

2° de causer, par des infiltrations souterraines, un préjudice permanent à d'autres terrains avoisinants dont il conserve la possession. En conséquence, M. de Pâris Labrosse a réclamé à l'Etat : 1° une indemnité pour l'occupation définitive des terrains incorporés au lit de la rivière ; 2° une indemnité pour la dépréciation des terrains endommagés par les infiltrations. Sur le premier chef de demande, l'Etat, sans contester le principe de l'indemnité, prétend qu'une partie des terrains pour lesquels une indemnité est demandée, se trouvait déjà comprise dans les limites naturelles de la rivière lorsque les travaux ont été commencés, et que, pour cette partie, il n'est dû aucune indemnité. Sur cette prétention, M. de Pâris Labrosse a fait citer l'Etat devant le Tribunal civil de Sens, pour voir déclarer qu'il était propriétaire des terrains par lui désignés et, préalablement, voir ordonner une expertise à l'effet de vérifier quelle était, avant la construction des barrages, la limite naturelle de ses propriétés au droit de la rivière, et fixer l'indemnité qui lui était due, tant pour l'occupation que pour la détérioration de sa propriété. Un déclinatoire ayant été proposé et rejeté, le préfet a pris un arrêté de conflit revendiquant pour l'autorité administrative le droit : 1° de constater en quoi consistait, sur les lieux litigieux, le lit de l'Yonne au moment où ont été commencés les barrages et jusqu'où le lit s'étend aujourd'hui ; 2° de décider si l'exécution de ces travaux a causé un préjudice à M. de Pâris Labrosse (pour les terrains non incorporés au lit de la rivière) ; s'il a droit à une indemnité et, le cas échéant, de fixer cette indemnité. Tel est le litige qui était soumis au Tribunal des conflits et se trouvait traduit devant lui sous la forme des deux questions suivantes : 1re QUESTION. — Sur le premier chef de la demande : Les conclusions prises par M. de Pâris Labrosse présentaient-elles à juger une question de propriété rentrant dans les attributions exclusives de l'autorité judiciaire ? L'autorité administrative est-elle, au contraire, fondée à revendiquer, en vertu de la loi des 22 décembre 1789-8 janvier 1790, section 3, article 2, le droit de statuer sur ce litige et de constater souverainement quelles étaient les limites de la rivière au moment où les travaux ont été commencés, et quelles sont ses limites actuelles, de telle sorte que l'indemnité de dépossession soit réduite aux terrains qui, par cet arrêté de délimitation, seront reconnus et jugés avoir été la propriété du demandeur ? 2ᵉ QUESTION. — Sur le second chef de la demande : Les dommages causés à des propriétés par les infiltrations souterraines étant présentés par le demandeur lui-même comme le résultat des travaux exécutés dans le lit de la rivière, ses réclamations à ce sujet ne rentrent-elles pas dans les attributions conférées aux Conseils de préfecture par l'article 4 de la loi du 28 pluviose an VIII ?

Le Tribunal, après avoir entendu le rapport de M. Mercier et les conclusions de M. David, commissaire du gouvernement, a rendu la décision dont la teneur suit :

« Le Tribunal des conflits,

« Vu l'exploit en date du 19 février 1872, par lequel le marquis de Pâris Labrosse a fait assigner l'Etat devant le Tribunal civil de la Seine pour s'ouïr condamner à lui payer 1° une indemnité de dépossession pour des terrains dont il était propriétaire et qui ont été incorporés au lit de la rivière de l'Yonne par l'exécution des barrages que l'Etat a fait construire dans le lit de cette rivière ; 2° une indemnité de dépréciation pour dommages causés à d'autres terrains dont il conserve la possession par les infiltrations souterraines occasionnées par ces barrages ; et faire préalablement déterminer par le Tribunal quelles étaient, avant la construction des barrages, la limite et l'étendue de ses propriétés au droit de la rivière ;

« Vu le mémoire en déclinatoire présenté par le préfet de l'Yonne, le 19 mars suivant ;

« Vu le jugement rendu par le Tribunal, le 12 avril 1872, qui, sur les conclusions conformes du procureur de la République, rejette le déclinatoire et retient la cause ;

« Vu l'arrêté de conflit pris par le préfet de l'Yonne, le 22 avril 1872, et communiqué au Tribunal le 25 du même mois ;

« Vu le jugement rendu le même jour 25 avril, qui ordonne le sursis ;

« Vu l'extrait du registre tenu au parquet du procureur de la République près le Tribunal de Sens, constatant que les formalités et communications prescrites par l'ordonnance du 1er juin 1828 ont été accomplies dans les délais fixés par la loi ;

« Vu les observations déposées au greffe du Tribunal, le 22 mai 1872, par l'avoué du marquis de Pâris Labrosse ;

« Vu les observations présentées, le 2 septembre 1872, par le Ministre des travaux publics, en réponse à la communication qui lui a été donnée du dossier ;

« Vu la lettre du garde des sceaux, ministre de la justice, du 16 mai 1872, de laquelle il résulte que l'arrêté de conflit et les pièces jointes sont parvenues au ministère de la justice le 15 du même mois ;

« Vu l'art. 2, section III, de la loi du 22 décembre 1789 et 8 janvier 1790 ;

« Vu le décret du 21 février 1852 ;

« Vu l'article 4 de la loi du 28 pluviôse an VIII ;

« Vu l'ordonnance du 1er juin 1828 ;

« Vu la loi du 24 mai 1872 ;

« Ouï M. Mercier en son rapport ;

« Ouï M. David, commissaire du Gouvernement, en ses conclusions ;

« Considérant que l'Etat ayant fait construire plusieurs

barrages dans le lit de la rivière d'Yonne, le marquis de Pâris Labrosse a, par exploit du 19 février 1872, saisi le Tribunal de Sens d'une demande tendant à faire condamner l'Etat à lui payer une indemnité de dépossession pour la perte de terrains dont il était propriétaire et que la surélévation des eaux aurait incorporés au lit de la rivière et une indemnité de dépréciation fondée sur le dommage causé à une autre portion de ses immeubles par des infiltrations souterraines ;

« Considérant que le déclinatoire, présenté par le préfet de l'Yonne ayant été rejeté par le Tribunal de Sens, un arrêté de conflit a été pris le 22 avril 1872, et qu'il y a lieu d'apprécier séparément, au point de vue de la compétence, chacune des demandes du marquis de Pâris Labrosse ;

« En ce qui touche la demande d'indemnité de dépossession :

« Considérant que l'Etat, tout en admettant le principe de cette indemnité, prétend qu'une partie des terrains, pour lesquels elle est réclamée, se trouvait déjà comprise dans le lit de la rivière au moment où les barrages ont été commencés ; qu'elle formait une dépendance du domaine public, dont les limites ne peuvent être déterminées que par l'administration elle-même, et que, pour cette partie, il ne peut être dû aucune indemnité ;

« Considérant qu'il appartient sans doute à l'autorité administrative de veiller à la conservation du domaine public, et que si, depuis le décret du 21 février 1852, la détermination des limites de la mer est faite par des décrets rendus dans la forme des réglements d'administration publique, celle des fleuves et des rivières navigables est restée dans les attributions de l'autorité préfectorale ;

« Mais considérant que les actes de délimitation du domaine public sont des actes d'administration, à l'occasion desquels l'autorité administrative ne peut ni se constituer

juge des droits de propriété qui appartiendraient aux riverains, ni s'attribuer le pouvoir d'incorporer au domaine public, sans remplir les formalités exigées par la loi du 3 mai
1841, les terrains dont l'occupation lui semblerait utile aux
besoins de la navigation ; qu'en ce qui concerne la détermination des limites de la mer, l'article 2 du décret du 21 février 1852 dispose expressément qu'elle est faite par l'autorité supérieure, tous droits des tiers réservés ; que c'est là
une application du principe de la séparation des pouvoirs
d'après lequel ont été fixées les attributions distinctes de
l'autorité administrative et de l'autorité judiciaire, et qu'évidemment la même règle doit être suivie lorsqu'il s'agit des
limites des fleuves ou des rivières navigables ;

« Considérant que la réserve des droits des tiers est générale et absolue ; qu'elle s'étend aux droits fondés sur une
possession constante ou sur des titres privés, comme à ceux
qui reposeraient sur des aliénations ou sur des concessions
émanées de l'administration, et qu'elle doit être maintenue
et appliquée même alors que l'autorité administrative pré-
tendrait, comme dans l'espèce, déterminer non-seulement
les limites actuelles, mais encore les limites anciennes de
la mer ou des fleuves et des rivières navigables ;

« Considérant qu'il résulte des principes ci-dessus posés
que les tiers dont les droits sont réservés peuvent se pourvoir, soit devant l'autorité administrative pour faire rectifier la délimitation de la mer, des fleuves et des rivières
navigables, soit devant le Conseil d'Etat, à l'effet d'obtenir
l'annulation, pour cause d'excès de pouvoirs, des arrêtés
de délimitation qui porteraient atteinte à leurs droits ;
qu'ils ne peuvent en aucun cas s'adresser aux tribunaux
de l'ordre judiciaire pour faire rectifier ou annuler les
actes de délimitation du domaine public et se faire remettre en possession des terrains dont ils se prétendent
propriétaires ;

« Mais qu'il appartient à l'autorité judiciaire, lorsqu'elle est saisie d'une demande en indemnité formée par un particulier qui soutient que sa propriété a été englobée dans le domaine public par une délimitation inexacte, de reconnaître le droit de propriété invoqué devant elle, de vérifier si le terrain litigieux a cessé, par le mouvement naturel des eaux, d'être susceptible de propriété privée et de régler, s'il y a lieu, une indemnité de dépossession, dans le cas où l'administration maintiendrait une délimitation contraire à sa décision ;

« Considérant que le marquis de Pâris Labrosse n'a soumis au tribunal de Sens, dans la première partie de ses conclusions, qu'une question de propriété privée et une demande d'indemnité de dépossession pour la perte d'une portion de ses terrains occasionnée par une surélévation artificielle des eaux de la rivière d'Yonne ; que l'autorité judiciaire était compétente pour statuer sur cette question comme sur cette demande, et que la dépossession du marquis de Pâris Labrosse ayant été définitivement consommée, par suite des travaux exécutés, la délimitation qui serait faite par l'autorité administrative n'est pas une opération préjudicielle qui puisse réagir sur l'instance dont l'autorité judiciaire se trouve saisie ;

« D'où il suit qu'il n'y a pas lieu, en ce qui concerne le premier chef des conclusions du marquis de Pâris Labrosse, de confirmer l'arrêté de conflit du 22 avril 1872 ;

« Mais en ce qui touche le deuxième chef :

« Considérant que ce chef ne soulève aucune question de propriété et qu'il a pour objet unique d'obtenir une indemnité que le marquis de Pâris Labrosse prétend lui être due pour les dommages causés à des terrains dont il n'est pas dépossédé, par des infiltrations souterraines qui, d'après sa demande, seraient la conséquence directe des travaux publics exécutés dans le lit de la rivière d'Yonne ;

« Considérant qu'aux termes de l'article 4 de la loi du 28 pluviôse an VIII, le règlement des indemnités qui peuvent être dues par l'Etat à l'occasion de dommages temporaires ou permanents provenant de l'exécution de travaux publics, est de la compétence administrative ;

« Décide :

« ARTICLE PREMIER. — L'arrêté de conflit élevé par le préfet de l'Yonne, le 25 mai 1872, est annulé en ce qu'il revendique pour l'autorité administrative, comme question préjudicielle, le droit de constater en quoi consistait, sur les lieux litigieux, le lit de l'Yonne, au moment où ont été commencés les barrages, et jusqu'où le lit s'étend aujourd'hui, à l'effet de régler le montant de l'indemnité qui peut être due au marquis de Pâris-Labrosse, pour les terrains dont il se prétend dépossédé ;

« ART. 2. — Il est confirmé en ce qu'il revendique pour l'autorité administrative le droit de décider si l'exécution de ces travaux a causé un préjudice à une autre portion de ses immeubles dont il n'est pas dépossédé, s'il a droit à une indemnité et, le cas échéant, de fixer cette indemnité ;

ART. 3. — L'exploit introductif d'instance du 19 février 1872 et le jugement rendu par le tribunal civil de Sens le 12 avril 1872, sont considérés comme non avenus en ce qu'ils ont de contraire à la présente décision ;

« ART. 4. — La présente décision sera transmise à M. le garde des sceaux, ministre de la justice, pour être exécutée suivant sa forme et teneur. »

PAGE 244, A LA SUITE DU PARAGRAPHE 16.

La législation de 1860 a été modifiée par un décret du 19 février 1867 qui abaisse, dans une certaine proportion, les droits antérieurement perçus et même les supprime absolument dans certains cas. Ce texte est ainsi conçu :

ARTICLE PREMIER. — A partir du 1er avril 1867 les droits de navigation intérieurs seront perçus conformément au tarif suivant :

MARCHANDISES.	FLEUVES, RIVIÈRES ET CANAUX désignés aux §§ 1 et 2 du tableau annexé au présent décret.	CANAUX ET RIVIÈRES canalisées désignés aux §§ 3 et 4 du même tableau.
	Par kilomètre.	Par kilomètre.
De 1re classe, par tonne.........	Deux millièmes.	Cinq millièmes.
De 2e classe, par tonne	Un millième.	Deux millièmes.
Trains et radeaux.— Bois de toutes espèces, par mètre cube d'assemblage, sans déduction de vide....................	Deux dix millièmes.	Deux millièmes.
Le flottage en trains ne sera soumis qu'à la moitié du droit sur la partie des rivières où la navigation ne peut avoir lieu avec des bateaux.		

ART. 2. — Les marchandises ci-après dénommées seront soumises au droit fixé pour la première classe du tarif :

1° Sucre, café, denrées coloniales, épiceries, savons ;

2° Vins, eaux-de-vie, esprits, liqueurs, vinaigre, cidre, bière, eaux gazeuses et minérales, et autres boissons ;

3° Céréales en grains ou en farine, fécules, pommes de terre, riz, menus grains et graines diverses ;

4° Métaux ouvrés, armes de toute espèce, machines, voitures ;

5° Soie, coton, laine, chanvre, lin, crins ouvrés ou non ouvrés ; tissus de toute nature ; sparterie, quincaillerie, cristaux, glaces, porcelaine, parfumerie, passementerie, mercerie, tabletterie, liéges ouvrés, ivoire, nacre, écailles ouvrées ou non ouvrées, corne façonnée, cartons, papier de tenture et à écrire, librairie, cuirs et peaux, fourrures et pelleteries, statues, marbres en caisses, éponges, meubles ;

6° Comestibles, fruits et légumes frais, légumes secs, fruits secs et confits, salaisons, conserves, huiles de toute nature, fruits oléagineux, beurre, fromage, miel, cire, suif, saindoux, glucoses, gélatine, colle forte, amidon, houblon et tabacs.

Toutes les marchandises non désignées ci-dessus seront imposées à la seconde classe du tarif.

ART. 3. — Les perceptions, opérées en vertu du présent tarif, seront frappées du double décime.

ART. 4. — Les marchandises chargées sur les trains ou radeaux seront imposées par tonnes de 1,000 kilogrammes comme si elles étaient transportées par bateaux ; les trains et radeaux qui les porteront ne seront passibles que du droit fixé par l'article 1er [1].

ART. 5. — Les bateaux chargés de marchandises diverses supporteront les droits proportionnellement au poids et suivant la nature de chaque partie du chargement.

ART. 6. — Les marchandises pourront être transportées

---

[1] « Le mesurage de ces derniers ne devra, dès-lors, comprendre que leur volume, abstraction faite du volume formé par les marchandises.» (Circulaire du 9 mars 1867.)

de la première dans la seconde classe du tarif par décision ministérielle ; les taxes, ainsi réduites, ne pourront pas être relevées avant l'intervalle d'un an.

Art. 7. — Les bateliers auront la faculté de payer au départ ou à l'arrivée la totalité des droits pour le voyage entier, lors même que leurs bateaux devraient circuler sur plusieurs cours d'eau pour se rendre à destination [1].

Art. 8. — Sont exempts des droits :

1° Les bateaux entièrement vides ;

2° Les bâtiments et bateaux de la marine impériale affectés au service militaire de ce département ou du département de la Guerre, sans intervention de fournisseurs ou d'entrepreneurs ;

3° Les bateaux employés exclusivement aux services ou aux travaux de navigation par les agents des Ponts et Chaussées ;

4° Les bateaux pêcheurs, lorsqu'ils porteront uniquement des objets relatifs à la pêche ;

---

[1] « Aux termes de l'article 12 de la loi du 9 juillet 1836, disent MM. Saillet et Olibo (Supplément, p. 65), les bateliers n'avaient la faculté de payer les droits au départ ou à l'arrivée que pour toutes les distances à parcourir ou qui auraient été parcourues sur la partie d'une rivière ou d'un canal soumis au même tarif. Cette prescription est modifiée par l'article 7 ci-dessus.

« Les receveurs devront donc à l'avenir recevoir les déclarations des mariniers sans aucune restriction, et délivrer un laisser passer avec acquittement des droits ou un acquit-à-caution ; dans ce dernier cas, les comptables ne perdront pas de vue qu'ils sont responsables de la solvabilité des personnes présentées comme caution ; cette responsabilité est sérieuse, et l'administration fait connaître qu'elle n'hésitera pas à mettre à la charge des receveurs les sommes qui ne pourraient être recouvrées, faute par eux d'avoir exigé des garanties suffisantes. (Circulaire n° 1055 précitée.)

« Afin de donner le moyen de calculer les droits pour tous les parcours indistinctement, l'administration a fait imprimer un livret contenant les distances kilométriques sur tous les cours d'eau de l'État assujettis à l'impôt ; un exemplaire de ce document a été transmis à tous les receveurs, ce qui nous dispense de le reproduire ici. »

5° Les bascules à poissons vides ou ne renfermant que du poisson ;

6° Les bacs, batelets et canots servant à transporter d'une rive à l'autre ;

7° Les bateaux appartenant aux propriétaires ou fermiers et chargés d'engrais, de denrées, de récoltes et de graines en gerbes pour le compte des dits propriétaires ou fermiers, lorsqu'ils auront obtenu l'autorisation de se servir de bateaux particuliers dans l'étendue de leur exploitation.

ART. 9. — Les obligations imposées aux bateliers ou conducteurs de bateaux et de trains par les articles 2, 5, 6, 10, 11, 13, 14, 15, 16, 17, 20 et 21 de la loi du 9 juillet 1836 et 2, 3, 4, 5, 6, 7, 8, 9, 10, 11, 12, 13 et 14 de l'Ordonnance du 15 octobre suivant, continueront d'être appliquées.

TABLEAU

DES FLEUVES, RIVIÈRES ET CANAUX SOUMIS AU DROIT
DE NAVIGATION INTÉRIEURE AU PROFIT DE L'ÉTAT.

---

§ 1. — Fleuves et rivières.

Bassin de l'Adour.	Adour. Midouze. Nive. Pau (Gave de).	Bassin de la Gironde.	Baïse. Dordogne. Garonne. Isle. Lot. Tarn. Vezère.
Bassin de la Charente.	Boutonne. Charente. Sèvre-Niortaise. Vendée.		

Bassin de la Meuse. — Meuse.

Bassin { Meurthe.
de la Moselle. } Moselle.

Bassin de l'Orne. — Toucques.

Bassin
du Rhône.
{
Ain.
Bienne.
Doubs.
Durance.
Isère.
Rhône.
Rhône (Petit).
Saône.
Seille.
}

Bassin
de
la Seine.
{
Aisne.
Aube.
Eure.
Grannd-Morin.
Marne et ses dérivations entre Dizy et son embouchure.
Oise non canalisée.
Ornain.
Saulx.
Seine.
Yonne.
}

Bassin de la Vilaine. — Vilaine.

§ 2. — Canaux assimilés aux rivières.

Canaux
de
Bretagne.
{
Canal du Blavet.
Canal d'Ille-et-Rance.
Canal de Nantes à Brest et ses dérivations.
}

Canal de Bourgogne.

Canal de la Bruche et la partie inférieure de l'Ille, entre ce canal et celui du Rhône au Rhin.

Canal de la Charente à la Seudre.

§ 3. — Canaux.

Canal d'Aire à la Bassée.
Canal de l'Aisne à la Marne.
Canal des Ardennes et embranchement de Vouziers.
Canal d'Arles à Bouc.
Canal de Bergues à Dunkerque.
Canal du Berry.
Canal de Bourbourg.
Canal de Bourgogne.
Canal de Briare.
Canaux de Calaisis (Ardres, Calais et Guines).
Canal du Centre et Rigole de Torcy.
Canal de la Colme et embranchement d'Hondschoote.
Canal de la Deûle.
Canal des Etangs et ses embranchements sur Cette et Lunel.
Canaux d'Hazebrouck (Bourre, Hazebrouck, Nieppe et Préaven).

Canal des houillères de la Sarre.
Canal latéral de l'Aisne.
Canal latéral de la Loire et ses embranchements.
Canal latéral à la Marne, de Dizy à Vitry.
Canal latéral à l'Oise.
Canal du Loing.
Canal du Manicamp.
Canal de la Marne au Rhin et ses embranchements.
Canal de la Marne (Haute), de Vitry à Saint-Dizier.
Canal de Mons à Condé.
Canal de Neuf Fossé.
Canal du Nivernais.
Canal d'Orléans.
Canal du Rhône au Rhin et ses embranchements d'Huningue et de Colmar.
Canal de Roanne à Digoin.

Canal de Saint-Quentin et embranchement de la Fère.
Canal de la Seine (Haute).

Canal de la Sensée.
Canal de la Somme.

§ 4. — Rivières canalisées assimilées aux canaux.

Aa.
Escaut.
Lawe.

Lys.
Oise canalisée.
Scarpe supérieure.

TABLE DES MATIÈRES

—o◦o◦o—

§ II.

Détermination du lit des rivières navigables.

§ III.

Des atterrissements susceptibles de constituer une propriété privée.

A. *Hypothèse de l'alluvion proprement dite.*
B. *Hypothèse de l'avulsion.*

A

§ V.

**Des servitudes imposées aux propriétaires riverains des
cours d'eau navigables. — Du marchepied et du chemin
de halage.**

CHAPITRE III.

NOTIONS SOMMAIRES SUR LA NAVIGATION FLUVIALE.

§ Ier.

Des droits perçus sur les rivières navigables.

A

Droits de navigation proprement dits.

§ III.

Organisation administrative du service de la navigation.

A

B.

C

CHAPITRE IV.

DU RÉGIME DES COURS D'EAU FLOTTABLES EN TRAINS ET A BUCHES PERDUES.

§ 1er.

Propriété des cours d'eau flottables.

A. *Cours d'eau flottables en trains.*
B. *Cours d'eau flottables à bûches perdues.*

A

B

§ II.

Des servitudes grevant les propriétés voisines des cours d'eau qui servent au flottage des bois.

A. *Servitudes destinées à faciliter le transport des bois jusqu'au port d'embarquement.*
B. *Servitudes grevant les canaux et étangs de flottage.*
C. *Du chemin de halage et du marchepied.*
D. *Empilage des bois le long des propriétés riveraines des cours d'eau flottables à bûches perdues.*

A

B

C

D

§ III.

Des compagnies de commerce organisées pour le flottage des bois servant à l'approvisionnement de Paris.

§ IV.

Police du flottage.

A. *Flottage en trains de bois.*
B. *Flottage à bûches perdues.*

A

B

CHAUMONT. — IMPRIMERIE C. CAVANIOL.

ERRATA

Page 7, ligne 2, au lieu de « aublicæ » lire « publicæ. »
— 11, ligne 16, lire « semble difficile d'aller jusque là. »
— 42, ligne 11, au lieu de « devront » lire « donnant. »
— 43, ligne 4, lire « borne à en restituer la valeur. »
— 104, ligne 9, au lieu de « qui a » lire « qui ont. »
— 128, ligne 7, au lieu de « lui » lire « elle. »
— 150, ligne 19, lire « Chapitre Ier de l'Ordonnance de... »
— 152, ligne 5, au lieu de « à laisse » lire « la laisse. »
— 180, ligne 19, au lieu de « recours contentieux du Conseil
      d'Etat » lire « recours contentieux au Conseil d'Etat. »
— 195, ligne 29, au lieu de « aux lois » lire « aux droits. »
— 256, ligne 22, au lieu de « éprouvent » lire « éprouvant. »
— 294. ligne 14, au lieu de « subrogés à des droits » lire « su-
      brogés à ses droits. »
— 354, ligne 10, au lieu de « à la suite des uns des autres »
      lire « à la suite les uns des autres. »
— 366, ligne 16, au lieu de « écrit » lire « écrite. »
— 366, ligne 23, lire « et si le capitaine. »
— 384, ligne 1, au lieu de « 157 » lire « 166. »
— 401, ligne 7, supprimer les mots « au bassin de la Seine. »

www.ingramcontent.com/pod-product-compliance
Lightning Source LLC
Chambersburg PA
CBHW060909220326
41599CB00020B/2895